胜案路径：环境资源实案律师策略

陈勇儒　肖燕平　著

中国环境出版集团·北京

图书在版编目（CIP）数据

胜案路径：环境资源实案律师策略/陈勇儒，肖燕平著.
—北京：中国环境出版集团，2020.11
ISBN 978-7-5111-4520-8

Ⅰ. ①胜… Ⅱ. ①陈…②肖… Ⅲ. ①环境保护法—
案例—中国②自然资源保护法—案例—中国 Ⅳ.①D922.605

中国版本图书馆 CIP 数据核字（2020）第 244199 号

出 版 人　武德凯
责任编辑　林双双
策划编辑　范溢娉
责任校对　任　丽
封面设计　彭　杉

出版发行　**中国环境出版集团**
　　　　　（100062　北京市东城区广渠门内大街 16 号）
　　　　　网　　址：http://www.cesp.com.cn
　　　　　电子邮箱：bjgl@cesp.com.cn
　　　　　联系电话：010-67112765（编辑管理部）
　　　　　发行热线：010-67125803，010-67113405（传真）
印　　刷　北京中科印刷有限公司
经　　销　各地新华书店
版　　次　2020 年 11 月第 1 版
印　　次　2020 年 11 月第 1 次印刷
开　　本　787×960　1/16
印　　张　26.25
字　　数　450 千字
定　　价　79.00 元

中国环境出版集团郑重承诺：
中国环境出版集团合作的印刷单位、材料单位均具有中国环境标志产品认证；
中国环境出版集团所有图书"禁塑"。

环境法治之律师所能

2018 年 4 月初，我到深圳出差，应"深圳法治论坛"主办方之邀，在论坛上作了关于新时代中国环境司法现状与发展的主题报告。在互动交流阶段，勇儒从具体案件角度所作的环境司法现状评论和提问让我记住了这位律师。活动结束后，问起我是否可以为他正在写的两本书作序。我笑言：可以挑一本，拜读后再定。

此后，我邀请勇儒参加有关环境公益诉讼案件的讨论，听到了他对一些案件的分析思路与见解。他也为"中国法学会环境资源法学研究会"微信公众号提供过案例分析文章，还参加了研究会组织的一些学术活动。2019 年年底，我主编的《环境资源法论丛》第 12 卷中录用了他的一篇文章——"《土壤污染防治法》的溯及力及责任人认定规则评析"。在不断的交流中，感受着一位律师追求环境法治理想的过程。

2020 年 4 月中旬拿到《胜案路径：环境资源实案律师策略》的书稿，就想好了要利用五一假期认真阅读。不巧的是，我主持的《中国环境司法发展报告 (2019)》（简称环境司法"绿皮书"）虽然已于年初完成，但因疫情影响，最高人民法院新闻发布会推迟到五一之后；这使得我这个假期一分为二，不得不一边读勇儒的《胜案路径：环境资源实案律师策略》，一边准备新闻发布会的相关资料。正是这个"无心插柳"，让我发现了一些并非偶然的"巧合"，让我可以从对中国环境司法与环境治理法治化的实践回顾与展望的角度，观察和思考律师的工作，对律师在推进中国环境治理体系现代化过程中的作用有更深刻的理解与认识。也正是这种"一心二用"，让我下定决心，写点似乎与本书无关但的确是由此而引发的思考。

环境司法"绿皮书"作为对中国环境司法的专门研究报告，是对环境司法状况的年度跟踪成果。我们通过对中国环境司法机构、审判队伍、审判机制、相关案件、实务研究成果的资料收集和对各种类型的环境案件裁判文书的数据处理，标记中国环境司法发展的轨迹、发现中国环境司法发展的规律。经过对最高人民法院环境资源审判庭成立以来环境司法状况的不断观察，我们得出了中国"绿色司法"道路日益清晰的结论：一方面，环境司法专门化正在向纵深发展，环境司法的"个性"日益鲜明；另一方面，不断促进环境资源审判与普通民行刑审判相互融合、和谐共生，普通案件审判中的"绿色"元素更加丰富。

再看勇儒的《胜案路径：环境资源实案律师策略》，他们将环境案件进行了环境行政案件、环境刑事案件、环境民事案件、商事并购案件的分类，以及对各类案件的争议点、法律适用问题进行归纳与提炼形成自己的观点、看法和主张，既可以看到律师从办案实践中对环境案件类型化的一种思考，也可以发现环境司法专门化与"绿色化"发展对环境法治的影响。其中呈现的环境法职业共同体特征，令人欣慰。

其实，律师对于环境法治建设的作用，不仅体现在司法领域，他们的个案代理、法律咨询、合规审查等各种法律服务行为，还可以在立法、执法、守法等环节发挥作用。律师对于建立环境多元共治体系，有着独特的功能。

律师作为"天然的法律挑战者"，具有从个案中发现法律漏洞和短板的职业敏感。这种敏感既是为客户提供优质高效的法律服务的基础，也是从实践中发现立法缺陷进而提出立法建议的良好途径。环境法作为适应解决环境问题需求的新兴法律领域，许多立法都具有开创性，针对中国的环境问题，立法时既无先例可循，也无他国经验能照搬，只能在实践中不断探索不断完善。这就需要环境法治共同体成员，不断从实践中发现立法问题，并经过深入的思考与认真的分析，提出完善立法的建议。尤其是经过40多年的不懈努力，中国的环境法治建设已经超越污染防治的"小环保"理念，形成与生态文明建设相适应的"大环保"格局。这需要我们一方面对过去的环境立法进行新的审视，及时进行法律修订或法律解释；另一方面还有一些新的法律需要制定。律师在立法领域发挥的作用，也是法学家所不能替代的。勇儒律师及其团队成员所做的律师的思考与求索，正是这样一种有意义的工作。

律师作为"职业的法律服务提供者"，具有参与多元环境治理的素质与能力。

这种能力既为执法者所需，也为社会公众所求。在生态环境问题的挑战面前，政府承担着更多提供良好生态环境的公共服务职能以及为当代人和子孙后代管理好环境的职责。为此，法律赋予了政府及其相关职能部门以多种监督管理和服务职责权限，环境行政执法行为在环境治理中具有不容置疑的主导地位；但是，这些广泛的执法行为必然涉及经济社会发展的各个方面，对企业、公民个人的权利或权益产生影响。这就需要在执法过程中更加重视法治思维和法治方法的运用，更加注重公众参与，保障公民的知情权、表达权、参与权与监督权。律师的专业素养和执业能力，既可以为政府法治提供服务，也可以为社会公众提供支持，这些作用不可能被替代。勇儒律师及其团队成员对环境行政案件、公益诉讼案件的分析，也让我们看到了这些作用在实践中的样态。

律师作为"义务的法律知识普及者"，具有广泛接触社会和普遍联系群众的优势。这种以问题为导向、以服务为目标的守法教育，对环境法的遵守具有积极作用。我们生活的地球家园，人与自然是生命共同体。今天的生态环境问题，是人类将自然视为可以被奴役的对象并进行掠夺式开发利用造成的。我们都是环境污染和破坏的受害者，同时也是污染和破坏环境的致害者，如果不改变人类对自然的傲慢态度、不转变人类高度消耗能源和资源的生产生活方式、不形成全社会的环境意识与环境素养，各种因环境污染和生态破坏所造成的生态风险和公共健康风险就不会消失，"美丽中国"愿景也不可能实现。环境法作为保护生态环境、保障人群健康的专门法律，需要每个人切实遵守。律师在为企业提供环保合规服务、为企业和公民提供环境纠纷解决方案的服务过程中，能够通过以事说法、以案说法方式，进行环境法律知识普及，提升企业和公民个人的守法自觉性。一般性的环境法律知识普及和宣传很难达到这种深度与效果，也难以替代。近年来，勇儒律师及其团队成员在环境法治宣传教育方面做出了一些努力，使这方面的作用还可以更多更好地发挥。

律师对于环境法治的促进作用，不应止于这些，新时代也对生态环境保护的法律服务不断提出新需求、开拓新空间。2019 年，中共中央办公厅、国务院办公厅印发了《关于构建现代环境治理体系的指导意见》，明确提出"到 2025 年，建立健全环境治理的领导责任体系、企业责任体系、全民行动体系、监管体系、市场体系、信用体系、法律法规政策体系，落实各类主体责任，提高市场主体和公众参与的积极性，形成导向清晰、决策科学、执行有力、激励有效、多元参与、良性互动的环境治理体系"的目标，并对构建现代环境治理体系作出了整体部署，从指导思想、基本原则、责任体系、监管体系、市场体系、信用体系、法律法规政策体系等方面，都作出了明确部署，提出了具体要求。特别值得注意的是，在企业责任体系中，从依法实行排污许可管理制度、推进生产服务绿色化、提高治污能力和水平、公开环境治理信息等方面作了详细规定。在健全环境治理监管体系中，紧密结合生态环境保护体制改革相关部署和要求，着力推动各地下苦功、用真功，真正做到"管在平常、严在日常、抓在经常"，杜绝"临时抱佛脚""急时一刀切"。在加强司法保障方面，大力推动行政执法与刑事司法紧密衔接，明确要求探索建立"恢复性司法实践+社会化综合治理"审判结果执行机制。在健全环境治理市场体系方面，致力于构建规范开放的市场，打破地区、行业壁垒，对各类所有制企业一视同仁，平等对待各类市场主体；规范市场秩序，减少恶性竞争，防止恶意低价中标。在健全环境治理法律法规政策体系方面，明确提出设立国家绿色发展基金，将为生态环境保护和绿色发展提供强大推动力。在公众参与方面，大力倡导全社会共同行动起来，监督各级政府严格落实生态环境保护责任，制止环境污染和生态破坏行为，自觉履行环境保护责任，逐步转变落后的生活风俗习惯，积极开展垃圾分类，践行绿色生活方式。这些部署和要求无疑将会为律师发挥作用提供更多更好的舞台和机遇。

　　衷心希望有更多的律师加入生态环境法律服务领域，形成适应中国生态环境法治发展需求的专业化职业化法律服务队伍！期待勇儒律师及其团队的这本书能够在促进现代环境治理体系中发挥引领与示范作用！

清华大学法学院教授

全国政协常委

中国法学会环境资源法学研究会会长

最高人民法院环境司法研究中心学术委员会主任

2020 年 5 月 6 日

通过环境司法实践推动生态文明建设

作为环境法学者，我一直关注环境司法实践的发展，深知环境立法虽然得到国家的高度重视，改革开放以来发展迅速，但是要使法律成为真正的"活法"而不是"僵尸法"，关键在于运用，特别是让律师去运用。我很高兴地看到中国已经涌现出一批熟识环境法，对环境保护充满热情的律师，本书的作者就是其中的佼佼者。正式认识陈勇儒律师，是在 2015 年由广州市人民检察院和广州市律师协会合办的广州环境公益诉讼论坛上，他在论坛上提交了《刍议环境以集中管辖为基础，优先试点环境行政公益诉讼》的论文，以获奖者的身份作了 10 分钟的发言，时间虽然不长，我仍然能够感受到他作为环境法律人的思考与忧思。此后，我与陈律师又多次在各种环境法会议上相见，由此可见他是一个勤奋好学、善于思考、勇于接受新挑战的法律实务者。

2017 年，陈律师团队代理了广东省首起涉及滨海湿地保护的环境公益诉讼案件。此案引起我的极大兴趣，中山大学环境资源法在读硕士、博士生十多人，到广东省高级人民法院旁听了二审。广东是中国海洋面积第二大省、中国海洋产业第一大省，海洋环境保护案件一直较多，大部分的案件是在广州海事法院审理的。我曾经梳理过广州海事法院早期审理的海洋环境污染案件，发现其中有相当数量的案件可以定性为环境公益诉讼案件，大部分此类案件是由行政机关及检察院提起诉讼的。为此，我的研究团队与广州海事法院合作完成了一系列的研究，将广州海事法院审理环境公益诉讼案件的经验进行总结和推广。而陈律师办理的本案是新《环境保护法》生效后，广东省首起由环境非政府组织提起，在地方法院立案的涉海环境公益诉讼案。该案引起社会的广泛关注，其主要争议点为环境非政府组织是否有涉海环境公益诉讼的原告资格。涉海环境保护纠纷在法律适用方面经常遇到一些困境，因为我国的海洋环境保护立法与陆地环境保护立法是两套并行的体系，而这两套法律体系在管理体制、执行机制、法律制度和法律责任等方面存在较大的差异性。在过去环境保护只强调点源末端治理、分而治之的情况下，两者还算相安无事。但是，自从环境保护重心调整，更为强调以环境质量改善为核心的综合整治、区域协调、陆海统筹等措施和战略以后，陆海两套法律的冲突明显出现。如《海洋环境保护法》第90条规定："对破坏海洋生态、海洋水产资源、海洋保护区，给国家造成重大损失的，由依照本法规定行使海洋环境监督管理权的部门代表国家对责任者提出损害赔偿要求。"这是一个赋权条款，但是有不少人据此认为海洋环境保护领域发生的国家利益损害，只能由负有海洋环境监督管理职责的部门主张权利，进而排除其他主体的索赔权和起诉权。然而这种理解与《环境保护法》以及《民事诉讼法》关于公益诉讼起诉主体的规定有一定的冲突，在学术界和实务界都引发诸多争议。自2017年起，先后有3家法院以非政府组织不具有海洋环境公益诉讼原告资格为由作出了驳回他们起诉的裁定。该案的一审法院——广东省茂名市中级人民法院就是作出上述裁定的法院之一。在二审中，陈勇儒律师认为目前我国没有任何一部法律明文禁止非政府组织提起涉海环境公益诉讼，中国是成文法国家，各部门、各级司法机关不能依据自己的理解各自行事，否则法将不法。用于规制行政机关行为的规定，并不适用于规制民事行为。而且他变通地提出，该案不仅涉海，也涉陆，因此，适用《环境保护法》是完全可行的，他的这些务实性主张给我留下了深刻印象。

党的十九届四中全会提出，统筹山水林田湖草海一体化保护和修复，加强森林、草原、河流、湖泊、湿地、海洋等自然生态保护。国家战略已明确从污染防治转向污染防治与生态修复并重。海洋环境问题根子在陆地，所以一定要加强陆海统筹。目前我国海洋保护、修复相对滞后于陆地。一个深层次原因是海洋和陆地的环境保护适用两套并行的法律体系，近年来，国家密集地对环境保护一般立法进行修改完善，海洋环境保护立法相对落后。司法实践中暴露出来的问题充分反映了二者分立的矛盾以及需要国家从立法、执法、司法层面进一步进行陆海统筹的必要性。司法实践推动了环境法的实施及运用，使得环境立法从不同的方面被审视，从而推动环境法治的完善。所以，我们国家环境法治事业的发展，需要有更多的司法实践，需要有更多的司法案件样本供大家考察、分析、研究，以陈律师为代表的环境律师们所做的每一个案件都在为我国的环境保护法治建设添砖加瓦。本书提供的案例及分析为研究环境法提供了很好的素材。

环境法是一个新兴的法律部门，相较于其他传统的法律领域，其司法活动的复杂性、技术性更强，作为一个环境律师，不仅要懂得法律知识，也需要具备一定的环境科学知识；不仅要有社会正义观，也要有环境正义观；不仅要有人文关怀，也要有自然情怀；不仅要有专业素养，也要有公益心。以上是本人对环境司法实务工作者所表达的敬意和期待。衷心希望陈律师及他的团队事业蒸蒸日上，也希望本书能为环境法学者和实务界提供一些有益的启示。谨以此为序。

李挚萍

中山大学法学院教授

广东省法学会环境资源法学研究会会长

2020 年 5 月 7 日

用真实故事侧记中国环境法治史

——兼述我为什么从事环境律师

亲友们常常好奇，你为什么要专门从事环境律师？你很富有吗？你很闲吗？

（一）

我们国家耕地缺磷。小时候，20世纪80—90年代，我生活在国家级贫困县湖南省石门县一家高污染的重磷化肥企业里。那个时候，同全国各地很多地方一样，工厂所在地的河两岸，有无数冒着浓烟的大烟囱……

那家企业，由于靠近全国排名前十的磷矿产地，厂长是位名校毕业的技术干部，成为全县第一纳税大户，在湖南全省磷肥企业中效益都是很好的。员工工资高于当地其他国有企业30%～50%。我们家因此得以改善生活，比当地同龄人享受到更多的物质福利，比如更早吃上新疆的哈密瓜、广西的黑甘蔗、上海的"大白兔"奶糖……

当然，还有来自广东云浮的硫铁矿，企业用它制硫酸。

但是，正是在那里，正是这硫酸，让我患上了严重的肺部感染，我病发时吐血不止，吓得直发抖！每到冬天强风时，工厂制硫酸车间的高炉烟囱，冒着白白的高浓度硫酸烟，吹过员工住宅区，即使紧闭门窗也能闻到硫酸味，从小体弱的我，不幸中招——好在企业效益好，享受全免费医疗，还免上学一年。

每到春夏季时，高浓度硫酸烟转向另一个方向吹，将北向的大片农田的禾苗都吹黄了。每年这个时候，走在进出厂门的路上，我总是会纳闷，为什么这个时候工厂效益这么好？以至于拉货的东风牌大汽车要排长队拉货？后来才明白，原来是厂门被农民堵了，外面的车进不来，里面的车出不去。农民堵厂门要禾苗损失款！

这个时候，又是父亲出场的时候，父亲是当时主管生产的副科长（也曾担任过企业化验室主任）。大约开始读高一时，父亲告诉我，他给工厂提了个建议，每年堵厂门不是个事儿，每年堵一次补偿一次的办法并不好，只看到直接的补偿支出，却没有看到堵厂门工厂货出不去、生产原料进不来的间接损失，因此同农民谈，买断农田至少 20 年，这 20 年里就不会发生堵厂门影响生产经营的事了——这算是中国早期生态环境损害协商赔偿案例吧？

每年寒暑假有三个多月，我又会回到我的出生地——唐代诗人李白曾经游历过的壶瓶山国家级自然保护区的山脚下。（李白诗曰：壶瓶飞瀑布，洞口落桃花。虎港流碧水，大胜笄丹霞）这里也是当年中国工农红军红二、红六军团的长征出发地，这里山清水秀、鱼虾潜底、泥鳅穿梭。后来，家门口又新添了仙阳湖国家湿地公园，群山平湖、碧波荡漾、野鸭红霞。两厢对比环境，一个太好，一个太差。

或许，每个人的一生都有因缘。我从事环境律师恐怕就是始于污染，源于父亲，以及对比强烈的环境。因为小时候的经历，我在上大学时选修了一门重度影响我的课程——《环境保护法》，全班 40 多人，三人选修这门课，只有我一人考试通过，记得考了 63 分。

（二）

在不断学习与实践中，我对生态环境问题有了许多认识。

比如中美两国，国土面积相当，但美国人口数只有 3.3 亿，且不适宜人类居住的沙漠、戈壁、高寒区域明显少于中国；中国人口达到 14 亿，是美国的 4 倍，人口密度太大，导致人均环境容量明显弱于美国；美国资源丰富，至今是全球第一大油气出产国，由于地广人稀、物产富饶，其污染防控压力和资源能源压力明显小于中国、印度等人口大国，中国不可东施效颦简单照搬照抄西方国家的做法。

再以广东省为例，与日本相比，广东国土面积是日本的一半，但人口数量却与日本相当，广东的人口密度是日本的 2 倍，环境容量简单推算只相当于日本的一半（尚未考虑日本全境为海岛环境、纳污能力强等因素），广东只能比日本更加重视公害、重视环保。

中国的生态环境问题不是起于近 40 年，也不是源于现当代，"现在植被稀少的黄土高原、渭河流域、太行山脉也曾是森林遍布、山清水秀，地宜耕植、水草便畜。由于毁林开荒、滥砍乱伐，这些地方生态环境遭到严重破坏。塔克拉玛干沙漠的蔓延，湮没了盛极一时的丝绸之路。河西走廊沙漠的扩展，毁坏了敦煌古城。科尔沁、毛乌素沙地和乌兰布和沙漠的蚕食，侵占了富饶美丽的蒙古草原。楼兰古城因屯垦开荒、盲目灌溉，导致孔雀河改道而衰落……"（见《习近平论治国理政（第二卷）》第 208 页）。

"生态兴则文明兴，生态衰则文明衰。"生态环境问题应对不当，就会产生生态灾难。1958 年 2 月，"除四害"运动在我国兴起。麻雀是"四害"之一。查看已公开的历史记录，其中有大量的黑白视频材料，可以发现，"除麻雀"行动是一车一车地用解放牌大卡车运的麻雀尸体！为什么"除麻雀"的战绩多呢？"四害"中苍蝇、蚊子其实不好打，个头太小，不好汇报政绩，老鼠太狡猾，钻洞之后难找。在当时的年代，老百姓觉得一切会飞的鸟都差不多是麻雀，所以许多会飞的东西都受了牵连。麻雀变得非常少后，害虫满地、蝗灾频发，河南河北受灾严重。

类似的事情，美国也做过。1906 年，美国罗斯福总统（"二战"时期罗斯福总统的堂哥）发起除狼行动。美国北部森林大草原里，生活着美国国宝麋鹿，当时数量并不多，还屡遭狼的捕食。罗斯福总统发动全国猎人打狼，并给予奖励。他的目标实现了，狼被大量消灭，麋鹿疯狂生长。但是，几年后，由于麋鹿等草食动物太多，导致了荒漠化，草原森林消失。后终因遭细菌与病毒天敌，麋鹿又成群地死去。这个生态灾难一直延续到 1995 年，美国终于开始"引狼入室"，把澳大利亚的狼引过去，重新恢复原有的生态平衡，草原森林又重获新生。这是美国人曾经做过的傻事。

古陆上丝绸之路的消亡是另一个典型案例。古丝绸之路给我们带来了繁荣，国与国之间的贸易给当时的中国带来了财富。但由此带来的后果是古丝绸之路的被迫消失——古丝绸之路对古中国中心至西往北，造成了严重的生态破坏——因为频繁的长途贸易，沿途需要建设大量的供水、住房、酒馆等设施，必然消耗沿线的粮食、水、木材等资源，因此导致了本就脆弱的中国西北部的生态变得愈加脆弱，楼兰古国的消失，与此不无关系。并由此导致人口大量东南迁，胡焕庸线形成，海上丝绸之路开始兴盛——大约从 15 世纪开始，丝绸之路的重心就被迫转移到了海上。

（三）

2014 年《环境保护法》修改时，"保护公众健康""建立环境与健康风险管理制度"等内容最终纳入了其总则及第三十九条、第四十七条（第三十九条：国家建立、健全环境与健康监测、调查和风险评估制度；鼓励和组织开展环境质量对公众健康影响的研究，采取措施预防和控制与环境污染有关的疾病。第四十七条第二款：县级以上人民政府应当建立环境污染公共监测预警机制，组织制定预警方案；环境受到污染，可能影响公众健康和环境安全时，依法及时公布预警信息，启动应急措施）。然而我认为，上述规定的宣导价值大于实践价值——截至本书出版，上述法条并未有效落实，《国家环境与健康行动计划》还停留在 2015 年。

上面说到，我因过多吸入父亲所在工厂排放的浓硫酸而引发肺炎，这样的事情，在先进发达国家其实也多有发生。

1930 年 12 月 1 日，比利时马斯河谷烟雾事件发生，由于二氧化硫和粉尘污染对人体造成综合影响，一周内有近 60 人死亡，数千人患上呼吸系统疾病；1948 年 10 月 26 日，美国多诺拉烟雾事件爆发，6 000 人突然出现眼痛、咽喉痛、流鼻涕、头痛、胸闷等不适症状，其中 20 人很快死亡；1952 年 12 月 5 日，伦敦烟雾事件发生，由于冬季燃煤排放的烟尘和二氧化硫在空气中积聚不散，前两个星期内死亡 4 000 人，之后的两个月内又有 8 000 多人死亡；从 1977 年开始，美国纽约州拉夫运河有毒垃圾场事件逐渐爆出，当地的居民不断发生各种怪病，孕妇流产，儿童夭折，婴儿畸形，癫痫、直肠出血等病症频频发生，拉夫运河小区居民全部搬迁……

在中国，环境污染与生态破坏导致医保费用财政负担增加，慢性病、癌症等环境诱发病高发，环境贫民、环境伤害的问题频现，也已是众所周知的事实！

中国的环境律师，仍然任重道远。目前我们的环境法律正由第一阶段即以污染防治为主，强调"环境污染处置与救济"，逐渐步入第二阶段，即强调污染防治与生态环境修复并重，加强生态环境修复制度建设与实践。环境法律的第三阶段正等着我们，即以环境健康为主要导向的环境法治，建立以人与自然的健康为第一要务的环境质量标准与法律体系（目前我国或尚处于美国、日本等发达国家 20 世纪末的水平）。为此，我国亟须加强相关环境法律人才的储备。

借用乔布斯的一句话，"活着就是为了改变世界"，以自勉！

书中必有错谬之处，恳请读者不吝赐教。是为序。

陈勇儒

2020 年 5 月

目　录

第 一 部分

行政案件篇

实案一

广东省首例适用"行政一体"原则裁判案

——广州市某物流公司"未验先投"案

一、案例简述

本案是 2016 年第一轮中央环保督察以及饮用水水源地专项督察大背景下所发生的一起环境行政处罚案。历经行政复议、行政诉讼一审与二审,广州铁路运输中级人民法院最终以"行政一体"原则等理由,裁判行政相对人胜诉。这是广东省首例适用"行政一体"原则裁判的行政案件。

本案重大争议焦点之一,即在行政复议期间的 2017 年 9 月 1 日之后,行政行为发生时是否符合有效的原《建设项目环境影响评价分类管理名录》(环境保护部令第 33 号)要求的仓储项目(其他)开展环境保护设施的验收。面对这个特殊的法律适用问题,当事人即行政相对人与环保行政部门展开了多场交锋,最终在律师团队的努力争取下,该案由二审法院以"行政一体"法律原则为依据,认定行政复议机关未尽到监督职责,理解、适用法律错误,对于此类仓储项目(其他)已经不需要进行环保验收,因此撤销了行政处罚决定书、复议决定书和一审判决,维护了当事人的合法权益。

二、基本案情

2017 年 3 月 3 日，广州市南沙区环保水务局（以下简称南沙区环水局）的执法人员到广州某物流公司（以下简称该公司）进行现场检查，发现该公司在广州市南沙区东涌镇沙湾大桥南岸东侧建成一个仓储项目，检查时正常使用。项目占地面积约 5 万 m^2，设 4 层办公楼 1 栋、4 层仓库 2 栋、3 层仓库 2 栋、1 层仓库 1 栋，主要设备有手动叉车 26 台。执法人员认为项目使用过程中产生的污染物主要为噪声、生活污水等；噪声没有配套污染治理设施，生活污水经工业园的废水处理池处理后排到东涌污水处理厂的集污管网；上述项目未办理环保设施竣工验收手续。同日被告南沙区环水局的执法人员对原告作了《调查询问笔录》，其中记载上述项目于 2011 年投入使用。

2017 年 3 月 20 日，南沙区环水局发出《行政处罚听证告知书》[南环听告字（2017）64 号]，2017 年 3 月 23 日该公司向被告南沙区环水局提交《行政处罚听证申请书》，南沙区环水局于 2017 年 3 月 29 日向该公司送达《行政处罚听证通知书》，并于 2017 年 4 月 13 日召开了听证会。南沙区环水局经审议小组审议，于 2017 年 6 月 26 日向该公司作出《行政处罚决定书》[南环罚字（2017）201 号]，认为该公司仓储项目需要配套建设的环境保护设施未经验收，主体工程正式投入使用，违反了《建设项目环境保护管理条例》第二十三条的规定。依据《建设项目环境保护管理条例》第二十八条和《广州市环境保护局规范行政处罚自由裁量权规定》附件《环境违法行为行政处罚自由裁量适用标准》第 9 项的规定，对该公司作出以下处罚：责令停止位于广州市南沙区东涌镇沙湾大桥南岸东侧的仓储项目使用；罚款 7 万元。

该公司遂委托我们代理行政复议、行政诉讼。

三、胜诉路径

1. 快速反应、实地勘查

本律师团队在代理该案后，对《行政处罚决定书》的内容及其是否依照法定程序出具进行了审查。并在接受代理后，对该公司进行了实地查看，核对南沙区环水局所查处的内容是否属实，是否符合给予行政处罚的情形。在获得公司的经营状况和排污情况后，于 2017 年 9 月 16 日向广州市环境保护局申请行政复议，阐明不应给予环境行政处罚的事实理由，《行政复议申请书》中阐述如下：

一、被申请人（指《行政复议申请书》中被申请人，即原行政机关南沙区环水局，作者加注）对生活污水污染事实认定错误，且其对噪声污染未经环境检测，缺乏正当依据，任意认定我司环境违法，严重违反法律规定

《行政处罚决定书》显示，被申请人认为我司仓储项目使用的手动叉车产生噪声、生活污水等环境污染。事实上，我司所经营的五凤工业城仓储项目所产生的生活污水系广州市某物业管理有限公司的物业经营范围，且后者所投产的环保设施，已于 1991 年 11 月，由前业主番禺某实业有限公司申请完成了环保验收并合格等程序，即其污水处理设施已常年合法持续运行，污水达标排放已属常态。因此，被申请人认定我方生活污水排放环境违法，系对基本事实认定出现严重错误。

另，对于噪声污染的认定，综观《行政处罚决定书》全文，未能发现有任何检测依据，噪声污染等定性纯属被申请人臆测。根据《声环境质量标准》（GB 3096—2008）之规定，仓储区域属于 3 类声环境功能区，其环境噪声限值为厂界外昼间 65 dB、夜间 55 dB。且其明确规定，此项标准值旨在限制工业噪声对周围环境产生影响。因此，在仓储项目正常规范运行中所产生的室内声音，未在厂界外进行检测，在不知是否超标的情况下，被申请人即认定其为噪声污染，断定我公司有环境噪声污染行为，显然违反法律规定。

二、我司仓储项目安全规范运行、严格控制环境违法行为，所指"项目噪声"属于正常生产的室内声音，对外无环境负担。被申请人作出的环境违法处罚，必然违法

我司人员在公司厂界现场走访时，未能察觉包括噪声污染在内的任何环境异常行为，且公司周边的村民亦未有任何举报行为，这也从侧面证明我司不存在噪声污染等环境污染行为。

另外，被申请人认定的噪声属于我司仓库内的安全生产产生的正常声音，即使超过室内噪声相应的标准亦属室内环境，没有对外排放，无外环境负担。而且，被申请人并未依据法律规定在我司厂界周边进行相关噪声超标与否的检测，甚至亦未

对室内声音进行噪声超标等检测。在没有任何检测依据的前提下，任意断定我司存在噪声污染的环境违法行为。被申请人的执法行为与执法者应秉持的"以事实为依据，以法律为准绳"的执法精神相违背，其所作出的决定书显然违反法律法规。

三、被申请人适用法律错误，且其未明确我司缺乏何种配套环保设施，以环保设施未经验收为由，概而论之定性环境违法行为，缺乏正当、充分依据，所作处罚决定必然有误

我司常年经营鞋类、衣服等仓储项目，为各大电商提供货物临时仓储，如京东、一号店的鞋类仓储。各大仓库运行规范，无油气等危险品存储现象发生。根据《建设项目环境影响评价分类管理名录》项目类别第 180 项可知，"其他"仓储项目不需作环境影响报告书、环境影响报告表，仅需进行简单的环境影响登记。这也表明我司所经营的鞋类货物仓储项目属于污染小甚至无污染项目。在仓储项目本身运行污染小甚至无污染的前提下，无须配备环保设施。

而且，被申请人未明确我司仓储项目缺乏"何种需要配套的环保设施"，对于污染小甚至无环境污染的项目，"有何环保设施需要配备验收"，对此被申请人均未在决定书中充分明确认定，而是一以概之地予以法律套用，法律适用不当，所作出的环境违法处罚必然违法。

2．原行政行为机关的答复

广州市环境保护局在受理行政复议申请后，向南沙区环水局送达穗环行复〔2017〕43 号《提出行政复议答复通知书》，南沙区环水局于 2017 年 9 月 30 日作出穗南区环水函（2017）2545 号《关于广州市××物流有限公司行政复议答复书》。具体如下：

> 一、被申请人作出的南环罚字（2017）201 号《行政处罚决定书》在法定职责范围内。依据《中华人民共和国环境保护法》第十条的规定，县级以上地方人民政府环境保护主管部门，对本行政区域环境保护工作实施统一监督管理。故被申请人作出的上述《行政处罚决定书》具有法定职责。
>
> 二、申请人（指《行政复议申请书》中申请人，即该公司——作者注）违法事实清楚，证据确凿。经查，2017 年 3 月 3 日，经被申请人执法人员现场检查发现，

申请人在广州市南沙区××镇××岸××侧建成一个仓储项目，于 2011 年 1 月投入使用，注册资本 301 万元整。现场检查时，申请人仓储项目正常使用，占地面积约 5 万 m²，设 4 层办公楼 1 栋、4 层仓库 2 栋、3 层仓库 2 栋、1 层仓库 1 栋，主要设备有手动叉车 26 台。项目使用过程中产生的污染物主要为噪声、生活污水等。噪声没有配套污染治理设施，生活污水经工业园的废水处理池处理后排到东涌污水厂的集污管网。申请人未办理上述仓储项目需要配套建设的环境保护设施竣工验收手续。经查实，申请人仓储项目需要配套建设的环境保护设施未经验收，主体工程正式投入使用，违反了《建设项目环境保护管理条例》第二十三条的规定。被申请人对申请人作出行政处罚的证据有《现场检查记录》《询问笔录》《现场检查照片》、营业执照、《文书送达地址确认书》《调查报告》《立案登记表》《行政处罚听证告知书》[南环听告字（2017）64 号]及 EMS 快速回执、听证申请书、《行政处罚听证通知书》[南环听通字（2017）34 号]及送达回执、听证笔录及申请人授权委托书、委托代理人身份证明、环境违法行为行政处罚案件评议会议纪要、行政处罚案件审议表等。

三、被申请人作出行政处罚程序合法。被申请人于 2017 年 3 月 3 日对申请人进行调查取证，2017 年 3 月 6 日立案查处，同年 3 月 22 日通过 EMS 邮政快递向申请人送达《行政处罚听证告知书》[南环听告字（2017）64 号]，上述快递送达地址与申请人《文书送达地址确认书》及营业执照上记载的有效送达地址一致。同年 3 月 23 日申请人递交了听证申请书，2017 年 4 月 13 日，被申请人依法组织召开了听证会。经被申请人行政处罚审议小组会议审议，依法于 2017 年 6 月 26 日作出南环罚字（2017）201 号《行政处罚决定书》，并于同年 7 月 19 日通过 EMS 邮政快递向申请人送达了上述《行政处罚决定书》，因此被申请人作出的具体行政行为程序合法。

四、被申请人作出的行政处罚适用法律正确。《建设项目环境保护管理条例》第二十条第一款规定："建设项目竣工后，建设单位应当向审批该建设项目环境影响报告书、环境影响报告表或者环境影响登记表的环境保护行政主管部门，申请该建设项目需要配套建设的环境保护设施竣工验收。"第二十三条规定："建设项目需要配套建设的环境保护设施经验收合格，该建设项目方可投入生产或者使用。"第二十八条规定："违反本条例规定，建设项目需要配套建设的环境保护设施未建成、未经验收或者经验收不合格，主体工程正式投入生产或者使用的，由审批该建设项目环境影响报告书、环境影响报告表或者环境影响登记表的环境保护行政主管部门责令停止生产或者使用，可以处 10 万元以下的罚款。"申请人仓储项目在需要配套建设的环境保护设施未经环保主管部门验收的情况下，即擅自投入使用，其行为已违反了上述法规的规定，应依法对其实施行政处罚。申请人的复议申请未能提供合法有效的证据，且没有任何法律依据证明其仓储项目可以未通过环保设施竣工验收，便投入生产，其"已取得排水许可证、对周边污染小"等理由不能作为撤销被申请人行政处罚的抗辩理由。

五、被申请人作出行政处罚内容适当。关于本案的处罚额度问题，根据《建设项目环境保护管理条例》第二十八条的规定："建设项目需要配套建设的环境保护设施未经验收，主体工程正式投入生产或使用的，可以处 10 万元以下的罚款"，本案经过被申请人案件审议会对全案的事实、程序、法律适用等进行了综合评议，并根据环境保护部《环境行政处罚办法》第六条关于规范自由裁量权的规定，考虑到申请人近 2 年来没有受处罚的情况，积极配合查处，改正违法行为等情节，降低了 3 万元的处罚金额，因此对申请人作出 7 万元的罚款合法、合理。

综上所述，被申请人认为南环罚字（2017）201 号《行政处罚决定书》认定事实清楚，证据确凿，适用法律正确，程序合法，量罚恰当，请求复议机关依法维持。

3．相对人方复议依据再补充

作为代理律师，我们在收到行政复议答复书和证据材料后，经商议、思考，发表了如下补充意见：

> 一、申请人仓储项目无污染，不需要环保设施，被申请人的处罚决定所依据的主要事实不清、法律适用错误。被申请人作为环境主管部门认为申请人需配备却未告知需何种设施，继而进行处罚，是强人所难，环境管理行为显属不当
>
> 申请人经营项目为无外环境负担的日常消费品仓储项目，仓储项目本身无污染。截至目前，亦无任何证据表明申请人有对外环境污染事实。被申请人声称的噪声污染缺乏充分合理的证据，仅仅依靠《询问笔录》、现场检查等，缺乏环境检测等强有力的事实证据，显然证据不充分。被申请人指称申请人的手动叉车产生噪声，

无明确证据证明。《噪声污染防治法》第二条明确："本法所称环境噪声，是指在工业生产、建筑施工、交通运输和社会生活中所产生的干扰周围生活环境的声音。本法所称环境噪声污染，是指所产生的环境噪声超过国家规定的环境噪声排放标准，并干扰他人正常生活、工作和学习的现象。"噪声是指超过环境噪声排放标准（分贝标准）的环境声音，不是指一切声音，更不是指厂界内的声音。噪声与声音，是两个截然不同的概念。

另，申请人经营项目未收到任何周边投诉，此可以从侧面佐证对外无噪声环境污染。再根据《建设项目环境影响评价分类管理名录》项目类别第 180 项可知，"其他"仓储项目不需作环境影响报告书、环境影响报告表，仅需进行简单的环境影响登记备案，这也从法律上证明申请人所经营的日常消费品货物仓储项目属于污染小甚至无污染项目。

在仓储项目本身运行污染小甚至无污染的前提下，不需要配备环保设施。而被申请人依据"需要配套建设的环境保护设施未建成、未经验收或者验收不合格，建设项目即投入生产或者使用"之规定对申请人进行严厉的行政处罚属于法律适用错误，所作处罚决定违法，应予撤销。

被申请人作为辖区内的环境行政主管部门，应当告知申请人缺乏何种环境保护设施，而不是单纯地臆测只要是经营项目就应当配备环境保护设施，采取"一刀切"的环境管理模式来进行违法管理。申请人项目本身无污染即不需要环保设施，被申请人在未举证证明申请人具有环境污染行为，亦未告知我方具体需要何种配套环保设施前提下，对申请人进行处罚，是强人所难——没有环境污染上什么环保设施。

二、被申请人所指的生活污水排放污染系已取得排水许可证的合法排放，污水处理设施已合法运营多年。被申请人如若坚持要求对已取得排水许可证的生活污水处理设施进行环保验收，属行政滥权

申请人所在园区的生活污水配套处理设施污水处理站已经取得排水许可证。根据《城市排水许可管理办法》第九条的规定，排水许可证的取得即表明所在园区的环保设施已经符合该办法中的提交"按规定建设污水处理设施"材料等法定申请的要求，符合《污水综合排放标准》（GB 8978—1996）的要求。如若认为取得排水许可证后，还需要进行环保设施验收，那么验收主体亦并非申请人而应当是"某经济联合社"。况且生活污水的排放已经是有证合法排放多年，被申请人如若坚持要求继续进行环保设施验收，于法无据，不属于环保行政机关管辖范围，属行政滥权。

三、申请人为仓储物业租赁方，没有对生活污水管网处理系统实施任何新、改、扩行为。生活污水处理系统的环保验收责任主体亦应为出租方，即某工业城园区的经营方"海珠区凤阳街某经济联合社"

申请人仓储项目位于某工业城园区内，仓储项目本身无污染。被申请人所指的污染物——生活污水，系申请人职工个人的日常生活用水而致，仓储项目自身不产生任何工业污水，无证据证明生活污水的产生与仓储活动有任何关联（员工工作期间上厕所、洗手、用餐洗碗、日常洗澡等产生的污水不属于与生产经营相关的生活污水，只有与生产经营直接相关而产生的诸如职工消毒、机械加工作业者洗手等污水才属于生产经营相关污水）。且因申请人职工的宿舍大楼亦为租赁对方的园区物业，排放污水已经通过既有管道进至污水处理站。申请人并没有进行任何的管网和处理站的新建、改建、扩建，所有的生活污水均已通过园区的污水处理设施处置后排入市政管网。即使前述生活污水处理系统还需进行环保验收，其主体亦应为该系统的建设单位，即园区的经营方"某经济联合社"。

4. 行政复议机关究竟如何决定

律师的意见没有得到行政复议机关的采纳。广州市环保局于2017年11月14日作出了复议决定如下：

本机关查明：申请人于2011年1月25日成立，领取营业执照。2017年3月3日，被申请人现场检查发现，申请人已建成一个仓储项目，自2011年1月起投入使用，检查时项目亦正常使用；该项目占地面积约5万m²，设有1栋4层办公楼、2栋4层仓库、2栋3层仓库、1栋1号仓库，主要设备有手动叉车26台；项目使用过程中主要产生噪声、生活污水等污染物。其中，噪声未配套污染治理设施，生活污水经工业园废水处理池处理后排至东涌污水处理厂的集污管网。申请人未办理项目需要配套建设的环境保护设施竣工验收手续。2017年3月22日，被申请人向申请人送达《行政处罚听证告知书》[南环听告字（2017）64号]。2017年3月23日，申请人向被申请人提交书面陈述申辩意见及听证申请。2017年3月29日，被申请人向申请人送达《行政处罚听证通知书》[南环听通字（2017）34号]。2017

年 4 月 13 日，被申请人组织召开听证会。后经被申请人环境违法行为行政处罚案件评议会议集体审议，被申请人于 2017 年 6 月 26 日作出《行政处罚决定书》[南环罚字（2017）201 号]，认定申请人仓储项目需要配套建设的环境保护设施未经验收，主体工程正式投入使用，依据《建设项目环境保护管理条例》第二十八条的规定和相应的行政处罚自由裁量标准，责令申请人停止使用仓储项目，处罚款 7 万元，并于同年 7 月 19 日送达。申请人不服上述处罚决定，遂向本机关提起行政复议申请。

《建设项目环境保护管理条例》（国务院令第 253 号）第二十三条规定，建设项目需要配套建设的环境保护设施经验收合格，该建设项目方可正式投入生产或者使用。第二十八条规定，违反本条例规定，建设项目需要配套建设的环境保护设施未建成、未经验收或者经验收不合格，主体工程正式投入生产或者使用的，由审批该建设项目环境影响报告书、环境影响报告表或者环境影响登记表的环境保护行政主管部门责令停止生产或者使用，可以处 10 万元以下的罚款。全国人大法制工委法工委复〔2017〕2 号文规定，对建设单位未依法报批建设项目环境影响评价文件却已建成建设项目，同时该建设项目需要配套建设的环境保护设施未建成、未经验收或者经验收不合格，主体工程正式投入生产或者使用的，应当分别依照《环境影响评价法》第三十一条、《建设项目环境保护管理条例》第二十八条的规定作出相应处罚。

本案中，申请人从事的鞋类、衣服等仓储项目，属于《建设项目环境影响评价分类管理名录》（环境保护部令第 33 号）中"U 城镇基础设施及房地产"类别的"154、仓储（不含油库、气库、煤炭储存）"项目（即环境保护部令第 2 号中的 U13 类项目），应当执行当时国家关于建设项目环境影响评价分类管理的要求，办理环境影响报告表审批手续，且在项目需要配套建设的环境保护设施经环境保护主管部门验收合格后，项目主体工程方可投入使用。但是，申请人并未履行上述法定义务，在未办理环境影响评价审批及需要配套的环境保护设施竣工验收手续的情况下，擅自投入使用涉案项目主体工程，违法行为事实清楚、证据确实。针对申请人的上述违法行为，被申请人作为具有涉案项目审批及监管权限的环境保护主管部门，依据《建设项目环境保护管理条例》（国务院令第 253 号）第二十八条的规定进行处罚，符合法律法规规定。被申请人依法对申请人进行了处罚听证告知，在充分考量申请人的违法事实及申辩听证意见后，依法作出《行政处罚决定书》[南环罚字（2017）201号] 并送达，程序合法。基于违法行为性质、具体情节和改正情况等因素，被申请人在法规规定的范围和幅度内作出的处罚决定内容并无不当。

本机关认为："三同时"制度是国家对于建设项目环境管理的一贯规定，执行该制度是申请人应当主动履行的法律义务。被申请人依据《建设项目环境保护管理条例》（国务院令第 253 号）的规定，对申请人在建设项目需要配套建设的环境保护设施未经验收合格的情况下，主体工程已投入使用的违法行为依法实施行政处罚，该行政行为认定事实清楚，证据确实，适用法律正确，程序合法，内容并无不当。

关于申请人认为仓储项目无污染、不需要环保设施，且项目已取得排水许可证，被申请人未告知需要配套何种设施、申请人并非验收责任主体等意见，本机关认为，无论根据项目投入使用时施行的《建设项目环境影响评价分类管理名录》（环境保护部令第 2 号），还是涉案行政处罚作出时施行的《建设项目环境影响评价分类管理名录》（环境保护部令第 33 号），申请人从事的仓储项目均属于应当编制环境影响报告表的环评类别，并应当按照国家有关法律规定，办理项目环境影响报告表审批手续，且在项目需要配套建设的环境保护设施经环境保护主管部门验收合格后，涉案项目主体工程方可正式投入生产或者使用。此外，根据《中华人民共和国环境影响评价法》的规定，环境影响评价是对建设项目实施后可能造成的环境影响进行分析、预测和评估，提出预防或者减轻不良环境影响的对策和措施，进行跟踪监测的方法与制度。因此，申请人从事的仓储项目可能产生何种污染、需要配套何种环保设施，都需要通过开展项目环境影响评价来确定：在当时，由作为建设单位的申请人组织编制环境影响报告表，并报有审批权的环境保护主管部门审批后，方可确定项目需要配套哪些环境保护设施，且上述环境保护设施必须与项目主体工程同时设计、同时施工、同时投入使用，项目主体工程投入使用前，申请人还需确保配套的环境保护设施已经验收合格。因此，申请人的上述意见无法律依据，本机关不予采纳。

5．司法救济第一枪——状告两行政部门

《行政复议决定书》驳回了该公司的请求，当时这在我们的意料之中。但该公司投资人说：罚钱事小，责令项目停止事大！为维护自身正当合法权益，该公司要求代理律师依法向广州铁路运输第一法院提起行政诉讼，以广州市环境保护局

和南沙区环水局为双被告，请求判决撤销涉案的《行政处罚决定书》和《行政复议决定书》。

具体理由如下：

一、被诉行政行为主要证据明显不足——责任主体错误

涉案生活污水环保设施不属于原告建设、所有、运营，其主体是当地某经济联合社，如果这个环保设施因未经验收而追究责任，其责任主体显然是该经济联合社，而非原告。

被告一（南沙区环水局——作者注）认定原告仓储项目经营活动产生生活污水等污染物，没有任何证据证明、事实依据。

被告一的上级机关即被告二（广州市环保局——作者注）在自己的官方网站上明确表明："工厂的生活污水是否进行排污申报登记，主要取决于该部分生活污水的产生和排放是否与工厂的生产和经营有关。例如，一些工厂厂区内的非营业性的供工厂员工走出生产车间直接进行洗浴的冲洗水、专门为职工提供的专业性的保健站的废水，以及一些机械生产企业的洗手水等都属于与生产有关的生产废水。"

原告的经营活动仅限于为广州市民配送品牌衣服、鞋等生活物品，为京东、一号店、唯品会、天猫等商家提供商品仓储服务，属于第三产业中的现代物流业（也是广州市民美好生活需要发展的产业），不会因为这些活动产生任何污水，员工活动不需特殊消毒、冲洗，至于员工通过建筑物内卫生间所排放的污水，完全是员工因为一般生理需求所进行的生活污水排放，与仓储经营活动没有关联，依法不属于排污登记申报的范围。

但被告一在无任何直接证据证明的情况下，即认定原告经营活动产生了其职权认定范围内的生活污水，且需要配套建设环保设施，显属主要证据不足。

被告一另认定原告有噪声，必须配套相应环保设施，但《噪声污染防治法》第二条明确规定："本法所称环境噪声，是指在工业生产、建筑施工、交通运输和社会生活中所产生的干扰周围生活环境的声音。本法所称环境噪声污染，是指所产生的环境噪声超过国家规定的环境噪声排放标准，并干扰他人正常生活、工作和学习的现象。"噪声，指超过环境噪声排放标准（分贝标准）的环境声音，不是指一切声音，更不是指厂界内的声音。噪声与声音，是两个截然不同的概念。被告一同样未提供任何证据证明原告生产经营活动产生了执法意见上的"噪声"。

根据广州市环保局发布的《广州市环境保护局规范行政处罚自由裁量权规定》（穗环〔2014〕53 号）所附《环境违法行为行政处罚自由裁量适用标准》，其中与本案相关的第 9 项明确规定，"违法情节与裁量幅度"必须考量环境保护设施是否建成、是否在建，而环保设施是否建成、是否在建的前提是应确定是否应建环保设施，如果不用建，何谈环保设施是否建成、是否在建？但被告一在没有任何证据证明的情况下，就认定原告产生了其职权管理范围内的生活污水、噪声等污染物，且需要建设相应环保设施，显然属于"违法情节与裁量幅度"之主要事实的依据不足。

二、被诉行政行为超越职权，与工商业项目无关的生活污水处理设施不属环保职能管理

如上所述，由于与原告有关联的生活污水是与环保职能、排污申报无关的生活污水，故原告所涉生活污水的行政管理并非被告以环保为由履行相关执法职能、实施执法行为的范围，不是被告一的环保职权，故本案被诉行政行为超越职权。

三、被诉行政行为滥用职权，被告一兼有水务与环保职能，已由水务职能部门对生活污水处理系统进行验收并发放排水许可证的情况下，再由环保职能部门进行二次管理，是滥用职权

涉案污水处理环保设施，已于 2014 年 7 月 2 日由原南沙区水务局发放排水许可证（证号：穗南水排字 201431 号）。被告一是由原南沙区水务局与环保局两局职能合并而成，依据法理，原两局所进行的执法活动造成的法律影响，依法由现合并局承受。被告一所指生活污水环保处理设施，已取得排水许可证，根据《城市排水许可管理办法》第九条的规定，排水许可证的取得即表明所在园区的配套环保设施已经符合该办法中的提交"按规定建设污水处理设施"的材料等法定申请要求，达到第八条所要求的："（一）污水排放口的设置符合城市排水规划的要求；（二）排放的污水符合《污水排入城市下水道水质标准》（CJ 3082）等有关标准和规定，其中，经由城市排水管网及其附属设施后不进入污水处理厂、直接排入水体的污水，还应当符合《污水综合排放标准》（GB 8978）或者有关行业标准……"

如上所述，与项目经营活动无关的生活污水处理的管理，不属于环保部门的职权。而同一个局，已经进行过一般生活污水管理并对符合要求的环保配套设施已验收核发相应许可凭证，屡次进行重复管理的，属于行政滥权行为。

四、运用法律、法规错误

被告一以原告违反《建设项目环境保护管理条例》第二十八条为依据实施行政处罚行为，被告二以全国人大法工委文件《建设项目环境管理如何适用法律的答复》（法工委复〔2007〕2 号）第三点为依据维持行政行为。但是，两法条都明确其规范对象均为"需要配套建设的环境保护设施"，而非泛泛之谈，没有对象。不是像被告所说，不需论证是否影响环境、是否确需配套建设环保设施。

环境保护部 2016 年 12 月 27 日就已公布的新《建设项目环境影响评价分类管理名录》（部令第 44 号，以下简称《名录》）明确，第 180 类仓储项目其他类已不需要进行环境影响评价报告，列入"登记表"类，也从一个侧面表明，一般仓储项目已经被环境保护部确认是无污染、对环境影响很小的项目（因为根据《环境影响评价法》第 16 条的规定，"国家根据建设项目对环境的影响程度，对建设项目的环境影响评价实行分类管理……对环境影响很小、不需要进行环境影响评价的"；第 20 条规定，"国家对环境影响登记表实行备案管理"，也就是由企业自己填报，不需要专业机构进行评价）。对于这样已经上级主管行政机关明确确定为环境影响很小的项目，如果不证明确有污染、确有需要配套建设环保设施的，就生搬硬套相关法条，很显然是不负责任的行政行为，是错误地（至少是机械地）理解、适用法律。

被告一在其《行政复议答复书》中认为，根据旧的、在实施行政行为时仍有效的《建设项目环境影响评价分类管理名录》，一般仓储项目仍属于需进行环境影响报告的项目，所以仍应推定为有需要配套建设环保设施的项目，仍应走验收程序。这样的观点，如果出现在环境保护部没有出台新的《名录》、没有确认一般仓储项目属于环境影响很小的项目之前，尚可理解，但在已有上级机关明确结论的情况之下，还这样没有事实证据地推论，恐怕已经不妥，因为这样的推论，既不是法定推论，也不是事实推论，更不是常理推论或经验推论。

五、行政行为明显不当，超上限加重处罚没有任何法律依据

根据《国民经济行业分类》（GB/T 4754—2011），原告经营的仓储业属于第三产业。被告一作出行政处罚行为的裁量依据是《广州市环境保护局规范行政处罚自由裁量权规定》所附《环境违法行为行政处罚自由裁量适用标准》第 8 项、第 9 项，

对违反《建设项目环境保护管理条例》第 28 条的第三产业项目的最高处罚额为 7 万元（6 万元+1 万元），而对第三产业已配套环保设施但未验收行为的处罚幅度是 3 万～5 万元（2 万～4 万元+1 万元），最高处罚额是 5 万元（4 万元+1 万元）。

但被告一对原告给予的是 7 万元的行政处罚，是超自由裁量权限的处罚，是加重处罚，也是最高额处罚。但通观被告一的行政处罚决定及其提交给被告二的证据材料，看不到被告有超越自由裁量权限、对原告应予加重处罚的事实证据或法理依据。根据第 8 项、第 9 项，能够对第三产业罚款 7 万元的，是指"环境保护设施尚未建设的"（且项目应进行最高等级的环境影响评价报告书审批或者对环境有重大影响可能及污染较重）的情形，不是指涉案《行政处罚决定书》"环境保护设施未经验收"的情形，性质完全不同。

原告认为，被告一对环境影响小的第三产业随意给予了超出其自由裁量权限的加重处罚、最高限处罚，试问对于环境影响大、污染较重的第三产业又该怎么处罚呢？无论环境影响大小，一律加重处罚、一律最高额处罚，不仅违反依法行政原则，也违反了行政均衡原则，亦是违反上级部门规范、政令不统一、有法有规不依的表现（也是适用法律法规错误、滥用权力行为，《广州市环境保护局规范行政处罚自由裁量权规定》第十四条明确，"环境违法行为人的违法行为不具有从重、从轻、免予处罚情节，应当对其予以适中的处罚"）。

6．一审法院裁判观点如下

根据《中华人民共和国环境保护法》第十条第一款规定和《环境行政处罚办法》第十四条第一款的规定，被告南沙区环水局具有本区域范围内的环境保护执法权及处罚权。原告公司建成仓储项目，应执行国家关于建设项目环境影响评价分类管理的要求，办理环境影响评价手续，且在项目需配套建设的环境保护设施经环境保护主管部门验收合格后，项目主体工程方可投入使用。但是原告在广州市南沙区××镇××岸×侧建成一个仓储项目并于 2011 年 1 月正式投入使用，直到 2017 年 3 月 3 日被告南沙区环水局对其检查时，原告仓储项目需要配套建设的环境保护设施仍未经验收，原告的行为已违反上述规定。被告南沙区环水局依照上述规定，综合考虑原告建设项目的性质、规模、违法行为造成的危害后果、过错程度、改正违法行为的态度等因素，在法律规定的幅度内对原告作出罚款 7 万元及停止仓储项目使用的行政处罚决定，适用法律法规正确，处罚适当。

对于原告提出的被告南沙区环水局认定责任主体错误的主张，原审法院认为，根据《建设项目环境保护管理条例》第 2 条的规定，《建设项目环境影响评价分类管理名录》的项目均属于《建设项目环境保护管理条例》规制的对象，项目的建设单位即为《建设项目环境保护管理条例》的责任主体，涉案仓储项目在《建设项目环境影响评价分类管理名录》中的项目类别为第 154 项仓储（不含油库、气库、煤炭储存），原告作为该项目的建设单位系责任主体。

对于原告提出的涉案仓储项目所在园区已取得排水许可证，被告南沙区环水局重复管理、滥用职权的主张，法院认为，排水许可证由原广州市南沙区水务局核发，该行政许可行为并非针对建设项目需要配套建设的环保设施作出的验收行为，原告建成涉案仓储项目投入使用但需要配套建设的环境保护设施仍未经验收，违反了《建设项目环境保护管理条例》的相关规定，被告南沙区环水局依法对其作出行政处罚，不存在重复管理、滥用职权，原审法院对原告的上述主张不予采纳。对于原告提出的与工商业项目无关的生活污水处理设施不属于环保职能管理，被告南沙区环水局超越职权及被告南沙区环水局适用法律错误，本案应适用《建设项目环境影响评价分类管理名录》（环境保护部令第 44 号）的主张，法院认为，《建设项目环境影响评价分类管理名录》（环境保护部令第 33 号，已废止）自 2015 年 6 月 1 日起施行，2017 年 9 月 1 日废止，而《建设项目环境影响评价分类管理名录》（环境保护部令第 44 号）自 2017 年 9 月 1 日起施行，原告仓储项目于 2011 年 1 月起投入使用，被告南沙区环水局于 2017 年 3 月对涉案仓储项目检查立案，于 2017 年 6 月 26 日作出涉案处罚决定书，被告南沙区环水局适用《建设项目环境影响评价分类管理名录》（环境保护部令第 33 号）并无不当，原告仓储项目属于《建设项目环境影响评价分类管理名录》（环境保护部令第 33 号）项目类别规定的"U 城镇基础设施及房地产"第 154 项仓储（不含油库、气库、煤炭储存）其他需要编制环境影响报告表的建设项目，因此对上述意见不予采纳。对于原告提出的被告南沙区环水局作出罚款 7 万元超出上限的主张，无事实与法律依据，不予采纳。

7. 司法救济第二枪——上诉维权

上诉人不服原审法院（广州铁路运输第一法院）于 2018 年 5 月 2 日作出的

（2017）粤 7107 行初 4233 号案件判决，提出上诉，请求依法撤销原审判决。事实理由如下：

一、涉案项目已依法取得环境影响登记表备案之合法行政许可，证明确属环境影响较小、基本无影响的项目，不需要额外配套环境保护设施，无环保设施验收必要

上诉人于 2018 年 1 月 15 日已经在广东省环境保护厅公众网上的广东省建设项目环境影响登记表备案信息系统中完成了项目环境影响的登记并备案。建设项目环境影响登记表备案号为 201844011500000042。根据《环境影响评价法》第十六条的规定，"……（三）对环境影响很小、不需要进行环境影响评价的，应当填报环境影响登记表"，上诉人依法完成环境影响登记表备案，从法律形式上证明了其项目确实属于环境影响很小或基本无影响的项目。这与上诉人的现实状况相符，没有对外产生环境污染，未曾收到周边居民任何的环境污染投诉。因此可知，上诉人项目基本无环境影响，更加没有环境污染，不需要额外配套环保设施来处置污染物，也就无环保设施验收之必要。

二、被上诉人混淆法律概念，对于"未批先建"的违法行为依照"未验先投"处罚，事实认定错误

环境保护部发布的环政法函〔2016〕6 号文《关于〈环境保护法〉（2014 修订）第六十一条适用有关问题的复函》规定，"对已经建成投产或者使用的前述类型的违法建设项目，立案查处的环保部门应当按照全国人大常委会法制工作委员会《关于建设项目环境管理有关法律适用问题的答复意见》（法工委复〔2007〕2 号）确定的法律适用原则，分别作出相应的处罚。即，对违反环评制度的行为，依据新《环境保护法》和《环境影响评价法》作出相应处罚；同时，对违反'三同时'制度的行为，依据《水污染防治法》《固体废物污染环境防治法》《环境噪声污染防治法》《放射性污染防治法》《建设项目环境保护管理条例》等现行法律法规作出相应处罚"。该条明确区分了"未批先建"与"未验先投"，两者是两个独立且截然不同的违法行为，处罚依据也不同。

"未批先建"属于违反环评制度的行为，并不必然导致"未验先投"的违法情形发生。不是只要企业存在"未批先建"违法行为的，一定就存在"未验先投"的

违法情形，两者没有必然的因果关系。如果要依据"未验先投"来处罚，被上诉人必须要有证据证明上诉人确实存在环境污染事实，确有必要配套环保设施并经"验收"。本案中被上诉人唯一有证据证明的仅为上诉人违反环评制度，未办理环评手续，根本就没有充分证据证明环境污染的事实，反而对于上诉人已使用的污水处理等环保设施视而不见。被上诉人至今未提交客观的污染事实认定证据，其混淆法律概念，按照"未验先投"的违法行为依照《建设项目环境保护管理条例》第二十八条的规定处罚，明显属于法律适用错误。

　　三、噪声污染属于能量污染而非物质污染，并非有声音即构成噪声污染，被上诉人欠缺环境监测等客观事实依据，任意认定污染行为，行政不当

　　环境保护部发布的 2008 年第 44 号文《工业企业厂界环境噪声排放标准》规定了排放限值（表 1-1），确定了噪声污染的标准，超过相应数值才可能构成噪声污染。被上诉人声称上诉人有噪声污染，却没有相应的监测数据，纯属主观认定上诉人有噪声污染等违法事实。其根本就没有客观可靠证据证明污染事实的存在，因为上诉人本就对环境影响很小。被上诉人作为行政主管部门，没有贯彻合理行政的基本原则，执法明显不当。

表 1-1　工业企业厂界环境噪声排放限值　　　　　　　　单位：dB

边界处声环境功能区类型	时　段	
	昼间	夜间
0	50	40
1	55	45
2	60	50
3	65	55
4	70	55

　　四、《建设项目环境影响评价分类管理名录》并非强制性的法律法规，是根据环境实情随时变动的行政指导性文件，如果僵化、教条适用必然导致行政不当，错误地将客观上无污染项目当成污染项目

　　《建设项目环境影响评价分类管理名录》最先于 2015 年 4 月 9 日环境保护部以第 33 号部令发布。然后于 2017 年 6 月 29 日，环境保护部以第 44 号令对外公布，于同年 9 月 1 日实施。紧接着，生态环境部于 2018 年 4 月 28 日又公布了《关于修

改〈建设项目环境影响评价分类管理名录〉部分内容的决定》，一次性取消了 10 个类别报告书要求。因此该名录的变动也就表明了其并非能够完全与实际类型情况相一致，而是随着时间的变动需要不断作出变更。对于执法部门而言，不能机械地套用该目录的暂时性规定，其可作为一般的参考，但面对实际项目时还需考察其到底有无环境污染和污染影响的程度。生态环境部的修订本身也是国家在不断思考所管理的行业类别对环境影响的大小，经过实际的影响与反馈，最终形成变动性的修正。因此执法部门的合理行政，如果机械地适用本就存在不科学性，至少不完全准确。具体到本案表现为，上诉人在对于环境的影响很小甚至基本没有的情况下，遭受严厉的行政处罚，是一种不公平的表现。为了实质上的公正，也恳请司法部门切勿对无环境污染的项目机械适用该指令。

五、原审判决采纳被上诉人关于上诉人应当编制建设项目环境影响报告表的意见，属于认定事实不清、适用法律错误

被上诉人在未确定上诉人存在有毒有害及危险品的仓储、物流配送项目的前提下，认定上诉人应当编制环境影响报告表，属于主观推定。被上诉人应依法经法定程序鉴定或证明上诉人运营的仓储项目属于有毒、有害及危险品的仓储类别，且存在生活污水和噪声污染的事实。噪声污染属于能量污染而非物质污染，并非有声音即构成噪声污染，被上诉人欠缺环境监测等客观事实依据，任意认定污染行为，明显不当。

六、被诉行政处罚决定适用法律错误且程序违法

被诉行政处罚决定没有适用《中华人民共和国行政处罚法》，而是直接适用下位法，没有说明其职权来源依据，责令停止使用属于行政命令，不属于行政处罚的法定种类，没有按照行政处罚法的规定同时责令当事人改正或者限期改正违法行为，也没有告知如何整改。对上诉人作出 7 万元的罚款，超过《广州市规范环境行政处罚自由裁量权规定》关于第三产业类"环境保护设施尚未建设"情形的 6 万元上限。被上诉人南沙区环水局于 2018 年 1 月 12 日向上诉人出具通知，要求上诉人于 2018 年 4 月 30 日前办理完成建设项目环境影响报告书（表），报批配套环境保护设施验收或者环境影响登记表备案工作，该通知作出在被诉处罚决定之后，违反法律规定。上诉人已于 2018 年 1 月 15 日办理了环境影响登记表，该事实证明上诉人的仓储项目确属于环境影响较小、基本无影响的项目。上诉人整改完毕后，行政处罚决定已经不具备可执行性，且违法事实已经不存在，该处罚决定因没有事实和法律依据应依法予以撤销。

上诉人广州市某物流公司在该案件依法受理后，获得了新证据即依法备案的《环境影响登记表》。因此，除原行政上诉状的意见外，上诉人认为违法事实已不存在，被上诉人一作出的行政处罚决定已经不具备执行的可能性，于是提交了补充上诉意见。具体如下：

一、一审判决采纳被上诉人一认为上诉人应当编制《建设项目环境影响报告表》的意见，属于认定事实不清，适用法律错误

（一）被上诉人一在无证据的情况下，主观推定上诉人应当编制《建设项目环境影响报告表》没有事实依据。

被上诉人一在未确定上诉人存在有毒、有害及危险品的仓储、物流配送项目的前提下，认定上诉人应当编制《建设项目环境影响报告表》（详见一审判决书第 6 页倒数 7 行），属于主观推定。被上诉人一应依法经法定程序鉴定或证明上诉人运营的仓储项目属于有毒、有害及危险品的仓储类别，且存在生活污水污染和噪声污染的事实，而不能仅以上诉人园区内停放手动叉车为由推定仓储项目存在噪声和生活污水污染。

（二）被上诉人一出具的《行政处罚决定书》适用法律错误。

被上诉人一出具的《行政处罚决定书》[南环罚字（2017）201 号]第 2 页内容为"本局依据《建设项目环境保护管理条例》第二十八条和《广州市环境保护局规范行政处罚自由裁量权规定》附件《环境违法行为行政处罚自由裁量适用标准》第 9 项的规定，决定对当事人作出如下行政处罚……"，但上述规定没有列出被上诉人作出行政处罚的职权来源，被上诉人一的职权来源应当是根据《行政处罚法》的相关规定列出，该行政处罚决定书仅适用《行政处罚法》的下位法，属于适用法律错误。根据《行政处罚法》第二十三条的规定，行政机关实施行政处罚时，应当责令当事人改正或者限期改正违法行为。被上诉人故意无视《行政处罚法》第二十三条的规定，直接适用下位法作出的行政行为属于适用法律错误，依法应当撤销。

（三）被上诉人一在作出《行政处罚决定书》时，未同时告知如何整改并责令上诉人改正或者限期改正违法行为的要求，属于程序违法。

上诉人一在行政处罚听证过程中曾提出此要求，但是被上诉人一也未作出处理。被上诉人二于 2017 年 11 月 14 日出具的《行政复议决定书》(穗环行复〔2017〕43 号) 中第 13 页中提及 "此外, 被申请人在今后的日常环境监管及执法工作中, 亦应进一步加强有关环保法律法规政策等宣传、解释及指导工作, 主动做好企业服务"。被上诉人一在 2018 年 1 月 12 日向上诉人出具《关于限期办理环评审批及验收手续的通知》。该通知直接适用《行政处罚法》第二十三条的规定, 要求上诉人于 2018 年 4 月 30 日前办理完成《建设项目环境影响报告表》, 报批及配套环境保护设施验收或者环境影响登记表备案工作。该通知远远迟于被上诉人一出具《行政处罚决定书》的时间, 严重违反《行政处罚法》第二十三条的规定, 因此,《行政处罚决定书》程序违法, 依法应当撤销。

（四）上诉人已经按照被上诉人的要求办理环评审批及验收手续, 不存在违法事实。

一审审理期间, 上诉人于 2018 年 1 月 12 日收到被上诉人一出具的《关于限期办理环评审批及验收手续的通知》, 该通知指出上诉人存在两个环境违法行为：(1) 未依法报批《建设项目环境影响报告表》, 擅自开工建设或者未依法备案《建设项目环境影响登记表》；(2) 编制环境影响报告表的建设项目需要配套建设的环境保护设施未建成或者未经验收, 建设项目即投入生产或者使用。按照该通知的要求, 上诉人若存在前述违法行为的, 应当自 2018 年 4 月 30 日前办理完成《建设项目环境影响报告表》报批及配套环境保护设施验收或者《建设项目环境影响登记表》备案工作。上诉人收到该通知后, 按照《关于限期办理环评审批及验收手续的通知》, 根据《中华人民共和国环境影响评价法》第十六条第三款的规定, 适用《建设项目环境影响评价分类管理名录》(环境保护部令第 44 号) 环评项目类别为第 180 仓储（不含油库、气库、煤炭储存）项中的其他, 于 2018 年 1 月 15 日办理了《建设项目环境影响登记表》(备案案号：201844011500000042)。该事实证明上诉人的仓储项目确属于环境影响较小、基本无影响的项目, 与被上诉人一主观推定的事实不符。

二、上诉人在一审期间已经按照被上诉人的《关于限期办理环评审批及验收手续的通知》, 办理完毕相关手续, 违法事实已经不存在, 被上诉人一作出的第一项行政处罚决定已经不具备执行的可能性

《行政处罚法》第四条规定, 设定和实施行政处罚必须以事实为依据, 与违法

行为的事实、性质、情节以及社会危害程度相当。上诉人认为，上诉人在收到被上诉人一发出要求限期办理环评审批及验收手续的通知后，办理了相应的备案手续，也证明了上诉人实施的仓储项目对环境影响不大，不存在违法事实。现被上诉人一作出的《行政处罚决定书》没有事实和法律依据，依法应当予以撤销。

综上所述，上诉人违法事实已经不存在，被上诉人一作出的第一项行政处罚决定已经不具备执行的可能性。上诉人认为，被上诉人一作出的《行政处罚决定书》[南环罚字（2017）201号] 认定事实不清，适用法律错误，程序违法，应当依法撤销，请求贵院查明事实，支持上诉人的全部上诉请求。

该案件于 2018 年 11 月 8 日在广州铁路运输中级人民法院进行了公开庭询。上诉人代理人针对庭上双方的争议焦点，作了主题为《法规不是摆设、有法必须严执》的庭后补充意见。具体如下：

一、被上诉人作出（及维持）涉案《行政处罚决定书》中的第 1 项"行政处罚"不是法定行政处罚类型，法律适用明显错误

被上诉人广州市南沙区环保水务局所作的《行政处罚决定书》[南环罚字（2017）201 号] 中裁明："本局依据……，决定对当事人作出如下行政处罚：

（一）责令当事人广州市某物流有限公司停止位于广州市南沙区东涌镇沙湾大桥南岸东侧的仓储项目的使用；

（二）对当事人广州市某物流有限公司罚款 7 万元。"

据此可知，涉案《行政处罚决定书》中的第 1 项"行政处罚"为"责令停止使用"，第 2 项行政处罚为"罚款"。

此处明显证明被上诉人适用法律错误，其将属于行政命令具体形式之一的"责令停止使用"错误地当作行政处罚的种类——环境保护部 2010 年颁布实施的、现行依然有效的《环境行政处罚办法》第十二条明确："根据环境保护法律、行政法规和部门规章，责令改正或者限期改正违法行为的行政命令的具体形式有：……（三）责令停止生产或者使用。"

所以，"责令停止使用"已经被环境保护部明确界定为行政命令，而非行政处罚类型。

《行政处罚法》于 1996 年生效实施时，就在其第二十三条明确了行政处罚与行政命令的区别，并在其第八条明确了行政处罚的七个种类，其中没有"责令停止生产或使用"。被上诉人适用的 1998 年实施的《建设项目环境保护管理条例》第二十八条，虽然未明确"责令停止生产或者使用"是行政命令还是行政处罚，但 2010 年制定的环境保护部 8 号令《环境行政处罚办法》已明确将"责令停止使用"确定为行政命令。如若被上诉人的行政行为发生在 2010 年之前，适用法律时或可以以分不清行政命令和行政处罚之区别为由加以抗辩。但是该案被上诉人的行为发生在 2017 年，现行有效的《环境行政处罚办法》中的明文规定怎可视之不见、置之不用？何况还是被上诉人直属的最高行政领导机关制定的依据，这何以体现带头尊法、垂范守法？弃之不用、有而不尊的法理又是什么？

实际上，环境行政处罚和行政命令的区别还是非常明确的。

《环境行政处罚办法》第十条规定：

"根据法律、行政法规和部门规章，环境行政处罚的种类有：

（一）警告；

（二）罚款；

（三）责令停产整顿；

（四）责令停产、停业、关闭；

（五）暂扣、吊销许可证或者其他具有许可性质的证件；

（六）没收违法所得、没收非法财物；

（七）行政拘留；

（八）法律、行政法规设定的其他行政处罚种类。"

《环境行政处罚办法》第十二条规定：

"根据环境保护法律、行政法规和部门规章，责令改正或者限期改正违法行为的行政命令的具体形式有：

（一）责令停止建设；

（二）责令停止试生产；

（三）责令停止生产或者使用；

（四）责令限期建设配套设施；

（五）责令重新安装使用；

（六）责令限期拆除；

（七）责令停止违法行为；

（八）责令限期治理；

（九）法律、法规或者规章设定的责令改正或者限期改正违法行为的行政命令的其他具体形式。

根据最高人民法院《关于行政行为种类和规范行政案件案由的规定》，行政命令不属行政处罚。行政命令不适用行政处罚程序的规定。"

根据上述两条规定，行政处罚种类并不包括涉案《行政处罚决定书》中所作的第1项决定之责令停止使用类型。对于被上诉人代理人在庭后认为该规定存在兜底条款即第十条第八项，"（八）法律、行政法规设定的其他行政处罚种类"，其认为1998年实施的《建设项目环境保护管理条例》第二十八条规定的"责令停止使用"就是这里所讲的其他行政处罚种类，这显然是其对法律的理解错误。"责令停止使用"在2010年就已经准确被界定为行政命令，不是行政处罚的种类。既然法律已经明确其非行政处罚，那么何谈属于其他行政处罚种类？如果"责令停止使用"可以这样解释，那么《环境行政处罚办法》第十二条有关行政命令的条款规定又有何存在的价值？

二、被上诉人滥用行政权，作出的第2项行政处罚即罚款数额不当，违背了行政合理原则，不利于民营企业公平参与市场竞争

无论是《行政处罚法》等基本法，还是环境保护部《规范环境行政处罚自由裁量权若干意见》、广州市环保局及被上诉人二单位制定的《广州市环境保护局规范行政处罚自由裁量权规定》，都强调适中处罚原则，并明确要求规范自由裁量权。

上诉人经营的系仓储业，属于第三产业，根据《广州市环境保护局规范行政处罚自由裁量权规定》：

法律责任条款	行政处罚种类及幅度	综合考量因素	违法情节及裁量幅度			从重、从轻或减轻裁量幅度
《建设项目环境保护管理条例》第二十八条：违反本条例规定，建设项目需要配套建设的环境保护设施未建成、未经验收或者经验收不合格，主体工程正式投入生产或者使用的，由审批该建设项目环境影响报告书、环境影响报告表或者环境影响登记表的环境保护行政主管部门责令停止生产或者使用，可以处10万元以下的罚款	责令停止生产或者使用，可以处10万元以下的罚款	1. 环评审批类别；2. 建设项目类型（对环境可能造成重大影响的建设项目和污染较重的建设项目，按对应处罚幅度细化标准的上限处罚）；3. 工程建设进度；4. 正式投产持续时间；5. 环评、验收手续办理进度；6. 已造成的环境影响；7. 投诉、举报、信访情况；8.主观恶意程度；9. 近2年内违反"三同时"制度受处罚情况；10. 配合查处情况；11. 改正违法行为情况	(1)工业企业类	(A)环境保护设施已建成	(a) 已委托开展竣工验收环境监测且结果符合要求	不处罚款或处1万元以上2万元以下罚款	按照综合考量因素的每种情节增加或减少1万元计算
					(b) 已委托开展竣工验收环境监测但结果不符合要求	处5万元以上7万元以下罚款	
					(c) 未委托开展竣工验收环境监测	处7万元以上9万元以下罚款	
					(d) 经验收不合格	处8万元以上10万元以下罚款	
				(B)环境保护设施正在建设但尚未建成		处9万元以上10万元以下罚款	
				(C)环境保护设施尚未建设的		处10万元罚款	
			(2)餐饮服务业等第三产业类	(A)环境保护设施已建成	(a) 已委托开展竣工验收环境监测且结果符合要求	不处罚款	按照综合考量因素的每种情节增加或减少0.5万元计算
					(b) 已委托开展竣工验收环境监测但结果不符合要求	处1万元以上2万元以下罚款	
					(c) 未委托开展竣工验收环境监测	处2万元以上4万元以下罚款	
					(d) 经验收不合格	处2万元以上4万元以下罚款	
				(B)环境保护设施正在建设但尚未建成		处3万元以上5万元以下罚款	
				(C)环境保护设施尚未建设的		处4万元以上6万元以下罚款	
《建设项目环境保护管理条例》第二十八条（内容同上）及全国人大法工委法工委复〔2007〕2号文	责令停止生产或者使用，可以处10万元以下的罚款		在法定处罚幅度内，参照序号8的行政处罚细化裁量标准相应增加1万元			按照综合考量因素的每种情节增加或减少1万元计算

可知，"（2）餐饮服务业等第三产业类"的罚款处罚幅度上限为7万元（6万元+1万元），并非被上诉人所说的10万元。其所说的10万元罚款类型仅仅适用于第一个子项中"（1）工业企业类"。且需根据"综合考量因素"中规定的各种从重情节，比如"对环境可能造成重大影响的建设项目或污染较重的建设项目，按对应处罚幅度的细化标准的上限处罚"等，才有可能上限处罚。故根据该规范（《行政处罚决定书》也明确依据了该规范），我们可知：

（一）处罚额度必须按照细化标准来确定，并非被上诉人笼统而言的只要在10万元以下即为合法；

（二）只有对环境可能造成重大影响的或污染较重的建设项目才有可能按照各表格中的上限处罚，也只有出现明确的从重处罚情节后才会从重适用其中各处罚范围的偏高数值。

上诉人企业即使纳入原环境影响报告表管理范围，其也无法定理由遭受7万元的上限处罚。且不论上诉人无客观证据被证明符合"（2）餐饮服务业等第三产业类"中的 C 项"环境保护设施尚未建设的"情形［对于第三产业仅有 C 项"环境保护设施尚未建设的"情形时，方有可能处罚达最大额度 7 万元（6 万元+1 万元）］，即使找到证据证明了符合此项，在上述自由裁量权规范中，也必须明确另有某种从重处罚情节；如没有，即使是把被上诉人的项目当作严重污染的建设项目（即必须编制最高级别的《环境影响评价报告书》的第三产业项目），其对于上诉人也最多只能处以 6 万元的罚款——何况上诉人企业在旧规时仅需做"报告表"，现在仅需做"登记表"，即使按旧规也只能居中确定 5 万元罚额。然而该案中，被上诉人却作出了 7 万元的罚款，明显超过了细化标准中确定的罚款额度，属于滥用职权的违法行为，也属于行政机关有法不尊、知法不守的典型行为。

三、被上诉人南沙区环保水务局行政程序违法，明显违反法律强制性规定，以罚代管，不能达到行政管理的终极目的

被上诉人在对上诉人作出行政处罚决定时，并未依法发出责令改正的行政命令，明显违背《中华人民共和国行政处罚法》第二十三条的规定，"行政机关实施行政处罚时，应当责令当事人改正或者限期改正违法行为"。

根据《环境行政处罚办法》第十二条第四项的规定，被上诉人完全可以作出明确的"责令上诉人建设配套环保设施"的行政命令，但其并未依法作出。这一事实确实且庭上被上诉人也已经自认。

这种违法的原因，在于上诉人本身属于污染小或无、环境影响小的项目，不需要配套环保设施，因此被上诉人难以发出责令上诉人配套环保设施的明确命令。相反，其没有发出责令上诉人配套环保设施的命令，亦可推定被上诉人本身也认为上诉人其实是不需要配套某种环保设施的。

鉴于以上法律事实，根据《中华人民共和国行政处罚法》第二十三条的规定，被上诉人在作出《行政处罚决定书》时就应当同时责令上诉人改正或限期改正违法行为，但是被上诉人并未发出任何责改命令。显然，该行政行为违反了法律的强制性规定。

鉴于行政案件的审查属于全案审查，故对于被上诉人违反法律程序规定、以罚代管的执法行为，应当给予否定性评价。在全面推进依法治国的大背景下，严格遵循法律是对法律权威的敬仰，有法必依则是行政机关作为执法机关的必然要求。

因此，本案对于全案行政合理性和行政合法性的审查结论，确是被上诉人行政程序违反《环境行政处罚办法》《行政处罚法》的明文规定，构成违法行政，根据新的《最高人民法院关于适用〈中华人民共和国行政诉讼法〉的解释》的规定，不属于"程序轻微违法"。

综上所补，结合上诉状及开庭审理时已强调的意见，上诉人敬请贵院合议庭依法裁判，以监督行政机关垂范守法、改正错误执法，维护企业合法权益，以优质典型个案为广州市乃至广东省营造稳定、公平、透明的法治化营商环境发力。

8．被上诉人南沙区环水局答辩称与被上诉人广州市环保局答辩意见基本一致，具体如下

上诉人的上诉请求及理由未针对被上诉人南沙区认定案涉违法行为所依据的事实是否成立，以及被上诉人南沙区环水局对上诉人作出处罚时适用法律是否正确和程序是否合法进行。其援引案涉违法行为之外的其他违法行为，以及处罚行为作出之时尚未颁布的规章提出的上诉请求依法不能成立。

（一）上诉人依据 2017 年 6 月 29 日修改并于同年 9 月 1 日实施的《建设项目环境影响评价分类管理名录》，主张涉案项目环评应归类为环境影响登记表的观点不能成立。因为涉案处罚行为发生于 2017 年 9 月之前，2017 年 9 月之前实施的《建设项目环境影响评价分类管理名录》（环保部 2 号、33 号令）均规定，案涉项目的环评应归类为环境影响报告表。被上诉人对上诉人作出行政处罚决定理应适用当时的法律规定，而非尚未颁布实施的法律规定。

（二）《建设项目环境保护管理条例》第二十三条是对所有建设项目作出的规定，办理环境影响登记表也不例外。上诉人主张环评类别归为环境影响登记表的建设项目不需要遵守上述规定，不需要配套环保设施，是对该条例的曲解。根据《建设项目环境影响登记表备案管理办法》第十四条的规定，上诉人关于"填报环境影响登记表的建设项目对环境没有影响，不需要额外配套环保设施，故无验收必要"的主张明显与上述规定不符。

（三）上诉人以"未批先建"和"未验先投"是两个不同的违法行为为由，主张被上诉人对其"未批先建"行为按照"未验先投"处罚，没有事实依据。案涉行

政处罚决定明确指出上诉人的违法行为是"未验先投"，该事实有调查笔录、听证笔录证实。因此被诉处罚决定和复议决定事实清楚、适用法律正确。

（四）上诉人在案涉项目未进行环评的情况下，以噪声超标为由主张被上诉人行政不当没有事实依据。上诉人所主张的噪声未超标，是超标排放处罚的抗辩理由，但被上诉人并未对此作出处罚，该抗辩理由与本案无关。

（五）《建设项目环境影响评价分类管理名录》是环境保护部根据《环境影响评价法》第十六条的授权规定制定，所有建设项目均需受其规制，上诉人不能例外。上诉人关于该名录非法律强制性规定、无须遵守，关于执法部门不能执行的主张于法无据。上诉人只字未提其要求撤销原生判决所依据的法律规定，不符合《行政诉讼法》的要求。

综上所述，上诉人的上诉请求没有事实和法律依据，请求二审法院驳回上诉、维持原审判决。

9. 二审法院的观点

上诉人 2011 年 1 月即建成涉案仓储项目并投入使用，根据行为时有效的《建设项目环境影响评价分类管理名录》（环境保护部第 33 号令）、《建设项目环境保护管理条例》（1998）第二十三条的规定，该仓储项目属于应编制建设项目环境影响报告表的建设项目，上诉人实际同时存在"未批先建"违反《环境影响评价法》的行为，"未验先投"违反环境保护"三同时"制度的行为。被上诉人南沙区环水局基于行政处罚时效的规定，未对上诉人违反《环境影响评价法》的行为作出处罚，只认定该仓储项目需要配套建设的环境保护设施未经环保主管部门验收就投入使用，违反《建设项目环境保护管理条例》第二十三条的规定。该认定具有相应的事实和法律依据，定性是准确的。上诉人认为被上诉人混淆法律概念，对"未批先建"的违法行为依照"未验先投"的违法行为处罚，是对被上诉人作出被诉行政处罚决定的错误理解，本院不予支持。因此，被诉行政处罚决定是否属于明显不当就成为本案的争议焦点。

本案中，上诉人作为物流和仓储类服务企业，并非在生产制造过程中会产生明显污染的行业，其生产经营过程对环境影响较轻微。且原南沙区水务局已经向上诉人所在工业园的五凤工业城发放了排水许可证，而上诉人生产经营所产生的生活污水已接入该工业园的废水处理池。被上诉人南沙区环水局答辩中认定涉案项目过程中产生的污染物主要为设备和交通噪声、生活污水等，但并没有举证证明上诉人产生了其他性质较重的污染以及上诉人有被当地居民投诉举报的情况。本案院审理过程中，上诉人已根据被上诉人南沙区环水局的通知要求，于 2018年 1 月 15 日办理了环境影响登记表，表明涉案建设项目确属环保危害性较小的项目。涉案项目建成投产多年间，被上诉人南沙区环水局并未就案涉项目是否建设配套环保设施的情况对上诉人进行监督检查，也没有指明上诉人是否需要建设以及如何建设环保配套设施，并未对上诉人的违法行为及时进行告知和促其改正。被上诉人南沙区环水局对上诉人作出罚款 7 万元的顶格处罚，属于量罚过重，不符合合理行政原则和"处罚和教育相结合"原则。该处罚明显不当，依法应予撤销。

关于行政复议机关是否已尽到复议监督职责的问题。新《建设项目环境影响评价分类管理名录》（环境保护部令第 44 号）已于 2017 年 9 月 1 日起施行。并且新《建设项目环境保护管理条例》也于同年 10 月 1 日起施行。新修改的管理名录将仓储项目（其他）的环境影响评价登记从"环境影响报告表"下调为"环境影响登记表"类别。再结合《建设项目环境保护管理条例》（2017）第十九条规定，编制环境影响报告书、环境影响报告表的建设项目，其配套建设的环境保护设施经验收合格，方可投入生产或者使用；未经验收或者验收不合格的，不得投入生产或者使用。前款规定的建设项目投入生产或者使用后，应当按照国务院环境保护行政主管部门的规定开展环境影响后评价。也就是说，仓储项目（其他）自 2017年 10 月 1 日起，除了建设前需要备案管理，其需要配套建设的环境保护设施不需要经过竣工验收，仓储项目（其他）即可投入生产或使用。仓储项目（其他）"未验先投"的，已经不具有可处罚性。

必须注意到，市环保局 2017 年 11 月 14 日作出被诉行政复议决定时，上述法规、规章均已施行。《中华人民共和国行政诉讼法》第二十六条第二款确立了原行政行为与复议决定的"行政一体"原则，即复议决定和原行政行为视为一个整体，将行政监督权形成的行政复议决定视为行政系统内部的最终行政处理决定。《最高人民法院关于适用〈中华人民共和国行政诉讼法〉的解释》第一百三十五条对该原则作了进一步明确。上述立法意旨在于加强复议机关对原行政行为的监督，及时依法纠正违法或不当的原行政行为，从而保障行政相对人的合法权益。对于行政复议机关而言，其在行政处罚规范适用的问题上，应当在遵循法律不溯及既往原则的基础上，坚持有利于行政相对人的追溯原则，采取在新旧法之间从旧兼从轻原则，适用新法规、规章对本案作出处理。市环保局本应当按照新的规范精神和有利于相对人的原则，撤销原行政行为，使得行政复议决定更具目的性、合理性和可接受性，但被上诉人市环保局既没有对原行政行为的量罚不当予以纠正，也没有妥为考虑上述新旧法律规范更替情形，而是径行作出复议维持决定，确有不当，亦应予以撤销。

综上所述，原审判决适用法律错误、处理结果不当，本院予以纠正。撤销广州铁路运输第一法院的一审判决，撤销被上诉人广州市南沙区环水局的行政处罚决定，撤销被上诉人的行政复议决定。

四、案件评析

本案核心在于复议机关如何尽到依法监督审查职责，复议期间的新规定是否应当适用于纠正原行政机关的行政决定。这就是本案中必须认识到的一个行政原则——"行政一体"原则。根据《行政诉讼法》和《行诉解释》等的立法意旨，对于行政复议的司法审查，在于加强复议机关对原行政行为的监督，督促复议机关及时依法纠正违法或不当的原行政行为，从而保障行政相对人的合法权益。对于行政复议机关而言，其在行政处罚规范适用的问题上，应当在遵循法律不溯及既往原则的基础上，坚持有利于行政相对人的追溯原则，采取在新旧法之间从旧兼从轻原则，适用新法新规作出裁判。换言之，对相对人行为的环境违法性审查，并非仅仅依照原行政机关所掌握的事实证据和原行政机关查处时生效的法律规范。原环保主管部门所作出的处罚决定也并非违法性与否的终极状态，而是复议决定和原行政行为为视为一个整体，把行使监督权而形成的行政复议决定视为行政系统内部的最终行政处理决定。

纵观整个案件的进展，不难发现原行政处罚决定确实属于适用法律正确（不论自由裁量不当问题），因为新《建设项目环境影响评价分类管理名录》在作出处罚决定时并未生效实施。在复议阶段新规实施，但原处罚决定已经依照旧规作出。

复议机关针对一个当时引用法律法规准确作出的行政决定，即经过行政机关处理的行政行为，是否可以再溯及适用新法新规重新作出决定。我们认为复议机关在复议期间，若针对此违法行为的规范出现了新的法律法规，那么复议机关应当重新依据现行有效的最新规范，遵循有利于相对人的新旧法律适用原则，来重新认定相对人环境行为的可处罚性和行政机关处罚行政行为的合理性，作出有利于相对人的行政决定。本案二审法官的裁判观点正是如此。

实案二

广州市某环保处置公司固体废物处置案

一、案例简述

本案是中央环境保护督察期间，地方环保部门查处的一单固体废物处置环境违法案件。本律师团队在听证告知书下达后，代理该案件，对案件相关材料进行研究后，立即撰写听证申请书，提交听证申请。但是委托人虽依法提出听证申请，但环保部门未组织听证即作出行政处罚决定，程序严重违法。同时其对行政处罚的依据理解不到位，进而导致适用错误，实体审查出现问题，违背法律的规范本意。在律师团队的努力争取下，该案最终以撤销行政处罚决定书结案，维护了委托人的合法权益。

二、基本案情

广州市增城区环境保护局在 2018 年中央环境保护督察期间，对委托人广州市某环保处置公司进行了现场检查，于 2018 年 5 月 29 日通过快递向委托人送达了《行政处罚（听证）告知书》[增环罚告（2018）298 号]。委托人于 2018 年 5 月 31 日向增城区环境保护局递交了听证申请书。未经听证，增城区环境保护局于 2018 年 6 月 8 日向委托人下达了《行政处罚决定书》[增环罚（2018）238 号]，责令停止违法行为，限期改正；处罚款人民币 10 万元。委托人遂向广州市环保护局提出复议申请，要求撤销增城区环境保护局所作出的处罚决定。

三、胜诉路径

本律师团队在代理该案后，查阅了已有的听证告知书，并就听证告知书上所描述的委托人存在的环境违法行为作了实地查勘验证，并对废感光材料与用于包装的编织袋进行"混合"焚烧处置作了研究与咨询，提出了如下核心法律意见：

（1）委托人依法提出听证申请，环保部门未组织听证即作出行政处罚决定，程序严重违法

委托人于 2018 年 5 月 29 日通过快递收到环保部门送达的《行政处罚（听证）告知书》[增环罚告（2018）298 号]，并于 2018 年 5 月 31 日向环保部门递交了听证申请书。以上事实有《文件送达回执单》《送达回证》证据材料可以证实。

根据《行政处罚法》第四十二条，"行政机关作出责令停产停业、吊销许可证或者执照、较大数额罚款等行政处罚决定之前，应当告知当事人有要求举行听证的权利；当事人要求听证的，行政机关应当组织听证"之规定，环保部门应当依法组织听证。而本案中环保部门在明知委托人已经提交了听证申请的情况下，依然未组织听证，直接作出处罚决定，程序明显违法。

（2）环保部门对实体法律规定内容理解有误，并导致其错误适用法律而作出错误的行政处罚

环保部门认为委托人将废感光材料和装感光材料塑料编织袋一并投入回转炉进行焚烧处置的危险废物处置行为违反了《固体废物污染环境防治法》第五十八条第一款的规定。委托人认为环保部门对此法律内容理解有误。《固体废物污染环境防治法》第五十八条规定禁止混合收集、贮存、运输、处置性质不相容而未经安全性处置的危险废物。很显然，根据该法律条文的文义解释可知，该条所规定的处置禁止行为是禁止混合处置性质不相容而未经安全性处置的危险废物行为。对于该条的适用必须满足三个条件：①混合处置的对象均为危险废物；②两种危险废物性质不相容；③危险废物未经安全性处置。只要三个条件有一个不满足就不能适用。

实际上，委托人处理感光材料与其包装物编织袋的做法是遵从行业内的处置做法的。编织袋不能与所装载的危险废物分离，而且编织袋本身也不属于危险废物。所以委托人的处置行为不符合《固体废物污染环境防治法》第五十八条第一款的违法处置规定。

四、案件评析

环保部门所作处罚决定，未依法召开听证会，程序违法。在适用法律时，对法律的理解不到位，针对混合处置危险废物环境违法行为的构成要件，理解出现偏差，导致不该查处的予以查处。委托人系合法经营并无混合处置危险废物的违法行为，理应得到法律保护。

佛山市黄岐某染料经营部经营危险化学品案

一、案例简述

根据《危险化学品安全管理条例》，国家安全生产监督管理总局于 2015 年 2 月会同国务院工业和信息化、公安、环境保护、卫生、质量监督检验检疫、交通运输、铁路、民用航空、农业主管部门制定了《危险化学品目录（2015 版）》，此案即涉及在城镇区域存储、运输、经营危险化学品的问题。

当事人佛山市黄岐某染料经营部所在的佛山市南海区，是珠三角危险化学品的集中经营商户所在地，当地环保、安全监管部门压力很大。以该案当事人为例，经其手经营的危险化学品案值每年达上亿元。该案即发生在当地安全监督管理部门集中执法期间。

执法中，南海区安全生产监督管理局执法人员在当事人经营部内发现三张品名为硫化钠、冰醋酸的销售发票，其中硫化钠 93 t、冰醋酸 108 t，价值共计 20 余万元，其中硫化钠属于《危险化学品目录》的物质，当事人被处罚没收违法所得 20 余万元，罚款 10 万元，共计 30 多万元，经过代理、申辩、行政复议，最终佛山市南海区安全生产监督管理局撤销处罚。

二、基本案情

2015 年 8 月，南海区安全生产监督管理局在检查中发现了当事人店铺中保留有多张销售硫化钠、冰醋酸的专用增值税发票，经调查取证、询问负责人，依据《安全生产违法行为行政处罚办法》第五十八条第（二）项规定，认定黄岐某经营部的行为属于未经许可销售危险化学品硫化钠、冰醋酸的行为，以销售收入作为违法所得，作出没收违法所得 204 375 元，并处以罚款 10 万元的处罚决定，《行政处罚决定书》案号：（南）安监管罚（2015）204 号。

三、胜诉路径

当事人接到《行政处罚决定书》后，认为 30 余万元的高额处罚太重，负责人因病和家庭负担而无力承担，在分期支付罚款的请求被行政机关拒绝后，于复议期内找到本律师咨询。

根据当事人提供的案情介绍及其证据材料，本律师认为其违法事实是成立的，根据《危险化学品安全管理条例》规定，从事危险化学品经营必须取得许可证，经营许可证过期的，应停止经营，该条例第七十七条第三款规定："违反本条例规定，未取得危险化学品经营许可证从事危险化学品经营的，由安监部门责令停止经营活动，没收违法经营的危险化学品以及违法所得，并处 10 万元以上 20 万元以下的罚款；构成犯罪的，依法追究刑事责任。"

当事人持有的危险化学品经营许可证在查处时已过期两个月，依法应补办许可证后方可继续经营。但经进一步研究，我们明确提出了以下不同意见，经向佛山市人民政府行政复议委员会提交后（佛山市规定所有行政复议案由该委员会统一受理处理），直接导致了该案行政处罚决定书的实质撤销（以下为《行政复议申请书》原文）。

被申请人依据《安全生产违法行为行政处罚办法》第五十八条第（二）项规定，认定申请人属于未经许可销售危险化学品硫化钠、冰醋酸，以销售收入作为违法所得，作出没收违法所得 204 375 元，并处以罚款 10 万元的处罚决定，申请人认为事实认定错误，请求以申请人提供的新证据重新进行认定。申请人认为不应以销售收入作为申请人的违法所得的认定，理由有三：

（1）涉案物质只有硫化钠是危险化学品，冰醋酸已不在国家《危险化学品目录》之中，本案相关事实认定明显有误，相应行政行为依法应予撤销。

（2）根据 2015 年版《危险化学品目录》，申请人的行为确不是直接销售行为，而是行纪合同行为。《中华人民共和国合同法》第四百一十四条规定的行纪合同行为如下："行纪合同是行纪人以自己的名义为委托人从事贸易活动，委托人支付报酬的合同。"申请人与新疆某联营化工厂（以下简称某化工厂）签署的合作协议约定，申请人以自己的名义，为某化工厂销售硫化钠，该化工厂以每吨 100 元作为申请人的报酬，是《合同法》确定的行纪合同行为。

涉案产品进项和销项增值税专用发票金额也可证明，申请人向本案所涉产品生产企业某化工厂购进硫化钠、冰醋酸的进项税发票单价，与申请人对外开具的销项税单价完全一致，均为人民币×××元，没有获得销售差价收益，事实上证明了申请人与委托企业之间的行纪合同关系。

（3）申请人提供的证据 3（即《证据清单》中的"新疆某联营化工厂公路运输合同"等）也证明，涉案产品硫化钠、冰醋酸不经过申请人中转，直接从生产商即委托企业运输至与申请人签订购销合同的单位，因此，申请人在该交易中仅作为居中行纪人，申请人的行为并未从销售中获得利润，确不能被定性为直接销售行为。

综上所述，申请人的行为属于行纪人为某化工厂处理委托事项，根据《安全生产违法行为行政处罚办法》第五十八条第三款规定："提供安全生产中介、租赁等服务的，以服务收入或者报酬作为违法所得。"申请人作为某化工厂的行纪人，按照其与化工厂签订的《合作协议》，销售硫化钠每吨以 100 元作为报酬。依据南海区安全生产监督管理局执法检查发现，申请人帮助某化工厂销售硫化钠 93 t，据此，申请人从某化工厂所获报酬可推定为 9 300 元，该报酬系申请人违法所得，同意将其没收。

申请人另认为：南海区安全生产监督管理局作出的 10 万元处罚过重，申请人具备减轻情节，应当予以减轻。

根据《中华人民共和国行政处罚法》第二十七条第四款规定，"（四）其他依法从轻或者减轻行政处罚的"，申请人患乙肝 20 余年，已发展到肝硬化阶段，其并发症包括胃底静脉曲张破裂、慢性胆囊炎及糖尿病等多种慢性疾病，申请人年龄已达 52 岁，积蓄因多年疾病困扰基本都用于延缓病情，无力承担高达 30 万元的罚款，其条件符合"其他依法减轻行政处罚"的规定。

另根据《中华人民共和国行政处罚法》第五十二条规定：当事人确有经济困难，需要延期或者分期缴纳罚款的，经当事人申请和行政机关批准，可以暂缓或者分期缴纳。上述情况已阐明申请人的经济处境困难，因此如被申请人不能减轻处罚额，申请人也申请根据申请人实际情况准予其分期缴纳罚款。

上述事由，恳请贵局（即佛山市安全生产监督管理局）依法考虑。

佛山市行政复议委员会就该案进行了公开开庭复议。在庭复时，被申请人即南海区安全生产监督管理局依法出示了全部执法依据，包括证据及法律政策文件，以证明其行政处罚行为的合法性、合理性。本律师请求休庭 10 分钟，以利代理律师仔细研究被申请人提交的全部证明材料，复议庭负责人允许。

继续庭复后，本律师就重大发现论述认为，当事人已在收到《行政处罚决定书》后第 3 天书面提交不服处罚、要求听证的意见信，这份信件即被申请人提交的证据材料。虽然被申请人收到这份意见信的时间是在《决定书》有效送达后第 4 天，但根据《行政处罚法》第四十二条规定，"当事人要求听证的，应当在行政机关告知后三日内提出"，当事人在三日内的义务是"提出"听证要求，而非送达，也非行政机关在三日内收到听证要求，故只要当事人在三日内提出听证，则行政机关必须依法组织听证，保障当事人陈述申辩权，否则构成行政行为违反法定程序，应根据《行政复议法》第二十八条之规定撤销行政行为。

复议庭就此问题向被申请人核实是否事实。在证据面前，被申请人无法否认上述事实。

三日后，被申请人派工作人员打电话给当事人，请求其主动撤销申请，条件是冷处理上诉行政处罚，不用当事人缴纳一分罚款。

当事人征询律师意见，律师表示不支持，因为法律是严肃的，行政处罚不撤销，应会要求当事人缴纳罚款，"冷处理"之后也有可能再加热处理，不可轻信"君子协定"。

但当事人表示，他还要生存，再说，党和政府是讲信用的，对于这样的"君子协定"，他选择相信。律师只好建议，撤销申请之前，电话录音确认上述事实，并且录音后向执法人员明示，这样才有保障。

律师三个月、半年、一年、二年后回问当事人，果无收到催缴罚款的通知。

四、案件评析

办理案件，经常要到现场了解案情，但办理环境资源案件，经常接触对生态环境有重大影响的物质，这些物质往往是有毒有害的物质，或易燃易爆、有放射性或带病原体的物质，各种分类及其分类管理规定、制度繁多。

我国法律下存在"危险品""危险物品""危险化学品""化学危险品""易燃易爆物品""易燃易爆危险品""危险货物""易燃易爆化学危险品""危险废物""电子废物"等多个概念（以下统称为"危险品"）。广义来说，并不存在统一的"危险品"的定义。

生产环节主要监管"危险化学品"，储存环节主要监管"危险物品"，运输环节主要监管"危险货物"，处置环节则主要监管"危险废物"（包括危险医疗废物、工业废物、电子废物、废旧汽车零部件废物等）。各环节均有不同的危险品名录管理。

在储存环节，根据《安全生产法》，"危险物品"是指易燃易爆物品、危险化学品、放射性物品等能够危及人身安全和财产安全的物品。

其中，根据《危险化学品安全管理条例》，"危险化学品"是指具有毒害、腐蚀、爆炸、燃烧、助燃等性质，对人体、设施、环境具有危害的剧毒化学品和其他化学品，而《危险化学品目录》是以国家安全生产监督管理局公告（2003年第1号公布）为准，侧重于生产、储存、使用、经营（2015年更新，2018年再更新）。

"危险货物"是指凡具有爆炸、易燃、毒害、腐蚀、放射性等性质，在运输、装卸和储存保管中，容易造成人身伤亡和财产损毁而需要特别防护的货物，均属危险货物，参照《危险货物品名表》（GB 12268—2012），此表是由交通部提出并组织修订发布的，主要列入了运输过程中最常见的危险货物。

关于"危险废物"，环境保护部联合国家发改委、公安部修订发布了新版《国家危险废物名录》，自 2016 年 8 月 1 日起施行（2019 年修订），其规定"具有下列情形之一的固体废物（包括液态废物），列入危废名录：

（一）具有腐蚀性、毒性、易燃性、反应性或者感染性等一种或者几种危险特性的；（二）不排除具有危险特性，可能对环境或者人体健康造成有害影响，需要按照危险废物进行管理的"。

新版《国家危险废物名录》将具有危险特性的化学品废弃物全部纳入，具体的废弃危险化学品目录与《危险化学品目录》相同。表 1-2 列举了危险品相关的监管部门、职能，及其适用的危险品名录。

表 1-2　危险品监管名录

监管 危险品	监管环节	监管机构	监管职能	危险品 目录
危险化学品	生产、经营、储存、管道运输	应急管理部门中的安全生产监督管理单位	1．负责危险化学品安全监督管理综合工作，组织确定、公布、调整《危险化学品目录》； 2．对新改扩建生产、储存危险化学品（包括使用长输管道输送危险化学品，下同）的建设项目进行安全条件审查； 3．核发《危险化学品安全生产许可证》《危险化学品安全使用许可证》和《危险化学品经营许可证》； 4．负责危险化学品登记	《危险化学品目录》《重点监管的危险化学品目录》《重点环境管理危险化学品目录》《涉及危险化学品安全风险的行业品种目录》
	剧毒化学品购买和道路运输	公安机关	1．危险化学品的公共安全管理，核发《剧毒化学品购买许可证》《剧毒化学品道路运输通行证》； 2．负责危险化学品运输车辆的道路交通安全管理	
	生产、进出口检验	质量监督检验检疫部门	1．核发危险化学品及其包装物、容器（不包括储存危险化学品的固定式大型储罐，下同）生产企业的《工业产品生产许可证》，并依法对其产品质量实施监督； 2．负责对进出口危险化学品及其包装实施检验	

监管危险品	监管环节	监管机构	监管职能	危险品目录
危险化学品	废弃危险化学品处置、环境管理	生态环境保护主管部门	1. 负责废弃危险化学品处置的监督管理，组织危险化学品的环境危害性鉴定和环境风险程度评估，确定实施重点环境管理的危险化学品； 2. 负责危险化学品环境管理登记和新化学物质环境管理登记（备案或报告），颁发危险化学品生产使用环境管理登记证或备案证（明）； 3. 依照职责分工调查相关危险化学品环境污染事故和生态破坏事件，负责危险化学品事故现场的应急环境监测	
	道路运输、水路运输	交通运输主管部门	1. 负责危险化学品道路运输、水路运输的许可以及运输工具的安全管理，对危险化学品水路运输安全实施监督； 2. 负责危险化学品道路运输企业、水路运输企业驾驶人员、船员、装卸管理人员、押运人员、申报人员、集装箱装箱现场检查员的资格认定	
	铁路运输	铁路监管部门	负责危险化学品铁路运输及其运输工具的安全管理	
	航空运输	民用航空主管部门	负责危险化学品航空运输、航空运输企业及其运输工具的安全管理	
	毒性鉴定、事故救援	卫生主管部门	1. 负责危险化学品毒性鉴定的管理； 2. 负责组织、协调危险化学品事故受伤人员的医疗卫生救援工作	
	商事登记的前置审批、采购	工商行政管理部门	1. 依据有关部门的许可证件，核发危险化学品生产、储存、经营、运输企业营业执照； 2. 查处危险化学品经营企业违法采购危险化学品的行为	
	寄递	邮政管理部门	负责依法查处寄递危险化学品的行为	
危险货物	运输	道路运输管理机构	1. 发放《道路危险货物运输许可证》； 2. 对道路危险货物运输企业或单位进行现场检查	《危险货物品名表》
危险废物	收集、存储、运输、处置	生态环境部门	1. 颁发《危险废物经营许可证》，又可分为综合经营许可证、利用经营许可证、收集经营许可证； 2. 危险废物经营环节监管	《国家危险废物名录》

　　综上所述，"危险化学品""危险货物""危险废物"中的产品有交叉，但没有必然因果关系，废弃的危险化学品属于危险废物，危险货物的范围中有危险化学品，但不全是危险化学品；有些货物不属于危险化学品，但属于危险货物。比如，香水是"危险货物"但不是"危险化学品"。判定某产品是否属于何种危险品时，必须结合其所在的环节，比照相应名录判断。

　　本案中，涉案物质硫化钠在《危险化学品目录》中，冰醋酸在执法时已不在名录中，这构成本案执法机关重大事实认定错误。在办理类似案例时，切不可主观认为行政执法机关的认定就一定是对的。

　　同时，一名合格的律师，无论是什么专业的律师，对行政复议法、行政诉讼法均需深入研究。从分类来看，律师属于司法人员，其天然职责就包含对立法机关、执法机关和其他司法机关的法律监督，其中对执法机关即行政机关的监督尤其频繁。

　　此外，本案中，如果律师没有及时在庭审时即向复议庭反映未经依法听证的重大程序违法事实，则案件办案目的极大可能无法顺利实现。

（实案四）

某科技（东莞）有限公司不服东莞市环保局行政处罚复议案

一、案例简述

本案是由环保检查执法所引发的一起环境行政复议案，环保执法主体委托第三方公司进行现场采样检测，并作出了责令限制生产3个月、拟10万元的行政处罚决定。律师团队对案件相关材料深入研究后发现，第三方检测公司在进行检测时，有重大的失误和瑕疵，同时其检测也没有严格按照相关规定的操作方法、操作程序，因此其鉴定结论是不能作为环保执法主体的执法依据的。律师团队与本案当事人进行了会谈研究，并向行政机关提起了申诉及听证程序，但均未果。之后，本案当事人向广东省环保厅提起了行政复议申请，最终在律师团的努力争取下，被申请人撤销了责令改正违法行为决定书，最终维护了申请人的合法权益。

二、基本案情

东莞市环境保护局（以下简称东莞环保局）委托广东某检测公司（以下简称某公司），于2016年12月1日对涉案油脂科技（东莞）有限公司（以下简称涉案公司）的厂区进行现场检测并出具《监测报告》[编号：（粤 S.A）1612WA018]，《监测报告》显示：涉案公司锅炉烟气达标排放，但脂肪酸车间、污水站废气下风向 3 个监测点位臭气排放在 4 个时间段分别超标 2.8 倍、3.0 倍、2.6 倍、2.6 倍。

2016 年 12 月 4 日，涉案公司收到东莞环保局作出的《责令改正违法行为决定书》（以下简称《责令决定书》）和《行政处罚告知书》（以下简称《处罚告知书》）。

《责令决定书》认为，检测结果显示涉案公司脂肪酸车间、污水站废气下风向监控点 2 号、3 号、4 号臭气浓度超标，而检测当日涉案公司正在进行生产。因而违反了《中华人民共和国大气污染防治法》第十八条①的规定，故根据该法第九十九条、第一百二十三条和《环境保护主管部门实施按日连续处罚办法》决定：责令立即停止超标排放臭气行为，如拒不改正，将承担按日连续处罚。

《处罚告知书》认为，涉案公司的上述行为违反了《中华人民共和国大气污染防治法》第十八条①的规定，故根据《中华人民共和国环境保护法》第六十条②、《环境保护主管部门实施限制生产、停产整治办法》《中华人民共和国大气污染防治法》第九十九条③的规定，作出如下行政处罚：（1）责令限制生产，限制生产期限为 3 个月，限制生产的标准以能达标排放为准；（2）拟处罚 10 万元。

2016 年 12 月 6 日，涉案公司向东莞市环保局申请了行政处罚听证，并同时提出了申诉意见，对行政处罚行为表示异议。在行政处罚听证会上，申请人的申辩意见并没有被采纳。2017 年 1 月 17 日，涉案公司向广东省环境保护厅提出了行政复议申请。申请东莞市环保局撤销其作出的处罚决定。后来，由于东莞市环保局主动撤销了其所作出的行政处罚，涉案公司也随即向省环保厅撤回了行政复议申请。

---

① 第十八条：企业事业单位和其他生产经营者，向大气排放污染物的，应当符合大气污染物排放标准，遵守重点大气污染物排放总量控制要求。

② 第六十条：企业事业单位和其他生产经营者超过污染物排放标准或者超过重点污染物排放总量控制指标排放污染物的，县级以上人民政府环境保护主管部门可以责令其采取限制生产、停产整治等措施；情节严重的，报经有批准权的人民政府批准，责令停业、关闭。

③ 第九十九条：违反本法规定，有下列行为之一的，由县级以上人民政府环境保护主管部门责令改正或者限制生产、停产整治，并处 10 万元以上 100 万元以下的罚款；情节严重的，报经有批准权的人民政府批准，责令停业、关闭：

（一）未依法取得排污许可证排放大气污染物的；

（二）超过大气污染物排放标准或者超过重点大气污染物排放总量控制指标排放大气污染物的；

（三）通过逃避监管的方式排放大气污染物的。

三、胜诉路径

本律师团队接受了涉案公司的授权委托，作为本案申诉程序、行政复议程序的委托代理人。律师团队对当事人提供的相关材料进行逐一查阅，对案件的相关细节进行了反复沟通确认并实地走访后，发现本案中第三方检测公司在进行检测时，有重大的失误和瑕疵。例如，其检测绘制图并没有按照实际情况绘制，而是将某建筑物从南处"搬家"至北处，其检测没有严格按照相关规定的操作程序等。经研究，律师团认为本案的主要争议焦点如下：某公司在对脂肪酸车间、污水站废气下风向监控点进行取样检测时有无违反相关监测标准规范、检测程序规范。这个问题是本案的关键，关系着东莞市环保局所作的《责令改正违法行为决定书》是否有合法依据。

2016 年 12 月 19 日，本律师团队向东莞市环保局提交了行政处罚听证前的申辩意见。主要内容为如下：

（1）《监测报告》中"废气点位分布示意图"（以下简称示意图）有 2 处明显错误，一是将建筑物从南处"搬家"至北处，二是人为改变厂区自然方位，厂区分布从东北中轴向被改为正北中轴向。涉案公司厂区分布为东北中轴方向，但是某公司出具的示意图却把涉案公司厂区分布绘制为正北中轴方向，示意图的绘制存在根本错误，监测对象的物理现状明显失实。

（2）某公司监测人员未遵守技术规程，未根据当时风向变化对参照点及监测点作出相应的调整。根据《大气污染物无组织排放检测技术导则》（HJ/T 55—2000）（以下简称《技术导则》）的规定："……风向和风速的测定除采样之前进行外，还应在采样过程中重复 1～2 次，如发现风向有显著变化，应移动监测点位置后重新采样。"根据东莞市气象公共服务中心出具的《东莞气象服务》，监测当日相对应的风向分别为北风（N）、东北风（NE）、北风（N）、东东北风（NEN）四个风向，故在 12 月 1 日这天风向变化明显，而某公司未根据风向变化对参照点及监测点作出相应的调整，因此并不排除周围工厂废气交叉散发的情况，故检测结论不可取。

（3）3 个监测点取点位置明显不科学，至少应有 1 个在中轴线对侧，而《监测报告》3 个监测点均在同一侧。《技术导则》第 9.1.1 条规定："一般情况下设置监测点的方法：所谓'一般情况'是指无组织排放源同其下风向的单位周界之间有一定距离，以至可以不必考虑排放源的高度、大小和形状因素，在这种情况下，排放源应可看作一个点源。此时监测点（最多可设置 4 个）应设置于平均风向轴线的两侧，监测点与无组织排放源所形成的夹角不超出风向变化的 ±S°（10 个风向读数的标准偏差）范围之内。"某公司出具的《监测报告》中的示意图显示，作为监测点的 2 号、3 号、4 号点均在以风向及参照点为中轴线的一侧，违反了《技术导则》规定的监测点设置方法。

（4）《监测报告》1 号参照点的臭气浓度绝无可能小于 10，原因如下：1 号参照点周围分别为东莞某油脂有限公司、某饲料蛋白有限公司东莞分公司、某饲料有限公司、某控股东莞×食品有限公司等，其中正北侧为一片垃圾地。周围环境质量检测多次均未超标，故我们认为该检测点数据失实。

（5）《监测报告》未明示 8 位气味分析人员具有相应的嗅辨资质。根据《空气质量 恶臭的测定 三点比较式臭袋法》（GB/T 14673—93）："2.3 嗅辨员是经专门考试挑选和培训，其嗅觉合格者作为本标准方法测定需要的嗅辨员。……5.1 嗅辨员，嗅辨员应为 18～45 岁，不吸烟、嗅觉器官无疾病的男性或女性。"某检测公司的《监测报告》中未提供嗅辨员资质证明。

在听证会上，申请人和主办律师就申请取消行政处罚的原因和事实作了陈述和说明（主要内容如上），听证会结束后，律师团向东莞市环保局提交了听证后的《补充代理意见》。《补充代理意见》主要围绕《技术导则》中规定的监测取点位置规定、检测结果受周边环境影响较大、《监测报告》中建筑物位置标注明显错误方面，作了进一步的说明与论证。但听证人员最终并没有采纳申请人及律师团的意见。

2017 年 1 月 17 日，申请人因不服该处罚决定，向广东省环保厅提起了行政复议申请，请求撤销被申请人作出的处罚决定。具体内容如下：

一、被申请人作出《责令决定书》没有事实和法律依据。其所依据的《监测报告》存在明显事实错误，根据错误的《监测报告》作出的《责令决定书》不应有法律效力，应当予以撤销

（一）《监测报告》中的示意图有两处明显根本性错误，直接导致《监测报告》不能采信

一是将建筑物从南处"搬家"至北处，二是人为改变厂区自然方位，厂区分布从东北中轴向被改为正北中轴向，监测对象的物理现状反映明显失实。

第一处错误：申请人的保安室实际上是在示意图中的2号监测点附近，而不是在4号监测点附近，4号监测点附近的地块为待开发的绿地状态及施工工地。但是《监测报告》中的示意图却显示申请人的保安室在4号监测点附近，由此可见示意图并未根据实际情况绘制。而且该保安室并非一间小屋，而是高度起码超过10米、长度宽度均超过8米的高大建筑物，其存在足以对局地流场造成重大影响。

第二处错误：申请人的厂区分布为东北中轴方向，但是某公司出具的《监测报告》中的示意图却把申请人的厂区分布绘制为正北中轴方向，示意图的绘制存在根本错误。根据实际情况准确绘制示意图，并标出被监测单位的基本方位、车间和主要建筑物的位置，是反映实际排污情况的前提，也是《技术导则》的基本要求，但是示意图却有两处根本性的错误，其写进《监测报告》并作为得出结论的依据，得出的结论无事实依据，更不能反映实际排污情况。

（二）监控点采样位置严重违反《技术导则》的规定，其依据该监控点所监测的数据并不能反映污染源的排污情况，不能作为处罚依据

根据《技术导则》："9.2.2.1 设置监控点的原则要求：设置监控点的原则要求是由《大气污染物综合排放标准》（GB 16297—1996）中的附录C和其他有关部分提出的，即要求设置监控点于无组织排放源下风向。"结合东莞市气象公共服务中心出具的《东莞气象服务》，2016年12月1日上午9点30分，该片区域最大瞬时风向吹的是北风。《监测报告》中的示意图显示，作为监控点的4号监测点并不在参照点1号监测点的下风口。因此，所监测的数据并不能反映污染源的排污情况，不能作为处罚依据。

（三）根据《技术导则》的规定，3个监测点至少应有1个在中轴线对侧，而《监测报告》3个监测点均在同一侧，取点位置明显不符合规定

《技术导则》第9.1.1条规定："一般情况下设置监测点的方法：所谓'一般情

况'是指无组织排放源同其下风向的单位周界之间有一定距离,以至可以不必考虑排放源的高度、大小和形状因素,在这种情况下,排放源应可看作一个点源。此时监测点(最多可设置 4 个)应设置于平均风向轴线的两侧,监测点与无组织排放源所形成的夹角不超出风向变化的±S°(10 个风向读数的标准偏差)范围之内。"《技术导则》明确规定监测无组织排放的大气污染物的操作流程是监测点应当设置于平均风向轴线的两侧,操作流程在这一环节中并没有赋予监测人员自由选择权,一份符合规定能作为行政处罚依据的《监测报告》应当是严格按照《技术导则》的操作流程进行的,否则该份《监测报告》应当无效。

某公司出具的《监测报告》中的示意图显示,作为监测点的 2 号、3 号、4 号点均在以风向及参照点为中轴线的一侧,明显违反《技术导则》规定的监测点设置方法,该《监测报告》应当无效。

(四)某公司监测人员未遵守技术规程,未根据当时风向变化对参照点及监测点作出相应的调整

由《监测报告》可知,某检测公司在 2016 年 12 月 1 日 9:30、11:30、13:30、15:30 4 个时段对申请人排污情况进行监测,并在《监测报告》中绘制一幅示意图,该示意图是基于东北(NE)风向绘制,根据东莞市气象公共服务中心出具的《东莞气象服务》可得知,某公司在 12 月 1 日 4 个时段进行的监测活动所对应的实际风向分别为北风(N)、东北风(NE)、北风(N)、东东北风(NEN)四个风向。

《技术导则》第 7.1 条风向和风速的简易测定规定:"……风向和风速的测定除采样之前进行外,还应在采样过程中重复 1~2 次,如发现风向有显著变化,应移动监测点位置后重新采样。"监测当天监测地点风向变化明显,某公司应当严格按照《技术导则》的规定,移动监测点位置重新采样,但某公司却未根据风向的变化对参照点及监测点作出相应的调整,仅根据东北(NE)风向绘制一幅示意图。

由于某公司根据东北(NE)风向绘制的示意图与当时的实际风向不一致,参照点、监测点的采样位置不符合《技术导则》的规定,据此作出的《监测报告》不能实际反映申请人的废气排污情况,亦无法排除周围工厂废气交叉散发的情况,因此《监测报告》不能作为处罚的依据。

（五）《监测报告》不考虑外部环境对所测项目的影响，明显贻笑大方；空气流动性强，大气污染排放监测更应考虑周边环境的影响

被申请人对申请人周边新沙工业园企业的多份监测报告均显示："因受环境空气质量的影响，本报告监测数据不能作为判定污染源是否超标排放的依据"，现对申请人作出不同判定，明显有失政府公允、负责义务。

根据《申请人甘油扩建项目环境影响报告书》及百度地图软件所记录的情况显示，1 号参照点周围分别为东莞某油脂有限公司、某饲料蛋白有限公司东莞分公司、某饲料有限公司、某控股东莞×食品有限公司等，其中正北侧为一片垃圾地。申请人所处的新沙工业园区整体环境空气质量恶劣，由申请人委托广州市某环境检测技术有限公司对新沙工业园进行监测，并出具 3 份《监测报告》ZJ〔2016-12〕108 号、ZJ〔2016-12〕109 号、ZJ〔2016-12〕099 号，监测结果显示，申请人周边环境质量数据均显示严重超标。但《监测报告》1 号参照点的臭气浓度却小于 10，这明显与事实不符。

（六）《监测报告》未明示 8 位气味分析人员具有相应的嗅辨资质

根据《空气质量　恶臭的测定　三点比较式臭袋法》（GB/T 14673—93）："2.3 嗅辨员（panel）是经专门考试挑选和培训，其嗅觉合格者作为本标准方法测定需要的嗅辨员。……5.1 嗅辨员，嗅辨员应为 18～45 岁，不吸烟、嗅觉器官无疾病的男性或女性，经嗅觉检测合格者，如无特殊情况，可连续 3 年承担嗅辨员工作。5.2 嗅觉检测及嗅辨员挑选，嗅觉检测必须在嗅辨室内进行。主考人将 5 条无臭纸的三条一端浸入无臭液 1 cm，另外 2 条浸入一种标准臭液 1 cm，然后将 5 条浸液纸间隔一定距离平行放置，同时交被测者嗅辨，当被测者能正确嗅辨出沾有臭液的纸条，再按上述方法嗅辨其他 4 种标准臭液。能够嗅辨出 5 种臭液纸条者可作为嗅辨员。"可知，必须通过嗅觉检测程序方才具有嗅辨员资质，那么某公司《监测报告》中的 8 位分析人员未提供嗅辨员资质证明，申请人认为某公司的 8 位分析人员不具有嗅辨员资格，其出的《监测报告》不具有作为被申请人对申请人作出行政处罚的依据。

《行政处罚法》第四条规定："行政处罚遵循公正、公开的原则。设定和实施行政处罚必须以事实为依据，与违法行为的事实、性质、情节以及社会危害程度相当。"被申请人作为行政处罚机关，应该依法以事实为依据实施行政处罚，但是其却在

《监测报告》存在如此明显的实质性和程序性错误的情况下，依然以此《监测报告》为依据，对申请人出具《责令决定书》，这不仅损害了申请人的合法权利，更是违法行政行为。

二、某公司现场监测组长在《监测报告》出具后，明确表示现场环境信息与申请人无关，通过作出新的结论推翻了之前出具的《监测报告》的结论

根据 2012 年修正的《中华人民共和国民事诉讼法》第 63 条的规定，"证据包括：……（5）电子数据……"电子数据被明确规定为案件证据类型之一。2015 年《最高人民法院关于适用〈中华人民共和国民事诉讼法〉的解释》第 116 条规定："电子数据是指通过电子邮件、电子数据交换、网上聊天记录、博客、微博客、手机短信、电子签名、域名等形成或者存储在电子介质中的信息。"存储在电子介质中的录音资料和影像资料，适用电子数据的规定。

某公司现场监测组关某与申请人员卜某微信对话提到："其实我和实验室说了，下风向的味道为花生渣的味道。"（聊天时间为 2016 年 12 月 3 日，在《监测报告》出具之后）该聊天记录作为法定证据，足以证明监测当天闻到的是花生渣味道，此环境信息与申请人无关（申请人做棕榈油而非花生油，可查其环评验收报告），是申请人所处的某工业园区整体环境恶劣，申请人周围被废气排放量大的饲料企业包围，所测的数据并未完全反映申请人废气排放现状。

三、被申请人在出具《责令决定书》之前并未依法听取申请人的陈述、申辩，直接剥夺了申请人法定的陈述权和申辩权，《责令决定书》应属无效

《行政处罚法》第四十一条规定："行政机关及其执法人员在作出行政处罚决定之前，不依照本法第三十一条、第三十二条的规定向当事人告知给予行政处罚的事实、理由和依据，或者拒绝听取当事人的陈述、申辩，行政处罚决定不能成立；当事人放弃陈述或者申辩权利的除外。"第三十一条："行政机关在作出行政处罚决定之前，应当告知当事人作出行政处罚决定的事实、理由及依据，并告知当事人依法享有的权利。"第三十二条："当事人有权进行陈述和申辩。行政机关必须充分听取当事人的意见，对当事人提出的事实、理由和证据，应当进行复核；当事人提出的事实、理由或者证据成立的，行政机关应当采纳。行政机关不得因当事人申辩而加重处罚。"

但是在本案中，某公司于 2016 年 12 月 1 日对申请人厂区进行监测，2016 年

12月2日出具《监测报告》，被申请人2016年12月3日便对申请人出具了《责令决定书》，其在出具《责令决定书》之前并未依法告知申请人其作出行政处罚决定的事实、理由及依据，也没有告知申请人依法享有的权利，更是剥夺了申请人的陈述权利及申辩权利。根据《行政处罚法》的规定，该行政处罚决定不能成立，《责令决定书》应属无效。

四、被申请人派出的现场执法人员未依法全程陪同监测人员进行监测，监测程序存在重大瑕疵

《行政处罚法》第三十六条规定："除本法第三十三条规定的可以当场作出的行政处罚外，行政机关发现公民、法人或者其他组织有依法应当给予行政处罚的行为的，必须全面、客观、公正地调查，收集有关证据；必要时，依照法律、法规的规定，可以进行检查。"第三十七条规定："行政机关在调查或者进行检查时，执法人员不得少于两人，并应当向当事人或者有关人员出示证件。"

根据东莞市环境监测站六大队执法人员陈述，其在带领某公司监测组人员进入申请人厂区后，并未陪同监测人员进行布点、测风向、采空气样本等一系列的监测行为，而是在申请人办公室内等候某公司人员。执法人员的行为明显违反了《行政处罚法》的规定，监测过程存在明显的瑕疵，执法人员不能证明某公司的一系列现场监测行为。

综上所述，在《监测报告》存在重大的、根本性的实质错误及程序错误，申请人法定的陈述权及申辩权被非法剥夺，被申请人执法人员监测程序违法等情况下，被申请人对申请人作出《责令决定书》是缺乏事实及法律依据的，损害了申请人的合法权益。

四、案件评析

本案在行政复议期间，律师团多次就案件相关情况和细节与东莞市环保局、广东省环保厅进行沟通说明，最终东莞市环保局作出了撤销责令改正违法行为的决定书，使申请人免于停产及10万元罚款的行政处罚。因此，本律师团队也随即代理申请人涉案公司向广东省环保厅申请撤回行政复议，至此本案终结。

　　行政机关在行政执法过程中，需遵循合法原则、程序正当原则，这两项原则也是行政法最基本的原则。本案发生在行政执法过程中，也是由于第三方检测公司在监测过程中，出现程序方面和实体方面的重大瑕疵，使得该监测结果不能作为行政执法主体的执法依据。

实案五

东莞某淀粉科技有限公司不服环保处罚
行政复议案

一、案例简述

本案是在环保检查执法过程中所引发的一起环境行政复议案，同时该案发生在环保执法史上最严的中央环保督查期间。律师团队对案件相关材料深入研究后，找到了本案的突破点，即环保执法主体所委托的第三方公司在采样检测时，没有严格按照相关规定的操作方法、操作程序，因此其鉴定结论不能作为环保执法主体的执法依据。在律师团队的努力争取下，被申请人撤销了责令改正违法行为决定书，最终维护了申请人的合法权益。

二、基本案情

2017 年 6 月 5 日，东莞市环境保护局沙田虎门港分局（以下简称东莞虎门港分局）委托东莞市第三方检测技术有限公司（以下简称第三方检测公司）对东莞某淀粉科技有限公司（以下简称涉案公司）的污水车间排放口进行取样检测。2017 年 6 月 20 日，东莞虎门港分局将检测报告送达涉案公司，检测报告结果不达标，报告显示 COD_{Cr} 超标 0.4 倍，BOD_5 超标 0.9 倍。

2017 年 6 月 20 日，东莞市环境保护局作出了《责令改正违法行为决定书》

［东环违改字（2017）1585号］（以下简称《决定书》），依据为第三方检测公司对涉案公司的检测报告显示为不达标，且在现场检测时，涉案公司正在生产，并提供了相关证据：《现场检查（勘察）笔录》《调查询问笔录》《检测报告》《污染源废水采样原始记录表》等。认为涉案公司的行为违反了《中华人民共和国水污染防治法》第七十四条第一款的规定，责令涉案公司立即停止超标排放生产废水，如拒不改正，将依法实施按日连续处罚。

2017年6月30日，涉案公司以取样期间受到东莞市质监局年度强制检定为理由进行申诉。2017年7月20日，东莞虎门港分局与东莞市某检测技术有限公司（以下简称某检测公司）到涉案公司的污水车间排放口进行取样复检，结果为达标。2017年8月21日，涉案公司向广东省环境保护厅提交了《行政复议申请书》，请求撤销东莞市环保局作出的《责令改正违法行为决定书》。2017年9月11日，东莞市环保局向广东省环境保护厅提交了《行政复议答复书》，主张其所作出的处罚决定合法有据，并请求广东省环保厅予以维持处罚决定。2017年10月10日，律师团队针对东莞市环保局所提交的《行政复议答复书》，向广东省环保厅提交了补充代理意见。2017年10月17日，东莞市环保局作出了《关于撤销责令改正违法行为决定的通知》，因此涉案公司向广东省环境保护厅申请撤回行政复议。2017年10月23日，广东省环境保护厅作出了《终止行政复议审查决定书》（粤环行复〔2017〕21号），本案至此终结。

三、胜诉路径

2017年8月17日，本律师团队接受了涉案公司的授权委托，作为本案行政复议程序的委托代理人。律师团队对当事人提供的相关材料进行逐一查阅后，初步判断本案的争议焦点如下：第三方检测公司在对污水车间排放口进行取样检测时有无违反地表水和污水监测技术规范、检测程序规范。这个问题是本案的关键，关系着东莞市环保局所作的责令改正违法行为决定书是否有合法依据。

随后，律师团队到涉案公司进行实地调查，查看了现场监控视频，与当事人就案件事实及相关细节进行沟通询问，并到东莞虎门港分局与有关执法人员进一步沟通核实案件的相关事实和细节。根据调查结果及当事人所提交的详细材料，经仔细比对《地表水和污水监测技术规范 HJ/T 91—2002》（以下简称《技术导则》）、《水质采样器技术要求》（以下简称《水质采样要求》）等法规后发现，第三方检测公司在对污水车间排放口进行取样检测时确实违反了地表水和污水监测技术规范、检测程序规范，其出具的《检测报告书》不能作为东莞市环保局决定书的合法依据。

具体理由如下：

1. 检测采样程序严重违反采样规范，所采集的样品不能作为检测依据，所得检测结果有误

（1）现场采样没有使用规定的采样器，而是随意采用塑料桶进行采样，且对于采样器没有进行荡洗预处理。从现场监控视频中可知，当日第三方公司的采样人员使用塑料桶作为采样容器，且塑料桶并没有经过待测污水荡洗 2～3 次这一样品质量保证处理环节。一方面，该检测违反了《技术导则》中规定的"检测 COD 项目的样品时必须使用玻璃瓶，采集用于检测 BOD_5 项目的样品时必须使用溶解氧瓶"；另一方面，该检测违反了《技术导则》中规定的"检测污水 COD 项目时，必须用采样水荡洗采样器与水样容器 2～3 次"。

（2）对于所测的多项污染因子，没有分别单独采样，违背《技术导则》硬性要求。根据现场监控视频及第三方公司采样原始记录表可知，采样过程没有单独采样，而是用同一样品完成测量多个污水污染因子项目。根据《技术导则》（4.2.3.4 采样方法）注意事项第（11）项，"测量 BOD_5、油类等项目时必须要单独采样"，因此其未单独定容采样之做法，程序显然违法，所得检测结果肯定亦有误。

2. 检测 BOD_5 项目的样品保存时间超过 12 小时的期限，得出 BOD_5 超标的结果必然有误

第三方公司制作的 BOD_5 分析原始记录表明确记载，BOD_5 的检测分析日期为 2017 年 6 月 6 日至 2017 年 6 月 10 日，而根据其制作的污染源废水采样原始记录表可知，其采样时间为 2017 年 6 月 5 日 15 时 35 分，因此，从其采样至次日工作检测分析时，已经超过 12 小时的限期。根据《技术导则》列明的水样保存要求，测量 BOD_5 项目的样品保存时间不能超过 12 小时，故该样品为过期样品，不能再作为待测样品。

3．在第三方公司检测当天，东莞市某环保科技有限公司（以下简称某公司）在线自动监测数据显示检测达标；同月 20 日东莞市某检测公司的检测也显示各项指标达标

2017 年 6 月 5 日，第三方公司现场取样时，某公司受东莞市质监局委托正对涉案公司的在线自动监测设备进行标准液在线检测 COD 装置检定项目，自动监测数据显示各项指标均正常达标。同年 7 月 20 日，某检测公司受东莞虎门港分局委托再行检测，结果显示各项污染物排放指标全部达标。

4．第三方公司没有采样、分析过程的详细记录，无从知晓其实际使用的是何种分析检测设备，更无法判断其检测结果是否正确

根据第三方公司制作的监测报告以及各项分析原始记录表，均无法证实其实际使用的设备是否与其检测报告中所注明的仪器设备一致。在没有确切证据表明分析仪器具有同一性的前提下，无法据实判断其检测结果的真伪，因而对于其出具的检测报告的真实性、监测结果准确性提出合理质疑。

2017 年 8 月 21 日，律师团队以上述五项理由向广东省环保厅提起了行政复议。2017 年 9 月 11 日，东莞市环保局向广东省环境保护厅提交了《行政复议答复书》，主张其所作出的处罚决定合法有据，并请求广东省环保厅予以维持处罚决定。其理由是以下几点：

1．第三方公司及现场采样人员具备相关资质，采样前，现场采样人员与厂方代表就废水处理工艺、排放口位置、废水排放量、生产时间及工程等进行了确认，填写了《现场采样确认表》，并由双方人员签名确认。采样过程中，现场采样人员按采样方法要求，根据样品特性，采取集中收集水样后进行分装的方式，确保样品均匀、有代表性。现场采样人员按要求采集了平行样和现场空白样，按要求进行了分装并采取合理的处置措施对样品进行了保存，填写了《污染源废水采样原始记录表》，并经双方签名确认。因此，在采样过程中并无违反相关操作程序及标准（附相关资质证书、采样现场照片 1 张）。

2．《技术导则》中指出 BOD 保存期限为 12 小时，但《水质 五日生化需氧量（BOD_5）的测定 稀释与接种法》中提到，"在 0～4℃的暗处运输和保存，并于 24 h

内尽快分析"，因此在 0～4℃ 的暗处运输和保存，保存期限为 24 h。

3. 根据《污染源废水采样原始记录表》显示，采样时间为 2017 年 6 月 5 日 15 时 35 分，但无证据表明申请人提供了在线监测时的在线监控数据，另外，根据在线监控记录 2017 年 6 月 5 日，申请人向答复人申请因测量计量院标液在线监控设备存在 COD 数据超标情形，标定结束后的在线监控设备数据不能使用，且某检测公司同月所检测的结果与其检测结果无关，不能作为本案证据。

4. 采样人员在采样完成后，当天便将样品送回，由样品管理员对样品的检测项目、信息进行核对后填写《样品登记表》，确保样品完好后按要求进行了保存，同时编制了《样品分析任务表》，将分析任务下达至分析室，此过程中的样品流转记录完整。分析人员对不同的检测项目均按照有效的检测方法进行了检测，且检测均是按规定在样品有效保存期限内进行的。样品分析过程中均按要求进行了质控样品分析和实验室内平行样分析，并填写了相关检测的原始记录，原始检测数据结果显示检测样品、检测数据均准确、有效。检测分析完成后，相关数据流转至报告编制人员编制检测报告。报告所引用的数据信息均来源于检测过程中的原始记录，因此，报告的出具符合相关的规范要求。

律师团队认为东莞市环保局答复意见的核心内容是：第三方检测公司在检测过程中是严格按照相关的检测标准和检测方法进行的，并无违反相关法规。针对东莞市环保局所提交的《行政复议答复书》，律师团队提供了相反的意见，2017 年 10 月 10 日，向广东省环保厅提交了补充代理意见。主要内容为以下几点：

1. **第三方公司的样品采集方式违反相关技术规范，所使用的采样器不符合法律规定。被申请人依据此样品分析得出的检测报告所作的行政决定，必然违法**

根据被申请人提供的现场水样采集的照片可知，采样人员使用塑料桶作为样品容器，违反了《技术导则》中对 COD 样品容器应为硬质玻璃瓶、BOD$_5$ 样品容器应为溶解氧瓶的硬性规定。另外，采样人员使用玻璃杯在污水排放口采集水样，亦违反了《技术导则》中关于采样器的规定，该《技术导则》中所列的四类采样器（聚乙烯塑料桶、单层采水瓶、直立式采水器、自动采样器）中没有关于使用单个玻璃杯可以作为污水采样器的规定。而且，各种采样器根据所采水样的水体环境、所测污染因子不同而在选用上亦有很大差异。采样人员任意使用玻璃杯且不加区分的瑕疵采样行为，严重违反了《技术导则》的要求，其所获得的样品定然不具备可靠性、代表性。按照该样品检测分析，得出的结论报告亦有误。被申请人根据前述报告作出的行政决定，损害了相对人的正当权益，必然违法。

2. 被申请人提供的现场照片无法证实样品采集过程合法，所作行政决定缺乏合法性基础

被申请人在答复材料中所提供的现场照片只有一张，无法反映采样过程的全貌。按照行政案件举证责任倒置的原则，被申请人应当就其行政处罚决定的合法性提供充分的依据。就本案而言，其应提供样品采集过程合法的充分依据及证明，而其所提供的现场照片无法反映当天采样人员的采样全过程，因此其所作决定无合法性基础。

在案件复议期间，律师团队多次与东莞虎门港分局就案件相关情况进行沟通说明。2017 年 10 月 17 日，东莞市环保局作出了撤销责令改正违法行为的决定书。因此在 2017 年 10 月 21 日，本律师团队代理申请人涉案公司向广东省环境保护厅申请撤回行政复议，至此本案终结。

四、案件评析

行政机关在行政执法过程中，需遵循合法原则、程序正当原则，这两项原则也是行政法最基本的原则。东莞虎门港分局委托第三方检测公司对涉案公司的污水车间排放口进行取样检测，然而该受托公司在取样检测时，没有严格按照相关规定的标准、操作方法和检测程序来取样检测，因此第三方检测公司的检测行为属于重大的实体及程序错误，其所做的检测结论必然不能作为行政执法的依据。

实案六

翁源县某公司逃避监管排放废水行政处罚听证案

一、案件简述

广东省韶关市翁源县环境保护局接群众举报后，和环境监测站工作人员一同对翁源县某印刷包装有限公司进行现场检查，认为某公司清洗 PS 版的废水经下水道外排，无废水收集处理设施，逃避监管排放污染物，违反了《建设项目环境保护管理条例》第十九条第一款和《中华人民共和国水污染防治法》第三十九条的规定。根据《建设项目环境保护管理条例》第二十三条和《中华人民共和国水污染防治法》第八十三条的规定，拟作出罚款人民币 10 万元的处罚，同时将案件移送翁源县公安局，拟对相关责任人员实施行政拘留。当事人提出听证申请，委托本律师团队提交法律意见，要求不作出处罚。

二、基本案情

根据群众投诉，2018 年 5 月 30 日，翁源县环境保护局监察分局和环境监测站工作人员对翁源县某印刷包装有限公司进行检查，发现涉案公司正在生产，车间有工人正在操作印刷设备，车间内堆放有产品，在印刷车间的晒版房（与男洗手间相邻）有清洗 PS 版的废水经下水道外排，无废水收集处理设施，执法人员用消防水冲公司下水道时，发现下水道与下游围墙旁下水道连通。监测人员在公司的印刷厂下水道、围墙旁下水道、××工业园 106 国道旁水渠、××工业园大门旁水渠和富陂村×队刘屋农田水渠 5 处进行了水样采集，监察人员对现场进行了拍照录像取证，同时制作了《现场检查笔录》。

公司年产 300 t 彩色纸印刷品、250 t 纸箱、6 t 吸塑产品的建设项目于 2017 年 11 月 17 日由环保部门批复同意建设，但未经过污染防治设施"三同时"验收，未取得广东省排污许可证。

同时环保部门对公司法定代表人张××进行了调查询问笔录，6 月 1 日再次对张××进行了调查询问，制作有《调查询问笔录》。

2018 年翁源县环境保护监测站出具的《监测报告》（翁环境监测（水）字〔2018〕第 0107 号）显示：公司的印刷厂下水道 pH 为 9.74，化学需氧量为 165 mg/L，均超过广东省《水污染物排放限值》（DB 44/26—2001）第二时段一级标准。

2018 年 6 月 6 日，环保部门对公司晒版房组长甘某进行调查询问，制作有《调查询问笔录》，同时送达《监测报告》（翁环境监测（水）字〔2018〕第 0107 号）。

2018 年 6 月 7 日，环保局向公司下发《责令改正违法行为决定书》（翁环违改字〔2018〕6 号），责令公司立即停止配套建设环保设施未验收即投入生产和私设暗管逃避监管排放水污染物的违法行为。并认为涉案公司违反了《建设项目环境保护管理条例》第十九条第一款和《中华人民共和国水污染防治法》第三十九条的规定，根据《建设项目环境保护管理条例》第二十三条和《中华人民共和国水污染防治法》第八十三条的规定，拟作出罚款人民币 10 万元的处罚，同时将案件移送翁源县公安局，拟对相关责任人员实施行政拘留。

三、胜诉路径

北京市盈科（广州）律师事务所陈勇儒律师团队接受翁源县某印刷包装有限公司（以下简称涉案公司）的委托，认为环保局以涉案公司以私设暗管等逃避监管方式排放工业水污染物为由，对涉案公司实施行政处罚并需移交公安机关行政拘留的意见，不能成立。并向翁源县环保局提交了《无直排证据，不能认定涉案事实——关于翁源县涉案公司行政处罚听证案的法律意见》。

详细意见如下：

一、本案所涉工业废水并未直排外环境，而且进行了收集、处理

本案接受调查的两位涉案公司人员，均非公司进行管网布设的施工人员，不清楚下水道的布局，公司抽用厂房为租赁而来，其地下管网布局图并不在公司掌握之中，只能根据表面现象回答贵局调查人员问题。

经认真调查涉案晒版房下水道走向，原来涉案晒版房是由原卫生间改建，晒版二次清洗形成的废水并未直接进入雨水管（沟、渠），而是进入了连通卫生间的三级化粪池，经 O/A 工艺处理后排放。

根据《行政主管部门移送行政拘留环境违法案件暂行办法》第七条的规定，只有"将部分或全部污染物不经过处理设施，直接排放的"，才属于"通过不正常运行防治污染设施等逃避监管的方式违法排放污染物"的情形。

根据环境保护部《关于〈水污染防治法〉第二十二条有关"其他规避监管的方式排放水污染物"及相关法律责任适用问题的复函》（环函〔2008〕308 号）中的解释，对于如何理解"禁止私设暗管或者采取其他规避监管的方式排放水污染物"的行为，规定"在雨污管道分离后利用雨水管道排放废水"，才是相关违法行为。本案涉案当事企业只开工 3 个月左右，其客观上是通过化粪池收集了涉案废水，客观上并未利用雨水管道排放废水，现有三份言词证据显示的内容，并未就此问题进行深入取证，贵局在《现场勘查笔录》中也未进行现场废水是否直排进入雨水管道进行客观证据的调查取证。

故代理人主张，因为客观证据的唯一性、固有的客观性即不可变动性，本案应当尊重客观事实，不能认定涉案相对人的私设暗管直排废水进入雨水管道的相关违法行为。

二、本案对是否水污染物的监测取样不符合技术规程要求，依法亦不能作为合法证据使用

本案《监测报告》显示，贵局欲查证的污染物属于第二类污染物即 pH 值、COD 等，根据环境保护部《地表水和污水监测技术规范》（HJ/T 91—2002）（以下简称《技术规范》）第 5.1.1.2 条的规定，"第二类污染物采样点位一律设在排污单位的外排口"，然本案贵局调查人员对涉案单位的外排口到底在哪里，截至听证会结束之时仍未厘清，在调查取证时未对此予以明确。

根据《技术规范》的规定，"水样器的材质和结构应符合《水质采样器技术要求》中的规定"。本案中，已在取样照片、取样录像中明显看到，取样、装样均用废塑料饮用水瓶，不是玻璃瓶——COD样的采样和容样，只能用玻璃瓶，而且必须单独取样，这在《技术规范》表4-4"水样的保存和容器的洗涤"中有明确要求（而pH值并非本案所涉工业废水的监测项目）。

由于采样点和采样器、采样容器均不符合技术法规，且贵局委托的监测内容也不是判断涉案废水是否为涉案工业废水的指标，因此从多方面可认定贵局不能以现有《监测报告》为有效证据证明涉案企业直接排放了工业废水（另贵局提供的涉案企业厂界外3个水样监测指标均显示，贵局关注的COD污染物都未超过广东省地方排污标准90 ppm）。

附件：

翁源县环保局对涉案公司听证会证据清单

序号	证据名称	页数	页码	证明对象、证明内容
1	律师调查笔录	4		证明涉案第二次洗版废水并非流入雨水道，而是流入化粪池，进入了经环评批复的污水收集池；本案事实调查有误，涉案废水并未直排，而是经过了污水收集池处理，依据环境保护部函，不能认定申请人有私设暗管逃避监管的行为
2	申请人厂界外沟渠走向及沿线照片	6		被申请人所指涉案沟渠上游、两侧紧邻有××油墨、××油漆、××防水材料等大型重污染源企业，在无合法、充分证据证明申请人污染涉案沟渠的情况下，前述企业应成为重点核查对象，不宜主观将矛盾引向申请人。目前申请人已经停产多日，可确定真正的污染源企业非申请人所在公司
3	环函〔2008〕308号文：关于《水污染防治法》第二十二条有关"其他规避监管的方式排放水污染物"及相关法律责任适用问题的复函	1		"在雨污管道分离后利用雨水管道排放废水"的，才是规避监管的严重违法行为，本案废水排入污水收集池即化粪池处理，无证据对外环境造成污染

序号	证据名称	页数	页码	证明对象、证明内容
4	《地表水和污水监测技术规范》			涉案监测报告显示，监测取样不符合法定规程，使用废塑料瓶采集和容纳 COD 样，明显不合法；取样地点不在外排口，不符合规定，厂界内雨水管道监测数据不能证明申请人有排污行为

四、案件评析

本案代理律师制作了律师调查询问笔录，发现了新的证据即公司晒版房清洗后的废水流入了厂内的化粪池，并未排入外环境。而环保局在调查取证时，并未进行示踪试验，证明晒版房清洗废水排入到外环境。另外，处罚所依赖的监测数据，是违法使用采样器所得到的水样检测分析而来，同时采样点位和检测项目并未依法进行，因而不符合技术法规的要求，不具备法律效力。最终环保局采纳了律师的意见，未作出行政处罚，也未将该案移送给翁源县公安局对相关责任人实施行政拘留，实现了代理目的，维护了当事人的权益。

本案中律师取证时制作的调查笔录。

实案七

江西省九江市某小区对相邻污水处理厂建设项目环评许可听证案

一、案例简述

环境侵权纠纷大都源于相邻污染类建设项目建设与运营中产生的环境污染影响到人居环境。本案律师团队代理小区业主对相邻的建设项目污水处理厂的环评提出了实质性问题，要求环保部门不予审批，保障相对人的合法权益。

二、基本案情

九江市城区内主要水系有八里湖、南湖、甘棠湖、白水湖、琵琶湖五大湖。龙开河南起八里湖东北端，西至官牌夹，全长 3.465 km，龙开河有 3 条支流，分别为护池河（2.8 km）、向阳沟（2.5 km）和甘棠湖河段（1.153 km）。现状水质为劣 V 类水体，局部为重度黑臭。为治理好龙开河污染问题，九江市 A 环境科技有限公司（以下简称 A 公司）承接了涉案项目——龙开河黑臭水体治理项目。

A 公司委托南京 B 环保科技有限公司（以下简称 B 公司）编制了《九江市龙开河黑臭水体治理项目环境影响报告表》（以下简称涉案环评）。但是该环评文件因为多种原因，先后发生了 3 次变化。2017 年 11 月，A 公司第一次环评审批申请，当时尚未进行部门调整的九江经济技术开发区建设环保局作出了同意审批的许可决定。A 公司开始进行动工建设。但是在动工建设过程中，相邻的尚海湾小区居民发现，涉案项目的子项目——李家山污水处理站的建设地址发生了重大变动，因此向环保部门投诉。接到投诉后，九江经济技术开发区建设环保局现场检查，发现该污水处理站建设地点与审批了的环评报告表不一致，于 2018 年 11 月 22 日作出了要求建设单位停工，并重新报批环评文件的行政决定。

2019 年 4 月 1 日，九江市生态环境局收到九江市 A 公司重新提交的《九江市龙开河黑臭水体治理项目环境影响报告表》，并于 2019 年 4 月 19 日在其官网上进行了拟受理公示。公示期为 2019 年 4 月 19 日至 2019 年 5 月 6 日。涉案小区居民在此公示期间提出了行政许可听证申请。九江市生态环境局于 6 月 10 日依法组织召开了听证会。听证会上涉案小区和建设单位及环评单位对涉案环评文件的合法性、科学性、内容的完备性等作了质疑与答辩，供环保部门作出是否审批的决策。

三、胜诉路径

环境资源法律师团队在 2019 年 1 月接受涉案小区的委托，早早介入案件。对于涉案项目选址问题、本身所产生的环境污染、项目建设违规等事项进行了论证，并现场查勘，同九江市生态环境局与九江市规划部门等相关人员进行了沟通，交换意见。具体办案过程及方法如下：

针对 A 公司在环评审批前，屡次试图动工问题，律师团队发表了《北京市盈科（广州）律师事务所关于建议加强对李家山污水处理站项目进行环境监管防范重大社会风险事件的法律意见函》。

> 九江市环境保护局：
>
> 李家山污水处理站建设项目（以下简称案涉项目）的环境影响评价文件目前并未获得贵局作出的许可批复。该案所涉项目先前获得的环评批复，也因 2018 年 11 月 22 日由审批该环评文件的主管部门九江市经济技术开发区建设环保局（以下简称开发区环保局）作出的"九开建环字〔2018〕290 号"文而失去了法律效力。

　　该文载明："经现场检查，发现该项目污水处理站建设地点与环评报告表不一致，你单位自即日起停止该污水处理站项目建设，并向环保部门重新申请办理环评手续，待环保部门批准后方可开工建设。"据此，李家山污水处理站项目因建设地点重大变动，环评文件依法需要且已经被主管部门责令重新报批，尚未获得合法的环评批复的事实是毋庸置疑的。

　　《建设项目环境保护管理条例》（以下简称《建管条例》）第九条规定："……建设项目的环境影响评价文件未依法经审批部门审查或者审查后未予批准的，建设单位不得开工建设。"

　　《建管条例》第二十四条规定："建设项目的环境影响评价文件经批准后，建设项目的性质、规模、地点、采用的生产工艺或者污染防治、防止生态破坏的措施发生重大变动的，建设单位应当重新报批建设项目的环境影响评价文件。"

　　根据以上规定可知，建设项目发生了重大变动，其环评文件需要重新报批。对此，开发区环保局的环境执法具备合法性，其作出了责令案涉项目建设单位重新报批环评文件，方可开工的行政命令。然而，建设单位的行为也已违反了《中华人民共和国环境影响评价法》第三十一条的规定。

　　《中华人民共和国环境影响评价法》第三十一条规定："建设单位未依法报批建设项目环境影响报告书、报告表，或者未依照本法第二十四条的规定重新报批或者报请重新审核环境影响报告书、报告表，擅自开工建设的，由县级以上生态环境主管部门责令停止建设，根据违法情节和危害后果，处建设项目总投资额1%以上5%以下的罚款，并可以责令恢复原状；对建设单位直接负责的主管人员和其他直接责任人员，依法给予行政处分。建设项目环境影响报告书、报告表未经批准或者未经原审批部门重新审核同意，建设单位擅自开工建设的，依照前款的规定处罚、处分。"

　　根据该规定，贵局现作为审批主管部门应当对建设单位擅自将建设地点进行重大变动，在环评文件未经重新审核同意的情况下，擅自开工建设的违法行为，依法作出责令停止建设，根据情节的轻重处以项目总投资额1%～5%的罚款，并可以责令恢复原状的处罚决定。原主管部门开发区环保局虽下达了责令停止建设的行政命令，尚未依法作出行政处罚。现因案涉项目已由贵局负责审批监管，因此贵局有职责对建设单位的"未批先建"行为予以行政处罚，处以该项目总投资额1%～5%的罚款。

综上，根据法律规定，建设单位的违法事实清楚，恳请贵局对建设单位的违法行为严格环境执法，依法对建设单位"未批先建"这一严重环境违法行为作出行政处罚，以免贵局涉行政不作为、滥权违法之嫌。同时，也恳请贵局加强对案涉项目的环境监管，因为该建设单位已经有过多次违反禁令强行开工建设的行为，虽被群众阻拦、制止，但若再发生此类违法行为，贵局应当依法承担起环境监管的职责，而非依靠群众的私力予以监管。否则，发生群体性事件，影响社会稳定，贵局也具有管理失职的责任。

对于"未批先建"的问题，律师团队替委托人撰写了《八里河新区尚海湾小区业主关于举报投诉李家山污水处理站项目未批先建、要求进行环境监管执法防止重大社会风险事件的函》。

九江市生态环境局，陈世超局长同志：

首先祝贺贵局更名为生态环境局，也祝贺陈世超同志履新局长之责，"担当新使命，开启新征程"！本人系××河新区涉案小区业主，就贵局应对该小区前李家山污水处理站建设项目履职尽职之紧迫事宜，致送本举报投诉函。

李家山污水处理站建设项目（以下简称案涉项目或该项目），离本小区仅 100 m 左右，且紧邻拟建的中小学，但其环境影响评价文件目前并未获得贵局作出的许可批复。该案涉项目先前所获得的环评批复，也因 2018 年 11 月 22 日由审批该环评文件的主管部门九江市经济技术开发区建设环保局（以下简称开发区环保局）作出的"九开建环字〔2018〕290 号"文而失去了法律效力。因此，该项目明显属于违法违建项目。

"九开建环字〔2018〕290 号"文件载明，"经现场检查，发现该项目污水处理站建设地点与环评报告表不一致，你单位自即日起停止该污水处理站项目建设，并向环保部门重新申请办理环评手续，待环保部门批准后方可开工建设"。据此，李家山污水处理站项目因建设地点重大变动，环评文件依法需要且已经被主管部门责令重新报批，尚未获得合法的环评批复的事实是毋庸置疑的。

《建设项目环境保护管理条例》（以下简称《建管条例》）第九条规定："……建设项目的环境影响评价文件未依法经审批部门审查或者审查后未予批准的，建设单位不得开工建设。"《建管条例》第二十四条规定："建设项目的环境影响评价文件经批准后，建设项目的性质、规模、地点、采用的生产工艺或者污染防治、防止生态破坏的措施发生重大变动的，建设单位应当重新报批建设项目的环境影响评价文件。"

根据以上规定可知，建设项目发生了重大变动，其环评文件需要重新报批。对此，开发区环保局的环境执法具备合法性，其作出了责令案涉项目建设单位重新报批环评文件，方可开工的行政命令。然而，建设单位的行为也已违反了《中华人民共和国环境影响评价法》第三十一条的规定。

《中华人民共和国环境影响评价法》第三十一条规定："建设单位未依法报批建设项目环境影响报告书、报告表，或者未依本法第二十四条的规定重新报批或者报请重新审核环境影响报告书、报告表，擅自开工建设的由县级以上生态环境主管部门责令停止建设，根据违法情节和危害后果，处建设项目总投资额1%以上5%以下的罚款，并可以责令恢复原状；对建设单位直接负责的主管人员和其他直接责任人员，依法给予行政处分。建设项目环境影响报告书、报告表未经批准或者未经原审批部门重新审核同意，建设单位擅自开工建设的，依照前款的规定处罚、处分。"

根据上述规定，贵局现作为审批主管部门应当对建设单位擅自将建设地点进行重大变动，在环评文件未经重新审核同意的情况下，擅自开工建设的违法行为，依法作出责令停止建设，根据情节的轻重处以项目总投资额1%～5%的罚款，并可责令恢复原状的处罚决定。原主管部门开发区环保局虽下达了责令停止建设的行政命令，尚未依法作出行政处罚和责令恢复原状的行政命令。现因案涉项目已由贵局负责审批监管，因此贵局依法有职有权对于建设单位的"未批先建"行为予以行政执法。

综上，法律规定明确、建设单位的违法事实清楚，本小区居民强烈要求贵局依法承担起环境监管的职责，否则，发生群体性对抗冲突，影响社会稳定，发生流血等重大风险事件，贵局当具有管理失职的责任，局长同志可能被追究党政责任，我们作为该建设项目的利害关系人，也将适时向各级甚至中央纪检监察部门进行检举。

由于建设项目地址选址变动，涉及用地规划的调整，对此我方律师出具了《××湖新区涉案小区业主关于要求修改涉案地块与建设项目规划时应依法征求业主意见的函》，如下：

九江市规划局，虞莉清局长同志：

李家山污水处理站项目现所用地块（以下简称涉案地块），紧邻涉案小区和××城三期两小区。贵局于 2017 年 7 月公布的《××湖新区控制性详细规划》对涉案地块的建设用地性质及用途作了明确的界定，规划为 S42 社会停车场用地。涉案小区的大部分业主在购置房屋时因信赖贵局公示的规划以及考虑到规划不轻易更改的法定要求，最终选择置业于此。涉案地块的用途若调整将直接影响到小区业主的居住意愿及房产价值，因此涉案小区业主是涉案地块用途规划调整的利害关系人。

《中华人民共和国城乡规划法》（以下简称《城乡规划法》）第四十八条规定："修改控制性详细规划的，组织编制机关应当对修改的必要性进行论证，征求规划地段内利害关系人的意见……方可编制修改方案。"根据该规定，贵局作为组织编制的机关，若修改或调整涉案地块的用地性质及用途规划，应依法征求包括涉案小区业主在内的众多利害关系人的意见。因此，涉案小区业主在此对该事项提出正式申请。

根据《城乡规划法》第五十条的规定，"在选址意见书、建设用地规划许可证、建设工程规划许可证或者乡村建设规划许可证发放后，因依法修改城乡规划给被许可人合法权益造成损失的，应当依法给予补偿。经依法审定的修建性详细规划、建设工程设计方案的总平面图不得随意修改；确需修改的，城乡规划主管部门应当采取听证会等形式，听取利害关系人的意见；因修改给利害关系人合法权益造成损失的，应当依法给予补偿"。

因此，上述法律法规，均与包括本小区业主在内的众多住户具有重大利害关系。如在修改涉案地块及其建设项目的规划时，不依法定程序征求小区业主等人的意见的，将涉嫌行政不作为且行政违法情节明显，故敬请贵局予以高度重视。

环保部门对此投诉，进行了回复，调查律师取得了相关文件原件予以核对。

随后，在环评公示期间，我方提交了听证申请书。

申请事项：

请求九江市生态环境局（以下简称贵局）依法召开关于《九江市龙开河黑臭水体治理项目环境影响报告表》（下称涉案环评文件）审批前的听证会；请求参加听证会。

事实与理由：

鉴于贵局于 2019 年 5 月 9 日在官网上发布了《九江市 A 环境科技有限公司龙开河黑臭水体治理项目环境影响评价文件拟批准的公示》，告知了利害关系人可以在公示期间 2019 年 5 月 9 日—2019 年 5 月 15 日（5 个工作日）依法提出听证申请，现申请人依照《中华人民共和国行政许可法》及相关法律法规的规定，正式向贵局提出听证申请。具体事由如下：

申请人系九江市涉案小区的居民，所住涉案小区距离龙开河黑臭水体治理项目 3 号初期雨水调蓄池仅约 100 m，依法属于贵局拟审批的涉案环评文件所确立的环境敏感点之一。3 号初期雨水调蓄池的建设与贵局拟作出的涉案环评文件审批决定直接影响到申请人的环境权益。因此，申请人系该项目的重大利害关系人。

《中华人民共和国行政许可法》第四十七条第二款规定，"申请人、利害关系人在被告知听证权利之日起 5 日内提出听证申请的，行政机关应当在 20 日内组织听证"。

《环境保护行政许可听证暂行办法》第五条第三款规定："实施环境保护行政许可，有下列情形之一的，适用本办法：环境保护行政许可直接涉及申请人与他人之间重大利益关系，申请人、利害关系人依法要求听证的。"

根据以上事实及法律规定，申请人作为重大利害关系人，依法提出听证申请，希望贵局依法召开听证会，听取申请人对涉案环评文件的相关合理质疑。

生态环境局依法召开听证会，会上我方律师发表了《北京市盈科（广州）律师事务所关于〈九江市龙开河黑臭水休治理项目环境影响报告表〉依法不能审批通过的函》，如下：

北京市盈科（广州）律师事务所
关于《九江市龙开河黑臭水体治理项目环境影响报告表》
依法不能审批通过的函

九江市生态环境局，尊敬的陈世超局长同志：

北京市盈科（广州）律师事务所接受《九江市龙开河黑臭水体治理项目环境影响报告表》（以下称待批《环评表》或《表》）审批事项利害关系人即涉案小区业主的委托，现就贵局提交行政许可听证的待批《环评表》不能通过贵局审批，发表如下质证与综合意见，谨请局长同志及贵局局务会议同志们务实决策。

一、总体意见

待批《环评表》存在基础资料明显不实，内容存在重大缺陷、遗漏或者虚假，环境影响评价结论不正确或者不合理等严重质量问题，根据《环境影响评价法》第三十二条、《建设项目环境保护管理条例》第十一条等规定，待批《环评表》通过审批的，属于违法行为。

二、详细意见

（一）待批《环评表》涉及的黑臭水体最重区域——长 2.5 km 的向阳沟暗河沿线片区长期根本无法实现雨污分流，《表》中位于向阳沟南端暨紧邻涉案小区的、容量达 12 000 m³ 的 3 号初期雨水调蓄池不是初雨调蓄池，不具备初雨调蓄功能，而是大型生活污水合流池。

《表》第 7 页图 1-8"龙开河物探成果"明确，向阳沟区域与其他区域明显不同，即雨污未分流、且"直排至向阳沟"，第 3 段明确"向阳沟区域排水现状：向阳沟沿线居民区人口密度大，地下管网交错复杂，沿线范围内小区、单位、商户等由于雨污分流未彻底，造成区域内大量生活污水进入向阳沟"。

《表》第 15 页第 1 段"现状城市污水处理厂调查与分析"明确，"目前该区域内已建污水处理厂仅鹤问污水处理厂""污水收集管网系统由两部分组成"，无向阳沟沿线片区管网系统。

《表》第 74 页第 3 段明确，"根据业主提供资料和设计方案，在雨污分流改造工程实施完成之前，旱季时向阳沟入龙开河的生活污水约 1 900 m³/d（DN1200），通过一体化泵站截留至污水管网，向阳沟南边初雨调蓄池截留的生活污水约

2 400 m³/d，通过泵提升至八里湖北大道北侧的截污干管（DN1500—2200）"。明示了在雨污分流改造工程实施完成之前相当长的时间内，所谓向阳沟南边初雨调蓄池，即 3 号初雨调蓄池，实际上每天接收的生活污水高达 4 300 m³！注意，是每天，如此大的一个生活污水合流池，将向阳沟沿线全部生活污水集中于一处的工程，以雨水调蓄池的名义代替，以此不进行重点环境影响评价，显然是不负责任的！而且待批《表》中提到的向阳沟沿线片区每天的生活污水量为 4 300 m³，没有任何科学依据支撑。待批《环评表》直接提到此种基础数据，却未明确数据的载体，而只是一笔带过，说源于建设单位提供的资料，显然有主观臆断、造假之嫌。

《表》第 17 页倒数第 3 段有关"工程方案"中明确，"排水体制：分流制，近期对湖体周边管网进行分流制改造，其他区域结合城市建设及道路改造等逐步实现分流制"，已明示近期不会对向阳沟进行分流制改造，而且"逐步"，那么逐步是第几步，是多长时间之后？

如果假设政府和建设单位守信用，确实是在雨污分流改造工程实施完成之后，在现在 3 号调蓄池位置只有初期雨水而没有生活污水调蓄。那么，在雨污分流改造工程实施完成之前，这个池就是生活污水池，而非初雨池，而且长期是生活污水池，其作为巨大生活污水池功能的环境影响显然需要进行评价（《表》第 54 页中已经明确"向阳沟沿线……短期内无法做到雨污分流的区域，分散就近处理"），且第 75 页已经明确"项目主要污染物产生及预计排放情况"，也简单明示了"水污染物"类型中，营运期即包括雨污分流改造完成前和完成后两段期间。

故，首先，雨污分流改造时间需要多长，在改造完成之前有怎样的污染，如果防治污染，如此大容量的生活污水，每天 4 300 m³ 集中在一地，其影响有多大，都应当以科学的评价为准，而不能拍脑袋随口一说；其次，在座各位中有你们的亲属甚至你们同政府内其他部门的局领导住在那里，将心比心，他们有些都是上了年纪的人，目前涉案小区等向阳沟沿线居民区的空气质量是超标的，其中尤以氨气、硫化氢等恶臭气体为甚——如果连这一点要求都不能满足沿线居民，那么你们这个政府部门不要也罢，一点都不是"为民造福""为党分忧"！

（二）3 号初期雨水调蓄池是大型生活污水合流池工程，但却不进行相应工程的环境影响评价，属于明显而重大的缺漏，也属于避重就轻、明显造假。

如上所述，所谓 3 号初期雨水调蓄池，将长期以大型生活污水合流池工程的形式存在，显然，生活污水合流池与雨水调蓄池的污染源项、污染程度、影响后果都不一样，其污染防治措施不同，根据生态环境部《环境影响评价技术导则　总纲》（HJ 2.1—2016）第 6.3.2 条的规定，"当建设阶段的大气、地表水、地下水、噪声、振动、生态以及土壤等影响程度较重、影响时间较长时，应进行建设阶段的环境影响预测和评价"。

从待批《环评表》中可知，向阳沟长达 2.5 km，是若干年前历史掩盖的暗河黑臭水体，多年未治理却形成了沿线密集居民区，其雨污分流工程难度大，施工成本高，耗费时间长，该大型生活污水合流池，其环境影响显然是较大的，特别是存在较大的潜在人群健康风险，根据《环境影响评价技术导则　总纲》（HJ 2.1—2016）第 6.3.6 条的规定，"对存在较大潜在人群健康风险的建设项目，应分析人群主要暴露途径"。而在《表》中，看不到相关的分析。

（三）向阳沟清淤工程是待批《环评表》中所列重要工程，但有龙开河（非暗河）清淤工程分析，却无向阳沟暗河清淤工程分析，无其环境风险评估与环保措施分析、可行性结论，属于明显重大缺漏。

《表》第 17 页有关"项目规模与内容"中明确包括"向阳沟 2.5 km"，该页第 3 段有关"河道清淤工程"中，明确包括"龙开河及其支流河道清淤，清淤深度 0.5～1.5 m，清淤量约 14.56 万 m³"。

《表》第 22 页第 3 段有关"清淤方案"中明确，"向阳沟全线为暗河，淤积严重，渠道断面为 4 m×3 m～4 m×2 m，采用清淤机器人及浮筒式清淤机进行清淤。在施工过程中需分段进行施工，并将排入暗河的污水进行临时截污"。

对于向阳沟治理的难度，《表》第 48 页第 4 段明确，"向阳沟暗涵坡度均不超过 1‰，流速低，淤积严重，几乎成了一个大的化粪池"，《表》第 54 页倒数第 3、4 段明确，"内源污染较为严重，河道底泥复杂""因为历史原因，现状护池河、龙开河及向阳沟等有大量的污水入河，现状河道底部淤泥较厚，本次工程将重点对龙开河、护池河及向阳沟暗涵进行清淤。尤其是向阳沟淤积严重，现状为一个大的污水渠"。

但是，对于长达 2.5 km、紧邻 10 余万居民的"大的化粪池""大的污水渠"，其清淤工程的环境风险评估却几乎为零！

向阳沟是一个已覆盖的暗河，即使覆盖，沿线居民区依然氨气、硫化氢等恶臭指标超标——《表》第 46 页第 1 段明确，环境空气质量现状监测结果显示，向阳沟沿线环境敏感点锦绣尚海湾、民强 99 号院、源丰上城小区、联泰万泰城等"恶臭产生的硫化氢和氨气浓度超标，在环境敏感点的硫化氢和氨气现状超标"——由于沿线为密集居民区，而且零距离紧靠居民区，清淤工程复杂、艰难，在任何一点进行清淤作业，都将恶臭熏天、臭不可闻，必然对人居环境造成巨大影响，没有极其科学、成本高昂的清淤手段和环保措施，根本无法开展长达 2.5 km 的向阳沟清淤作业。对此重大工程的实施，其环境影响几何，是绕不开的必答题，也是任何受影响的利害关系人最为关心的内容！

在居民密集区里，在哪个点打开暗河进行清淤，是否在哪栋楼的门口？淤泥如何处理？在龙开河清淤有个压泥脱水的过程，如果在向阳沟这样一个更臭的沟里的淤泥压泥脱水，其污染物有多严重？淤泥通过什么线路进行运输？用什么运输工具，是否密闭？会有什么污染物产生？从金泰半岛一品小区、开元润景台小区、宜家居小区、维也纳春天小区、西苑小区、世纪嘉园小区、尚海湾小区、源丰上城小区、联泰万泰城小区等从北到南沿线居住区，是在具体哪个小区的哪个位置？对哪些居民有影响？无组织排放的污染物浓度是多少？是否会超过环境空气质量？

《表》第 70 页显示，清淤作业会进行固体废物运输，根据《固体废物污染环境防治法》《土壤污染防治法》，必定得报告运输量、运输路径、运输过程中污染防治措施。待批《环评表》都没有相关说明，如此，怎么进行环保验收？怎么判定施工环境违法？

（四）实际上，待批《环评表》对所有初雨调蓄池项目均未进行污染物分析及其环境影响分析，更未对 3 号初雨调蓄池的生活污水与初雨叠加产生的环境影响进行分析。

纵观全《表》内容，实际上，所有拟建的初雨调蓄池，包括名不符实的 3 号初雨调蓄池，竟然均未进行初雨调蓄池的环境影响具体分析！

众所周知，城市初雨中 BOD_5、SS 等指标超标严重，其污染程度在某种程度上会甚于生活污水。无论是 1 号初雨调蓄池 4 000 m^3、2 号 2 500 m^3、3 号 12 000 m^3，其都是初雨汇集池，都是集中的一池污水。而且待批《环评表》更是明确了，3 号初雨调蓄池每天都要承载向阳沟沿线的 4 300 m^3 的生活污水，完全就是一个化粪池。

然而，待批《环评表》中，未见对初期雨水收集进行工程分析，如收集多少分钟前的雨水，收集哪个区域、多大面积的初期雨水，径流量是多少，大中小雨时的预测是否达到环境治理要求，收集池中的初期雨水是否有何特质、是否含有哪种特征污染物？初雨调蓄池的工作原理具体是怎样的，其天晴前存储期的污染防治措施是怎样的？会排放怎样的污染物？恶臭指标是多少？如何处理？调蓄池工程分析中，池子是否是封闭的？结构如何？这些信息均未在《表》中写明。

同时，待批《环评表》中，亦未见对于 3 号初雨调蓄池，其日均收集的 4 300 m³ 生活污水与初期雨水混合叠加会排放怎样的污染物？污染防治措施是怎样的？叠加所产生的环境影响具体是什么？建设在紧邻环境敏感点的密集居民小区，环境影响是否可行？这些必要的预测、评价内容均缺失。

（五）其他问题：评价项目基础信息掌握有误；《表》中大量使用已过时的旧标准。

待批《环评表》第 1 页建设项目基本情况表中载明，"预期投产日期为 2018 年 12 月"。第 31 页倒数第 3 段载明，"本项目计划于 2018 年 3 月至 2018 年 12 月进行土建施工"。根据这两点可知，按照待批《环评表》评价的项目基础信息，本项目是在 2018 年 12 月完工。但实际上项目至今都没有完工，而环境影响评价至今也还未审批通过。很显然，待批《环评表》连评价项目的基础资料等信息都没有真实掌握。待批《环评表》及结论是建立在明显不实的基础资料之上的，因此不具备合法性、合理性，应当不予审批通过。

涉案环评报告表评价存在标准适用错误的重大缺陷问题，具体为：第 22 页、第 48 页、第 51 页、第 53 页、第 62 页所使用的《农用污泥污染物控制标准》（GB 4284—84）已被 2018 年 5 月 4 日发布（2019 年 6 月 1 日施行）的《农用污泥污染物控制标准》（GB 4284—2018）所替代。第 22 页所用的《绿化种植土壤》（CJT 340—2011）已被《绿化种植土壤》（CJT 340—2016）所替代。第 42 页所使用的《工业企业设计卫生标准》（TJ 36—79）已被《工业企业设计卫生标准》（GBZ1 2010）所替代。

综上，根据《建设项目环境保护管理条例》第十一条的规定，"建设项目有下列情形之一的，环境保护行政主管部门应当对环境影响报告书、环境影响报告表作出不予批准的决定：……（五）建设项目的环境影响报告书、环境影响报告表的基础资料数据明显不实，内容存在重大缺陷、遗漏，或者环境影响评价结论不明确、不合理"。我们认为待批《环评表》内容存在重大缺陷、遗漏，基础资料数据明显不实等诸多问题。因此，我们衷心建议贵局依法不予审批通过涉案《环评表》，以免贵局相关人员涉嫌违法行政、滥用职权而被追究责任。

　　此致

　　我方律师提交了意见后，九江市生态环境局作出了有利于委托人的行政决定，如下：

九江市生态环境局

九环函〔2019〕29号

关于对《九江市龙开河黑臭水体治理项目
环境影响报告表》作出不予审批决定
的通知

九江市绿诚环境科技有限公司：

　　你单位报来的《九江市龙开河黑臭水体治理项目环境影响报告表》及报批申请收悉。经2019年6月14日局长办公会研究，回复如下：

　　一、2019年4月1日，我局收到你单位提交的《九江市龙开河黑臭水体治理项目环境影响报告表》，并按照规定程序在我局网站上进行了公示。公示期间，我局收到尚海湾小区居民提出的行政许可听证申请，并于6月10日依法组织召开了听证会，会上居民及委托律师对环境影响报告表中的有关内容提出质疑。

　　二、鉴于该项目环境影响报告表存在内容缺项、环境影响分析不全面等环评质量问题，我局决定对你单位提交的《九江市龙开河黑臭水体治理项目环境影响报告表》作出不予审批决定，并予以退回。

三、你单位如对上述决定不服，可自收到决定之日起 60 日内依法向九江市人民政府或江西省生态环境厅提起行政复议或于 6 个月内向浔阳区人民法院提起行政诉讼。你单位也可对项目环境影响报告表补齐、修改后，依法重新报批。

四、该项目环境影响报告表未经批复前，不得动工。请市环境监察支队和属地环保局加强环境监管。

九江市生态环境局

2019 年 6 月 17 日

四、案件评析

污水处理厂站的建设运营必然会产生臭气排放，将严重影响长期居住在邻近区域的人群人居环境和身体健康。本案的项目虽然号称地埋式的雨水调蓄池，并非生活污水池，但是实际上对于未经雨污分流的向阳沟片区，短时间内无法达到环评文件中所写所述。因此环评文件的科学性存在很大的问题。同时，关于合法性的问题，环评所选用的标准很多是已经失效的标准，评价不符合规范要求。而对于真正的环境影响环节，环评文件走形式，未做重点评价甚至没有作出评价，内容遗漏严重。因此该环评不具备合法审批通过的条件。

我们认为环评许可听证案件，最重要的就是针对建设项目的环境问题、环境影响、环境治理措施的评价是否真实、是否到位、是否符合法律规定，建设单位应当承担环境影响识别，向利害关系人阐明建设项目的环境污染问题，在环评文件中全面释疑利害关系人所担忧的环境影响，真正贯彻既要发展经济又要关注环境保护，两者都不可偏废的大原则。

实案八

广州某食品公司"未批先建""未验先投"
环境违法行政诉讼案

一、案例简述

本案是本律师团队在担任广州市天河区环境保护局（以下简称天河区环保局）的常年法律顾问期间，接受天河区环保局的委托处理的行政诉讼案件。天河区环保局日常执法，现场检查发现广州某食品公司存在"未批先建""未验先投"的违法行为，并作出了行政处罚。相对人不服，提起行政诉讼。我们作为代理律师，为委托人准备了答辩状，法律意见被一审法院予以采纳，并驳回了原告的诉求。

二、基本案情

原告广州某食品公司是经工商行政管理部门核准登记成立的有限责任公司，经营范围为食品制造业。2017 年 9 月 27 日，被告执法人员对原告公司现场检查、调查询问，发现原告于 2006 年 4 月开始在本市天河区珠村东环路 99 号之 2 楼 2 号经营（生产），主要（生产）经营糕点，属于食品制造业，面积约 500 m^2，项目总投资 100 万元，生产经营时间从 9:00 至 18:00；生产设备有：搅拌机 1 台，烤炉 3 台，包装机 1 台，正常使用。生产工艺为原材料（面粉、鸡蛋、糖）—搅拌—烘烤包装—成品。生产过程中产生的油烟经收集后烟囱排放，废水经隔油隔渣池处理后排放入市政管道。其未办理环保审批及相关手续。

2017年9月30日，被告向原告作出穗天环听告（2017）1377号《环境保护行政处罚听证告知书》，告知原告的行为违反了《建设项目环境保护管理条例》第十六条、第二十三条的规定，拟对原告作出责令停止生产并罚款的行政处罚及享有的权利。2017年10月12日，原告向被告提交了《陈述申辩书》进行陈述申辩。被告经审查后，于2017年11月18日作出穗天环罚（2017）1398号《环境保护行政处罚决定书》，查明原告在未办理环境影响评价审批手续的情况下，即将项目正式投入使用。认定原告的行为违反了《建设项目环境保护管理条例》第十六条、第二十三条的规定。依据《建设项目环境保护管理条例》第二十八条的规定，对原告作出以下行政处罚：（1）责令停止在上述地址食品制造项目的生产；（2）罚款人民币3万元整。原告对上述行政处罚决定不服，诉至本院。

另查，环境保护部2017年6月29日发布的《建设项目环境影响评价分类管理名录》第二大类第16小类规定，其他食品制造（手工制作和单纯分装除外）的环评要求应当报批环境影响报告表。以上事实，有营业执照（副本）、现场检查笔录、调查询问笔录、环境保护行政处罚听证告知书、陈述申辩书、环境保护行政处罚决定书及双方当事人陈述等证据证实。

三、胜诉路径

1. 原告提起了诉讼

被告行政处罚法律依据中引用条款不当。被告依据1998年颁布实施的《建设项目环境保护管理条例》（以下简称《条例》）认定原告违反了第十六条、第二十三条的规定，与实情不符。依据2017年9月1日起施行的《建设项目环境影响评价分类管理名录》，其中项目分类管理名录中项目分类："三、食品制造业中Ⅱ类环评类别"，原告属于手工制作或单纯分装类别，只需填登记表，不需进行环境影响评价。很显然原告不属于上述《条例》第十六条和第二十三条中所指需要配套建设的环境保护设施。由此引用该《条例》第二十八条作出行政处罚也是错误的。应依据该《条例》第二十四条的规定，认定原告属于对环境影响很小，不需要进行环境影响评价的手工制作的食品企业，只是没有填报环境影响表，属只需责令限期补办的问题。而被告十多年来从未对原告的问题责令限期补办，也没有按照上述《条例》进行分类管理，错误引用该《条例》中与原告事实不符的条款进行错误的行政处罚。

被告依据法律条件不妥。被告对原告进行行政处罚是依据 1998 年 11 月颁布的《建设项目环境保护管理条例》，该条例已于 2017 年 7 月 16 日由《国务院关于修改〈建设项目环境保护管理条例〉的决定》进行修改。很显然，被告依据的旧《条例》与有关的上位法不一致，不应该被执行。被告在旧条例已修改，新条例 10 月 1 日施行的前一天对原告进行告知明显不当。

被告的行为违反了《环境行政处罚办法》的规定。该办法规定违法行为发生之日起到被发现之日止未超过 2 年的才予以立案。被告认定原告违反上述《条例》第十六条及第二十三条的行为，均发生于 2005 年至 2017 年 9 月间，早已超过两年，属于不予立案之列。

综上，请求法院：（1）撤销被告作出的穗天环罚（2017）1398 号《环境保护行政处罚决定书》；（2）判令被告承担本案诉讼费。

2. 被告天河区环保局辩称

我局作出穗天环罚（2017）1398 号《行政处罚决定书》属于法定职权范围内，依法正当行使管理职权，无"越权、滥权"违法情形。

我局经过现场检查、调查询问、立案查处、送达听证告知书、审核原告提出的陈述申辩后作出行政处罚决定书，程序正当合法。

原告的环境违法事实清楚、证据确凿，我局对此作出处罚适用法律正确。原告确认的《现场检查笔录》明确表明，2017 年 9 月 27 日，我局执法人员开展现场检查发现原告于天河区珠村东路 99 号之 2 楼 2 号，面积约 500 m^2 的场所内，正常运营着总投资为 100 万元的食品制造项目。现场查明生产设备有搅拌机 1 台，烤炉 3 台，包装机 1 台，均正常运转，投入生产。生产中有油烟、废水等污染物排放，且原告未办理环评审批、环保设施验收审批等手续。原告在需要配套建设的环保设施未经验收的情况下，主体工程即已建成正式投入使用，违反了《建设项目环境保护管理条例》第二十三条的规定。我局依照该《条例》第二十八条的规定，对原告依法合理裁量作出责令其停止在上述食品制造项目的生产；罚款人民币 3 万元整的行政处罚，是经综合考量后适用法律准确的合理裁决。

原告请求撤销案涉行政处罚决定书，无事实、法律依据，所提相关事由与本案无关或对法律理解错误。

原告食品制造生产工艺机械化明显，并非纯手工制作或单纯分装，依法属于编制环境影响报告表的环评类型。原告诉称的仅需填报环境影响登记表，于法无据。根据环境保护部 2017 年发布的《建设项目环境影响评价分类管理名录》第二大类第 16 小类（其他食品制造）的环评要求，原告项目属于第二大类其他（手工制作和单纯分装除外）类型，依法应当报批环境影响报告表。而且，其实际生产中的确排放了大量油烟、废水，确实属于对环境有轻度影响的项目。因此原告需要编制环评报告表并报我局审批，亦需要进行配套环保设施验收。

我局法律适用正确，原告所提出的我局"适用法律不妥"的理由与本案无任何关联，纯属材料堆砌。

我局对本案查处立案符合法律规定，原告诉称我局无立案权属于法律理解错误。根据相关法律规定，本案所涉及的环保设施未经验收行为属于持续性行为，违法状态一直存在。截至 2017 年 9 月 27 日，我局现场查处时其依然未申请环保设施验收，此环境违法行为一直存续，并未消除。

原告对于其未办理环评审批的违法行为，要求我局对原告适用"限期补办"行政处理措施的诉求与本案无关，也无法律依据。综上所述，原告违法事实清晰明确，我局所作处罚事实依据确凿，法律适用正确。请求法院驳回原告的全部诉求。

3. 一审法院如何判决

本院认为，《中华人民共和国环境保护法》第十条第一款规定："国务院环境保护主管部门，对全国环境保护工作实施统一监督管理；县级以上地方人民政府环境保护主管部门，对本行政区域环境保护工作实施统一监督管理。"《环境行政处罚办法》第十四条第一款规定："县级以上环境保护主管部门在法定职权范围内实施环境行政处罚。"据此，被告具有辖区范围内环境保护监督管理及处罚权。

《建设项目环境保护管理条例》（1998 年施行）第六条规定："国家实行建设项目环境影响评价制度。建设项目的环境影响评价工作，由取得相应资格证书的单位承担。"第七条第一款规定："国家根据建设项目对环境的影响程度，按照下列规定对建设项目的环境保护实行分类管理：（一）建设项目对环境可能造成重大影响的，应当编制环境影响报告书，对建设项目产生的污染和对环境的影响进行全面、详细的评价；（二）建设项目对环境可能造成轻度影响的，应当编制环境影响报告表，对建设项目产生的污染和对环境的影响进行分析或者专项评价；（三）建设项目对环境影响很小，不需要进行环境影响评价的，应当填报环境影响登记表。"第九条规定："建设单位应当在建设项目可行性研究阶段报批建设项目环境影响报告书、环境影响报告表或者环境影响登记表……按照国家有关规定，不需要进行可行性研究的建设项目，建设单位应当在建设项目开工前报批建设项目环境影响报告书、环境影响报告表或者环境影响登记表；其中，需要办理营业执照的，建设单位应当在办理营业执照前报批建设项目环境影响报告书、环境影响报告表或者环境影响登记表。"第十六条规定："建设项目需要配套建设的环境保护设施，必须与主体工程同时设计、同时施工、同时投产使用。"第二十条第一款规定："建设项目竣工后，建设单位应当向审批该建设项目环境影响报告书、环境影响报告表或者环境影响登记表的环境保护行政主管部门，申请该建设项目需要配套建设的环境保护设施竣工验收。"第二十三条规定："建设项目需要配套建设的环境保护设施经验收合格，该建设项目方可正式投入生产或者使用。"本案中，原告经营食品制造业，生产中使用机械并有废水、油烟产生，应执行国家关于建设项目环境影响评价分类管理的要求，办理环境影响评价手续，且在项目需配套建设的环境保护设施经环境保护主管部门验收合格后，项目主体工程方可投入使用。但是，原告自核准成立至2017年9月27日被告对其检查时，仍未办理报批手续，也未申请环境保护设施竣工验收，且在生产经营过程中产生污染，原告的行为已违反上述规定，被告根据原告违法行为发生时法律法规的规定对原告作出处罚并无不当。

本案被告作出处罚前，已向原告发出告知书，告知原告拟作出处罚及享有的权利，在原告向被告提出了陈述申辩后，被告经审查作出行政处罚决定，程序合法。

综上所述，原告要求撤销行政处罚决定的请求理据不足，本院不予支持。依照《中华人民共和国行政诉讼法》第六十九条之规定，判决如下：驳回原告广州某食品公司的诉讼请求。案件受理费50元，由原告广州某食品公司负担。

四、案件结果及评析

本案属于未批先建、未验先投的典型违法行为，被告作为环保部门，对于辖区内的企业具有环境监管的权力。现场检查时，发现企业存在书面违法如未批先建、未验先投，进而予以行政处罚。实践中，未验先投和未批先建两种违法行为往往同时存在。但是，法律明确规定了未批先建的查处期间为 2 年，自项目建成之日起 2 年内未查处的，不得给予行政处罚。而未验先投的违法行为，则是持续性的违法行为，只要环保部门查处时其还未通过环保设施验收的，即可立案，给予行政处罚。本案就是未批先建和未验先投两个违法行为的实例。最终被告即委托人天河区环保局处罚了原告的未验先投违法行为，对于未批先建的违法行为，由于已超过了追诉时效而未予以处罚，一审法院最终支持这一处罚决定。

企业在项目建设和经营中，应当依法做好环境影响评价，配套环保设施，并开展验收，方可规避环境违法行为，合法经营。

实案九

福建安溪某茶业公司采蝶花薰衣草茶
行政处罚案

一、案件简述

福建安溪某茶叶公司（以下简称涉案茶叶公司）作为广州市番禺区食品药品监督管理局所作行政行为的相关人，因为行政行为利益受损，提起了行政诉讼。番禺区人民法院一审裁定作为相关人的涉案茶叶公司无起诉资格。涉案茶叶公司提起上诉，广州市中院撤销一审裁定，发回重审。庭审中，涉案茶叶公司要求撤销番禺食品药品监督管理局所作的行政处罚，并对处罚作出的依据——《国家卫生计生委政务公开办关于薰衣草、大豆异黄酮不宜作为普通食品原料问题的说明》（以下简称《说明》）进行合法性审查。番禺法院认为该《说明》并非规范性文件，因此不应成为行政处罚的依据，故撤销了行政处罚。番禺区食品药品监督管理局不服，提起上诉，广州市中院维持了原判决。

二、基本案情

天汇百货有限公司某分公司（以下简称某分公司）于 2014 年 4 月 15 日进货采蝶花薰衣草茶（50 g）24 罐，每罐购进价格为 9.6 元，2014 年 12 月 3 日，进货宜亿灵芝养生有道饼干（300 g）6 盒，每盒购进价格 16.5 元。其中采蝶花薰衣草茶的生产商为安溪涉案茶叶公司。某分公司对外共销售采蝶花薰衣草茶 20 罐，每罐价格为 13.5 元，共销售宜亿灵芝养生有道饼干 6 盒，每盒销售价格为 25.5 元。2015 年 5 月，根据群众投诉举报，某分公司涉嫌经营用非食品食料生产的上述采蝶花薰衣草和宜亿灵芝养生有道饼干，请求依法处理。

番禺食品药品监督管理局依法对某分公司进行检查，某分公司对经营上述采蝶花薰衣草茶、宜亿灵芝养生有道饼干的行为无异议，并提交了采购及销售采蝶花薰衣草茶、宜亿灵芝养生有道饼干的相关材料。其后，番禺食品药品监督管理局向某分公司发出行政处罚事先告知书，告知其拟处罚的事实、依据及陈述、申辩的权利。2015 年 7 月 28 日，番禺食品药品监督管理局作出（穗番）食药监食罚（2015）0079 号《行政处罚决定书》，查明：某分公司于 2014 年 4 月 15 日进货采蝶花薰衣草茶 24 罐，每罐购进价格为 9.6 元，2014 年 12 月 3 日进货宜亿灵芝养生有道饼干 6 盒，每盒购进价格 16.5 元，上述产品为普通食品，成分含有"薰衣草""灵芝粉"，根据《说明》《国家卫生计生委办公厅关于灵芝（赤芝）和紫芝有关问题的复函》，薰衣草、灵芝不宜作为普通食品使用。销售记录显示，某分公司于 2014 年 5 月 1 日至 2015 年 5 月 27 日共销售采蝶花薰衣草茶 20 罐，每罐销售价格 13.5 元；于 2014 年 12 月 5 日至 2015 年 4 月 14 日共销售宜亿灵芝养生有道饼干 6 盒，每盒销售价格 25.5 元。综上，某分公司经营上述产品货值为 495 元，违法所得 132 元。番禺食品药品监督管理局认为，某分公司经营用非食品原料生产食品的行为，违反了《流通环节食品安全监督管理办法》第九条第一款第（一）项的规定，根据《流通环节食品安全监督管理办法》第五十三条的规定，决定对某分公司处以处罚：（1）没收违法所得 132 元；（2）并处罚款 3 000 元。番禺食品药品监督管理局依法于 2015 年 8 月 5 日送达上述处罚决定书给某分公司，并告知其不服上述处罚决定的，可以依法提起行政复议及行政诉讼。安溪涉案茶叶公司作为采蝶花薰衣草茶的生产商最终承担了行政处罚的后果，不服番禺食品药品监督管理局根据《说明》认定薰衣草茶为非食品原料添加的普通食品，于 2015 年 8 月 14 日诉至广州市番禺区人民法院，向法院起诉请求撤销针对采蝶花薰衣草茶所作出的相应处罚决定，以及对《说明》进行合法性审查。

三、胜诉路径

A. 提起诉讼

请求撤销针对采蝶花薰衣草茶所作出的相应处罚决定，以及对《说明》进行合法性审查。原告福建安溪涉案茶业有限公司认为被告作出的（穗番）食药监食罚（2015）0079 号《行政处罚决定书》侵犯了原告的合法权益，依法应当撤销，特依据《中华人民共和国行政诉讼法》（2014 修正）第二条、第五十三条、第七十条的规定，提起诉讼。

2015 年 7 月 28 日，被告对某分公司作出（穗番）食药监食罚（2015）0079 号《行政处罚决定书》（以下简称 79 号处罚），因 79 号处罚的涉案产品"采蝶花薰衣草茶（50 g）"是原告生产、销售给某分公司的，原告认为该处罚侵犯了自身的合法权益，被告作出的行政处罚适用法律、法规错误，依法应当撤销，理由如下：

一、《国家卫生计生委政务公开办关于薰衣草、大豆异黄酮不宜作为普通食品原料问题的说明》指向按照《新食品原料安全性审查管理办法》的规定，不应当适用《流通环节食品安全监督管理办法》

关于薰衣草是普通食品还是新食品原料，能否作为食品使用，《国家卫生计生委政务公开办关于薰衣草、大豆异黄酮不宜作为普通食品原料问题的说明》（以下简称《说明》）与《新食品原料安全性审查管理办法》（以下简称《办法》）都有规定。

根据《说明》第 2 段"由于缺乏薰衣草的食用部位、食用方法、食用历史、人群及安全性等相关资料，不能确定其管理方式……如需开发薰衣草……应当按照《新食品原料安全性审查管理办法》规定的程序进行申报"的规定，可以明确，《说明》并未明确规定薰衣草不能作为普通食品使用，仅说明不能确定薰衣草的管理方式，如进行食品经营，应当按照《办法》的规定对薰衣草进行新食品原料审查。

《办法》第二条规定："新食品原料是指在我国无传统食用习惯的以下物品……"；第二十二条第二项规定："传统食用习惯，是指某种食品在省辖区域内有 30 年以上作为定型或者非定型包装食品生产经营的历史，并且未载入《中华人民

共和国药典》。"伊犁——中国薰衣草之乡，至少在 20 世纪 60 年代起就已开始薰衣草大规模种植，薰衣草茶在伊犁乃至全国各地都拥有悠久的饮用历史。显而易见，薰衣草茶并非《办法》第二条规定的新食品原料，而是在我国有着 30 年以上食用经验的普通食品，不应当被认定为《流通环节食品安全监督管理办法》第九条第一款第（一）项规定的"用非食品原料生产的食品"。

二、《办法》安全性审查对象是新食品原料，薰衣草茶作为具有传统食用习惯的普通食品，无须经过审查

《办法》第四条规定："新食品原料应当经过国家卫生计生委安全性审查后，方可用于食品生产经营。"薰衣草茶具有 30 年以上的传统食用习惯，不属于新食品原料，可直接用于食品生产经营而无须先经过国家卫生计生委安全性审查。

三、《说明》缺乏合法性，其公布的食品安全信息不具有准确性、客观性，应当对其合法性进行审查

根据《国务院办公厅关于印发国家卫生和计划生育委员会主要职责内设机构和人员编制规定的通知》（以下简称《通知》）的规定，国家卫生和计划生育委员会设 21 个内设机构，《通知》里并没有国家卫生计生委政务公开办这一内设机构。《说明》作为风险评估性文件，其制作主体不明确，且《说明》是在"缺乏薰衣草的食用部位、食用方法、食用历史、人群及安全性等相关资料"的情况下作出的，有失客观，其合法性有待审查。

《食品安全信息公布管理办法》第三条规定："食品安全信息公布应当准确、及时、客观，维护消费者和食品生产经营者的合法权益。"《说明》对薰衣草能否作为普通食品原料用"不宜"二字，有失准确。

因 79 号处罚对某分公司销售"采蝶花薰衣草茶（50 g）"和"宜亿灵芝养生有道饼干（300 g）"的行为同时作出处罚与原告无关，经核算，销售"采蝶花薰衣草茶（50 g）"的违法所得为 78 元，故原告仅对 79 号处罚没收违法所得 132 元中的 78 元请求撤销。

综上，原告认为被告作出 79 号处罚适用法律、法规错误，《说明》不具有合法性，根据《中华人民共和国行政诉讼法》（2014 修正）第七十条第（二）项的规定，特向贵院请求撤销被告的行政行为，望予支持。

原告庭上再次强调代理意见：

一、认定为非食品原料是一件非常严肃的事，国家卫生计生委已公布非食品原料目录名单，被告不可随意扩大适用

国家卫生计生委已于 2008—2011 年间分 6 批次公布了非食品原料名单，2014年，国家卫生计生委办公厅又发出《关于征求〈食品中可能违法添加的非食用物质名单〉（征求意见稿）意见的函》（国卫办食品函〔2014〕843 号），对非食品原料名单予以核实，本案所涉薰衣草并不在这个名单中，反而是农业部的多个标准中将其作为蔬菜进行管理，被告将其定性为非食品原料，正如广州市中院关于受理本案的裁定书（〔2015〕穗中法行终字第 01651 号和 01652 号《裁定书》）所述，对原告构成重大利害影响，不能不引起原告的反弹。

二、新食品原料有专门的管理规范，被告应当严格依法办事，不可随意执法适用非食品原料的管理办法

被告行政处罚所适用法律——《流通环节食品安全监督管理办法》第九条第一款明确指向的是《食品中可能违法添加的非食用物质名单》，而 2009 年《食品安全法》第八十二条第一款和第九款已对使用非食品原料和利用新食品原料的两种行为进行了法律界定，2015 年《食品安全法》不仅界定了两种原料，而且对其管理规定不在同一法条，而是分别规定在第一百二十三条和第一百二十四条，管理、处罚措施都不同，被告不可将两者混同，将新食品原料定性为非食品原料。

国家卫生计生委专门制定了新食品原料的管理办法，即《新食品原料安全性审查管理办法》，根据 2009 年《食品安全法》第四十四条的规定，新食品原料的安全性评估审查管理，属于食品安全要求，不符合此项要求的，有相应的管理和处罚措施，《流通环节食品安全监督管理办法》第九条第十三款即属于此类情形，并非被告辩称的必须适用其第一款认定薰衣草为非食品原料，更不是无法可依。

三、案件所涉国家卫生计生委《说明》也指明薰衣草适用《新食品原料安全性审查管理办法》，而不是非食品原料管理规定

非食品原料是不可能作为新食品原料进行安全性评估审查的，这一点，通过《新食品原料安全性审查管理办法》第二条可以看出，该法第二条明确："新食品原

料是指在我国无传统食用习惯的以下物品：（1）动物、植物和微生物；（2）从动物、植物和微生物中分离的成分；（3）原有结构发生改变的食品成分；（4）其他新研制的食品原料。"非食品原料名单中的原料很明确是指不能作为食品原料的有毒有害物质、添加剂等。

本案所涉《国家卫生计生委政务公开办关于薰衣草、大豆异黄酮不宜作为普通食品原料问题的说明》（以下简称《说明》）中，也明确"按照《新食品原料安全性审查管理办法》规定的程序进行申报"，说明薰衣草至少是《新食品原料安全性审查管理办法》第二条中列明的物品，不可能是非食品原料名单中的物质。

四、并非所有普通食品原料均由国家卫生部门确定，被告庭上答复有违常识

庭审中，审判长问："是否现在市场流通的普通食品与新食品原料都是由国家卫计委肯定的名单？"被告回答："是"（见《开庭笔录》第 23 页第 1 行），此答复显属违背常识，国家卫计委普通食品原料名单中显然不包括大米、萝卜、马齿苋等普通食品原料名称，不可能所有普通食品原料都由国家部门来确定。

相反，非食品原料指国家卫生计生委公布的非食品物质名单中的原料，与新食品原料是两个概念，管理规范分别见于 2015 年《食品安全法》两个不同法条中（第 123 条、第 124 条）。

五、对涉案《说明》提起合法性审查的理由包括法律与事实两个方面——既违反《食品安全信息发布管理办法》等法律，又与农业部关于薰衣草是绿叶类蔬菜的标准等事实相矛盾

涉案《说明》从发布位置看是食品安全信息无疑，根据《食品安全法实施条例》第五十二条的规定："食品安全监督管理部门依照食品安全法第八十二条规定公布信息，应当同时对有关食品可能产生的危害进行解释、说明。"《食品安全信息发布管理办法》第十一条规定，"在公布食品安全信息时，应当组织专家解释和澄清食品安全信息中的科学问题"，可见发布食品安全信息的法定要求是要对信息进行专家解释和科学说明，涉案《说明》对大豆异黄酮有一句话的解释、说明（"科学研究表明，大豆异黄酮具有类雌激素样作用，不宜作为普通食品使用"），但对薰衣草的危害或科学问题并无任何专家解释、说明，不符合食品安全信息发布的法定要求，显属不作为违法行为。

庭审中，代理人分别从职权、程序、实体义务等法律方面论述了《说明》的

不合法性，代理人又提供了农业部标准《蔬菜名称及计算机编码》（NY/T 1741—2009）、《绿色食品—绿叶类蔬菜》（NY/T 743—2012）、国家卫生计生委《食品安全国家标准　食品添加剂使用标准》（GB 2760—2014）等，证明薰衣草在农业部列为普通食品，国家卫生计生委也将薰衣草提炼油列入天然食品添加剂类，以驳斥涉案《说明》中薰衣草"缺乏食用部位、食用方法"等的不科学表述，从事实方面证明了《说明》的不客观、不准确，不符合《食品安全法》等的法定要求。（2009 年《食品安全法》第八十二条第 3 款规定："食品安全监督管理部门公布信息，应当做到准确、及时、客观"；2015 年《食品安全法》第一百一十八条第 3 款规定："公布食品安全信息，应当做到准确、及时，并进行必要的解释说明，避免误导消费者和社会舆论。"）

B．一审裁定

广州市番禺区人民法院认为，依照《中华人民共和国行政诉讼法》第二条的规定："公民、法人或者其他组织认为行政机关和行政机关工作人员的行政行为侵犯其合法权益，有权依照本法向人民法院提起诉讼。"第二十五条规定："行政行为的相对人以及其他与行政行为有利害关系的公民、法人或者其他组织，有权提起诉讼。"本案中，（穗番）食药监食罚（2015）79 号、80 号《行政处罚决定书》是被起诉人对第三人违法经营涉案产品的处罚，起诉人作为涉案产品的生产者与被诉讼行政处罚行为之间没有利害关系，起诉人的法定代表人主动代第三人缴纳罚款的行为也无法认定是被诉行政处罚行为对其合法权益的损害。因此，起诉人不具有对被诉（穗番）食药监食罚（2015）79 号、80 号《行政处罚决定书》的行政处罚行为提起行政诉讼的原告主体资格。对起诉人的起诉，本院不予受理。依照《中华人民共和国行政诉讼法》第二条、第二十五条、第四十九条、第五十一条的规定，裁定：对起诉人福建安溪涉案茶业有限公司的起诉，不予受理。

C．上诉请求"撤销原审裁定，由原审法院立案受理此案"

起诉人不服广州市番禺区法院的裁定，于 2015 年 9 月 7 日向广州市中级人民法院提起上诉。起诉人上诉认为：（1）新《行政诉讼法》及其司法解释，对行政诉讼原告的主体资格已做重大修改，已不再强调法律上的利害关系，事实上的利害关系人，即行政行为的相关人亦有权提起行政诉讼。（2）立案登记制与立案审查制具有本质区别，只要符合起诉形式要件，法院就应当立案受理。（3）即使进行立案后实质审查，其裁定驳回起诉的标准仅为"明显不产生实际影响"，这是新司法解释明确规定的，虽然本案第三人是被诉行政行为的相对人，但被起诉人作出的行政处罚罚款最终却是由起诉人来缴纳的，起诉人毫无疑问在本案中有诉讼利益存在。

广州市中级人民法院审理认为：

2015年7月28日，广州市番禺区食品药品监督管理局对第三人作出（穗番）食药监食罚（2015）79号、80号《行政处罚决定书》，认为薰衣草不宜作为普通食品使用，第三人销售用非食品原料生产食品的行为，违反了相关法律规定。虽然涉案处罚决定的相对人是第三人，但由于处罚决定中认为"采蝶花薰衣草茶（50 g）"属于"用非食品原料生产食品"的事实认定对起诉人的权利义务产生了实际影响，根据《中华人民共和国行政诉讼法》第二十五条"行政行为的相对人以及其他与行政行为有利害关系的公民、法人或者其他组织，有权提起诉讼"的规定，起诉人对涉案处罚决定不服，向一审法院提起行政诉讼，原审人民法院依法应当受理。一审法院裁定驳回起诉人的起诉不当，本院予以纠正。综上所述，依照《中华人民共和国行政诉讼法》第八十九条第二款的规定，裁定：①撤销广州市番禺区人民法院（2015）穗番法立行初字第19号、第20号行政裁定；②两案由广州市番禺区人民法院立案受理。

原审法院认为：

《中华人民共和国食品安全法》第五条第二款规定："县级以上地方人民政府依照本法和国务院的规定确定本级卫生行政、农业行政、质量监督、工商行政管理、食品药品监督管理部门的食品安全监督管理职责。有关部门在各自职责范围内负责本行政区域的食品安全监督管理工作。"《广州市番禺区人民政府办公室关于印发广州市番禺区食品药品监督管理局主要职责内设机构和人员编制》中，规定番禺食品药品监督管理局具有流通环节食品（含肉品和食用农产品、水产品、林产品）安全监管的职责。关于安溪涉案茶叶公司提出对《说明》进行合法性审查的问题，根据《国家卫生计生委办公厅关于成立政务公开工作领导小组及办公室的通知》的规定，国家卫生计生委政务公开工作领导小组及办公室是国家卫生计生委政务公开及政府信息公开工作的执行机构，承担国家卫生计生委政务公开及政府信息公开日常工作，根据《说明》第1段内容"近期，国家卫生计生委收到多份政府信息公开申请，咨询薰衣草和大豆异黄酮能否作为食品原料进行生产。为方便群众了解相关政策法规，经研究，现就此问题进行如下说明"可以看出，上述《说明》是国家卫生计生委政务公开办在汇总现有的各类法律、法规、单行条例、部门规章、规范性文件后进行的分析说明，《说明》本身并未就相关内容作出规定，不具有约束力、强制力，故不属于规范性文件的范畴。安溪某茶叶公司以《说明》是规范性文件，请求法院对其合法性进行审查，不符合《中华人民共和国行政诉讼法》第五十三条"公民、法人或者其他组织认为行政行为所依据的国务院部门和地方人民政府及其部门制定的规范性文件不合法，在对行政行为提起诉讼时，可以一并请求对该规范性文件进行审查"的规定，因此，对安溪涉案茶叶公司该项请求，予以驳回。

关于安溪涉案茶叶公司生产的采蝶花薰衣草茶是否属于用非食品原料生产的食品。番禺食品药品监督管理局根据《说明》认为，薰衣草不宜作为普通食品使用，故在采蝶花薰衣草茶中添加薰衣草，属于用非食品原料生产的食品。根据《中华人民共和国食品安全法》的相关规定，食品原料应当无毒、无害，对人体健康不造成任何急性、亚急性、慢性或者其他潜在性危险。《中华人民共和国食品安全法》第二十一条第一款规定："食品安全风险评估结果是制定、修订食品安全标准和实施食品安全监督管理的科学依据。"第三十七条规定："利用新的食品原料生产食品，或者生产食品添加剂新品种、食品相关产品新品种，应当向国务院卫生行政部门提交相关产品的安全性评估材料。国务院卫生行政部门应当自收到申请之日起六十日内组织审查；对符合食品安全要求的，准予许可并公布；对不符合食品安全要求的，不予许可并书面说明理由。"第三十八条规定："生产经营的食品中不得添加药品，但是可以添加按照传统既是食品又是中药材的物质。按照传统既是食品又是中药材的物质目录由国务院卫生行政部门会同国务院食品药品监督管理部门制定、公布。"也就是说，食品应当无毒、无害，食品未经安全性评价证明其食用安全性的，不得作为普通食品原料生产经营，药品是明确被禁止添加到食品中的，但既是食品又是中药材的物质除外，另外，新食品原料经安全性评估符合食品安全标准的予以准许生产。经查阅，薰衣草未记载于《中华人民共和国药典》，根据已公布的《有关新食品原料、普通食品名单汇总》《卫生部关于进一步规范保健食品原料管理的通知》的附件《既是食品又是药品的物品名单》《可用于保健食品的物品名单》《保健食品禁用物品名单》，薰衣草均不在此列。而根据原卫生部、农业部等部门公布的食品和饲料中非法添加名单，其中包括食品中可能违法添加的非食用物质的名单，该名单中亦没有薰衣草。正是鉴于此，《说明》认为薰衣草不能确定管理方式，但并没有认定薰衣草为非食品原料，相反，《说明》强调如需要开发薰衣草作为普通食品原料，应当按照《新食品原料安全性审查管理办法》规定的程序进行申报，这符合《中华人民共和国食品安全法》第三十七条的规定。

综上，目前并无证据证明薰衣草属于非食品原料，番禺食品药品监督管理局认定上述采蝶花薰衣草茶含有薰衣草成分，属于用非食品原料生产的食品，某分公司经营上述采蝶花薰衣草茶的行为属于经营用非食品原料生产食品的行为，缺乏相应的依据，属于事实认定错误。相应地，番禺食品药品监督管理局认定某分公司违法经营上述采蝶花薰衣草茶违法所得为78元，予以没收，缺乏相应的事实依据，应依法予以撤销。

关于番禺食品药品监督管理局认定上述宜亿灵芝养生有道饼干含有灵芝粉是否属于用非食品原料生产的食品的问题，《国家卫生计生委办公厅关于灵芝（赤芝）和紫芝有关问题的复函》认为灵芝是传统中药材，不宜作为普通食品。《食品安全法》第三十八条规定，生产经营的食品中不得添加药品，但是可以添加按照传统既是食品又是中药材的物质。而根据《卫生部关于进一步规范保健食品原料管理的通知》附件1《既是食品又是药品的物品名单》，灵芝粉目前不属于既是食品又是药品的分类，故灵芝粉作为中药材不能作为食品原料添加到食品中。《中华人民共和国食品安全法》第三十四条第（一）项规定："禁止生产经营下列食品、食品添加剂、食品相关产品：用非食品原料生产的食品或者添加食品添加剂以外的化学物质和其他可能危害人体健康物质的食品，或者用回收食品作为原料生产的食品……"《流通环节食品安全监督管理办法》第九条第一款规定："禁止食品经营者经营下列食品：（一）用非食品原料生产的食品或者添加食品添加剂以外的化学物质和其他可能危害人体健康物质的食品……"第五十三条规定："违反本办法第九条第一款第（一）项，第二十三条第二款的规定的，没收违法所得、违法经营的食品和用于违法经营的工具、设备、原料等物品；违法经营的食品货值金额不足1万元的，并处2000元以上5万元以下罚款……"因此，番禺食品药品监督管理局认定上述灵芝饼干中添加灵芝粉成分是属于添加非食品原料的食品，某分公司销售上述宜亿灵芝养生有道饼干，违反了上述规定，对某分公司作出没收相应违法所得及罚款 3 000 元的处罚，并无不妥。安溪涉案茶叶公司请求撤销上述行政处罚决定第二项罚款 3 000 元，理由不成立，不予支持。

综上，安溪涉案茶叶公司的请求，部分有理，对有理部分，予以支持。根据《中华人民共和国行政诉讼法》第七十条第（一）项、《最高人民法院关于执行若干问题的解释》第五十六条第（四）项的规定，判决：撤销番禺食品药品监督管理局于 2015 年 7 月 28 日作出的（穗番）食药监食罚〔2015〕0079 号行政处罚决定的第一项决定中对某分公司销售"采蝶花薰衣草茶（50 g）"没收违法所得 78 元，番禺食品药品监督管理局应对该部分依法重新作出处理；驳回安溪涉案茶叶公司的其余诉讼请求。

上诉人番禺食品药品监督管理局不服原审判决，上诉称：

被诉行政处罚决定认定事实清楚，依据充分，原审判决错误。《有关新食品原料、普通食品名单汇总》名单中无薰衣草，薰衣草是非食品原料，禁止用于食品的生产经营，如需将薰衣草作为食品原料，应依据《食品安全法》第四十四条（2009 年版）和《新食品原料安全性审查管理办法》第四条、第十五条的规定，进行安全性评估和行政许可手续；《说明》进一步明确了食品的生产者、经营者如需使用薰衣草作为食品原料，应按照《新食品原料安全性审查管理办法》规定的程序进行申报，这是薰衣草成为食品原料的必要前置程序；被上诉人未提交证据证明其进行了安全性评估和申报手续，国家卫生行政部门也未作出薰衣草可用作食物原料的行政公告，被上诉人将薰衣草作为食品原料生产食品的行为违反上述法律规定，上诉人对某分公司作出被诉行政处罚决定依据充分；原审认为只要没有明确认定为非食品原料的材料就能用于作为食品原料，无视国家卫生和计划生育委员会的规定，否认了《食品安全法》及相关法律法规中设置新食品原料需安全性检测并经行政许可制度的立法原则，原审撤销行政处罚决定第一项并要求重作的处理错误。综上，故上诉请求：（1）撤销广州市番禺区人民法院〔2015〕穗番法行初字第 208 号行政判决；（2）发回重审或改判驳回被上诉人全部诉讼请求；（3）被上诉人承担本案一审、二审诉讼费。

被上诉人安溪涉案茶叶公司辩称：

《说明》并非规范性文件。根据《国务院关于印发全面推进依法行政实施纲要的通知》和《国务院关于加强法治政府建设的意见》，办公室无权制定规范性文件，即使经由国家卫计委授权起草，也不可能以办公室名义发布，故《说明》未经国家卫生计生委依法征求意见、调查核实、进行合法性审查，由国家卫生计生委政务公开办公室作出，不可能是规范性文件；《国家卫生和计划生育委员会工作规则》第八章第三十五条明确，除办公厅外，国家卫计委各司、局、办均无权发布规范性文件，国家卫计委政务公开办公室无权对外印发指令性文件、函或者规范性文件；根据《政府信息公开条例》的规定，行政机关须主动公开规范性文件，但《说明》既不在国家卫计委公布的规范性文件清单中，也不在其官网规范性文件列表中；参照其他部门的规范性文件管理制度可知，规范性文件有固定的名称、编号，名称一般使用"办法、规定、制度、通知、决定、意见"等，《说明》也不符合规范性文件的立法要件，明显不是规范性文件。

福建安溪涉案茶业有限公司就番禺区食品药品监督管理局不服行政处罚案一审裁判上诉案，北京市盈科（广州）律师事务所接受被上诉人涉案公司委托，担任被上诉人的代理人。现针对本案争议焦点，发表以下核心意见，谨供合议庭参考：

根据《国务院关于印发全面推进依法行政实施纲要的通知》和《关于加强法治政府建设的意见》关于规范性文件制定管理的要求，对国家卫生计生委下属某办公室所做《说明》是规范性文件的主张，严重缺乏法理支持。

根据《国务院关于印发全面推进依法行政实施纲要的通知》（国发〔2004〕10号）第二部分第3条的规定："制定……规范性文件等制度建设符合宪法和法律规定的权限和程序。"根据《国务院关于加强法治政府建设的意见》（国发〔2010〕33号）第二部分第9条的规定，"健全规范性文件制定程序。地方各级行政机关和国务院各部门要严格依法制定规范性文件。制定对公民、法人或者其他组织的权利义务产生直接影响的规范性文件，要公开征求意见，由法制机构进行合法性审查，并经政府常务会议或者部门领导班子会议集体讨论决定；未经公开征求意见、合法性审查、集体讨论的，不得发布施行。县级以上地方人民政府对本级政府及其部门的规范性文件，要逐步实行统一登记、统一编号、统一发布"。

《关于薰衣草、大豆异黄酮不宜作为普通食品原料问题的说明》（以下简称

《说明》），系国家卫生计生委政务公开办公室出具，办公室显然无权制定规范性文件，即使经由国家卫生计生委授权起草，也不可能以办公室名义发布，且必须依据法定程序。

根据国家卫生计生委于 2015 年 1 月 5 日发布的文件《国家卫生计生委关于全面加强卫生计生法治建设的指导意见》（国卫法制法〔2015〕1 号）（以下简称《指导意见》）第三部分第二点第 1 款明确，"健全卫生计生立法和重要规范性文件起草、论证、协调、审议机制，国家和省级卫生计生行政部门应当建立部门立法规划制度和年度立法计划制度，制定出台卫生计生立法和规范性文件起草工作制度""在起草立法草案和重要规范性文件过程中，要广泛征求地方政府、相关部门、医疗卫生机构、行业组织、专家学者、基层卫生计生工作者和社会公众的意见"。该点第 3 款明确，"健全合法性审查制度。各级卫生计生行政部门要严格依法制定规范性文件，禁止制发带有立法性质的文件。规范性文件不得违规设定行政许可、行政处罚、行政强制措施等内容，对违法的规范性文件要坚决撤销和纠正。法制机构要加强对重要规范性文件的合法性审查工作"。

《说明》的出现，并未经国家卫生计生委依法征求意见与调查核实、依法进行合法性审查，因此不可能是规范性文件。国家卫生计生委《工作规则》已明确，除办公厅外，该委各司、局、办均无权发布规范性文件。《国家卫生和计划生育委员会工作规则》（国卫办发〔2013〕1 号）第八章第三十五条明确规定，"除办公厅、国务院深化医药卫生体制改革领导小组办公室、全国爱国卫生运动委员会办公室、国务院防治艾滋病工作委员会办公室外，各司局和各协调、咨询、临时机构一律不得对外印发政策性、规范性、指令性文件和函"，可见，规范性文件，甚至是指令性文件、函，都不能由本案所涉的政务公开办公室对外印发。

《说明》根本不在国家卫生计生委公布的规范性文件清单中，也不在其官网规范性文件列表中，事实证明其不是规范性文件。

根据《政府信息公开条例》的规定，各级国家行政机关必须主动公开规范性文件，但查阅国家卫生计生委官方网站（http://www.nhfpc.gov.cn）中的规范性文件信息，根本没有《说明》，该委发布的规范性文件汇编中，也没有《说明》。

参照其他部门规范性文件的管理制度可知，《说明》亦不符合规范性文件形式要件。

公开资料显示，迄今为止，国家卫生计生委还未制定规范性文件制定管理细则，而中央其他部委均已制定。规范性文件有固定的名称、有编号，参照《财政部规范性文件制定管理办法》，其第十七条明确，"规范性文件的名称应当根据具体内容确定，一般使用'办法''规定''制度'等名称，也可以使用'通知''决定''意见'等名称"。因此，从名称上可知，《说明》也不符合规范性文件立法的形式要件，其明显不是规范性文件。

二审法院判决结果：

经审理，原审认定的事实基本清楚，本院予以确认。另查明：中华人民共和国农业部 2009 年 5 月 20 日实施的《中华人民共和国农业行业标准——蔬菜名称及计算机编码》（NY/T 1741—2009）附录 A 中，薰衣草被归入第九类的"叶类蔬菜"，其序号为 127；中华人民共和国农业部 2013 年 3 月 1 日实施的《中华人民共和国农业行业标准——绿色食品——绿叶类蔬菜》（NY/T 743—2012）中，薰衣草列入绿叶类蔬菜范围；中华人民共和国国家卫生和计划生育委员会 2015 年 5 月 24 日颁布实施的《中华人民共和国食品安全国家标准——食品添加剂使用标准》（GB 2760—2014）中，薰衣草油属于表 B.2 "允许使用的食品用天然香料名单"，其序号为 151。

本院认为，本案的争议焦点问题是被诉行政处罚决定涉及"采蝶花薰衣草茶"部分的事实是否清楚、适用法律是否正确。针对上述焦点问题，分析认定如下：

关于事实认定。《中华人民共和国行政处罚法》第三十条规定："公民、法人或者其他组织违反行政管理秩序的行为，依法应当给予行政处罚的，行政机关必须查明事实；违法事实不清的，不得给予行政处罚。"上诉人与被上诉人对"采蝶花薰衣草茶"行政处罚的过程性事实并无争议，而对薰衣草是属于普通食品原料还是非食品原料的定性事实存在分歧。上诉人认定薰衣草属于非食品原料的主要依据是国家卫生和计划生育委员会政务公开办的《说明》，《说明》认为对薰衣草由于缺乏其食用部位、食用方法、食用历史、人群及安全性等相关资料，不能确定其管理方式，不宜作为普通食品使用。但是，农业部制定的行业标准明确将薰衣草纳入"叶类蔬菜"进行分类管理，国家卫生和计划生育委员会制定的国家标准中，薰衣草油属于允许使用的食品用天然香料。故此，《说明》本身并未对薰衣草是否属于非食品原料作出明确的结论意见，其他相关的行业技术标准及国家标准对于薰衣草及其制品亦未作"非食品原料"的认定，对薰衣草作何定性尚未明确，上诉人在被诉行政处罚决定书中，认定薰衣草为"非食品原料"的定性依据不足，据此作出的行政处罚决定认定事实不清，原审法院对此事实的认定并无不当，上诉人的上诉意见不能成立。

关于适用法律问题。鉴于上诉人认定薰衣草为"非食品原料"的依据不足，被诉行政处罚决定书适用《流通环节食品安全监督管理办法》第九条第一款第（一）项"禁止食品经营者经营下列食品：（1）用非食品原料生产的食品……"对食品经营者进行处罚属适用法律错误，原审法院判决撤销涉及薰衣草茶的部分处罚处理正确。

至于国家卫生计生委政务公开办所作《说明》，从形式上考察，其针对的是政府信息公开申请的答复，而非由国家卫生计生委制定发布，对公民、法人或者其他组织具有普遍约束力的，可以反复适用的文件，该《说明》不属于规范性文件，原审法院驳回被上诉人提出附带审查《说明》的请求处理正确，本院予以维持。

另外，被诉行政处罚决定书涉及"采蝶花薰衣草茶""宜亿灵芝养生有道饼干"两个产品的违法销售事实，其中"宜亿灵芝养生有道饼干"与被上诉人无关，不属于本案的审查范围，原审法院在本案中对"宜亿灵芝养生有道饼干"作出的审查认定不当，本院依法予以纠正。

综上，依照《中华人民共和国行政诉讼法》第八十九条第一款第（一）项的规定，判决如下：驳回上诉，维持原判。二审案件受理费 50 元，由上诉人广州市番禺食品药品监督管理局负担。

四、案件评析

本案首先解决了诉讼主体资格的程序问题，行政相关人士行政诉讼的适格主体。这是案件诉讼得以开展的基础。在对实体问题进行审查的过程中，双方对《国家卫生计生委政务公开办关于薰衣草、大豆异黄酮不宜作为普通食品原料问题的说明》的法律效力发生了争议。该文件是否具备作为行政处罚依据的合法性。行政处罚的依据应当是规范性文件，而经过审查后，番禺法院认定该《说明》不是规范性文件，不能作为行政处罚的依据，因而所作出的处罚无合法性基础，应予撤销。

实案十

广州市某物流公司被责令关停行政纠纷案

一、案例简述

广州市南沙区东涌镇为了响应广州市政府、南沙区政府关于整顿"散乱污"企业的方案，将位于二级饮用水水源保护区内的企业全部要求搬离关停。涉案公司由于确实不是污染企业，不应该被"一刀切"式地处理，因此聘请律师进行维权。律师提交法律意见后，行政部门采纳了意见，并停止了对涉案公司的关停措施。

二、基本案情

广州市某物流公司（以下简称涉案公司）于 2018 年 8 月 29 日突然接到广州市南沙区东涌镇经济办的口头通知，告知涉案公司因属于"散乱污"场所，位于二级饮用水水源保护区内，要求限期清退，若不自行拆除的，将于 2018 年 9 月 5 日前采取强制停水停电措施。另通知涉案公司参加 2018 年 8 月 31 日下午 2:30 由东涌镇镇政府举办的东涌镇河涌水污染整治及两岸违章建筑拆除工作和动员会，现场发放了《南沙区东涌镇"散乱污"场所整顿暨河涌管理范围内综合整治行动方案》，再次明确了通知搬离的内容。而且行政部门成立了工作组，二次来到涉案公司，意欲强行封电箱。涉案公司不服责令关停的行政命令，遂聘请律师发表法律意见。

三、胜诉路径

我们接受当事人的委托后，研究发现涉案公司并非"散乱污"企业，行政部门在此治污方案的具体实施中采取了"一刀切"的方式。因此我们撰写了《关于不对广州市涉案物流有限公司东涌经营场所强制关停搬迁的申请函》，并且前往东涌镇与相关负责人当面会谈，交换了意见，我们坚持认为涉案公司不属于"散乱污"企业，亦未有其他合法行政决定文件对涉案公司东涌项目的认定，项目不应当包括在整治范围内，具体理由如下：

> 一、涉案东涌项目是依法建设的生活用品仓储服务项目，行政许可手续齐全，不生产任何工业产品，属于典型的现代服务企业，并非"散乱污"项目
>
> 根据《广州市人民政府关于清理整顿重点河涌流域"散乱污"场所的通告》（穗府规〔2017〕12号）第二项的规定，"散乱污"场所，是指不符合产业政策和产业布局规划，以及环保、国土规划、工商、税务、质监、安全监管、消防等手续不全，污染环境的企业、工场作坊等生产经营场所。
>
> 但本案建设项目——涉案公司仓储项目位于园区之内，依照《国民经济行业分类》（GB/T 4754—2017）和国家统计局官方网站公布的《三次产业划分规定》，涉案的生活消费品仓储项目属于国家支持的仓储服务业（第59类），属于第三产业，符合产业政策，依规不符合上述通知中关于"散"的认定。本案建设项目所在场所也依法取得了建设用地规划许可证、建设工程规划许可证以及工程竣工验收证明书，依法取得了粤房地产证字第 C4200772、C4200775、C4200779、C4200781 号的房地产权证书（详见所附证明文件第3～6页），属于合法建筑，建设项目所在场所并非违章场所。
>
> 更为重要的是，涉案公司项目已经依法在广东省环保厅官方网站"建设项目环境影响登记表备案系统（广东省）"上取得了备案号为201844011500000042的《建设项目环境影响登记表》，环保手续合法（详见所附证明文件1）。根据《环境影响评价法》第十六条（对环境影响很小、不需要进行环境影响评价的，应当填报环境影响登记表）的规定以及《建设项目环境影响评价分类管理名录》，国家实行环评

分类管理制度，对于环境影响很小的项目或无污染的项目依法实行登记备案制度（"放管服"改革中的负面清单管理）。本项目依法取得了环境影响备案文件，证明涉案公司项目确属于环境影响很小或无污染项目，因此不适用于《水污染防治法》第六十六条（禁止在饮用水水源二级保护区内新建、改建、扩建排放污染物的建设项目；已建成的排放污染物的建设项目，由县级以上人民政府责令拆除或者关闭）的规定，并非不符合产业布局规划的项目，依法不属于污染环境的企业和经营场所，不属于责令拆除或者关闭的对象（且根据该法条规定，只有县、区级以上人民政府有权决定强拆关闭，镇级人民政府无职权）。

此外，涉案经营场所依法取得了南沙区水务局颁发的、编号为"穗南水排字第201431号"的《排水许可证》，水务手续齐全（详见所附证明文件2）。对于园区内的生活污水的处理，可依法排入市政排水设施，涉案场所并未违法设置水污染排污口，涉案场所的生活污水均通过园区内依法设置的集中式截污处理站净化处置，处理后的水用于园区内的绿化灌溉和二次利用，不对外排放，因此并未有违法排放水污染物的情形，没有污染水环境。涉案公司也获得了工商等许可证件，手续齐全，依规定不符合通知中关于"乱"和"污"的认定（即使是对"散乱污"企业，也必须由相关职能部门履行正当调查取证与行政裁决程序，依法履行强制执行，而非一份名单或口头通知即可，正所谓"依法行政""法治政府"）。

二、生态环境部、广东省委省政府已明令要求不采取"一刀切"式的行政方式

2018年5月28日，生态环境部专门出台《禁止环保"一刀切"工作意见》（下称《意见》），6月15日，《中共广东省委办公厅　广东省人民政府办公厅关于禁止环保"一刀切"的通知》（粤委办发电〔2018〕92号）下发，均明确要求禁止"督察时因担心问责而采取一律停工停业停产的做法""坚决避免紧急停工停业停产等简单粗暴行为"，认为如此做法或行为"既给人民群众生产生活带来不便，也直接损害党和政府的形象""要深刻认清环保'一刀切'的社会危害，既要按要求立行立改，边督边改，切实解决群众反映的生态环境问题，也要在督察整改过程中，制定可行方案，坚持依法依规，加强政策配套"。

广东省委省政府要求，"决不允许通过'发通知、打招呼'等临时性关停方式应付环保督察，决不允许搞形式主义、命令主义敷衍环保督查，决不允许借环保督察名义影响企业正常生产和群众正常生活"。

2018年8月31日，生态环境部印发了《关于生态环境领域进一步深化"放管服"改革，推动经济高质量发展的指导意见》，其中再次明确，"各地要加强对生态环境保护'一刀切'问题的查处力度，坚决遏制假借生态环境保护督察等名义开展违法违规活动，对不作为、乱作为现象，发现一起、查处一起，严肃问责"。

三、习近平总书记也要求"营造市场化、国际化、法治化营商环境""北京、上海、广州、深圳等特大城市要率先加大营商环境改革力度""营造稳定公平透明、可预期的营商环境"

2014年10月27日，习近平总书记主持召开中央全面深化改革领导小组第六次会议时明确强调，"加快政府职能转变""营造市场化、国际化、法治化营商环境"。

2017年7月17日，习近平总书记主持召开中央财经领导小组第十六次会议时明确强调，"营造稳定公平透明、可预期的营商环境""北京、上海、广州、深圳等特大城市要率先加大营商环境改革力度"。

粤港澳大湾区建设已经写入党的十九大报告和政府工作报告，2017年7月1日，习近平总书记出席在香港举行的《深化粤港澳合作　推进大湾区建设框架协议》签署仪式，强调"打造具有全球竞争力的营商环境"。

2018年5月20—22日，中共中央政治局常委、国务院副总理韩正在广东调研自贸试验区建设和深化粤港澳合作等工作时明确强调要"建设诚信体系，打造高标准、国际化、法治化、便利化的营商环境""对一切不符合新发展理念的思想观念都要坚决摒弃，一切不符合高质量发展要求的体制机制都要大胆改革，一切制约创新的管理方式都要促其改变"。

2018年8月24日，广州市推进粤港澳大湾区建设领导小组召开第一次全体会议，深入学习贯彻习近平总书记关于粤港澳大湾区建设的重要讲话精神，广东省委常委、广州市委书记、领导小组组长张硕辅主持并讲话。张硕辅强调，"突出深化营商环境改革，加快构建与国际接轨的高标准投资贸易规则体系"。

四、广州市是法治政府建设典范城市，2017年出台《广州市依法行政条例》，明确要求重大行政决策需经法制部门进行合法性审查、公示公开

2018年8月24日，习近平总书记主持召开中央全面依法治国委员会第一次会议，明确强调，"坚持依法治国、依法执政、依法行政共同推进，法治国家、法治政府、法治社会一体建设""要加强法治政府建设，健全依法决策机制，深化行政执法体制改革，完善党政主要负责人履行推进法治建设第一责任人职责的约束机制"。

2017 年 5 月 1 日，《广州市依法行政条例》实施，条例制定的目的就是规范政府权力，主要是对行政决策进行严格规定，既规范了一般行政决策程序，更规定了重大行政决策公开论证、风险评估、合法性审查等程序，并且明确了重大行政决策的范围（强制关停众多项目，显属重大行政决策）。

2017 年 9 月，广州因为近 5 年来的努力，获评"全国法治政府建设典范城市"称号，在特大城市中排名第一。我们看到，在东涌镇转发的张硕辅书记、温国辉市长对相关工作的部署要求中，也明确要求"依法治水管水"，我们充分相信，张硕辅书记、温国辉市长肯定不会要求不分合法不合法、违建不违建、环保不环保，一律关停的。

因此，综上事由，同时考虑到涉案公司已形成一定的规模，为东涌镇的经济发展做出了一定的贡献（年纳税达到 100 多万元），目前在职员工达 200 多人（不少来自国家精准扶贫县），服务点遍布全国各地，服务的企业包括东涌镇 A 股上市公司广州天创时尚（代码 603608，知名女鞋企业）、特步、安踏、贵人鸟、阿蓝尔、361°等，若贸然关停，涉及面巨大，包括员工的安置问题、企业违约处理等问题，对涉案公司可能造成重大损失甚至致命毁灭，后果不堪设想！故请贵单位慎重考虑对涉案公司采取停水停电关停等措施，暂缓对涉案公司强制关停搬迁处理，特此申请，还望批准为荷。

法律意见提交后，最终关停行政行为停止，企业恢复正常的生产经营。

四、案件评析

环境保护牵涉的社会主体众多，行政部门在治理环境时，针对"散乱污"企业的查处，首先就是要界定清楚谁是"散乱污"企业，但如此工作量太大，工作人员人手不够，在这种情况下，行政部门为了在限定的期限内完成该片区的治污工作，很容易出现"一刀切"的做法。本案就是此类案例的典型。

仓储物流项目属于第三产业现代服务项目，不产生污染物，不属于"散乱污"

企业，只不过是因为公司位于整治的片区范围内，而遭遇"一刀切"，被强令关停。代理律师依据事实发表了适当的法律意见，最终行政部门采纳意见，取消了对当事人的关停方案。

第 二 部分
刑事案件篇

实案一

首案必胜之第一、二类水污染物之争
——YN 节能设备有限公司环境污染案

一、案例简述

本案发生于 2014 年年底广东省人民政府进行第一次自主省级环保督察期间。案件发生后，当事人顺德 YN 节能设备有限公司前后委托了两批律师参与辩护，我们是第二批。此案也是 2013 年中华人民共和国最高人民法院和最高人民检察院（以下简称"两高"）第二版有关环境污染刑事司法解释出台后，我们承办的第一单环境污染案。

此时离 2015 年农历新年只剩 3 个月时间，案件已经移送检察院审查起诉，经论证，在争取无罪、目标"缓刑"的策略指导下，我们开展了该案的律师辩护工作。最终，经向法官当庭求情，在腊月二十八、除夕前夜，获得了缓刑判决书，实现了当事人回家过年、与老父母团聚的强烈要求！

二、基本案情

检察院指控称，2006 年期间，被告人陈某某与肖某某等人共同投资创立 YN 公司，由被告人陈某某担任公司法定代表人、副总经理，被告人肖某某担任公司总经理，公司在佛山市顺德区 RGMG 工业区 YM 路某号建成投产，主要生产热交换器。被告人张某某于 2006 年开始就职于该公司，并于 2011 年担任采购部部长，于 2012 年兼任生产部部长直至 2013 年 10 月；在日常经营中，被告人张某某还协助被告人陈某某和肖某某管理公司事务。从 2011 年开始，因改进生产方式需要处理钢材原材料，在未依法进行环境评估和申请排污许可的情况下，经被告人陈某某和肖某某同意，由被告人张某某具体规划操作，YN 公司先后采取了化学除锈、除油的工艺处理钢材原材料，并将由此产生的废水在未经任何处理的情况下直接排放至公司厂房外的下水道中。2013 年 10 月，被告人殷某某担任该公司生产部部长，继续以上述方式处理钢材原材料并排放废水。

2014 年 8 月 23 日，佛山市顺德区运输和城市管理局行政执法人员依法对 YN 公司排放废水的违法行为进行查处，并对该厂排出的工业废水进行抽样检测；经检测，YN 公司厂内废水排放口处水样总铬超标 0.30 倍、总镍超标 2.15 倍、总铜超标 3.32 倍、总锌超标 156 倍；厂外废水排放口处水样总铬达标，总镍超标 2.76 倍、总铜超标 10.5 倍、总锌超标 153 倍。行政执法机关遂将本案移送公安机关立案侦查；2014 年 8 月 24 日，公安民警在 YN 公司内抓获被告人陈某某、张某某、殷某某；2014 年 9 月 23 日，被告人肖某某前往公安机关到案。

上述指控的犯罪事实，公诉机关提交了下列证据予以证明：抓获经过；被告单位佛山市顺德区某 YN 节能设备有限公司陈某某的陈述；被告人陈某某、肖某某、张某某、殷某某的供述及分别对案发地点的指认笔录；证人黎某某、叶某某、陈某某的证言；佛山市顺德区环境保护监测站出具的监测报告；广东省环境保护厅出具的关于对佛山市顺德区环境保护监测站（顺）环测水字 B〔2014〕第 082301 号监测报告认可的意见；佛山市顺德区环境运输和城市管理局容桂分局出具的移送函、现场检验（勘验）笔录、污染源废水采样原始登记表、采样过程现场照片；YN 公司的企业机读登记资料、公司注册登记资料、营业执照；被告人陈某某、肖某某、张某某、殷某某的户籍证明；现场勘查记录及照片等。

三、律师获案思维

当事人 YN 节能设备有限公司及其关联公司，系外向大型诚信企业，故在承接该案之前，律师向当事人提交如下详细的案件分析报告，以获得当事人的充分信任、授权。

北京市盈科（广州）律师事务所

关于顺德 YN 节能设备有限公司环境污染案的

法律意见书

（第一次）

呈：启者

就顺德区公安局侦办的顺德 YN 节能设备有限公司环境污染一案（以下简称该案），北京市盈科（广州）律师事务所合伙人律师贺俊、陈勇儒等人在听取了涉案当事人合法委托人的情况介绍后，形成如下法律意见，谨供斟酌。

一、该案现状及法律应对措施分析

目前该案已由顺德区人民检察院第一次退侦要求补充侦查，当事人合法委托人分析，退侦的理由可能有二，一是检察官年底非常忙，以退侦为由可延长审查起诉期，分散每个案件的工作时间，二是有可能发现新的犯罪可能线索，要求补侦。

根据现有案情，本案不涉及环境敏感区域，不涉及放射性物质或病原体废物，不涉及第三方，也不涉及大面积土地，不涉及经济损失、人身损害、进口贸易，因此属于一般环境污染案件。

一般环境污染案件，即一般排污案件，主要涉及两个指标，一为总量指标，二为标准指标，本案从现有证据材料和侦查机关起诉意见看，仅涉及标准指标，即超过排污标准排污引发的违法犯罪问题。

因此，由于检察院已发出退侦要求，同时在现有证据材料中已发现部分可能指向总量超标的违法犯罪倾向，目前建议有必要知悉检察院的退侦意图，是否指向总量超标排放问题。建议要求检察院提供《补充侦查提纲》。

二、本案仅涉及第二类污染物超标准排放问题，无罪可能性大增

现有证据显示，经省环保厅认可的监测报告仅反映总铜、总锌超过排污标准的3 倍以上排放，根据现有国家标准和广东省地方标准，总铜、总锌均属第二类污染物，"两高"《关于办理环境污染刑事案件适用法律若干问题的解释》明确，重金属中只有第一类污染物即铅、汞、镉、铬等才是刑法所讲的有毒物质。

第一类污染物是指能在水环境或动植物体内蓄积，对人体健康产生长远不良影响的有害物质。而第二类污染物是指其长远影响小于第一类污染物的有害物质。显然，第二类污染物，其危害性显著小于第一类污染物，这也是刑法不对第二类污染物入刑的原因所在，刑法只对"严重"危害环境、损害人体健康的污染物进行刑法意义上的规制。

由于本案案情仅涉及总铜、总锌指标超标 3 倍以上，是否构成刑法意义上的犯罪，已存争议，这是否也是检察院退侦的理由？如是，则明显有利于涉案人员。

三、关于涉案排污口外小块土地治污与否的法律意见

涉案人员合法委托人在介绍中提到，公司涉案外排污口外有一小块土地，是污水流经之地，在排放量大时污水会渗入该小块土地，是否需要进行主动治理，主动治理的目的是希望以良好的治污表现减轻可能的罪责。

本律师认为：

1. 从图片上看，该小块土地不大，不超半亩，不构成刑法意义的受污染土地数量标准，因此与本案犯罪问题实无关，主动治染与否与定罪量刑关系密切度很低。

2. 从现有证据看，该小块土地不是渗井、渗坑性质的物品，且现有证据已无法证明该小块土地曾用作渗井、渗坑，特别是现有证词中无一人表述此小块土地用作渗井、渗坑。

3. 如主动向执法部门提出治污，将把执法部门注意力引向此小块土地，或增加不利证据，似对涉案人员不利。

因此，主动治污的想法其情可嘉，该小块土地地况如何、面积多大、污染状态如何，本律师认为有必要实地查看（包括实地查看案件发生地场景）。

四、关于该案的整体思路

自 2013 年 6 月"两高"颁发《关于办理环境污染刑事案件适用法律若干问题的解释》，时间尚短，全国各地据此办理环境污染刑事案件并不多，各地公、检、法实都在摸索中前进，对相关刑罚问题尚处于不十分明确状态（包括有毒有害物质范围的争议），在此种背景下，需要各方力量推动法治进步、完善，环境治理也必须法治而非人治。

前三项意见中已提到，本案属于仅涉及超标准排污的一般环境污染案件，不属于后果严重的污染环境犯，量刑在"三年以下有期徒刑或者拘役，并处或者单处罚金"，因此，缓刑无疑是我们重点争取的目标，甚至"判三缓五"亦可接受。

根据涉案人员的实际情况和当前司法实践，涉案人员无前科、户籍或常处地均在司法所在地顺德，判处缓刑不具有社会危害性，送交当地司法机关进行社区矫正符合条件，因此，以预交罚金为条件，希望获得缓刑，是完全合法可行的！

以上意见，如有不妥或疑惑，敬盼沟通。

北京市盈科（广州）律师事务所

贺俊 陈勇儒

2014 年 12 月 24 日

四、律师辩护思路

取得当事人家属信任后，律师首先深入现场，请知情者还原案发过程。之后，作为涉案公司控股股东、法定代表人的辩护律师，向检察院提交了如下之被告人无罪的审查起诉意见：

一、有证据显示，陈某某不是对 YN 设备公司涉嫌环境污染案"直接负责的主管人员"。本案已列两人即公司总经理、另一公司高管为"直接负责的主管人员"，再列实际主管公司财务、行政的高管为"直接负责的主管人员"承担刑责，有打击面过宽之虞，有无必要、是否真正合法请考虑。

根据《刑法》第 346 条，对单位犯环境污染罪"直接负责的主管人员和其他直接责任人员"，处以刑罚，但有证据显示，陈某某确实不是本案直接负责的主管人员。

经侦查机关向顺德区市场安全监管局核实，YN 设备公司登记在该局的公司第一高管、公司（总）经理是肖某某，系另一被侦查机关列入的犯罪嫌疑人，而被侦查机关羁押的全部犯罪嫌疑人均陈述，陈某虽然是 YN 设备公司登记在顺德区市场安全监管局的法定代表人、唯一董事，但其在 YN 设备公司的管理职务是副（总）经理，主管范围为财务、行政，不是公司（总）经理，也不是主管生产、工艺的副经理（《公司法》第 216 条第 1 款规定，公司高级管理人员不包括公司董事）。

根据侦查机关的《讯问笔录》等证据显示，本案中公司生产部部长殷某某是本案事发当晚决定排污的"直接责任人员"，张某某是犯罪嫌疑人们众口一词的当公司总经理韦某和副总陈某不在时的公司实际负责人，肖某某是公司主管全面的总经理，这两人可定为本案"直接负责的主管人员"，而陈某某是主管公司财务、行政的副总经理，显然不是"直接负责"本案环境污染案的"主管人员"。

二、"法无明文规定不为罪"，本案所涉总铜、总锌指标超标，并非刑法意义上的特定重金属超标排污犯罪行为——"两高"司法解释仅规定铅、汞、镉、铬4种重点重金属超标3倍以上入刑，不包括铜、锌等重金属污染物。本案仅适用行政处罚，不能给予刑事处罚。

《最高人民法院 最高人民检察院关于办理环境污染刑事案件适用法律若干问题的解释》第十条第（三）项，只将国务院《重金属污染综合防治"十二五"规划》中"十二五"期间重点防控的重点重金属污染物铅（Pb）、汞（Hg）、镉（Cd）、铬（Cr）列入刑法意见上的重金属物质，而未将一般重金属污染物"总铜""总锌"等列入该司法解释。

本案证据《监测报告》只涉"总铜"超标3倍多、"总锌"超标150多倍，其超标物质不是"两高"司法解释所列的重金属物质，因此，根据刑法的谦抑性考虑，"法无明文规定不为罪"，不宜将重金属污染物的范围作过宽把握、扩大解释，该案是否属于刑事案件尚存异议（参考：人民法院出版社出版的最高人民法院研究室编著《最高人民法院 最高人民检察院环境污染刑事司法解释理解与适用》第40页、第86页）。

目前顺德法院已判决的涉重金属超标刑案均为列入"两高"司法解释的4种特定重金属污染物超标排放案（铬重金属居多），未涉及"总铜""总锌"等一般重金属污染物排放问题。

综上，即使本案定要入刑，且定要陈某某负责，也不属于对环境构成重大污染的4种特定重金属污染案，社会危害性明显小于此前贵院审查起诉过的铬等特定类重金属超标污染案。从已判决的案例看，顺德污染环境案一般判决6～8个月有期徒刑或缓刑，此案属非特定类重金属污染案，即使判决亦会更短实刑或缓刑，现陈某某已被关押5个月（2014年8月24日被拘押），陈某某系顺德户籍人士，其家庭、房产、车产等均为顺德籍，无论是人保还是财保，取保候审均不会导致陈某某不随时到案。其为经济犯且为初犯、女性，不关押不会导致社会危害性，且能节约看守所之司法资源。

因此，辩护人的意见强烈倾向于对陈某某定性系疑罪，根据疑罪从无的原则，陈某某系无罪之人，即使有罪也非重罪，根据刑事司法相关规定，建议对其改变强制措施不违法。经辩护人征询当事人及其亲属意见，当事人亲属表示愿意交纳高额保证金或以顺德籍人士为保证人申请对陈某某取保候审（附《取保候审申请书》）。

因检察院不同意被告人无罪的意见，也不批准取保候审申请，故律师不得不退而选择追求缓刑的策略。

在法庭审理过程中，律师发表如下辩护意见，力陈罪轻、缓刑的条件，并在庭审结束后、笔录签字前，当庭向一审法官当面求情，希望能在春节前判决缓刑。

一、公司诉讼代表人已当庭表示愿意在判决前缴纳罚金。陈某某作为公司主管财务的副总，也当庭同意。根据司法实践，判决前主动缴纳罚金的，应从轻处罚。

二、本案属二类污染物污染环境案，比照顺德法院已判决的一类污染物超标 3 倍以上污染环境案，宜予从轻裁判。

"两高"关于办理污染环境案的司法解释中，仅将第一类污染物中的重金属汞、铅、镉、铬列入刑法适用的超标 3 倍以下重金属污染物，对于本案涉及的超标 3 倍以上排放的总铜、总锌重金属污染物，属于第二类污染物，广东省高级人民法院在 2014 年 12 月 29 日才被明确列入广东省各级法院刑事裁判适用范围（参见广东省高级人民法院粤环〔2014〕129 号文件《关于查处涉嫌环境污染犯罪案件的指导意见》第 21 条，已提交参考），说明此前存在争议、疑义。

目前顺德区法院所判决的污染物超标 3 倍以下排放污染环境案，所涉重金属均为一类重金属污染物，此案系第一例涉二类重金属污染物超标 3 倍以上排放案。从实际出发，第二类污染物的社会危害性显然要小于第一类污染物，否则不需予以分类管理。贵院现有生效判决明显有量刑参考价值。

三、案发后公司积极采取补救措施，已获得环境影响评价审批，其《项目环境影响报告表》显示，公司已改变工艺，不再排放工业废水、已消除危害。

根据《环境影响评价法》，公司已进行整改，获得顺德区环保局的环境影响评价审批通过证书，其《项目环境影响报告表》也显示，公司只排放生产废水，不再排放工业废水。此点亦为从轻处罚情节。

四、陈某某在涉嫌犯罪单位中担任副总经理，主管范围不是生产、工艺、环保、安全等领域，其主管责任明显偏轻。

本案《起诉书》已明确，被告人陈某某女士虽是公司法定代表人，但其管理职务为公司副总经理，根据其他被告人的一致供述，陈某某主管范围为公司行政、财务，因此，其对导致公司污染环境单位犯罪的主管责任明显小于一般案件中负有管理责任的主管人员，是从轻判决陈某某女士的意见之一。

五、陈某某女士自始配合环保、公安机关执法，又当庭认罪，系初犯。依法属于从轻处罚情节。

综上，本案无从重处罚情节，以上5点从轻处罚意见，恳请法官考虑。陈某某被羁押时间从2014年8月24日算起已达5个半月，能否比照顺德法院现有裁判从轻判决6个月实刑，让陈某某回家过春节？（24日是大年初六），或判决缓刑（如判一缓一），在春节前下判让陈某某能回家见其父母？

被告单位YN公司的辩护人提出以下辩护意见：（1）YN公司认罪态度好，愿意接受法律惩罚；（2）YN公司的超标排放行为尚未造成人身及财产损害或造成土地、水体污染等严重后果；（3）案发后YN公司及时采取措施，客观上已消除了污染；（4）YN公司的主要负责人员因本案被羁押，公司已遭到巨大损失，近百名员工的生计也受影响，存在不稳定的隐患。综上，请法庭对本案尽快处理，并对被告单位YN公司从轻处罚。

被告单位YN公司的辩护人向本院提交了建设项目环境影响报告表、顺德区建设项目环境影响报告批准证等证据，证明案发后YN公司已采取整改措施，消除了污染，并已通过环保部门的环保评估。

被告人陈某某的辩护人即本律师提出以下辩护意见：1.被告人陈某某是公司的副总经理，主管公司财务，未直接负责公司的排污问题；2.本案涉及超标排放的主要是铜和锌，属于第二类污染物，与超标排放第一类污染物的行为相比社会危害性相对较轻；3.案发后YN公司已及时对排污工艺进行了整改，并已通过了环保部门的环境评估，客观上已消除了危害；4.被告人陈某某归案后能如实供述自己的犯罪事实，认罪、悔罪态度好，且是初犯，没有犯罪前科。故请求法庭对被告人陈某某从轻处罚。

被告人肖某某的辩护人提出以下辩护意见：（1）被告人肖某某是自动投案，归案后能如实交代自己的罪行，积极配合公安机关了解情况，认罪、悔罪态度好；（2）被告人肖某某是初犯、偶犯，没有犯罪前科；（3）本案涉及超标排放的主要是铜和锌，属于第二类污染物，与超标排放第一类污染物的行为相比社会危害性相对较轻；（4）被告人肖某某是家庭主要经济来源，父母年事已高，还有不足一岁的小孩需要其照顾。故请求法庭对被告人肖某某从轻处罚并适用缓刑。

被告人张某某的辩护人提出以下辩护意见：（1）被告人张某某归案后能如实供述自己的犯罪事实，认罪、悔罪态度好；（2）本案是单位犯罪，非被告人张某某的个人行为，被告人张某某主观恶性较小；（3）本案涉及超标排放的主要是铜和锌，属于第二类污染物，与超标排放第一类污染物的行为相比社会危害性相对较轻；（4）被告人张某某是初犯、偶犯，没有犯罪前科；（5）被告人张某某的家庭较为困难，父母、小孩均需要其照顾。故请求法庭对被告人张某某从轻处罚并适用缓刑。

被告人殷某某的辩护人提出以下辩护意见：（1）被告人殷某某归案后能如实供述自己的犯罪事实，认罪、悔罪态度好，且是初犯、偶犯，没有犯罪前科；（2）本案涉及超标排放的主要是铜和锌，属于第二类污染物，与超标排放第一类污染物的行为相比社会危害性相对较轻；（3）被告人殷某某是受聘于公司，接受公司安排的工作，其犯罪的主观恶性较小；（4）被告人殷某某是家庭主要经济来源，父亲已离世，母亲年事已高需要其照顾。故请求法庭对被告人殷某某从轻处罚并适用缓刑。

五、法庭观点

本院认为，被告单位 YN 公司违反国家规定，非法排放含重金属的污染物超过广东省人民政府根据法律授权制定的污染物排放标准 3 倍以上，严重污染环境，其行为已构成污染环境罪。被告人陈某某、肖某某作为公司的主管人员，被告人张某某、殷某某作为直接责任人员，依法均应当以污染环境罪定罪处罚。佛山市顺德区人民检察院指控被告人佛山市顺德区某 YN 节能设备有限公司及被告人陈某某、肖某某、张某某、殷某某犯污染环境罪，均罪名成立。被告单位 YN 公司及被告人陈某某、张某某、殷某某归案后均能如实供述其犯罪事实，依法均予以从轻处罚。被告人肖某某犯罪后经公安机关通知自动到公安机关投案，归案后能如实供述其罪行，是自首，依法予以从轻处罚。

对被告单位 YN 公司及被告人陈某某的辩护人分别提出案发后 YN 公司已消除污染并已通过了环保部门的环境评估的辩护意见，经查，被告单位 YN 公司的辩护人提供的建设项目环境影响报告表、顺德区建设项目环境影响报告批准证等证据，只能证明环保部门批准了 YN 公司按照环境影响报告提出的整改措施，环保部门的审批意见明确要求"投产前报我分局验收"，当前没有任何证据显示 YN 公司整改后通过了环保部门的验收，故二辩护人提出的 YN 公司已消除污染并已通过了环保部门的环境评估的辩护意见，本院不予采纳。相应地，被告单位 YN 公司的辩护人所提交的证据，本院亦不予采信。

被告人陈某某、肖某某、张某某、殷某某的辩护人分别提出本案涉及超标排放的属于第二类污染物，与超标排放第一类污染物的行为相比社会危害性相对较轻的辩护意见，经查，根据广东省环境保护局、广东省质量技术监督局发布的《水污染物排放限值》（DB 44/26—2001）对污染物的分类，YN 公司所超标排放的总铜、总锌确属第二类污染物，第二类污染物是指长远影响小于第一类污染物的有害物质，但并非超标排放第二类污染物就一定比超标排放第一类污染物的社会危害性轻，还要综合考虑排放时间的长短、排放量的大小、超标的程度等因素，故对各辩护人所提的排放第二类污染物比排放第一类污染物的社会危害性轻的辩护意见，本院不予采纳。

被告单位 YN 公司的辩护人所提的第 1 点、第 2 点辩护意见，经查属实，本院予以采纳；所提的第 4 点辩护意见，与 YN 公司的定罪量刑没有关联性，本院不予采纳。

对被告人陈某某的辩护人所提的第 1 点辩护意见，经查，被告人陈某某作为公司的大股东和法定代表人，应当对公司的排污行为承担责任，故对被告人陈某某的辩护人所提的第 1 点辩护意见，本院不予采纳；辩护人所提的第 4 点辩护意见，经查属实，本院予以采纳。

被告人肖某某的辩护人所提的第 1 点、第 2 点辩护意见，经查属实，本院予以采纳；所提的第 4 点辩护意见，与被告人肖某某的定罪量刑没有关联性，本院不予采纳。

被告人张某某的辩护人所提的第 1 点、第 2 点、第 4 点辩护意见，经查属实，本院予以采纳；所提的第 5 点辩护意见，与被告人张某某的定罪量刑没有关联性，本院不予采纳。

被告人殷某某的辩护人所提的第 1 点、第 3 点辩护意见，经查属实，本院予以采纳；所提的第 4 点辩护意见，与被告人张某某的定罪量刑没有关联性，本院不予采纳。

结合被告人肖某某、张某某、殷某某的犯罪事实与情节，对其可以适用缓刑，故对辩护人分别提出对三位被告人适用缓刑的建议，本院予以采纳。

六、判决结果

一、被告单位佛山市顺德区 YN 节能设备有限公司犯污染环境罪，判处罚金人民币 20 万元；（罚金在判决发生法律效力后 30 日内缴纳。）

二、被告人陈某某犯污染环境罪，判处有期徒刑 10 个月，缓刑 1 年，并处罚金人民币 3 万元；（缓刑考验期限，从判决确定之日起计算。罚金在判决发生法律效力后 30 日内缴纳。）

三、被告人肖某某犯污染环境罪，判处有期徒刑 9 个月，缓刑 1 年，并处罚金人民币 3 万元；（缓刑考验期限，从判决确定之日起计算。罚金在判决发生法律效力后 30 日内缴纳。）

四、被告人张某某犯污染环境罪，判处有期徒刑 7 个月，缓刑 1 年，并处罚金人民币 1 万元；（缓刑考验期限，从判决确定之日起计算。罚金在判决发生法律效力后 30 日内缴纳。）

五、被告人殷某某犯污染环境罪，判处有期徒刑 7 个月，缓刑 1 年，并处罚金人民币 1 万元。（缓刑考验期限，从判决确定之日起计算。罚金在判决发生法律效力后 30 日内缴纳。）

（实案二）

肇庆市 AT 节能设备有限公司倾倒污泥污染环境案

一、案例简述

肇庆市 AT 节能设备有限公司（以下简称 AT 公司）系一家生活污水处理厂污泥处置企业，在处理污泥的过程中，会产生副产品碳基质。公司在处置碳基质的过程中，存在偷排倾倒污泥的现象。2018 年中央环境保护督察组发现其有倾倒污泥的线索，交由地方处理。肇庆市环保局和肇庆市公安局分别立案查处，最终发展为污染环境罪的刑事案件。

辩护律师针对办案机关所掌握的证据材料，对于涉案生态环境损害评估报告提出了否定性的法律意见，将案件的争议焦点落实在是否构成生态环境损害，是否超过公私财产损失 30 万元的严重污染环境的情节。同时，对于重金属污染物和含重金属的物质进行了区分，阻止了办案机关将该案件通过倾倒重金属污染物因素入刑方面的侦查。辩护期间，开展了取保候审、重新鉴定、要求政法委部门对办案机关监督并建议当事人自主清运涉案场地污泥等工作。

最终该案件的主审法官采纳了辩护律师的重要意见，即实际损失才能成为公私财产损失，用于定罪量刑的依据，因此该案当事人虽被认定构成污染环境罪，但皆被判处缓刑。

二、基本案情

检察机关指控：被告人牟某于 2013 年 11 月成立被告单位 AT 公司，牟某任该公司的法定代表人、执行董事。涉案公司主要业务是从广州、深圳、肇庆等地接收城市污水处理产生的污泥，对城市污泥处理后加工成有机肥和碳基质（干化污泥），并进行处置。被告人黎某是 AT 公司的副总经理，负责公司日常全面管理工作，主要负责城市污泥的处理和产出的有机肥、碳基质的销售处置工作。

自 2015 年以来，为将城市污泥处理后产出的碳基质尽快进行消纳，防止公司利润减少，黎某违反固体废物及城镇污水处理厂污泥处置的国家规定，将碳基质非法倾倒、填埋至鼎湖区及周边地区多处地方，2015—2017 年，黎某与被告人谢某等人合作非法倾倒涉案公司产出的碳基质，并从中获利；被告人牟某得知黎某伙同谢某等人实施环境污染犯罪行为，并未加以制止或者及时采取措施，而是予以纵容。

2017 年 10 月—2018 年 1 月，黎某与谢某合谋，以签订虚假购销合同及运输至花木场为掩饰，两人事前对倾倒地点进行确认后，谢某安排车辆将约 12 150 t 碳基质运输至肇庆市鼎湖区桂城街道一处土名"狗头岗"的地方进行非法倾倒、填埋，谢某获利 5 万元。经依法监测、鉴定评估，该处非法倾倒的碳基质含有多种重金属且具有明显的环境污染特征，属于含重金属的污染物；"狗头岗"非法倾倒事件环境污染损害量化数额总计 337.6 万元，其中生态环境恢复工程措施费用 291.6 万元，事务性费用 46 万元。

2019 年 3 月中旬，肇庆市鼎湖区水务局向 AT 公司发出《责令限期清运鼎湖区桂城街道水坑狗头岗污泥的通知书》；AT 公司于同年 4 月 8 日—5 月 17 日对"狗头岗"非法倾倒、填埋的碳基质进行了清运；鼎湖区水务局组织专家组验收，确认清运工作完成，监测结果表明，清理现场基本没有对周边地表水产生影响，土壤质量满足建设用地环境要求。

三、律师办案实录

A. 否定生态环境损害鉴定评估报告，否定公私财产损失成立，提交了对《肇庆市鼎湖区桂城街道水坑狗头岗固体废物倾倒事件环境损害评估报告》提出诸多异议的法律意见。具体意见内容如下：

北京市盈科（广州）律师事务所接受涉案 AT 公司等的委托，指派本人陈勇儒律师作为犯罪嫌疑人牟某的辩护律师。本律师经过会见、阅卷及研究后，发现《肇庆市鼎湖区桂城街道水坑狗头岗固体废物倾倒事件环境损害评估报告》（以下简称《报告》）存在明显错误，牟某先生就此已提出异议申请。现发表如下具体法律意见，以期为贵院在刑事案件的定性、犯罪构成上提供真实、关联、准确的依据。

一、《报告》中关于涉案碳基质的重金属含量超过"基线标准"20%的结论是不科学的、错误的、不具备法律效力的，不能作为刑事案件的入罪证据

《报告》中作出的关于倾倒的碳基质重金属镍污染物浓度超过两个推荐性标准确定的基线的20%，并以此确认构成环境损害以及符合了刑事犯罪条件的结论是不科学的、错误的。具体如下：

第一，《报告》中关于固体废物检测项目所选取的确定基线的标准是两个推荐性标准——《城镇污水处理厂污泥处置园林绿化用泥质》（GB/T 23486—2009）和《城镇污水处理厂污泥处置混合填埋用泥质》（GB/T 23485—2009）。而根据2018年1月1日实施的《中华人民共和国标准化法》第37条的规定，"生产、销售、进口产品或者提供服务不符合强制性标准的……按照有关法律、行政法规的规定予以公示；构成犯罪的，依法追究刑事责任"，可知，只有违反国家强制性标准要求的才可能追究刑事责任。本案采用推荐性标准侦办、定性犯罪行为，明显违反法律强制性规定。

第二，上述推荐性标准因其制定所依据的基准标准已经修正而实际上已不具备存在的合理性。原因在于，两个推荐性标准在"2. 规范引用文件"中明确表述到，"下列文件中的条款通过本标准的引用而成为本标准的条款……凡是不注明日期的引用文件，其最新版本适用于本标准"。如图2-1所示：

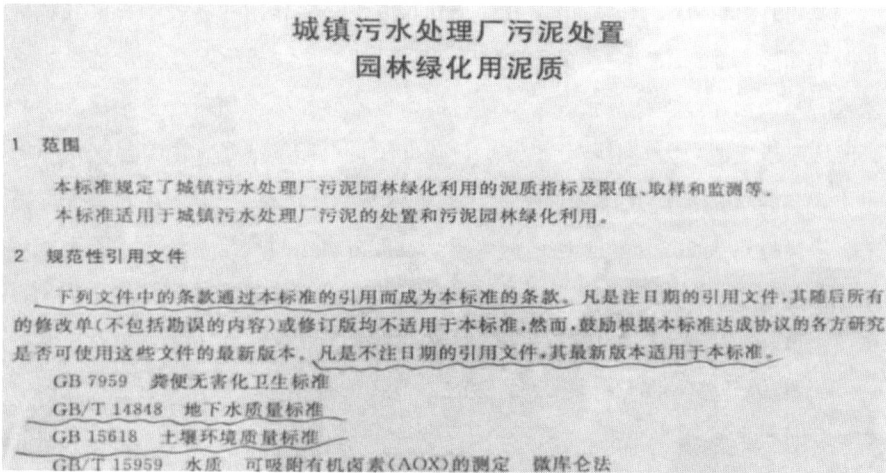

图 2-1 城镇污水处理厂污泥处置园林绿化用泥质标准

从图 2-1 中可以看出，该类推荐性标准都与《土壤环境质量标准》（GB 15618）直接关联，其所定的指标限值（如镍 200 mg/kg）就是根据原《土壤环境质量标准》中的限值确定的，两者完全一致，且后者属于不注明日期的引用文件，因此最新版本适用于该文件的相关标准值的确定。这也意味着，2018 年 8 月 1 日实施了《土壤环境质量建设用地土壤污染风险管控标准（试行）》后，第二类用地镍的风险筛选值为 900 mg/kg，管制值为 2 000 mg/kg，见表 2-1：

表 2-1 建设用地土壤污染风险筛选值和管制值（基本项目）

单位：mg/kg

序号	污染物项目	CAS 编号	筛选值		管制值	
			第一类用地	第二类用地	第一类用地	第二类用地
重金属和无机物						
1	砷	7440-38-2	20[①]	60[①]	120	140
2	镉	7440-43-9	20	65	47	172
3	铬（六价）	18540-29-9	3.0	5.7	30	78
4	铜	7440-50-8	2 000	18 000	8 000	36 000
5	铅	7439-92-1	400	800	800	2 500
6	汞	7439-97-6	8	38	33	82
7	镍	7440-02-0	150	900	600	2 000

根据 2018 年 8 月 1 日肇庆市城乡规划局鼎湖分局作出的《关于核实桂城狗头岗土地利用类型的复函》，案发场地属于景观用地，依法属于第二类用地，执行如上基线标准。因此本案的《报告》所援引的两份推荐性标准的基线值也应当随之变动，旧版基线值的效力已经终止。该次评估继续援引旧版基线标准值显然是不合理且没有现实意义的。而且按照最新的《土壤环境质量标准》，固体废物检测样品中的 Q7 总镍检测值 263 mg/kg 也远远达不到 900 mg/kg 的风险筛选值，不可能超过该应然基线的 20%。所以，根据"从旧兼从轻"有利于当事人的刑法追诉原则，在新的《土壤环境质量标准》的前提下，本案的固体废物重金属土壤污染没有达到应然的基线标准，更不可能超过基线的 20%，不满足能够确认为环境损害的条件，所以本案不可能构成刑事犯罪。

二、涉案污染物处置行为给涉案区域水环境带来的重金属类的特征污染物的浓度也未超过应然基线的 20%，不构成环境损害即不可能达到污染环境罪的入罪标准

《报告》第 35 页 5.3.2"基线确定"部分载明，"本次事件中，固体废物、水体及土壤主要参考《城镇污水处理厂污泥处置园林绿化用泥质》（GB/T 23486—2009）和《城镇污水处理厂污泥处置混合填埋用泥质》（GB/T 23485—2009）、《地表水质量标准》（GB 3838—2002）Ⅳ类标准、《土壤环境质量建设用地土壤污染风险管控标准（试行）》（GB 36600—2018）等相关限值标准作为基线"。在该《报告》的 5.3.3"损害确认"部分显示，"倾倒的固体废物主要污染物（主要为镍）浓度超过基线 20% 以上，而倾倒固体废物产生的渗滤液，渗滤液的主要污染物（主要为镍、锌、化学需氧量、总磷、氨氮）浓度超过基线 20%"以上。据此该《报告》作出确认倾倒、处置行为造成环境损害的结论。但本律师分析后发现该结论明显有误。具体如下：

第一，关于倾倒物产生少量的渗滤液检测到重金属污染物浓度超过基线 20% 的结论。该结论的基础依据系对人工挖掘的"渗滤液样品"进行的检测。众所周知，渗滤液是垃圾在堆放和填埋过程中由于压实、发酵等生物化学降解作用，同时在降水和地下水的渗流作用下产生了一种高浓度的有机或无机成分的液体，系自然因素渗出而并非通过人工挖掘取出的液体。因此所检测的"渗滤液样品"不具有代表性，不能反映真实的污染情形。鉴于此样品作出的污染定性结论显然是不准确和不合理的。

第二，即便所选取的渗滤液样品 W3 能够真实反映环境污染的真实水平，按照上文提到的该《报告》自身确定所采用的水污染评估基线标准——《地表水质量标准》（GB 3838—2002）Ⅳ类标准进行分析后可发现，针对水污染检测的重金属成分等指标中，镍、铅、镉、铜、六价铬均低于标准限值。唯一一个超过限值的锌，其检测值为 234 mg/kg，对比《地表水质量标准》（GB 3838—2002）Ⅳ类标准的 200 mg/kg 标准限值，其超标率也仅为 17%，并未达到能够确认为环境损害的情形即超过基线标准的 20%。据此，涉案物处置行为带来的重金属对水环境的影响不能确认为造成了环境损害，而污染环境罪是规范严重污染环境的行为，这种情形很显然不构成刑事犯罪。

三、水污染项目的检测中，空白对照样品——背景样品的选取不合理。其余两个样品选取也没有考虑周边养猪场排泄物带来的水污染的不利影响，"环境本底"调查不准确，所得数据与结论不真实，不能作为刑事证据

《报告》第 15 页中载明，"在固体废物倾倒处约 1 km 明显不受污染的上游水体设置一个背景对照样品"。可知，其用以对照的样品采用的是 1 km 以外的干净水体。而实际上这与本案案发场地的矿坑且周边存有两个猪场排泄物影响的水体完全非同一现场，并非同一水体，显然无关联性或关联性不明。根据《水环境监测技术规范》（SL 219—2013）采样 3.2.6.10，"每批水样，应选择部分项目加采现场平行样、制备现场空白样品，与样品一同送实验室分析"。根据该规定可知，采取空白对照样品也需要现场的空白样品。而此案水污染检测中空白样品的选取不具有现场的同一性，两者完全是独立的水体，所以这种背景样品的选取是不合理的，对比得出的污染倍数显然也没有现实意义。

更为重要的是，《报告》中关于水污染的重金属影响评价采用背景样品与正常样品检测数据对比分析的方式来论证本案件固体废物处置行为造成的水体环境损害，属自相矛盾。因为《报告》中已经明确了评估基线标准即《地表水质量标准》（GB 3838—2002）Ⅳ类标准，据此，正常的论证逻辑应当是检测规范采取的现场样品的重金属含量，并与该基线标准的限值进行对比分析，判断是否达到基线或者超过基线的 20% 即达到能够确认为环境损害的入罪限值。而且，《报告》也没有表明为何在约 1 km 处附近选取背景样品而并非 0.5 或 2 km 处，背景样品的物质含量存在很大的不确定性，具有很大的偶然性、随意性。所以本报告中检测出来的 1 km 处的独立背景水样相关检测数据对于犯罪构成完全没有任何意义。

最后，现场实地考察可知，案发场地周边存在两个养猪场，而水样的选取点北部水沟和西部水沟均有养猪场的排泄物。这一事实与当时当事人选取这一废弃矿坑处置碳基质时的证人证言可以印证。之所以选择在这一地点倾倒、处置，实际上是该地方水污染严重以及废弃矿坑存在严重的污染，而在此实施覆土复绿工程。因此检测水污染成分时，应当将两个养猪场的排泄物影响考虑在内，而实际上该次检测报告完全忽略了其影响，环境本底调查不清楚，所以采取的样品不能反映真实的污染水平，检测数据不能作为污染环境罪的定案证据。

四、环境污染损害价值的确定依法应为实际已经发生的、而非预计的、且完全不可能发生的损失

本案的《环境损害报告》第 41 页 5.6 "量化结论"中载明，"本次环境污染损害数额总计为 337.6 万元，其中生态环境恢复工程措施费用 291.6 万元，事务性费用 46 万元"。从表面上看，这些损失远远超过 30 万元的入刑标准。但是实际上根据《最高人民法院、最高人民检察院关于办理环境污染刑事案件适用法律若干问题的解释》第十七条第四款的规定，"本解释所称'公私财产损失'，包括实施刑法第三百三十八条、第三百三十九条规定的行为直接造成财产损毁、减少的实际价值，为防止污染扩大、消除污染而采取必要合理措施所产生的费用，以及处置突发环境事件的应急监测费用"。环境污染损害价值的确定应当以实际发生为原则，而非预先估计的费用为标准。因此对于生态环境恢复工程费用 291.6 万元的高额损失，在此案中不能作为刑事犯罪的证据，办案人员也不能主观上受此影响而先入为主地持有有罪推定的思想。

况且，该项费用属于清运工程费用，按照新实施的《土壤环境质量标准建设用地土壤风险管控标准（试行）》中的相关基准，涉案的碳基质对土壤没有《最高人民法院、最高人民检察院关于办理环境污染刑事案件适用法律若干问题的解释》中第十五条第三款所规定的重金属污染风险。鉴于此，且结合当事人产出的碳基质本身已多次用于其他公司的园林绿化、矿山复绿项目，因此清运工程实施的必要性完全不存在，其已经达到了废弃矿山修复标准的要求。而且，根据《矿山地质环境保护规定》第六条的规定，"国家鼓励企业、社会团体或者个人投资，对已关闭或者废弃矿山的地质环境进行治理恢复"。所以作为国家鼓励性的修复废弃矿山行为，在达到土壤质量标准的基础上，不应随意否定。据此，这项清运工程没必要实施、费用也不应产生，否则恢复到废弃石场后，仍然需要开展环境修复，这只会加重政府对于废弃矿山的修复责任。

五、本案犯罪嫌疑人自愿将自己的产品用于涉案废弃矿山的环境治理，未违反任何法律强制性规定，无有不妥，反而是应予鼓励的行为

任何环境污染案件，必须围绕其可能被污染的环境本底作为是否判定污染环境的依据。本案涉及的"水坑—石场"所在地的环境本底是一处矿山采空地，该矿山于 2009 年前后由当地政府停发开采许可证，但当地政府并未依法行政，未要求原矿主或政府投资进行废弃矿山环境治理，至今仍可在本案填土复绿地块北部见其废弃之矿山裸露石头、荒山。根据《矿山地质环境保护管理规定》第十七条的规定，"矿山地质环境治理恢复责任人灭失的，由矿山所在地的市、县国土资源行政主管部门，使用经市、县人民政府批准设立的政府专项资金进行治理恢复"。案发区域属于废弃矿山，依法应由当地国土资源行政主管部门恢复治理，而本案国土资源部门长期不作为已经违反了法律规定。

具体到嫌疑人的处置行为，根据自然资源部颁布的《矿山地质环境保护管理规定》第六条的规定，"国家鼓励企业、社会团体或者个人投资，对已关闭或者废弃矿山的地质环境进行治理恢复"，可知，个人的矿山修复行为具备合法性基础。而且从笔录等证据资料中可以相互印证的是本案犯罪嫌疑人的处置行为主观目的之一就是进行矿山复绿的环境修复行为，主观上具有合理性。因此从主客观两个方面，本案的处置行为非但不具备社会危害性，反而是有益的，是自发地帮助政府完成矿山修复治理任务，属于法律鼓励类的行为。

六、《报告》应予重新进行的程序性理由

1. 广东省环境科学研究院（AES）已不具备环境损害司法鉴定资格，由其作出《报告》已不合法。司法部、生态环境部联合发布《环境损害司法鉴定机构登记评审办法》，并在广东省确立四家符合要求的环境司法鉴定机构之后，广东省环境科学研究院（AES）这一科研机构就不再具有正式的司法鉴定资格，其下属广东省环境科学研究院（AES）环境损害司法鉴定中心才具有国家法定认可的相关资格。而《报告》所盖公章为广东省环境科学研究院（AES）技术专用章，不是鉴定中心章，从形式上不能判定是鉴定中心所作《报告》。

2.《报告》未明确是由哪两位或以上司法鉴定执业人员完成（包括执业人员司法鉴定执业类别），未附其司法鉴定执业证书以证明其合法性、证明《报告》确由有资质司法鉴定人员提供，《报告》明确缺乏要件，只能推定其并非由合资质人员提供，《报告》或可作为科研论文，但是否司法鉴定文件，无证据证明。

3.《报告》中多次明确写道，有"前期调查资料和访谈"佐证其中推断情况，但整个《报告》未见所附任何前期调查资料和访谈记录，亦只能推定其并无前期调查资料和访谈，所有推断情况都是主观臆断，其推断无合理性、来源无合法证明。

综上，本案侦查卷宗中所提交给贵院的证据存有以上重大缺陷，其直接影响到了案件行为是否入罪。因此恳请贵院予以重点参详，并请安排对涉案案情进行重新鉴定评估。

B. 针对已经发现的涉案生态环境损害评估报告存在的不合法问题，辩护方要求补充鉴定、重新鉴定，出具一份合法有效的报告，来更好地查清和认定案件事实。因此向公安部门和检察部门提交了《北京市盈科（广州）律师事务所关于肇庆某生态污染环境案申请开展生态环境损害补充鉴定的函》。具体如下：

北京市盈科（广州）律师事务所接受肇庆市 AT 公司污染环境案件的委托，本所代理律师经过研究后发现鼎湖分局于 2018 年委托广东省环境科学研究院（AES）提供的《肇庆市鼎湖区桂城街道水坑狗头岗固体废物倾倒事件环境损害鉴定评估报告》（以下简称《环境损害鉴定评估报告》）存在明显错误，为了本案能依法公正解决，我方特此申请对公安机关怀疑的涉案倾倒行为可能导致的生态环境损害进行重新鉴定评估。具体事由如下：

涉案《环境损害鉴定评估报告》中对于涉案场地的环境质量基线的确定适用标准错误，所选用的两个推荐性标准并非环境质量标准。

涉案《环境损害鉴定评估报告》第 35 页，5.3.2 "基线确定"部分载明，"本次事件中，固体废物、水体及土壤主要参考《城镇污水处理厂污泥处置园林绿化用泥质》（GB/T 23486—2009）、《城镇污水处理厂污泥处置混合填埋用泥质》（GB/T 23485—2009）、《地表水质量标准》（GB 3838—2002）Ⅳ类标准、《土壤环境质量建设用地土壤污染风险管控标准（试行）》（GB 36600—2018）等相关限制标准作为基线"。

生态环境损害的评估及基线确定应当依据环境质量标准来确定，如《地表水质量标准》（GB 3838—2002）、《土壤环境质量建设用地土壤污染风险管控标准（试行）》（GB 36600—2018）等环境质量标准。而涉案《环境损害鉴定评估报告》中却采取了两个非环境质量标准来确定基线，这种确认方法违反了环境保护部于 2016 年发布的《生态环境损害鉴定评估技术指南总纲》第 1 页"规范性引用文件"和第 5 页"生态环境损害调查确认 5.2.1 基线的确定方法"的规定。基线确定方法如图 2-2 所示：

5.2.1 基线的确定方法包括：

a) 利用污染环境或破坏生态行为发生前评估区域近三年内的历史数据确定基线，数据来源包括历史监测、专项调查、学术研究等反映生态环境质量状况的历史数据；

b) 利用未受污染环境或破坏生态行为影响的相似现场数据确定基线，即"对照区域"数据。"对照区域"应与评估区域的生态环境特征、生态系统服务等具有可比性；

c) 利用模型确定基线。可考虑构建环境污染物浓度与种群密度、物种丰度等生态环境损害评价指标间的剂量-反应关系来确定基线；

d) 参考环境基准或国家和地方发布的环境质量标准，如 GB 3095、GB 3096、GB 3097、GB 3838、GB 10070、GB 11607、GB 15618 和 GB/T 14848 等确定基线。

5.2.2 当基线确定所需数据充分时，优先选择 5.2.1 a）和 5.2.1 b）确定基线，如果 5.2.1 a）和 5.2.1 b）不可行，可考虑选择 5.2.1 c）和 5.2.1 d）确定基线。当基线确定所需数据不充分时，可综合采用不同基线确定方法并相互验证。

图 2-2　生态环境损害调查基线确定方法

根据上图的内容可知，《生态环境损害鉴定评估技术指南总纲》已经明确了所参考的标准应当为环境基准或环境质量标准，而涉案的《环境损害鉴定评估报告》所采用的《城镇污水处理厂污泥处置园林绿化用泥质》（GB/T 23486—2009），城镇污水处理厂污泥处置混合填埋用泥质》（GB/T 23485—2009）两个推荐性标准，并非环境基准，也非环境质量标准。实际上，这两个标准仅为针对固体废物——泥质本身的各成分限制标准，而并非针对环境介质（土壤、水体、大气）中所含或所允许的特征污染物浓度或含量的标准。因此，其确定涉案场地环境基线所适用的标准违反法律规定，所作出的评估无效。

涉案倾倒行为没有造成环境污染，依照法律规定不需要进行修复，涉案《环境损害鉴定评估报告》中所确认的"清运措施及清运等费用"均没有法律依据。

本案中固体废物倾倒行为没有对水体造成污染（周边无水环境），也没有造成大气、噪声等污染。对于是否造成土壤环境污染，根据《生态环境损害鉴定评估技

术指南　总纲》中的评估标准确定规则，本案对于土壤污染的评估应当采用的是《土壤环境质量建设用地土壤污染风险管控标准（试行）》（GB 36600—2018）。而《土壤环境质量建设用地土壤污染风险管控标准（试行）》表 1 中所显示第二类用地镍的风险筛选值为 900 mg/kg，管制值为 2 000 mg/kg，见表 2-2：

表 2-2　建设用地土壤污染风险筛选值和管制值（基本项目）

单位：mg/kg

序号	污染物项目	CAS 编号	筛选值		管制值	
			第一类用地	第二类用地	第一类用地	第二类用地
重金属和无机物						
1	砷	7440-38-2	20[①]	60[①]	120	140
2	镉	7440-43-9	20	65	47	172
3	铬（六价）	18540-29-9	3.0	5.7	30	78
4	铜	7440-50-8	2 000	18 000	8 000	36 000
5	铅	7439-92-1	400	800	800	2 500
6	汞	7439-97-6	8	38	33	82
7	镍	7440-02-0	150	900	600	2 000

根据《环境损害鉴定评估报告》，涉案倾倒废物镍含量检测数据显示最高的数值也只有 263 mg/kg，远远低于建设用地土壤污染风险筛选值。而《土壤环境质量建设用地土壤污染风险管控标准（试行）第 2 页，关于风险筛选值和管制值的定义，如图 2-3 所示：

3.4
建设用地土壤污染风险筛选值 risk screening values for soil contamination of development land
　　指在特定土地利用方式下，建设用地土壤中污染物含量等于或者低于该值的，对人体健康的风险可以忽略；超过该值的，对人体健康可能存在风险，应当开展进一步的详细调查和风险评估，确定具体污染范围和风险水平。

3.5
建设用地土壤污染风险管制值 risk intervention values for soil contamination of development land
　　指在特定土地利用方式下，建设用地土壤中污染物含量超过该值的，对人体健康通常存在不可接受风险，应当采取风险管控或修复措施。

图 2-3　风险筛选值和管制值定义

　　根据以上定义及规定可知，建设用地土壤中污染物含量等于或低于该值的，对人体健康的风险可以忽略，不需要进行生态环境修复。对于建设用地土壤污染物含量超过风险管制值的，应当采取风险管控或修复措施。具体到本案中，涉案场地土壤中检测到的镍也仅仅为 263 mg/kg，远远低于风险筛选值，因此依法律规定不需要开展生态环境修复。对于《环境损害鉴定评估报告》中讲到的清运措施及相关清运费用没有法律依据。若以清运费用等计算公司财产损失作为定罪依据，将违背刑法的谦抑性原则，扩大了刑法的打击面。

　　综上，涉案的《环境损害鉴定评估报告》存在基线确定等重大错误，鉴定评估报告所依据的基础法律规定或标准不符合法律规定，不具备法律效力。因此特申请开展补充鉴定，出具合法的鉴定评估报告，助力案件依法公正解决。

　　C. 对于办案部门拒绝了我方重新鉴定的要求，我方要求其官方释疑，解释清楚涉案生态环境损害评估报告存在的瑕疵，以期让案件事实清晰。提交了《北京市盈科（广州）律师事务所关于函请肇庆 AT 公司案司法鉴定报告单位对涉案报告给予细化说明的事项、事由的函》。内容如下：

肇庆市鼎湖区人民检察院：

　　现根据案情需要，就肇庆 AT 公司案，请转函至该案司法鉴定报告单位广东省环境科学研究院（AES）环境损害司法鉴定中心，就其出具的《环境损害评估报告》中的以下细节，再请细化说明，致函如下：

　　分别为哪些检测点位的哪种污染物指标超过哪一个环境基线标准的 20% 以上，其中哪种污染物指标是本案特征污染物指标；

　　《环境损害鉴定评估报告》（以下简称《报告》）中对渗滤液的表述均为"少量"，可否明确下，根据现场调查观测，少量具体是多少，比如大约多少升；

　　可否明确细化下《报告》中确定的生态环境恢复方案的总体目标，是达到哪一个环境基线水平，即生态环境恢复至哪一个基线水平，请明确至具体标准和其中的具体指标，如土壤、水的什么标准，或者什么特征污染物指标；

　　从《报告》反映的生态环境恢复方法，似是异位修复法，可否从专家角度考虑在产生新的环境背景情况的基础上，即假设环境背景是废弃石场采空点的情况下，考虑原位修复方法，可否对涉案场地环境更有利，或者修复更经济。如可，专家建议的原位修复措施可怎样做。

函请具体原因：

《报告》第 35 页 "5.3.3 损害确认" 中，对环境损害确认只有 100 余字的小段文字予以陈述，确实语焉不详，不能明白是哪个污染物指标超过了哪一个环境基准标准，也需明确哪个污染物指标是特征污染物指标（可否单列一个具体的对照或计算表格），另也包括 "少量" 滤渗液之事，"少量" 具体可预估或目测多少。

贵院取得的第一次退侦案卷材料显示，现有部分新证据可印证涉案场地原是采空区，依据国务院《土地复垦条例》等规定属于应予土地复垦、复绿的区域，原现场土壤贫瘠、有石化情况。消纳碳基质并覆其他土质后，肇庆 AT 公司已按做过的矿山复垦复绿工程在覆土上种草植树，现在长势好（氮磷钾肥料含量高），已实现复绿，且已有当地村民在树间种植红薯。

如《报告》反映的生态环境恢复方法是异位修复法，本案所涉不是危险废物，其异位修复的成本可能相对高昂，异位清空后现场仍需进行复垦复绿的环境友好措施。根据上述所获新的涉案场所原环境背景信息，能否请鉴定机构的专家从备选方案中考虑原位修复方法的可能性，以达到风险管控要求为目的，进行原位修复。

D. 公安侦查阶段，所提交公诉的证据不足，被检察院退侦。退侦期间重新获得了部分证据材料，辩护律师对于退侦期间的新证据材料，及时提交辩护意见，对新证据材料进行质证，同时反映我方所掌握的案件新情况——北京市盈科（广州）律师事务所关于对肇庆 AT 公司案一次退侦后情况的相应法律意见函。具体如下：

根据一次退侦后肇庆市公安局鼎湖区分局形成的补充案卷材料等新情况，作为肇庆 AT 公司案牟某同志的辩护律师，现寄来肇庆 AT 公司委托第三方法定 CMA 认证的广州质量监督检测研究院进行的《监测报告》等，并汇总如下新的法律意见，谨请参考决策。

一、肇庆市公安局鼎湖区分局的补侦材料中，新反映两个重要事实：涉案现场环境背景为采空区，其原有地质环境劣于现状；涉案现场周边环境中明确有猪场等可能污染源。

二、肇庆 AT 公司新提供的《监测报告》显示，侦查机关认为是污染源的碳基质产品的重金属镍含量达到标准要求，综合上述有猪场等其他污染源的新情况，辩护律师依法认为，本案因果关系判定中，唯一可能性判定的重大问题，不能确定。

三、本案侦查机关至今缺乏示踪试验证据，即没有进行污染源源头取样检测分析取证，无客观证据证明涉案场地污染源就是肇庆 AT 公司，特征污染物是否同一物、具有同一性。现提供了相反证据对此提出质疑，故建议二次退侦，请侦查机关委托第三方有 CMA 资质的机构对肇庆 AT 公司的涉案碳基质产品质量中重金属指标进行专业性补强认定，这恐怕也是最有效、最有针对性的侦查办法。

四、由于在广东省环境科学研究院（AES）环境损害司法鉴定中心出具的《环境损害鉴定评估报告》中，出现两个以上指标不一的环境基线标准等问题，请侦查机关向该院函请，在出现新的补充证据材料的情况下，直接明确本案适用哪一个环境基线标准（因不可能一个案件的判断适用两个高低不一的标准数值），以及其他几个关键细节问题（此点，辩护律师另附了函件详细说明函请事项、原由）。

五、请侦查机关向鼎湖区国土资源局调取涉案的水坑一石场原《采矿许可证》复制件，证件上有明确的经纬坐标位置，并请侦查机关补充明确涉案现场的经纬坐标位置。

详细如下：

一、证人陈某的证人证言明确，涉案碳基质土地利用地点原为采矿采空点，是环境背景调查的重要内容。

根据生态环境部《生态环境损害鉴定评估技术指南　总纲》和广东省生态环境厅《生态环境损害鉴定评估方法》的规定，"生态环境基线"调查，即"污染环境、破坏生态行为未发生时，评估区域内生态环境及其生态系统服务的状态"的调查，属于生态环境损害鉴定评估的重要内容。

肇庆市公安局鼎湖区分局即侦查机关移至贵院的材料中，于 2018 年 12 月 19 日制作的附近养猪场主证人陈某先生《询问笔录》中，第 2 页（《刑事侦查卷宗补充卷》第 53 页）明确："问：狗头岗是不是石场？答：不是，原来在 30 年前是一个采泥点，后来都没有用了。"

同案人黎某先生在其 2018 年 7 月 2 日的《询问笔录》第 5 页（《刑事侦查宗卷证据一卷》第 115 页）中陈述："我看到当时是一个废弃石场，分三四级"，第

5 页（《刑事侦查宗卷证据一卷》第 116 页）中陈述："运输前我去看过，当时该地点原为废弃石场，旁边裸露土地，没有植物，适合存放。"在以后的多份《讯问笔录》中均陈述稳定，均为前述情况，如其 2018 年 7 月 3 日的《讯问笔录》第 7 页（《刑事侦查宗卷证据一卷》第 124 页）明确："问：荣兴花木场和荣发花木场将采购的碳基质运送到何处作何用途？答：当时运输车队的谢伟芬说荣兴花木场是将采购的碳基质运送到鼎湖桂城九头岗废置的石场用作复绿。"

根据生态环境部《生态环境损害鉴定评估技术指南土壤与地下水》6.3 条款的规定，"土壤生态服务功能调查"，即"通过查找土地利用类型图、国土规划资料等方式获取土地使用历史、当前土地利用状况、未来土地利用规划等信息，确定土壤损害发生前、损害期间、恢复期间评估区的土地利用类型，如耕地、园地、林地、草地、商服用地、住宅用地、工矿仓储用地、特殊用地（如旅游景点、自然保护区）等类型"，也是必要的。

根据广东省环境科学研究院（AES）引用的《城镇污水处理厂污泥处置园林绿化用泥质》之推荐性标准（GB/T 23486—2009）之第 3 条"术语与定义"的规定，"污泥处置：污泥处理后的消纳过程，一般包括土地利用、填埋、建筑材料利用和焚烧等"，土地利用是污泥处理后的产品之碳基质消纳过程（即"处置"）的法定方式之一，即土地利用是污泥的合法处置方式，如本案涉及的废弃矿点土地复垦复绿。

肇庆 AT 公司已在广东承接完成多个土地复垦工程，以往多为此种工程方式，均通过当地环保部门环境影响评价。如所附《碳基质营养土对贫瘠赤红壤改良项目建设项目环境影响评价表》中显示，"亩施用碳基质营养土约为 222 方/333 方"等；《大旺恒运石场项目土地复垦复绿一期工程建设项目环境影响报告表》中显示，大旺恒运石场废弃地复垦复绿碳基质营养土覆盖面积 6 万 m^2，碳基质营养土使用吨数为 3.1 万 t，数量远超涉案水坑一石场用量（如属犯罪行为，是否同应查处）。

二、证人官某、陈某的证人证言明确周边环境有养猪场存在——在判定环境变化因果关系中，属于应调查的污染源范围。

于 2018 年 12 月 19 日制作的证人、当地村民官某先生《询问笔录》中，第 2 页（补充卷第 50 页）明确："问：附近是否有猪场？答：原来附近有猪场，但猪场的水和猪屎等物品是不会到狗头岗的。"

于 2018 年 12 月 19 日制作的附近养猪场主（也是当地村委支部书记）证人陈某先生《询问笔录》中，第 2 页（补充卷第 53 页）明确："问：狗头岗附近是否还有其他猪场？答：狗头岗有一个猪场，是市畜牧局的猪场，2014 年之后就停产了。"

《生态环境损害鉴定评估技术指南　总纲》第 6 条"因果关系分析"中明确，"污染环境行为与生态环境损害间因果关系分析的主要内容包括环境污染物（污染源、环境介质、生物）的同源性分析"，广东省生态环境厅《生态环境损害鉴定评估方法》中，也有相同内容要求。

因此，如果本案涉案环境现场有其他污染源的话，则其环境变化的因果关系判定，将无法避免存在其他可能性，至少不是唯一性。

三、涉案人黎某先生在其 2018 年 7 月 2 日的《询问笔录》第 5 页（《刑事侦查宗卷证据一卷》第 115 页）中陈述："碳基质来源于我公司 A 区车间"，故肇庆 AT 公司于 2018 年 12 月委托广东省质监局下属广州质量监督检测研究院进行了现场取样监测。

其出具的《监测报告》明确，肇庆 AT 公司被封存的涉案仓库 A 区内的（进行了坐标定位）碳基质产品重金属镍含量在 80～144 mg/kg 之间，未超过《环境损害鉴定评估报告》中所指两推荐性泥质产品标准所确定的 200 mg/kg 的限值（《监测报告》已附后）。

上述事实可以说明《环境损害鉴定评估报告》如以产品标准作为环境基线标准，一是与环境损害评价目的不相关（案件焦点不是产品质量问题，虽然相关），二是会出现明显的结论矛盾——同样是权威 CMA 认证机构，同样是依法采样检测，非送样检测，结论却不一。

故，请二次退侦时，侦查方向之一，宜依法聘请第三方有 CMA 资质的机构，对肇庆 AT 公司的涉案碳基质产品质量中重金属指标，进行独立的、专业性补强认定，以证明本案确属无犯罪事实。

四、涉案公司的负责人及同案人一直陈述涉案地点是水坑一石场，原为废弃采矿点，他们的行为动机在于选择可实施矿山土地复垦的区域处置碳基质。如前所述，土地利用是污泥产品的合法处置方式。

辩护律师在一次退侦时，建议侦查机关向属地矿管行政部门调取涉案水坑一石场的原《采矿许可证》，以便通过准确的经纬坐标数值，客观证明嫌疑人等所述废弃采矿点与水坑一石场是否同一地点，如是，则可明确此案确属无犯罪事实（涉案行为是对废弃矿点的环境改良行为）。

五、关于向广东省环境科学研究院（AES）函请，要求直接明确环境基线到底适用两个不一标准中的哪一个的问题，在《环境损害评估报告》第35页"5.3.2基线确定"一节中，报告指出适用两个推荐性的泥质产品标准，以及强制性环境质量标准之《土壤环境质量标准》和《地表水质量标准》。

> 本次事件中，固体废物、水体及土壤主要参考《城镇污水处理厂污泥处置园林绿化用泥质》(GB/T 23486-2009)、《城镇污水处理厂污泥处置混合填埋用泥质》(GB/T 23485-2009)、《地表水质量标准》（GB 3838-2002）Ⅳ类标准、《土壤环境质量 建设用地土壤污染风险管控标准（试行）》（GB36600—2018)等相关限值标准作为基线。

图 2-4　环境损害评估报告基线确定

（以上截图来自《环境损害评估报告》中第35页"5.3.2基线确定"一节）

显然，以固体废物在涉案现场的评价为例，如果适用产品标准，即涉案特征污染物镍指标为 200 mg/kg，如果适用《土壤环境质量标准》，则其指标为 600 mg/kg 或 2 000 mg/kg。而以地表水评价为例，采用《地表水质量标准》，特征污染物镍、锌的浓度均未超过 20%，达不到环境损害确认的标准。

其他商请广东省环境科学研究院（AES）应予明确说明的事项、原由，详见同时发来的函件《关于函请肇庆 AT 公司案司法鉴定报告单位对涉案报告给予细化说明的事项、事由的函》[附：①广州质量监督检测研究院《监测报告》；②《碳基质营养土对贫瘠赤红壤改良项目建设项目环境影响评价表》（前 7 页）；③《大旺恒运石场项目土地复垦复绿一期工程建设项目环境影响报告表》（前 7 页）]。

E. 检察院起诉后，辩护律师尝试取保候审，并提交了《关于提高政治站位实事求是依法对牟某变更强制措施的申请书》。

申请事项：申请对牟某变更强制措施为取保候审。

事实与理由：

被告人牟某，因涉嫌污染环境罪于 2018 年 7 月 5 日被肇庆市公安局鼎湖分局刑事拘留，2018 年 8 月 10 日被执行逮捕，现被羁押在肇庆市看守所，2019 年 2 月由鼎湖区人民检察院向贵院递交起诉书。

申请人依据《刑事诉讼法》第九十七条之规定提出取保候审申请，经会见、详细阅卷，申请人认为嫌疑人牟某不具有《关于逮捕社会危险性条件若干问题的规定》第五条至第九条规定的危险情形，对其变更强制措施不具有社会危险性。

1. 目前牟某担任董事长的民营企业 AT 公司，因牟某被不当长期羁押，公司被迫停产、员工纷纷弥散并提起解除劳动合同纠纷，直接导致大额债权债务问题，公司濒临破产，其中包括银行提前催还贷，也包括大量合法投资者利益遭受影响，其中也包括原深圳市委书记、海南省首任省长梁 X 同志之子梁 J 与香港蚬华集团共同投资于该公司的 1 000 多万元，而后者是江泽民同志为公司名题字的国家重点支持港资企业。

2. 习近平总书记在民营企业座谈会上已有"提振民营企业家信心"的明确指示。对无危险性的、涉嫌非暴力类型犯罪行为的科技型民营企业家（附件：2013 年广东省科技进步一等奖获得者证书，广东省人民政府颁，系广东省科技最高奖）牟某，在已全案陈述案情事实且全部证据已经固定的情况下，在广州等地以较高政治站位将多名企业主要负责人取保候审、便利主持企业工作的案例下，在 2018 年肇庆市鼎湖区 GDP 总量垫底、增速倒数第二（比肇庆市 GDP 增速 6.6% 低两个整点）、就业形势异常严峻的不利局面下，鼎湖区需要向上汇报做一个典型，以解决就业、维护稳定、改善民生，以增强鼎湖民营企业家信心、改善营商环境。

3. 牟某上有 80 多岁的父亲、母亲，中有罹患间歇性精神病的亲弟弟，需要他这个一家之主照顾——现在，鼎湖区委区政府同意了公司转移涉案物质的清运方案，但让一个女人即牟某的太太担任总责任人，在此情况下，其太太要承受多么大的压力！作为对行业、技术最为专业的人员，牟某本人需要承担筹资、技术与安全把关等重大责任，不当羁押对于事情的处理，有大害而或存小利。对于其家人、家庭是无人道的，对于社会治理、环境管理是无显益的。

4. 依法对牟某改变强制措施，明显符合法律强制性规定。

具体理据如下：

（一）牟某没有实施新的犯罪的可能。

（1）牟某人身危险性极低。依据本案牟某的讯问笔录及户籍信息资料可证实，牟某案发前没有任何违法犯罪前科，接受过华南理工大学高等教育，有较高的素养，有较为清晰的家庭与社会关系，父亲也是佛山市离退休高级干部，平时无赌博、吸毒等恶习，无暴力倾向，待人友善，在广州有固定住所和稳定收入，人身危险性较低。

（2）牟某再犯的可能性较小。牟某 2014 年创办的 AT 公司经营至今，已具备较大的规模，已办成广州、肇庆两地城市市政污水处理厂污泥处置运营环链上不可或缺的龙头企业之一。牟某被采取强制措施后要求 AT 公司立即停止污泥接收的业务，积极配合公安机关调取公司账本、出货记录等全部公司经营材料，说明其主观上没有逃避侦查的想法，自愿配合调查，再犯的可能性较小。

（二）牟某的行为不存在危害国家公共安全或社会秩序的现实危险。

本案牟某被指控的是污染环境罪，系非暴力性犯罪，公司对废弃矿山、裸露山体山坑利用碳基质进行复绿没有提前告知相关部门，只对社会管理秩序存在一定影响，但行为目的、行为过程、行为结果均不属于严重危害社会公共安全和生态安全的危险行为或犯罪行为。同时，依本案证据《肇庆市鼎湖区街道水坑狗头岗固体废物倾倒事件环境损害评估报告》（以下简称《评估报告》）显示，重金属含量等重点关注指标达到土壤质量法定标准和土地复垦质量控制标准，且涉案地点狗头岗位置偏远，对居民生活没有造成实质影响，更没有造成人员伤亡或引起重大事故发生，涉案固体废物倾倒前系经科学处理，对周边生态环境亦没有造成实质破坏。

对于此类法定犯类型、而非自然犯类型，任何未经审判确定有罪者都不应被违法剥夺人身自由。

（三）牟某没有毁灭、伪造证据，没有干扰证人或串供的可能。

本案事实已查清，牟某到案后如实陈述自身事件经过，亦积极配合侦查机关收集相关证据，现客观证据已全部收集固定，牟某没有毁灭、伪造的可能。本案证人已全部到案说明情况，证人也稳定陈述相关人员的参与程度及所起作用，与涉案人员的笔录亦能印证，牟某不存在干扰证人作证或串供的必要。

（四）牟某具备稳定的保证条件。牟某家属愿以保证人或保证金方式为牟某提供担保，并保证牟某配合办案单位工作，监督其及时到相关办案机关报到、遵守取保候审期间的规定。

（五）企业急需牟某主持经营。AT 公司于 2013 年在肇庆市成立运营至今，现今有企业员工数百人，企业背后承载数百个员工家庭的生活压力，而牟某在公司起到主要运营方向决策、资源调整配置的作用，一旦长期缺位，企业将难以为继，恳请贵院从善后企业员工生存问题着重考虑对牟某取保候审。同时，AT 公司案发前主要处置广州、肇庆等地数个污水处理厂的污泥，本案发生后公司已暂停接收，已经导致数个污水处理厂的污泥处置陷入困境。

（六）本案现有证据、特别是《环境损害鉴定评估报告》，不能有效证明 AT 公司、牟某等污染环境罪名确凿成立，相关数据恰恰反映了其重金属含量未超过国家强制性标准，未达到环境损害评估的基线基准要求（未有特征污染物超标 20% 以上）。继续关押确有造成进一步延长不应当关押期限的可能性（对该《报告》的详细质证意见已于 2018 年 10 月底提交检察院）。现在，该公司已启动了经法定程序、法定机关同意的自主清运方案，依法不会给公私财产造成重大损失，该案即使定案罪名成立，依法从轻减轻处理的法定依据也已进一步充足，长期羁押实无必要，反之则有益。

（七）从习近平总书记在 2018 年 11 月 1 日召开的民营企业家座谈会传递的会议精神看，我们需要进一步提升各地法治化营商环境水平，大力支持民营企业发展壮大，落实好保护企业家人身和财产安全措施，落实好"不羁押为主、羁押为特例"的现代司法惯例，即使是对民营企业历史上有过一些不规范的行为，要以发展的眼光看问题，要让企业家卸下思想包袱，轻装上阵，严格执行罪刑法定、疑罪从无的原则。

同时，生态环境部部长李干杰在 2018 年 10 月 27 日召开的全国生态环境系统专题警示教育大会上说，要坚决反对"一律关停""先停再说"等敷衍应对做法，坚决避免以生态环境为借口紧急停工停业停产等简单粗暴行为，坚决遏止假借生态环境等名义开展违法违规活动。

《最高人民检察院关于充分履行检察职能加强产权司法保护的意见》第二条第（五）项规定，对于涉嫌犯罪的各类产权主体主动配合调查，认罪态度好，犯罪情节较轻，且没有社会危险性的，一律不采取拘留、逮捕、指定居所监视居住等强制措施。从国家政策层面来说，对非暴力犯罪的民营企业家，应当坚持能不关则不关，以促进企业正常化运营，以利就业、企业创税、社会稳定。广东省委、省政府、各级司法机关均因此出台了大量指导文件。

　　综上所述，对犯罪嫌疑人牟某采取取保候审措施，既不会妨碍本案诉讼程序的正常进行，同时可以维持家庭、公司正常运作，符合《刑事诉讼法》取保候审的有关规定。如办案机关批准对犯罪嫌疑人牟某取保候审，申请人将告诫牟某遵守取保候审的相关规定，随传随到，并告诫保证人认真履行监督和报告义务，积极配合贵院。

　　故恳请贵院，依法站高政治站位，落实中共中央一系列正确要求、指示，采纳申请意见为荷。

　　F. 案件办理过程中，由于该案倾倒污泥涉及污染地表水和地下水，水务部门要求我方承担清运费用或者自行清运，以消除对周边环境的污染。对此，辩护律师建议当事人自行清运，并编制了《肇庆 AT 节能设备有限公司关于鼎湖区桂城街道水坑碳基质及其覆土混合物清运处理详细方案》，具体如下：

　　贵局本月 11 日下发的通知书，我肇庆 AT 节能设备有限公司已收悉、回函并附《清运处置方案》，因涉及诸多法律法规以及案件仍在审理中，且对相关案件性质未判决，为配合政府进一步搞好环保工作，我公司愿意自行清运处理涉案碳基质及其覆土混合物。现就详细的清运处理方案补充如下：

　　一、清运过程：时间为相关部门同意后 45 天之内。

　　1. 在水坑狗头岗现场，用钩机将覆土扒开，将涉案物质挖出装车，每装 1 车用水印拍照，每车 3 张，车辆正面 1 张，车尾 1 张，装车时刻 1 张。

　　2. 将涉案物质运回我公司工厂，在工厂内过地磅。每车水印拍照 2 张，过地磅 1 张，卸车时刻 1 张。

　　3. 欢迎贵局及相关职能部门安排人员进行现场监督，包括监督开展清运后的验收，验收报告报贵局备案、备查。

　　二、工厂处理：

　　将从狗头岗运回的涉案物质进入工厂的发酵车间，使用经环评审批及验收的污泥处理工艺将其再次进行无害化、稳定化处理，使其达到我公司已向质监局报备的碳基质产品质量标准，并自愿承诺产品质量达到《城镇污水处理厂污泥处置土地改良用泥质》（GB/T 24600—2009）标准（非强制性推荐类国家标准）。我公司将符合标准的产品销售给相关的合同公司及花木场，全程执行 2018 年 11 月 29 日修订通过的《广东省固体废物污染环境防治条例》相关条例，我公司将严格跟踪相关单位的产品使用状况，并定期检测土壤理化性质变化，使其符合《土壤环境质量建设用地土壤污染风险管控标准（试行）》（GB 3600—2018）。

清运完结后狗头岗涉案现场处理：

由于该场地原来是废弃、裸露的采石场，清运完结后我公司会将场地整理。如果政府相关部门要求土地复垦、复绿，我公司将积极配合，5 天之内使用我公司符合《城镇污水处理厂污泥处置土地改良用泥质》标准的产品对涉案现场进行土壤改良，种植苗木复绿，并按照《土地复垦条例》、自然资源部《土地复垦质量控制标准》（TD/T 1036—2013）、《土壤环境质量建设用地土壤污染风险管控标准（试行）》（GB 3600—2018）进行工程质量验收和环境评价验收，并将验收报告报职能部门备案、备查。

G. 由于该案案情重大，办案机关依法应当向同级政法委报告，并接受监督，鉴于此，辩护律师提交了《关于向中共肇庆市鼎湖区委及同级政法委员会请示报告某环保公司重大案情的情况汇报》，要求办案部门接受政法部门的监督。核心内容如下：

关于贵法院、贵检察院正在受理的肇庆 AT 节能设备有限公司涉污染环境案（以下简称该案），因系本地区重大案情，现根据 2019 年施行的《中国共产党政法工作条例》第六章关于"请示报告"的规定，依规依纪向中共肇庆市鼎湖区委员会及同级政法委员会请示报告该案情况，报告如下：

1. 依据事实与证据，该案或构成行政案件但不构成刑事案件，也未达到环境污染损害赔偿的法定标准，上升为刑事案件并追加附带环境民事公益诉讼案件，不符合法定条件；

根据《中国共产党问责条例》《行政机关公务员处分条例》及《党政领导干部生态环境损害责任追究办法》等规定，生态环境案件升级过重、认定有"较大损失或重大损失""产生恶劣影响"，肇庆市委、市政府和鼎湖区委、区政府历任地方党政领导将被警告甚至严重警告处分、记过甚至记大过处分，级别职务多年不得提升甚至降低，办错案亦将受到相应问责、处分。

习近平总书记强调，"改革与法治是一体两翼、一车两轮"，生态文明改革亦是，"坚持证据裁判、罪刑法定原则、提高司法公信力"，正是司法体制改革的重要正确政治方向，故该重大案件，实有必要依法依规进行请示汇报，以利作出正确政治决策。

详细事由如下：

该案已进行行政处理，根据《土壤环境质量标准》《中华人民共和国标准化法》的规定，本案不属于刑事案件；根据生态环境部《生态环境损害鉴定评估技术指南　总纲》，特征污染物未超过环境基线标准20%以上的，不能确认生态环境损害；根据《土壤环境质量标准》，本案特征污染物未达到土壤风险管控值，依法不需进行环境修复，故当地并无管理失误造成重大损失的事实，依法不能升级为刑事案件和附带民事公益诉讼案件。

任何活动必须在法律的框架内进行，刑事活动亦为如此。上述事实的相关证据材料，已大量提交贵法院、贵检察院。报告人认为，该案中，目前侦查人员、检察人员将不可能发生的、实际也未发生的费用列入公私财产损失，而且高达300多万元，并将该案列为刑事案件并欲提起附带环境公益诉讼之重大影响案件，明显与《刑法》《生态环境损害鉴定评估技术指南　总纲》等大小法规规定不符，背离事实、背离法律。

2.《中国共产党问责条例》《行政机关公务员处分条例》《中国共产党纪律处分条例》及《党政领导干部生态环境损害责任追究办法》以及广东省的实施办法均明文规定，中共肇庆市委、市政府和鼎湖区委、区政府领导干部将可能因该案被错误地问责、处分，故该案应特别注意依法办理、避免办错。

《中国共产党问责条例》第六条明确，"党组织和党的领导干部违反党章和其他党内法规，不履行或者不正确履行职责，有下列情形之一的，应当予以问责：（一）党的领导弱化，党的理论和路线方针政策、党中央的决策部署没有得到有效贯彻落实，在推进经济建设、政治建设、文化建设、社会建设、生态文明建设中，或者在处置本地区本部门本单位发生的重大问题中领导不力，出现重大失误，给党的事业和人民利益造成严重损失，产生恶劣影响的"。《广东省党的问责工作实施办法》第七条明确，"党的领导弱化，有下列情形之一，出现重大失误，给党的事业和人民利益造成严重损失，产生恶劣影响的，应当予以问责……"

新《中国共产党纪律处分条例》第一百二十一条第一款规定，"工作中不负责任或者疏于管理，贯彻执行、检查督促落实上级决策部署不力，给党、国家和人民利益以及公共财产造成较大损失的，对直接责任者和领导责任者，给予警告或者严重警告处分；造成重大损失的，给予撤销党内职务、留党察看或者开除党籍处分"；该条第二款规定，"贯彻创新、协调、绿色、开放、共享的发展理念不力，对职责范围内的问题失察失责，造成较大损失或者重大损失的，从重或者加重处分"。

综上可知，该案一旦被错误认定构成刑事案件、被认定有较大或重大损失、产生恶劣影响，则肇庆市委市政府、鼎湖区委区政府领导同志必然将受到党纪政纪处分。根据现行《党政领导干部选拔任用工作条例》第二十三条、第五十九条的规定，受到党纪政纪处分的，职务级别、声誉在一定时期内必受影响（新的《党政领导干部选拔任用工作条例》即将公布）。

因此，该案的处理务必应服从证据、服从法律，坚守习近平总书记一再、一贯强调的"证据裁判原则、罪刑法定原则、疑罪从无原则、审判中心原则"，摒弃"道德判案、威权判案、粗放判案"。

3. 《中国共产党政法工作条例》第六章规定，该案属于应请示汇报的重大事项范围。

《中国共产党重大事项请示报告条例》即将公布。根据已经公布的、2019 年 1 月 13 日实施的《中国共产党政法工作条例》（以下简称《条例》）第六章第二十二条的规定，"县级以上地方党委政法委员会、政法单位党组（党委）每年应当向同级党委报告全面工作情况，遇有重要情况及时请示报告"；该《条例》第二条规定，"地方党委政法委员会参照上一级党委政法委员会有关规定，确定同级政法单位党组（党委）、下级党委政法委员会请示报告重大事项范围、内容和程序等"。而该《条例》第十九条规定，"中央政法委员会、中央政法单位党组（党委）应当及时向党中央报告以下事项：……（三）具有全国性影响的重大突发案（事）件重要进展和结果情况"，比照规定，具有地方性影响的重大案件的情况，属于地方政法单位党组（党委）汇报的重大事项范围。

新《中国共产党纪律处分条例》第五十四条规定，"不按照有关规定向组织请示、报告重大事项，情节较重的，给予警告或者严重警告处分；情节严重的，给予撤销党内职务或者留党察看处分"。

综上所述，作为该案担任辩护任务的两位中共党员律师，谨请贵法院、贵检察院党组成员，遵守政治纪律，严格依据上述规定，及时向同级党委和政法委报告该案事项。

H. 对于案件可能存在的政治干预，辩护律师依法依规，告知可能的行政干预者，晓以利害，以期摒除行政干预该案的定罪量刑。我辩护律师提交了《北京市盈科（广州）律师事务所关于贵区某环保公司案错误升级为刑事附带民事环境公益诉讼案件，或导致市委市政府、区委区政府领导党纪政纪重大处分的报告》，报告具体内容如下：

我们是北京市盈科（广州）律师事务所代理某环保公司涉嫌污染环境刑案（以下简称该案）的律师，分别是盈科全国环境资源法专业委员会主任律师陈勇儒、盈科广州刑事法律风险管控部主任律师金鑫，现就贵区某环保公司案被错误升级为刑事附带民事环境公益诉讼案件，将导致市委市政府、区委区政府领导党纪政纪重大处分的重大情况，报告予您。

1. 根据新近生效的党纪规定，辖区内有"造成重大损失""产生恶劣影响"的生态环境案件者，属地党政领导或将受到"撤销职务、开除党籍"处分。

涉案环保公司现被错误认定造成了300多万元的重大损失，并被安排提起可造成恶劣影响的附带环境公益诉讼。

根据《中国共产党问责条例》《中国共产党纪律处分条例》《行政机关公务员处分条例》及《党政领导干部生态环境损害责任追究办法》等明文规定，生态环境案件升级过重、认定有"较大损失或重大损失""产生恶劣影响"，肇庆市委市政府、鼎湖区委区政府历任地方党政领导将被警告甚至严重警告处分、记过甚至记大过处分，级别职务多年不得提升甚至降低。

2018年新《中国共产党纪律处分条例》第一百二十一条第一款规定，"工作中不负责任或者疏于管理，贯彻执行、检查督促落实上级决策部署不力，给党、国家和人民利益以及公共财产造成较大损失的，对直接责任者和领导责任者，给予警告或者严重警告处分；造成重大损失的，给予撤销党内职务、留党察看或者开除党籍处分"；该条第二款规定，"贯彻创新、协调、绿色、开放、共享的发展理念不力，对职责范围内的问题失察失责，造成较大损失或者重大损失的，从重或者加重处分"。

《中国共产党问责条例》第六条明确，"党组织和党的领导干部违反党章和其他党内法规，不履行或者不正确履行职责，有下列情形之一的，应当予以问责：（一）党的领导弱化，党的理论和路线方针政策、党中央的决策部署没有得到有效贯彻落实，在推进经济建设、政治建设、文化建设、社会建设、生态文明建设中，或者在处置本地区本部门本单位发生的重大问题中领导不力，出现重大失误，给党的事业和人民利益造成严重损失，产生恶劣影响的。"《广东省党的问责工作实施办法》第七条明确，"党的领导弱化，有下列情形之一，出现重大失误，给党的事业和人民利益造成严重损失，产生恶劣影响的，应当予以问责：……"

综上可知，该案一旦被错误认定构成刑事并附带民事环境公益诉讼案件、被认定重大损失、产生恶劣影响，则肇庆市委市政府、鼎湖区委区政府领导同志必然将受到党纪政纪处分，而且其处分可能严重至"撤销党内职务、留党察看或者开除党籍"。

根据现行《党政领导干部选拔任用工作条例》第二十三条、第五十九条，受到党纪政纪处分的，职务级别、声誉在一定时期必受影响（新的《党政领导干部选拔任用工作条例》即将公布）。

2. 涉案环保公司被升级刑事附带民事环境公益诉讼案有如下重大错误之处。

综合评价，该案的处理没有坚持服从证据、服从法律，没有坚守习近平总书记一再、一贯强调的"证据裁判原则、罪刑法定原则"。

比如，侦查人员、检察人员将不可能发生的、实际也未发生的费用列入公私财产损失，而且高达300多万元（党纪政纪处分的证据），违反了《刑法》中关于损失是指实际已经产生的损失，比如《最高人民法院、最高人民检察院关于办理环境污染刑事案件适用法律若干问题的解释》第十七条明确规定的，"本解释所称'公私财产损失'，包括实施刑法第三百三十八条、第三百三十九条规定的行为直接造成财产毁损、减少的实际价值，为防止污染扩大、消除污染而采取必要合理措施所产生的费用，以及处置突发环境事件的应急监测费用"。

侦查人员还明显违反了 2018 年 1 月 1 日实施的《中华人民共和国标准化法》第三十七条中明确的刑事案件只能适用国家强制性标准的明文规定。该案中，侦查人员认同了适用推荐性标准所得的证据。

侦查人员还认同了将产品质量标准作为环境基线标准的错误观点，与鼎湖区质量技术监督局的监测报告、广州质量监督院的检测报告不符，导致事实认定出现明显背离事实的状况。

3. 案件升级未向区党委和同级政法委请示汇报，违反 2019 年《中国共产党政法工作条例》。

《中国共产党重大事项请示报告条例》即将公布。根据 2019 年 1 月 13 日实施的《中国共产党政法工作条例》第六章第二十二条的规定，"县级以上地方党委政法委员会、政法单位党组（党委）每年应当向同级党委报告全面工作情况，遇有重要情况及时请示报告"；该《条例》第二条规定，"地方党委政法委员会参照上一级党委政法委员会有关规定，确定同级政法单位党组（党委）、下级党委政法委员会请示报告重大事项范围、内容和程序等"。而该《条例》第十九条规定，"中央政法委员会、中央政法单位党组（党委）应当及时向党中央报告以下事项：……（三）具有全国性影响的重大突发案（事）件重要进展和结果情况"，比照规定，具有地方性影响的重大案件的情况，属于地方政法单位党组（党委）汇报的重大事项范围。

根据新《中国共产党纪律处分条例》的规定，未按规定向组织请示、报告重大事项的，属于违纪行为，其第五十四条明确，"不按照有关规定向组织请示、报告重大事项，情节较重的，给予警告或者严重警告处分；情节严重的，给予撤销党内职务或者留党察看处分"。

近期中共中央下发了《关于加强党的政治建设的意见》，中央对于营商环境的改善、保护民营企业家特别是科技型民营企业家、加快推动大湾区高质量发展的政治决策，肇庆地方党政负责人均应进一步加强落实。

我方辩护律师参加了该案的公开开庭审理，庭上进行了质证，法庭保障了辩护律师的辩护权，我方辩护律师进行了充分辩护。

四、案件结果及评析

本案当事人及公司均被认定构成污染环境罪，各相关责任人员被判处 2 年半以下不等的有期徒刑，但缓期执行。

本案的争议焦点有二：

第一，本案中的生态环境损害评估报告是否合法有效。涉案报告认为所评估的污染程度已经超过了环境基准的 20%，已经构成了生态环境损害。但辩护律师的意见认为涉案评估所采纳的环境标准不符合要求，属于推荐性标准，且新标准已经出台，并没有超过环境基准线的 20%，没有造成生态环境损害。

第二，评估的全部数额是否可以直接作为定罪的依据。虽然最终法院认定该报告合法有效，超过环境基线 20%的结论科学合理，但是对于里面评估的损失数额，法院采纳了辩护律师的意见，认定只有实际发生的公私财产损失，才能认定为刑事案件的定罪依据，成为严重污染环境的考量因素。这个辩护意见的采纳对于本案的定罪量刑至关重要，由于本案中清运工作和修复费用等都是由 AT 公司自己完成，不存在给公共和他人造成损失，且该次清运通过了专家验收，合法有效，因此成了本案判处缓刑的关键因素之一。

实案三

SHERRY 及中山 EE 公司排放废水污染环境案

一、基本案情

2018 年 7 月 30 日中山市环保局在对中山 EE 公司（以下简称涉案公司）的施工场所进行现场检查时发现其外排废水的行为，2019 年 8 月，中山市公安局以污染环境罪拘留了项目经理 SHERRY。

根据《环境监察现场检查笔录》和《环境监察调查询问笔录》记载，涉案公司负责实施中山市三角镇高平工业区 RF 路 8 号地块（中山市某环保废液回收有限公司旧址）污染场地土壤修复工程，其员工 SHERRY 主要负责指挥工程的整体实施。涉案公司于 2018 年 4 月 20 日正式开展上述修复工程，采用固化稳定工艺，原地异位对污染土壤进行修复，该工程在挖掘过程中有泥坑积水产生，据监理方委托检测结果显示，该工程产生的泥坑积水主要是含铜废水，现场发现泥坑内有蓝绿色积水，泥坑内有一个潜水泵，并连接一条 20 m 长的软管，软管末端通往厂区西南端的雨水渠，雨水渠末端有一硬管口，场外西面围墙的花基旁地面呈蓝绿色，集中在雨水管道沙井口位置，雨水管道沙井内积水呈蓝绿色。中山市环保局委托广州某检测技术有限公司中山检测中心对泥坑积水和厂区西南端的雨水渠、厂外西面围墙旁雨水管道沙井内积水进行采样监测。执法人员对现场情况进行拍照、摄像。

按照监理单位的要求，涉案公司应当将泥坑积水交有资质单位处理，涉案公司只于 5 月 4—5 日向中山市某环保废液回收有限公司转移过一次。黎某是 SHERRY 聘请的一名临时工人，作为修复工程工地的保安，其于 2018 年 7 月正式开始到该工程施工现场上班，主要负责保护施工现场物资安全，以及协助申请人用潜水泵将泥坑内的积水抽到中山市某环保废液回收有限公司的槽车上。

2018 年 7 月 31 日，中山市环保局对中山市三角镇高平污水处理有限公司员工吴某进行了调查，根据《环境监察调查询问笔录》记载，其于 2018 年 7 月 30 日下午 1 点 18 分到达中山市某环保废液回收有限公司旧厂区外西面围墙的花基旁的涌水点，看见有蓝绿色废水从该处的裂缝涌出，并流入 RF 路雨水渠，其进入上述旧厂区，看到泥坑内有蓝绿色积水，泥坑内有一个正在运转的潜水泵，并连接有一条约 20 m 长的软管，该软管末端通往厂区西南端的雨水渠，雨水渠末端有一硬管口，蓝绿色废水正在排入该雨水渠，其现场关闭了潜水泵电源。

2018 年 8 月 3 日，中山市环保局对申请人员工黎某进行了调查。根据《中山市环境保护局环境监察调查询问笔录》记载，黎某在高平工业区 RF 路 8 号从事保安工作，该处的施工方负责人要求他若泥坑内有积水时就开启潜水泵，将积水抽走。2018 年 7 月 30 日，其于上午 8 点多开启潜水泵抽取泥坑积水，并通过一根约 20 m 长的软管将泥坑内的积水排到厂内西南端的雨水渠，但其下午 1 点多又到现场时发现潜水泵已被关闭。

2018 年 8 月 3 日，中山市环保局对中山市环境保护技术中心负责人罗某进行了调查。根据《环境监察调查询问笔录》记载，中山市环境保护技术中心是三角镇高平工业区 RF 路 8 号地块（中山市某环保废液回收有限公司旧厂区）污染场地土壤修复工程的环境监理单位，根据监理方案，上述地块污染场地土壤修复的基坑废水收集后回用，不外排。该中心于 2018 年 5 月 2 日要求修复单位项目经理 SHERRY 禁止外排基坑废水，并于 5 月 4 日书面要求修复单位将基坑废水转移至具备处理能力的处理单位。修复单位于 5 月 4—5 日向中山市某环保废液回收有限公司转移过基坑废水，由该公司员工欧某现场监视并接收。2018 年 7 月 30 日，罗某下午 3 点到达中山市某环保废液回收有限公司旧厂区，并与被申请人执法人员一同进入现场查看，发现基坑内有蓝绿色积水，基坑中有一个潜水泵，并连接有一条约 20 m 长的软管，软管末端通往厂区西南端的雨水渠，雨水渠末端有一硬管口，厂外西南围墙的花基旁地面呈蓝绿色，集中在雨水管道沙井口位置，雨水管道沙井内积水呈浅蓝绿色。

中山市环保局委托广州某检测技术有限公司中山检测中心于 2018 年 7 月 30 日对中山市三角镇 RF 路 8 号的中山市某环保废液回收有限公司旧厂区废水进行采样监测，根据该中心 2018 年 8 月 1 日出具的《检测报告》（××检测〔水〕字〔2018〕第 080001 号）显示，采样时间为 7 月 30 日，采样点位为厂区正门外的水井、厂区内集水池，监测结果显示，废水污染物中铜的浓度分别为 1.75 mg/L、40.2 mg/L，pH 分别为 7.10、5.84。

2018 年 8 月 10 日，中山市环保局对涉案公司作出《责令改正违法行为决定书》。

二、律师意见

1. 发出《行政复议申请书》

申请人因不服被申请人作出的中〔角〕环责改字〔2018〕162 号《责令改正违法行为决定书》，现向广东省环境保护厅依法提出复议申请。

复议请求：请求依法撤销被申请人所作行政决定。

事实及理由：

一、规范性采样过程中采样器、容器没有进行规范采样、容样，示踪试验、对比监测数据失真、无效

第一，《地表水和污水监测技术规范》第 4.1.4 条"采样点位的确定"中表 4-3《湖（库）监测垂线采样点的设置》，明确说明"在水深不足 1 m，在 1/2 水深处设置测点"。本案中，据现场人员反映，监测工作人员是用水瓢在水体表面上进行舀水，然后放在塑料大桶内，然后再用水瓢灌输到矿泉水瓶内，再进行滴液、贴标签、盖盖子。本案中，采样时明显没有保证采样点的位置准确，故会引起采样不准、数据失真。

第二，《地表水和污水监测技术规范》第 4.2.3.1 条款"采样前的准备"中，表 4-4《水样的保存和容器的洗涤》中表明：1. 项目"铜"的采样容器标准为"P"，即"聚乙烯瓶（桶）"；2. 容器的洗涤方法为"Ⅲ"，即"洗涤剂洗 1 次，自来水洗 2 次，1+3HNO₃ 荡洗 1 次，自来水洗 3 次，去离子水洗 1 次"；3. 第 4.2.4 条"水

样采样的质量保证"之第 4.2.4.4 款明确，"采样时，除细菌总数、大肠菌群、油类、DO、BOD$_5$、有机物、余氯等有特殊要求的项目外，要先用采样水荡洗采样器与水样容器 2～3 次，然后将水样采入容器中……"

但在本案中，据现场人员反映，监测工作人员在采样过程中未使用规范采样器，仅对塑料水瓢、塑料大桶和水样容器进行了一次荡洗，便灌装采样液体。本案中的监测采样过程中涉及的采样器、容样器洗涤方法均不符合采样前和容样前的规定，明显违反技术规程。

本案中的监测"采样器"为塑料大桶和塑料水瓢，"容样器"是普通的矿泉水瓶。根据大数据显示，市面上大多数矿泉水瓶瓶身的主要材质为 PET（聚对苯二甲酸类）塑料，瓶盖主要材质为 PE（聚乙烯）所构成，塑料大桶和水瓢的材质成分则更为复杂，被申请人无证据证明前述采样器和容器的材质是否为规范的"P"器。依据目前已知悉的采样现场反映情况，显然塑料大桶、塑料水瓢、塑料瓶、瓶盖均不符合采样项目"铜"的采样器、容样器标准要求，违反技术规程。

故因本案中采样监测人员违反了《地表水和污水监测技术规范》采样、容样的规定，导致检测数据失去了真实性、合法性、关联性，所以，涉案监测数据不能作为本案被申请人作出涉案行政行为的合法依据，本案示踪试验、对比监测数据均不能证明申请人有排放水污染物的行为。

二、本案当事人没有违法的主观动机，没有污染环境的必要和主观意愿

被申请人认为我公司在利用私设暗管的方式排放含铜水污染环境违法，但《中华人民共和国环境保护法》第四十三条第四款规定，"严禁通过暗管、渗井、渗坑、灌注或者篡改、伪造监测数据，或者不正常运行防治污染设施等逃避监管的方式违法排放污染物"，其中所指私设暗管的违法行为，其违法的主观目的是逃避监管排放污染物，但申请人现场设置的潜水泵和软管是在修复工程完工前作为药剂配制用水提取的设施，只不过在等待组织验收过程中，由于连日降雨导致基坑积水增加，现场操作人员为了安全起见、防止溺水事件，而安排把积水抽排——根据《建筑施工安全检查标准》（J 1334—2011）第 3.11 章"基坑工程"第 3 点"降排水"中的要求，基坑"应及时排除积水"；根据《中华人民共和国安全生产法》第九十九条的规定，"生产经营单位未采取措施消除事故隐患的，责令立即消除或者限期消除；生产经营单位拒不执行的，责令停产停业整顿，并处 10 万元以上 50 万元以下的罚款，对其直接负责的主管人员和其他直接责任人员处 2 万元以上 5 万元以下的罚款"，故在暑期连续降水后形成积水的情况下，申请人考虑到安全的重要性，采取了及时排水的措施（几乎每年暑期，中山市都有因工地积水发生儿童溺亡的事件）。从时间点看，积水抽排是安保人员在昼间正常上班时开展的，若为了逃避监管排放水污染物，就不会选择这个时间点。

申请人根据国家标准《土壤环境质量建设用地土壤污染风险管理标准（试行）》（GB 36600—2018）第二类用地土壤污染风险筛选值，对照《中山市三角镇高平工业区 RF 路 8 号污染地块土壤修复工程修复效果评估项目检测报告》（报告编号：WT-1806039-001），涉案地块基坑侧壁及底部的土壤总铜含量均小于上述国家标准第二类用地土壤污染风险筛选值，即该地块作为第二类用地开发利用的条件下，该地块土壤中总铜含量对人体健康的风险可以忽略。故申请人认为地块基坑废水是否排放不影响修复工程修复效果评估工作，申请人没有通过私设暗管等逃避监管方式排污的必要。

另外，根据专家出具的修复工程相关技术意见，涉案场地基坑侧壁及底部土壤中的铜含量"符合土壤环境质量相关标准要求"。

综上所述，被申请人无合法、有效的证据证明申请人有排污行为，申请人亦确无逃避监管违法排污的动机。故恳请依法撤销相关行政决定。

2．提出第二份意见

《北京市盈科（广州）律师事务所关于粤环行复〔2018〕57 号案代理意见的再强调：检测过程违规，无合法有效证据支撑结论》。

对于贵厅受理的中山市某工程有限公司不服中山市环境保护局作出的中（角）环责改字〔2018〕162 号《责令改正违法行为决定书》复议一案，本代理人针对被申请人提交的《行政复议答复书》，对本案再次作如下强调意见：

被申请人主张其采样、容样合规，但未提供相关有效证据证明其合规。恰恰相反，视频证据再次证明其采样、容样均不规范，数据失真事实明确。

其中：

1．关于采样器材的选取，现场采样视频清楚显示，本次检测采样和容样所用的是家用普通塑料瓢、民用红绿塑料桶、怡宝牌饮用水瓶等。此类"采样器""容样器"使用严重违规，其成分复杂，多为废塑料回收再利用加工而成，含有不明色素，被申请人无证据证明其为符合要求的聚乙烯洁净容器。

2. 关于容样器材的洗涤，现场视频同样明确显示，其均只荡洗了 1 次，而《地表水和污水监测技术规范》明确要求必须荡洗 2～3 次（详细理由已载《复议申请书》）。而且，对于容样器材的洗涤，是直接在装载水样的塑料桶中舀取荡洗样液，极有可能因此污染待测水体。对于被申请人答复的，"其在本次采样出发前已在实验室按照上述规范进行了洗涤"，但显然其所提交的证据材料中也未看到任何佐证材料，"空口无凭"。

综上所述，被申请人无合法、有效的证据证明申请人有排污行为，涉案行政行为证据不足、事实不清，应予裁定撤销。

三、广东省省生态环境厅行政复议决定

广东省生态环境厅收到申请人委托代理人两次提交的补充代理意见后，为进一步调查案情、核实有关证据材料，对本案开展了调查，书面通知广州某检测技术有限公司中山检测中心提交其作出《检测报告》[××检测（水）字〔2018〕第080001 号] 的污染源废水采样原始记录、现场采样人员的上岗证及检测机构资质认定证书等材料。

该中心提交了两份《污染源废水采样原始记录表》，其中一份为对现场水污染物的采样记录，载明该中心监测人员于 2018 年 7 月 30 日在 RF 路 8 号的中山市某环保废液回收有限公司旧厂区进行现场采样，采样地点为厂区正门外的水井，厂区内集水池，样品瓶数为 2 瓶，编号分别为 WS20180730001 和 WS20180730002，有欧某签名确认；另一份为现场空白的采样记录，载明采样地点为空白，样品瓶数为 2 瓶，编号分别为 WS20180730003（该复议决定原文如此。作者注。）。根据实验室分析原始记录，WS20180730003 的水污染物中铜的浓度为 −0.084 μg/mL。根据该中心提交的《实验室人员上岗证》，现场采样的两名监测人员都可以从事当日采样监测项目的采样工作。该中心具有《检验检测机构资质认定证书》，计量认证项

目中包括《检测报告》中的两项污染物项目类别。

故该厅认为：

一、被申请人作出的中（角）环责改字〔2018〕162号《责令改正违法行为决定书》认定事实清楚，证据确凿，适用依据正确，内容适当

（一）《中华人民共和国环境保护法》第四十二条第一款规定："排放污染物的企业事业单位和其他生产经营者，应当采取措施，防治在生产建设或者其他活动中产生的废气、废水、废渣、医疗废物、粉尘、恶臭气体、放射性物质以及噪声、振动、光辐射、电磁辐射等对环境的污染和危害。"第四款规定："严禁通过暗管、渗井、渗坑、灌注或者篡改、伪造监测数据，或者不正常运行防治污染设施等逃避监管的方式违法排放污染物。"

《水污染防治法》第三十九条规定："禁止利用渗井、渗坑、裂隙、溶洞，私设暗管，篡改、伪造监测数据，或者不正常运行水污染防治设施等逃避监管的方式排放水污染物。"

《行政主管部门移送适用行政拘留环境违法案件暂行办法》（公治〔2014〕853号）第五条规定："《环境保护法》第六十三条第三项规定的通过暗管、渗井、渗坑、灌注等逃避监管的方式违法排放污染物，是指通过暗管、渗井、渗坑、灌注等不经法定排放口排放污染物等逃避监管的方式违法排放污染物；暗管是指通过隐蔽的方式达到规避监管目的而设置的排污管道，包括埋入地下的水泥管、瓷管、塑料管等，以及地上的临时排污管道……"

被申请人执法人员现场检查及调查发现，申请人负责实施中山市三角镇高平工业区 RF 路 8 号地块（中山市某环保废液回收有限公司旧址）污染场地土壤修复工程，采用固化稳定工艺、原地异位对污染土壤进行修复。该工程在挖掘过程中有泥坑积水产生，积水呈蓝绿色，积水根据监理方案应收集后回用，不外排，监理单位要求申请人禁止外排基坑废水并将基坑废水转移至具备处理能力的处理单位。申请人员工 SHERRY 陈述，根据监理方委托检测结果显示，该工程产生的泥坑积水主要是含铜废水，在泥坑内有一个潜水泵，并连接一条 20 m 长的软管，软管末端通往厂区西南端的雨水渠，雨水渠末端有一硬管口，申请人员工黎某于 2018 年 7 月 30 日上午 8 点多开启潜水泵抽取泥坑积水，并通过上述软管将泥坑内的积水排到

厂内西南端的雨水渠，厂外西面围墙的花基旁地面呈蓝绿色，集中在雨水管道沙井口位置，雨水管道沙井内积水呈蓝绿色，被申请人对现场相关见证人进行调查询问，见证人现场所见与上述情况一致，执法人员也对现场情况进行了拍照、摄像。被申请人委托检测机构当日现场对排放废水进行采样监测，根据《检测报告》[××检测（水）字〔2018〕第 080001 号]显示，废水污染物中铜的浓度分别为 1.75 mg/L、40.2 mg/L，pH 分别为 7.10、5.84。申请人实施污染场地土壤修复工程，产生的废水应当收集回用，不能外排，监理单位也要求申请人禁止外排基坑废水并将其转移至具备处理能力的单位处理，申请人应当按照上述要求，将实施修复工程产生的废水依法进行处理，防止对环境的污染和危害。但是，申请人是开启潜水泵抽取泥坑积水，并通过软管将积水经厂内西南端的雨水渠排入外环境，根据被申请人的调查及检测机构现场采样监测，申请人排放的废水污染物中含有铜。申请人通过潜水泵和软管将会铜水污沙物排放到外环境的行为符合上述法律等关于以私设暗管的逃避监管方式排放水污染物的规定，被申请人认定违法事实正确。

（二）被申请人作出《责令改正违法行为决定书》，有《环境监察现场检查笔录》《环境监察调查询问笔录》《检测报告》[××检测（水）字〔2018〕第 080001 号]、营业执照及现场照片、视频等为证，证据确凿。根据被申请人现场检查和对申请人、该土壤修复工程现场负责人及实施涉案违法行为的员工、监理单位负责人、现场见证人等调查询问，对现场情况的拍照、摄像等证据材料可以证明申请人采取私设暗管的逃避监管方式排放水污染物的事实，上述《检测报告》对申请人排放的水污染物进行了分析检测，并不是证明申请人上述违法事实的唯一证据，申请人所称被申请人无合法、有效证据证明申请人有排污行为与事实不符。

（三）《水污染防治法》第八十三条第（三）项规定："违反本法规定，有下列行为之一的，由县级以上人民政府环境保护主管部门责令改正或者责令限制生产、停产整治，并处十万元以上一百万元以下的罚款；情节严重的，报经有批准权的人民政府批准，责令停业、关闭……（三）利用渗井、渗坑、裂隙、溶洞，私设暗管，篡改、伪造监测数据，或者不正常运行水污染防治设施等逃避监管的方式排放水污染物的……"

被申请人对申请人通过私设暗管逃避监管方式排放水污染物的违法行为，依据上述法律规定，作出立即停止利用私设暗管的方式排放水污染物违法行为的决定，适用法律依据正确，且内容适当。

二、被申请人作出的中（角）环责改字〔2018〕162号《责令改正违法行为决定书》，程序合法

（一）被申请人对申请人进行现场检查及调查的执法人员均持有《广东省人民政府行政执法证》，符合《中华人民共和国行政处罚法》第三十七条的规定。

（二）《环境行政处罚办法》第十二条第一款规定："根据环境保护法律、行政法规和部门规章，责令改正或者限期改正违法行为的行政命令的具体形式有：……（九）法律、法规或者规章设定的责令改正或者限期改正违法行为的行政命令的其他具体形式。"第二款规定："根据最高人民法院关于行政行为种类和规范行政案件案由的规定，行政命令不属行政处罚。行政命令不适用行政处罚程序的规定。"

被申请人作出的《责令改正违法行为决定书》是责令申请人"立即停止利用私设暗管的方式排放水污染物的违法行为"，该《责令改正违法行为决定书》属于上述规章规定的行政命令，不属于行政处罚，不适用行政处罚程序的规定。因此，被申请人于2018年8月10日作出《责令改正违法行为决定书》并于8月15日送达申请人，程序合法。

三、关于申请人主张的现场监测采样不规范，采样点位、采样容器不符合规定，无采样记录，无现场空白样品证据、采样人资质

（一）《环境行政处罚办法》（环境保护部令第8号，自2010年3月1日起施行）第三十五条第一款规定："环境保护主管部门组织监测的，应当提出明确具体的监测任务，并要求提交监测报告。"

第二款规定："监测报告必须载明下列事项：（1）监测机构的全称；（2）监测机构的国家计量认证标志（CMA）和监测字号；（3）监测项目的名称、委托单位、监测时间、监测点位、监测方法、检测仪器、检测分析结果等内容；（4）监测报告的编制、审核、签发等人员的签名和监测机构的盖章。"

被申请人委托广州某检测技术有限公司中山检测中心于2018年7月30日对申请人排放废水进行现场采样监测，并于8月1日出具了《检测报告》[××检测（水）字〔2018〕第080001号]，该《检测报告》符合上述规章关于监测报告要求的规定，可以作为环境行政处罚证据。

（二）《地表水和污水监测技术规范》（HJ/T 91—2002）"9 应急监测"中"9.1.2.1

现场监测采样"规定："（1）现场监测的采样一般以事故发生地点及其附近为主，根据现场的具体情况和污染水体的特性布点采样和确定采样频次……"

申请人通过私设暗管方式排放含铜水污染物，易对环境造成污染和危害，被申请人说明当日现场监测为应急监测，应根据上述技术规范的规定布点采样，申请人所称应适用《地表水和污水监测技术规范》（HJ/T 91—2002）"4.1.4 采样点位的确定"中"表4-3 湖（库）监测垂线采样点的设置"，与事实不符。

（三）《地表水和污水监测技术规范》（HJ/T 91—2002）"4.2.4 水质采样的质量保证"中4.2.4.5规定："每批水样，应选择部分项目加入现场空白样，与样品一起送实验室分析。"

采样器、水样容器材质及其洗涤对监测结果的影响可以通过现场空白试验结果反映。根据广州某检测技术有限公司中山检测中心向本厅提交的现场空白样的污染源废水采样原始记录表和实验室分析原始记录等材料，显示该机构在 7 月 30 日对申请人排放水污染物的现场采样监测中，有采集现场空白样，且现场空白样铜的分析结果为未检出，说明采样器、水样容器材质及其洗涤方式没有增加待测样品中铜的浓度，不影响监测数据准确性。申请人主张的采样器、容样器成分复杂，含有不明色素，不符合检测规范要求等，属于主观推断。

（四）《环境行政处罚办法》第三十五条关于监测报告作为环境行政处罚证据要求中并无污染源采样原始记录表、实验室分析原始记录及采样人员上岗资质等规定，被申请人虽未在提出答复时提交相关证据材料，但本厅在审查案件过程中依法进行了调查，书面通知上述检测机构提交了污染源采样原始记录表、实验室分析原始记录、采样人员上岗资质及检验检测机构资质认定证书等材料。申请人的上述主张于法无据，与事实不符。

（五）现行环保法律、法规、规章及有关环境监测技术规范并未规定进行环境监测现场采样时，需要全过程拍照或者摄像，被申请人在本案中提交的照片和视频是作为认定申请人采取私设暗管的逃避监管方式排放水污染物环境违法行为的一项证据，同时记录了采样人员对申请人排放水污染物的采样过程，未对采集现场空白样拍照、摄像，并不违反采样程序规定。

四、关于申请人主张的没有违法主观动机，没有污染环境的必要和主观意愿

申请人作为污染场地土壤修复工程的实施单位，应当清楚了解该污染场地在修复中产生的污染物，监理单位委托检测也证明泥坑积水主要为含铜废水，监理单位明确要求申请人将废水交给有处理能力的单位进行处理，不得外排，且申请人也实际将废水转移给有关单位进行处理，但是，申请人在明知上述情况的前提下，还随意安装潜水泵和排水软管，为逃避监管排放废水做好了准备，申请人违反环保法律法规的禁止性规定，放任通过暗管逃避监管排放水污染物违法行为的发生，其在复议申请中所称根据《中华人民共和国安全生产法》等法律规定采取的及时排水措施，是对该法律规定的曲解，也是对排污单位污染治理责任的漠视，申请人的主张于法无据。

本厅决定：

根据《中华人民共和国行政复议法》第二十八条第一款第（一）项的规定，维持被申请人作出的中（角）环责改字〔2018〕162 号《责令改正违法行为决定书》。

申请人如不服本厅的复议决定，可在收到本《行政复议决定书》之日起十五日内，根据《中华人民共和国行政诉讼法》的规定，向有管辖权的人民法院起诉。

此案因复议决定书中认定某公司私设暗管排放含铜重金属废水的行为，2019年 8 月，中山市公安局以污染环境罪拘留了项目经理 SHERRY。

四、律师辩护意见

北京市盈科（广州）律师事务所接受 SHERRY 先生委托，指派陈勇儒律师环境资源法律事务团队为其提供辩护支持。在综合该案先前环保部门行政处罚、行政复议证据材料和专家咨询意见的基础上，我们认为没有合法有效的证据可证明该案构成污染环境罪。具体事实理由如下，供贵局参详决策，以防办错案。

一、涉案××检测（水）字〔2018〕第 080001 号检测，采样极其不规范，存在严重瑕疵，检测数据及结论不具有真实性

2019 年 10 月 11 日，本环境律师团队通过广东省环境监测协会的推荐，邀请了两名专家对《检测报告》[××检测（水）字〔2018〕第 080001 号]的规范性、科学性、有效性发表专家意见。经详细查看涉案检测现场采样视频与图片证据，两位专家均认为：涉案检测采样极其不规范，存在严重瑕疵。涉案检测由于所采样品受污染，样品不具有代表性，涉案检测数据及结论不具有真实性。

涉案检测具体违法违规情形如下：

（一）涉案检测采样无论是在厂外市政沙井还是基坑处，均未同步制作现场空白样、平行样。

（二）所使用的采样器与水样容器，未在现场荡洗 3 次。

（三）采样人员在厂外市政沙井处直接采样时，佩戴手套直接手持采样瓶探入井中取样，可能玷污水样；在基坑处采样时，采样人员戴手套直接持容样瓶浸入样品水桶中取样荡洗，玷污样品，后又将灌样的红色瓢瓜放置在地面上，玷污后又放入水样桶中，再次污染样品。

（四）在厂外市政沙井处直接采样时，未做示踪试验或示踪检查，未打开井盖观察，未明确采样水体是否为流动水体，无法明确水流方向，未排除所采水样为积水或来源于其他废水的可能，因此无法证明其与基坑水体具有关联性和同源性。

（五）未见现场制作《废水采样记录表》，违反了《监测规范》5.2.2.5 条款"注意事项"的规定："e. 采样时应认真填写《污水采样记录表》……"事后补做采样记录表的，不符合规范。

（六）现场没有用 pH 试纸检测样品是否酸化到 pH≤2，违反国家标准《水质　铜、锌、铅、镉的测定　原子吸收分光光度法》（GB 7475—1987）第 2 条"采样和样品"："……采集后立即加硝酸酸化至 PH 值 1～2。"

（七）采样佩戴手套应作一次性使用或及时清洗，采样人员却在厂区正门外沙井处佩戴手套直接探入沙井内取样后，未见更换或清洗又去基坑处取样。

二、对于利用暗管排放废水，实际上，本案未做示踪试验，无法确定废水流向，无法确定厂区正门外积水就是偷排的废水，无法确认两者之间的关联性。因此无有效证据证明本案存在排放废水通过暗管进入外环境而污染环境的行为

三、涉案检测报告两采样点位废水检测数值相差悬殊，再次证明了涉案采样不规范，导致样品质量不可控，进而导致数据随意变动

公安机关讯问 SHERRY 后，SHERRY 告诉辩护人，"公安机关认定厂区正门外沙井为雨水渠，排入河涌"。若此，辩护人认为，废水流入的既然是雨水渠，在检测采样当天未下雨的情况下，雨水渠应当是干涸状态。因此，若认定废水就是通过此雨水渠排入外环境，那么在厂区正门外采样点位所采水样应当与基坑废水具有同源性。两点位铜含量的检测数值不应有如此悬殊差别。

然而，涉案检测报告所检测的两处采样点位的数值相差悬殊。在雨污分流，未降雨且没有其他废水流经该雨水渠的情况下，唯一的合理解释就是采样不规范，导致样品质量失控，检测数据不真实、不可靠。

四、若涉案区域没有实现雨污分流，那么本案排入雨污混流的市政管网中，则不属于"采取逃避监管的方式排放水污染物"的情形，案涉废水未排入外环境，未对外环境造成污染

环境保护部《关于〈水污染防治法〉第二十二条有关"采取其他规避监管的方式排放水污染物"及有关法律责任适用问题的复函》（环函〔2008〕308号）指出："'采取其他规避监管的方式排放水污染物'有多种情形，我部认为，以下几种情形可以理解为属于'采取其他规避监管的方式排放水污染物'：……3．在雨污管道分离后利用雨水管道排放废水……"

以上《复函》说明，只有在实行雨污管道分离后利用雨水管道排放废水的才属于"采取逃避监管的方式排放水污染物"的情形，而未实行雨污管道分离的不属于该情形。

五、法律理解不能存误区，并非只要有私设暗管等行为排放含重金属铜废水的行为，就构成犯罪

（一）新的"两高"司法解释明确，并非含有重金属的物质均为《刑法》第338条规定的有毒有害物质。

2017年新的"两高"《关于办理环境污染刑事案件适用法律若干问题的解释》（以下简称《两高环境污染司法解释》），明确将"含重金属的物质"修改为"含重金属的污染物"，其修改意图是明显的，即并非含有重金属物质、元素的就是有毒有害物质，必须是含重金属的污染物才是环境污染罪刑罚对象的必要条件。否则，将陷入武断、绝对、"一刀切""刑罚无界线"。

其修改区别见表2-3：

表 2-3　2017 年新的"两高"司法解释与 2013 年版的对比

2017 年版第十五条	2013 年版第十条	重要区别
下列物质应当认定为刑法第三百三十八条规定的"有毒物质"： （一）危险废物，是指列入国家危险废物名录，或者根据国家规定的危险废物鉴别标准和鉴别方法认定的，具有危险特性的废物； （二）《关于持久性有机污染物的斯德哥尔摩公约》附件所列物质； （三）含重金属的污染物； （四）其他具有毒性，可能污染环境的物质。	下列物质应当认定为"有毒物质"： （一）危险废物，包括列入国家危险废物名录的废物，以及根据国家规定的危险废物鉴别标准和鉴别方法认定的具有危险特性的废物； （二）剧毒化学品、列入重点环境管理危险化学品名录的化学品，以及含有上述化学品的物质； （三）含有铅、汞、镉、铬等重金属的物质； （四）《关于持久性有机污染物的斯德哥尔摩公约》附件所列物质； （五）其他具有毒性，可能污染环境的物质。	1. 删除了旧解释第二项涉及化学品的规定； 2. 重金属范围扩大； 3. 在表述上将"物质"改为"污染物"，更为精确。

因此本案绝非只要含铜等重金属物质的东西，就是可列为犯罪对象的。

（二）最高法法官亦明确，含铜等重金属元素的水不一定是有毒污染物，有毒物质的理解须从实质上加以把握，不能认为只要含有重金属的物质即为《环境司法解释》中用于定罪的有毒污染物。

著名法官喻海松先生（最高人民法院研究室法官、法学博士）对污染环境罪的研究很深入，其在《污染环境罪若干争议问题之厘清》一文中，对污染环境罪的罪与非罪、罪轻罪重等疑难问题进行了深入的研究分析。

本《法律意见书》引用其关于有毒物质的论述如下："司法实践中亟待解决的问题是，对于'有毒物质'须从实质上加以把握，还是仅从形式上理解。例如，对于'含重金属的污染物'，应当限于浓度超过相应标准的含重金属的污染物，还是只要污染物中含有重金属即可。对此，本文认为，由于法律允许在规定标准范围内排放污染物，对于此类污染物不宜纳入'有毒物质'的范畴。基于此，对'有毒物质'作实质把握。以此为基础，对于司法实践中业已出现的通过暗管、渗井、渗坑、裂隙、溶洞、灌注等逃避监管的方式排放含重金属的物质，但经监测发现浓度并未超标的案件，通常不宜认定为'通过暗管、渗井、渗坑、裂隙、溶洞、灌注等逃避监管的方式排放有毒物质'，不应以犯罪论处。"

根据上述论证，若排放含铜等重金属元素的水浓度在国家规定的排污标准范围内，则不应纳入有毒物质的范畴，不应定罪论处。也再次证明了，不是只要排放含有重金属的水就是排放有毒物质。刑法具有谦抑性，要求必须严格入罪条件，否则将人为放大刑法的打击范围，违背刑法的基本属性。

六、本案环保部门所采纳的"××检测（水）字（2018）第080001号"《检测报告》厂区正门外水井检测结果显示未超过"总铜"的允许排放标准2.0 mg/L，不能定性为"含重金属的污染物"，采样结论尚不能作为刑案立案依据

涉案废水若排入的是没有进行雨污分流的市政管网内，那么最终肯定会通过市政管网流入污水处理厂之中。原因很简单，那就是现实中没有哪个区域，哪个企业，哪级地方政府敢将工业废水、生活废水未经处理直接排入江河湖泊。直排废水进入江河，地方行政领导都或将承担党政责任。

因此，依照广东省地方标准《水污染物排放限值》（DB 4426—2001）和《污水综合排放标准》（GB 8978—1996）的规定，此类排污应当执行的第三级排放标准（图2-5），即"总铜"的允许排放标准为2.0 mg/L。

4.1 标准分级

4.1.1 排入 GB3838Ⅲ类水域（划定的保护区和游泳区除外）和排入 GB3097 中二类海域的污水，执行一级标准。

4.1.2 排入 GB 3838中Ⅳ、Ⅴ类水域和排入 GB3097 中三类海域的污水，执行二级标准。

4.1.3 排入设置二级污水处理厂的城镇排水系统的污水，执行三级标准。

4.1.4 排入未设置二级污水处理厂的城镇排水系统的污水，必须根据排水系统出水受纳水域的功能要求，分别执行 4．1．1 和 4．1．2 的规定。

图 2-5 《污水综合排放标准》标准分类

所以，即便环保部门使用该《检测报告》作为定案依据，将厂区正门外水井的数值视作厂区与外环境临界点排污口的数值，但检测数据显示含铜废水的浓度也仅为 1.75 mg/L，并未超过允许排放标准。因此根据有毒物质的实质性审查要求，该

《检测报告》无法证明涉案含铜废水属于有毒污染物。

因此不符合《最高人民法院、最高人民检察院关于办理环境污染刑事案件适用法律若干问题的解释》第一条第五项的规定，不属于严重污染环境，也不符合《刑法》第 338 条污染环境罪的构成规定。

七、无论是应急监测还是一般污水监测，都必须遵循基本的水质采样取样规范，以应急监测为由否认水质监测规范要求的强制性，没有道理，不能服人。对涉案某民营检测机构的《检测报告》，广东省生态环境厅的意见有倾向性，且应受刑事司法严格审查

贵局同志提到，有关《检测报告》的问题有广东省生态环境厅的意见。在此有针对性论证如下：

废水浓度的检测明显属于污染源污水监测，不是应急监测等外水环境监测。根据生态环境部《地表水和污水监测技术规范》（HJ-T 91—2002），无论是什么类型的监测，其第 11 节"监测质量保证与质量控制"的"11.4 水质监测布点采样的质量保证"中都明确要求，"11.4.3 污水监测采样质量保证见 4.2.4 水质采样的质量保证和 5.2 污染源污水监测的采样"，并非广东省生态环境厅在《行政复议决定书》中认为的应急监测不适用污水监测采样规范（且省厅意见并未明确应适用什么规范要求，难道没有要求？）。

当地环保部门以及广东省生态环境厅辩称，环保部门委托第三方检测机构广州某检测技术有限公司中山检测中心所做的检测是应急性监测，且应急性监测就不需要规范采样取样，此意见属于悖论，其论述前后自相矛盾。原因主要有三：

（1）应急监测适用于突发性环境污染事故，本案并没有发生造成"极大破坏"的污染事故，而且并不是自己产生的污水，是修复土壤过程中，自然降水导致。

9　应急监测

9.1　突发性水环境污染事故

突发性水环境污染事故，尤其是有毒有害化学品的泄漏事故，往往会对水生生态环境造成极大的破坏，并直接威胁人民群众的生命安全。因此，突发性环境污染事故的应急监测与环境质量监测和污染源监督监测具有同样的重要性，是环境监测工作的重要组成部分。

（2）如果是应急监测，检测机构应当依照《地表水和污水监测技术规范》，现场要采平行双样，一份现场快速测定，一份送回实验室测定，而实际上其并没有采平行双样，也没有现场测定。

9.1.2.1 现场监测采样

(1) 现场监测的采样一般以事故发生地点及其附近为主，根据现场的具体情况和污染水体的特性布点采样和确定采样频次。对江河的监测应在事故地点及其下游布点采样，同时要在事故发生地点上游采对照样。对湖（库）的采样点布设以事故发生地点为中心，按水流方向在一定间隔的扇形或园形布点采样，同时采集对照样品。

(2) 事故发生地点要设立明显标志，如有必要则进行现场录像和拍照。

(3) 现场要采平行双样，一份供现场快速测定，一份供送回实验室测定。如有需要，同时采集污染地点的底质样品。

（3）若是应急监测，采样对象应当是污染事故发生现场及其附近水体环境，而不是污染源本身。例如，若上游化工企业排污入某江河，导致发生大量鱼虾死亡的环境污染事故，应急监测的对象应当是事故发生现场即出现大量鱼虾死亡现场的江河这一受纳水体及其附近的水体等水环境，而并非工厂内部池子里的污染源本身，污染源本身无所谓事故发生。而本案的检测对象则为污染物本身，所以其也反证了涉案检测属于污水检测，应当适用《地表水和污水监测技术规范》第 5 章的规定，而非环保部门所谓的适用第 9 章应急监测的规定。

没有确凿证据证明有暗管连通外环境的情况下，污水检测应当在排污口取样，涉案检测采样点位选取错误，检测数据和结论不真实、不合法。

> **5 污水监测的布点与采样**
>
> **5.1 污染源污水监测点位的布设**
> **5.1.1 布设原则**
> 5.1.1.1 第一类污染物采样点位一律设在车间或车间处理设施的排放口或专门处理此类污染物设施的排口。
> 5.1.1.2 第二类污染物采样点位一律设在排污单位的外排口。

图 2-6 污水监测的规定

依据图 2-6 所示的《地表水和污水监测技术规范》第 5 章即污水监测的规定，"第二类污染物采样点位一律设在排污单位的外排口"。

如前所述，本案查处时没有做示踪试验，因而无充分证据证明所排放废水系通过雨水渠连通到基坑水体。在这种情况下，案涉的含铜废水，又根据《污水综合排放标准》（GB 8978—1996）的规定，属于第二类污染物，故对其检测布点应当在外排口。

而本案中监测工作人员所采的两个样品，一个是用水瓢在废水水坑表面进行舀水取样，一个是在厂区正门外的雨水沟里取样，明显不符合上述规范中排污口采样的规定，属于采样点位选取错误，而非一般瑕疵。因此其所得的数据和结论是错误的，不具有真实性和合法性，不能作为定罪依据。

八、本案 SHERRY 等人没有为了降低治污成本而逃避监管排放污染物的主观意愿和必要

《最高人民法院、最高人民检察院关于办理环境污染刑事案件适用法律若干问题的解释》第一条第五项规定的通过暗管排放污染物要求是主观上具有逃避监管的目的。而本案案发前一个月 SHERRY 等人在修复涉案场地土壤，且土壤修复工程已经完成，只待专家验收，人已经离场。实际上，后来在没有做任何治理的情况下，专家验收也通过了，证明案发时土壤修复已经达标。换言之，土壤修复工作已经完成，废水处不处理不影响该项目是否完成。

综上，因本次水质监测采样所选取的采样点、使用的采样器、容器及其洗涤过程等，均有严重违反《地表水和污水监测技术规范》的情形，也导致了涉案水质监测的结果失真。尤其是，业内权威专家对此也已明确，涉案检测报告检测结论不具有真实性。本案确确实实无充分证据证明涉案行为构成污染环境罪。根据"疑罪从无""证据裁判"的刑法规定，不应追究刑事责任。

五、刑事案件处理结果

检察院决定不予批捕，中山市公安局以山公取保字（201×）××号《取保候审决定书》，对当事人办理了取保候审手续（图 2-7）。

六、案件分析

污染环境罪实施取保候审的难度很大，本案能够得以完成取保候审，是由于刑事定罪的证据瑕疵，直接丧失了合法性、真实性，因而无充分证据证明犯罪。

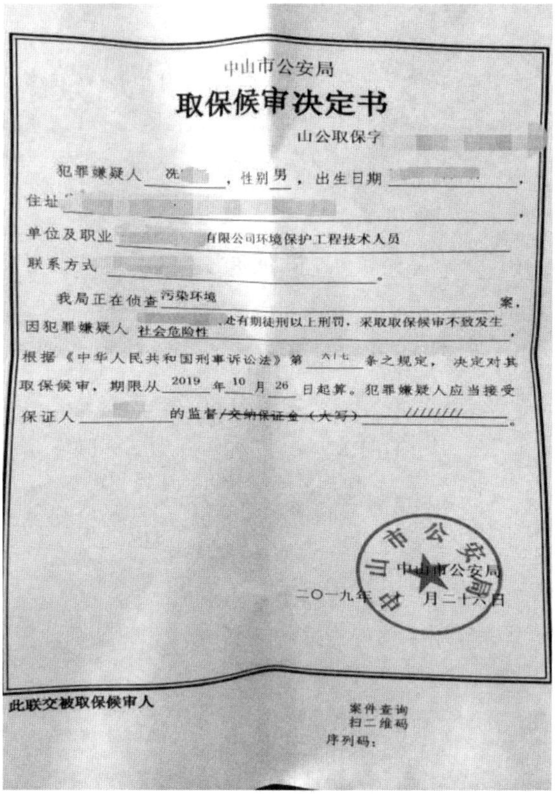

图 2-7　取保候审决定书

实案四

环资技术专家+律师=十佳的刑辩组合
——广州某非法采矿案

一、案例简述

2018 年 1 月，中国启动扫黑除恶专项执法行动。这年暑期，笔者的律师团队承接这样一单案件——

广州某区某村的村委委员，在承接当地某村居改造项目地下工程土石方作业的工程中，将偶然发现的上万立方米"白泥"单独挖出存放在工地旁，当地区长检查工作时，认为乱堆乱放导致扬尘，而被要求查处。该村委委员先是被定罪为故意毁坏财物罪，后改为非法采矿罪。又因正逢上级进行扫黑除恶督察，此案又被追加为扫黑除恶典型案件上报。

面对压力，当事人亲属决定增加律师力量，希望能辨清事实。

此案经律师聘请北京的资深矿业专家进行综合论证，在当事人被羁押 10 个月时开庭、释放。

二、案情简介

笔者接手时，案件已提交检察院审查起诉。

公安机关的《起诉意见书》显示：

"犯罪嫌疑人陈××（化名，笔者注）承接了广州市××区××村安置区南区建筑基坑的土方工程，其将运输车队挂靠在广州市××运输有限公司进行经营。2017年5月底，上述工地的7号、8号、9号基坑工程施工时挖出大量高岭土。犯罪嫌疑人陈××指示手下工作人员将挖出的高岭土与其他回填和需外运至渣土受纳场的土方分开堆放。后犯罪嫌疑人陈××又安排员工将挖出的高岭土运走堆放在广州市××区××路万达C1住宅楼西侧××村地块。2018年3月1日，犯罪嫌疑人陈××安排员工邓××在××区××路万达C1住宅楼西侧××村地块堆放高岭土的地点倾倒建筑淤泥准备借修路运走高岭土时被我局工作人员发现。经广州市××区国土资源和规划局鉴定，堆放在该处的白沙泥为高岭土矿，总量为20 661.74 t，经××区价格认证中心认定价值为413 234.8元。经审讯，犯罪嫌疑人陈××对非法采矿的犯罪行为拒不供认。"

三、律师思维

（1）8月8日第一次法律意见书；

（2）9月提示补充侦查方向；

（3）11月中提出不予起诉的意见；

（4）11月底提出专家评审意见；

（5）12月审理，释放。

1. 律师、当事人满怀希望提交法律意见书

> **北京市盈科（广州）律师事务所**
> **关于陈××行为不构成非法采矿罪的**
> **法律意见书**
>
> 敬启者：
>
> 北京市盈科（广州）律师事务所接受陈××先生委托，指派本所环境与资源法律事务部主任、高级合伙人律师陈勇儒为陈先生提供法律帮助和辩护支持，经陈律师进行现场调查、询问陈先生、咨询专家，现就陈××先生之涉案行为不构成非法

采矿罪，发表如下 4 点法律意见，敬请参考：

1．非法采矿罪必须以无合法开采手续、妨害国家矿产资源开采管理秩序为客观方面；

2．对建筑废弃物进行资源化利用，是国家明确鼓励的行为；

3．涉案鉴定意见中《检测报告》错把矿产品检测当成矿产资源储量检测，涉案对象并非法定矿产资源区，定性"非法采矿"明显丧失前提，其意见不能作为定案依据；

4．在相关案例中，无一例因相同行为而被追究刑事责任的。

详细原因论述如下：

一、非法采矿罪以无合法开采手续、妨害国家矿产资源开采管理秩序为客观方面

本案陈××行为显然不是私采盗挖高岭土矿或建筑用砂矿的行为，无以合法形式掩盖非法目的。陈××所在公司取得建筑施工工程下挖泥挖掘、清运资质，与建筑施工工程发包方签订正当合法合同，其采掘行为属于正当合法行为，不需要办理任何采矿采掘许可，依法也不可能办得采矿许可证。

《刑法》第三百四十三条第一款有关非法采矿罪的规定明确，"违反矿产资源法的规定，未取得采矿许可证擅自采矿，擅自进入国家规划矿区、对国民经济具有重要价值的矿区和他人矿区范围采矿，或者擅自开采国家规定实行保护性开采的特定矿种，情节严重的，处三年以下有期徒刑、拘役或者管制，并处或者单处罚金；情节特别严重的，处三年以上七年以下有期徒刑，并处罚金"。只有违反《矿产资源法》的规定，未取得采矿许可证擅自采矿的行为，才是违法犯罪行为。然而在本案中，陈××的采掘行为并不需要办理采矿许可证，其进行建筑工程下挖基础土的行为是合理合法的施工行为，在现实中是无论如何也办理不了采矿许可证的，既然依法不需要办理采矿许可证，则其行为就不是违反采矿许可证管理规定的行为。

侦查机关所指案发地，位于花都区政府重点工程——花都中轴线石岗安置区工程建设项目下挖工区。根据《矿产资源法》第三十三条的规定，"在建设铁路、工厂、水库、输油管道、输电线路和各种大型建筑物或者建筑群之前，建设单位必须向所在省、自治区、直辖市地质矿产主管部门了解拟建工程所在地区的矿产资源分布和开采情况。非经国务院授权的部门批准，不得压覆重要矿床"。

《建设项目用地预审管理办法》第八条规定，"建设单位应当对单独选址建设项目是否位于地质灾害易发区、是否压覆重要矿产资源进行查询核实；位于地质灾害易发区或者压覆重要矿产资源的，应当依据相关法律法规的规定，在办理用地预审手续后，完成地质灾害危险性评估、压覆矿产资源登记等"。

该工程在开工之前，根据《广州市国土资源和规划委员会关于做好建设项目压覆矿产资源查询有关工作的通知》《广州市申请使用建设用地规则》的规定，其用地压覆矿产资源查询的初审、终审工作早已结束，建设用地规划许可证（证号：穗规地证〔2015〕116号）和建设工程规划许可证（证号：穗国土规划建证〔2017〕3052号、穗国土规划建证〔2017〕3456号、穗国土规划建证〔2017〕3458号）均已由业主单位花都区花城街道办事处获得，证明相关工程用地并未压覆矿产资源，工程开挖、采掘并未违反矿产资源法的任何管理规定，依法属于与是否需要办理采矿许可证无关的事务。

根据陈××先生所在的公司广州市 MD 运输有限公司与广州市第一市政工程有限公司（广州市国有独资企业）签订的《余泥渣土运输合同》显示，"工程名称：花都区中轴线石岗安置区一期工程（南区）基坑支护及桩基施工专业承包"（第一条），"工程计量及承包单价""按实际挖土量计"（第二条），"合同签订后乙方无故不承担工程或要求终止合同，则应赔偿甲方损失及违约金，违约金为工程造价的10%"（第三条），等。现有无相反证据证明此份合同系伪造或虚假，这份合同明确有效且必须执行，在业主方已取得合法施工许可、发包方明确发包给陈某所在公司的情况下，陈××组织人员采挖相关涉案土石，合理合法，并无违反矿产资源法某条规定。

二、对建筑废弃物进行资源化利用，是国家明确鼓励的行为

那么，陈××是否系利用合法合同、合法行为进行违法犯罪活动呢？

《广州市建筑废弃物管理条例》第二条明确，"本条例所称建筑废弃物，是指单位和个人新建、改建、扩建、平整、修缮、拆除、清理各类建筑物、构筑物、管网、场地、道路、河道所产生的余泥、余渣、泥浆以及其他废弃物"。

据调查，陈××所在公司对花都区中轴线石岗安置区一期工程（南区）基坑支护及桩基施工专业承包工程中，共面积为 103.80 亩（计 69 236.4 m²）区域内下挖共约 26 万 m³ 的建筑废弃物。

《广州市建筑废弃物管理条例》第四十七条规定,"市、区、县级市人民政府应当采取措施,扶持和发展建筑废弃物综合利用项目,鼓励企业利用建筑废弃物生产建筑材料和进行再生利用";第五十一条规定,"建筑废弃物综合利用企业依法享受税费、信贷等方面的优惠和资金支持"。

《广东省人民政府关于实施资源税改革的通知》(粤府办〔2016〕67 号)规定,"四、资源税优惠政策""为鼓励资源综合利用,对利用废石、尾矿、废渣、废水、废气等提取的矿产品免税"。

财政部《关于全面推进资源税改革的通知》(财税〔2016〕53 号)"二、资源税改革的主要内容"部分中明确,"(五)2. 对鼓励利用的低品位矿、废石、尾矿、废渣、废水、废气等提取的矿产品,由省级人民政府根据实际情况确定是否减税或免税,并制定具体办法"。

根据《财政部、国家税务总局关于印发〈资源综合利用产品和劳务增值税优惠目录〉的通知》(财税〔2015〕78 号)规定,"一、纳税人销售自产的资源综合利用产品和提供资源综合利用劳务(以下称销售综合利用产品和劳务),可享受增值税即征即退政策。具体综合利用的资源名称、综合利用产品和劳务名称、技术标准和相关条件、退税比例等按照本通知所附《资源综合利用产品和劳务增值税优惠目录》(以下简称《目录》)的相关规定执行"。《目录》类别"二、废渣、废水(液)、废气"名列其中(见图 2-8),明确废渣综合利用用于砖、墙板、耐火材料等(正是高岭土或建筑用砂的用途),享受增值税即征即退 70% 的鼓励政策。在《目录》最后"备注""1. 概念和定义"中明确,"'废渣',是指采矿选矿废渣、冶炼废渣、化工废渣和其他废渣","其他废渣,是指粉煤灰、燃煤炉渣、江河(湖、海、渠)道淤泥、淤沙、建筑垃圾、废玻璃、污水处理厂处理污水产生的污泥"。

资源综合利用产品和劳务增值税优惠目录

类别	序号	综合利用的资源名称	综合利用产品和劳务名称	技术标准和相关条件	退税比例
一、共、伴生矿产资源	1.1	油母页岩	页岩油	产品原料95%以上来自所列资源。	70%
	1.2	煤炭开采过程中产生的煤层气（煤矿瓦斯）	电力	产品燃料95%以上来自所列资源。	100%
	1.3	油田采油过程中产生的油污泥（浮渣）	乳化油调和剂、防水卷材辅料产品	产品原料70%以上来自所列资源。	70%
二、废渣、废水（液）、废气	2.1	废渣	砖瓦（不含烧结普通砖）、砌块、陶粒、墙板、管材（管桩）、混凝土、砂浆、道路井盖、道路护栏、防火材料、耐火材料（镁铬砖除外）、保温材料、矿（岩）棉、微晶玻璃、U型玻璃	产品原料70%以上来自所列资源。	70%

图 2-8　资源综合利用产品和劳务增值税优惠目录

建设部《城市建筑垃圾管理规定》第二条第二款明确了"其他废渣"类中"建筑垃圾"的定义——"本规定所称建筑垃圾，是指建设单位、施工单位新建、改建、扩建和拆除各类建筑物、构筑物、管网等以及居民装饰装修房屋过程中所产生的弃土、弃料及其他废弃物"。

本案中，陈××所在公司下挖土石方 26 万 m^3，计重约 40 万 t，此土石方中，认为有一定价值的矿产品在鉴定意见中仅为 1 万 m^3、2 万 t，且侦查机关委托检测的主要指标 Al_2O_3 含量仅 11.74%，已分选出的矿产品含量尚且达不到认定高岭土矿的工业指标（$Al_2O_3 \geqslant 14\%$），其在原始状态时的含量更加不可能达到高岭土矿的工业指标，根本不能认定为矿产资源！——根据《中华人民共和国矿产资源法实施细则》第二条规定，"矿产资源是指由地质作用形成的，具有利用价值的，呈固态、液态、气态的自然资源"，不是指经过人工分选或挑选后的矿产品，也不是指达不到工业利用价值、低于利用指标（本案中高岭土矿主要指标为"$Al_2O_3 \geqslant 14\%$"）的任何资源。

陈××所在公司如果不对挖出土石方加以综合利用，不分选而仍然混合，则按《广州市建筑废弃物管理条例》，其只能全部弃置于政府规定的建筑垃圾消纳场，占用国土空间，甚至污染被放置区水土环境，而且还需支付政府规定的建筑垃圾消纳费（每车为 180～250 元，每车 9～12 m^3）。

而将其综合利用（从 40 万 m^3 中分选出来 1 万 m^3）的行为，符合节约资源、对废弃物高效利用的政策规定，并享受国家免征资源税、即征即退增值税的优惠，且无哪条法律规定需强制办理何种许可手续，不仅不是违法行为，而且还是法律鼓励的行为。如果这样的行为被认定为违法、犯罪，那么国家对于建筑垃圾类废渣综合利用的鼓励政策，必然完全落空。得不到现实体现，国策就是"空策"，优惠就是"假惠"。

从查明的案情看，已有 3 车涉案产品免费运往广州市康通陶鑫材料有限公司用作原材料，没有被完全弃置，没有被完全当作无用垃圾占用消纳场空间，且节省了每立方米 20 元左右的消纳处置费，节省了消纳处置国土空间，资源还得以合理利用，已证明了陈××行为的合理合法性（另外，涉案堆土至侦查立案时就已置放半年以上仍未运用于设想的地方，说明其是否为满足市场条件的可利用物，仍存疑问，如最终无人问津，仍应弃置消纳场或回填某工程）。

法律的作用在于权衡利弊、调节利害，如果一个行为不违反国家根本制度规则，又对社会经济发展总体有利，则不宜予以否定评价，这也是国家和地方为什么会出台相应鼓励政策的原因。

三、涉案鉴定意见第一个报告错把矿产品检测当成矿产资源储量检测，涉案对象并非法定矿产资源区，定性"非法采矿"明显丧失前提，其意见不能作为定案依据

如前所述，从建筑废弃物中提取矿产品是合法的应鼓励行为，以此法理出发，侦查机关委托所做的鉴定意见中，第一份《非法开采广州市花都区 M 街 M 路 2018008 堆场高岭土矿简测报告》（以下简称《报告》）有如下明显错误：

（一）程序错误：

（1）检测单位广东省有色金属地质局 938 队无矿产品质量检测资质，只有对矿产资源储量的检测资质，显然与本案不符，其使用《固体矿产地质勘查规范总则》《高岭土、膨土、耐火黏土矿产地质勘查规范》等技术规范对涉案物进行检测，显然是用错对象，由此推导出的结论也相应是错误的（参见以下实体错误分析意见）。

（2）《报告》未提供执法人员同步监督采样的采样记录（侦查机关也未提供同步采样执法记录），甚至未提供其单位采样人员采样的照片或视频，依法不能作为有效的证据，对其采样真实性明显存疑。无论是根据储量检测的技术标准，还是根据矿产品检测的技术标准，只取 12 个样，明显不符合规程。

（二）实体错误：

忽略《报告》程序错误不论，该《报告》所示检测结果为 Al_2O_3 含量仅 11.74%（第 6 页），并非"略低于高岭土矿的一般工业指标 14%"，而是差了 2 个以上的百分点，如放在挖出的 26 万 m^3 土石方中，其 Al_2O_3 含量只有 0.45%（计算公式：1万 m^3×11.74%/26 万 m^3），远达不到矿产资源开采的工业标准。如此低的含量，任何一个有头脑的矿业经营者都不会去进行工业开采、申办采矿证，只能通过建筑废弃物综合利用的方式或能获得一定价值——涉案矿产品的来源区即工程所在地或许可以认定为含有少量高岭土材料或建筑用砂材料的区域，但能否工业利用无确凿证明，绝不能认定为是具有开采价值或保护价值的高岭土矿区或建筑用砂矿区。

四、在相关案例中，无一例因相同行为而被追究刑事责任的

经查询最高人民法院中国裁判文书网（http://wenshu.court.gov.cn/），可知广东省境内私采盗挖高岭土矿或以合法名义掩盖相关非法目的的刑事案件高发，但是，其中并无一例因合法开挖建筑工程基础土并从中分选高岭土或建筑用砂料而被追究刑事责任。

大数据统计可明确，建筑工程基础土能被合法开挖的前提是建筑工程所占土地已确定不属于矿区，不存在法定的、有工业价值的矿产资源，而在开挖基础土过程中对形成的建筑废弃物进行分选利用，当是应予鼓励的合理行为。

综上，陈××先生所涉案情行为，确不构成非法采矿罪。恳请负责人考虑本法律意见书，解除对陈先生的追究措施。

此致

广州市公安局花都区分局
广州市花都区人民检察院

北京市盈科（广州）律师事务所环境与资源法律事务部主任律师陈勇儒
2018 年 8 月 8 日

附：本法律意见书相关证据材料

1. 陈××所在公司与工程发包方所签《余泥渣土运输合同》，证明内容：陈××

指挥开挖土石方系其合法职务行为。

2．建设用地规划许可证（证号：穗规地证〔2015〕116 号）和建设工程规划许可证（证号：穗国土规划建证〔2017〕3052 号、穗国土规划建证〔2017〕3456 号、穗国土规划建证〔2017〕3458 号），证明内容：开挖区域不是矿区，挖掘是合法行为。

3．涉案法律文件：

《建设项目用地预审管理办法》

《广州市建筑废弃物管理条例》

《广东省人民政府关于实施资源税改革的通知》（粤府办〔2016〕67 号）

财政部《关于全面推进资源税改革的通知》（财税〔2016〕53 号）

《财政部、国家税务总局关于印发〈资源综合利用产品和劳务增值税优惠目录〉的通知》（财税〔2015〕78 号）

建设部《城市建筑垃圾管理规定》

《中华人民共和国矿产资源法实施细则》

4．陈勇儒专家律师身份介绍，证明内容：出具意见者系广东省法学会环境与资源法学研究会 28 位常务理事之一，也是广东省律师协会环境与资源法专业委员会副主任委员，其对发表本法律意见书负专业责任。

2．提示补充侦查方向

律师提出第一次取保候审申请，无音，检察院启动第二次退回补充侦查（之前已启动一次）。

其间，律师向检察院提示重点补侦方向：

建议要补充侦查的证据及补侦理由：

1．压覆矿产资源查询的复函；

2．矿产资源储量检测报告；

3．矿产资源储量检测报告的评审认定意见——法律依据：国土资源部、国家计委、国家经贸委、中国人民银行、中国证监会颁布的《矿产资源储量评审认定办法》（国土资发〔1999〕205 号）等；

4. 广东省国土资源厅对本案可能涉及的非法采矿、破坏性采矿造成矿产资源破坏价值的鉴定报告或审查结论——法律依据：国土资源部《非法采矿、破坏性采矿造成矿产资源破坏价值鉴定程序的规定》（国土资发〔2005〕175 号），等。20 元/t 价格认定的依据、事实理由、计算方法、调查认定过程，不能直接给出结论，应论述结论的来源、依据、理由（采用市场法的，应有市场调查记录、测算说明等）——需要补侦的法律依据：《价格认定行为规范》（发改价证办〔2016〕84 号）（特别是第九条、第十条）等。

3. 提出不予起诉意见书

关于陈××案应严格依法裁定的不予起诉法律意见书

广州市花都区人民检察院，尊敬的陈检察长、赵副检察长、检察委员会各位委员、王检察官：

受陈××委托，北京市盈科（广州）律师事务所指派专业部门主任律师陈勇儒，就陈××案应尊崇法律、严格依法办事，依法作出不予起诉决定，发表如下法律意见供决策。

（1）二次退侦的证据仍显示，涉案物质并未达到高岭土矿开采利用的指标要求（Al_2O_3 原矿大于 14%、精矿大于 24% 等），依法不能认定为高岭土矿，失去本案追究非法采矿的大前提，核心证据明显不足；

（2）新非法采矿罪已修改为情节严重犯而非一般行为犯，"两高"司法解释确定起刑点大幅提高到 30 万元以上；

（3）截至目前，无任何一份有效可视的矿产品价值报告，总额无法直接确定甚至无法推定；

（4）陈××等人主观上确非为开采矿产资源，其行为明显无重大社会危害性，客观情节明显不严重，依法确不能构成非法采矿罪；

（5）如错误认定为达标有价高岭土矿，一旦裁判"没收"，却又无人受让、变现、入库，则司法机关依法可能被问责。

详细事由如下：

一、根据新证据自相矛盾处，应严格根据《矿产资源法实施细则》的规定，确定涉案物质不是法定矿产资源之高岭土矿，依法应裁定本案丧失认定非法开采矿产资源的大前提

《中华人民共和国矿产资源法实施细则》第二条明确，"矿产资源是指由地质作用形成的，具有利用价值的，呈固态、液态、气态的自然资源"，而判定是否具有利用价值，定然是有标准可对照的。

但该案二次退侦后产生的《矿产资源储量检测报告》（下称《报告》）显示，该报告一方面采用《高岭土、膨润土、耐火黏土矿产地质勘查规范》（DZ/T 0206—2002）中确定是否为砂质高岭土的检测方法，即确定原矿系未达到高岭土原矿工业指标（Al_2O_3 大于 14%、钛指标小于 0.6%）的砂土，通过淘洗后确定精矿是否达到工业指标（Al_2O_3 大于 24%、钛指标小于 0.7%），但另一方面，在确定精矿是否达到高岭土矿标准时，却仍选用原矿工业指标进行对照，以精矿 Al_2O_3 含量 22.79% 认定涉案物质是高岭土矿，明显是自相矛盾的。表 2-4 为《高岭土、膨润土、耐火黏土矿产地质勘查规范》（DZ/T 0206—2002）中所附高岭土一般工业指标要求：

附录 E

（资料性附录）

一般工业要求和矿产资源/储量规模

E.1　一般工业要求

E.1.1　高岭土矿一般工业指标

见表 2-4。

表 2-4　高岭土矿一般工业指标

矿石类型	原矿淘洗精矿	化学成分质量分数/%			淘洗率/%	最低可采厚度/m			夹石剔除厚度/m		
		Al$_2$O$_3$	Fe$_2$O$_3$+TiO$_2$			露天开采		地下开采	露天开采		地下开采
			总质量分数	其中TiO$_2$		小型矿山	中型以上矿山		小型矿山	中型以上矿山	
硬质高岭土	沉积型原矿	>30	<2	<0.6		0.7	0.7~1	0.7	0.3	0.3~0.5	0.3
	热液蚀变型原矿	>18	<2	<0.6							
软质高岭土	原矿	>24	<2	<0.6		0.7~2	2	1	1	2	1
砂质高岭土	原矿	>14	<2	<0.6							
	淘洗精矿-325目水筛	>24	<2.5	<0.7	>15						

图 2-9 为《报告》中显示的淘洗后精矿的检测值，Al$_2$O$_3$ 结果均小于 24%，而 TiO$_2$ 指标超标（应小于 0.7%），显然不能确定为高岭土矿：

检 测 结 果

实验编号	送样编号	二氧化二铝（Al$_2$O$_3$）	全三氧化二铁（TFe$_2$O$_3$）	二氧化钛（TiO$_2$）	二氧化硅（SiO$_2$）	氧化钠（Na$_2$O）	氧化钾（K$_2$O）	白度
		%						
0176	2018008-Y1	22.27	1.47	0.88	62.11	0.12	2.08	56.2
0177	2018008-Y2	23.30	1.66	0.91	60.24	0.11	2.13	52.2
检测方法		GB/T 14506.28—2010						DZG 93—06

图 2-9　检测结果

《报告》中，认定该案所涉物质应适用砂质高岭土的判定标准（证据在《报告》正文第 12 页倒数第 4 行），先简测后精测，但在标准适用时均适用简测指标，显然不符合逻辑（否则无必要确定两个不同的指标，更不符合矿业经济性判断的实际），不符合标准规范（该《规范》中第 9.1 点"矿产资源/储量估算的工业指标"中明确，

"工业指标的确定应严格执行国家规定程序")。

二、"两高"司法解释明确非法采矿罪起刑点为矿产品价值 10 万至 30 万元以上，广东省未依照司法解释第十五条报最高法确定起刑点，依据有利于被告原则、广东为 GDP 第一大省、广州深圳等地为一类地区，起刑点依法为 30 万元以上

2011 年《刑法修正案（八）》第 47 条将非法采矿罪修正为，"违反矿产资源法的规定，未取得采矿许可证擅自采矿……情节严重的，处三年以下有期徒刑、拘役或者管制，并处或者单处罚金；情节特别严重的，处三年以上七年以下有期徒刑，并处罚金"。2016 年 12 月 1 日生效的《最高人民法院、最高人民检察院关于办理非法采矿、破坏性采矿刑事案件适用法律若干问题的解释》（法释〔2016〕25 号）第 3 条明确，"刑法第三百四十三条第一款规定的'情节严重'：（一）开采的矿产品价值或者造成矿产资源破坏的价值在 10 万元至 30 万元以上的……"

上述司法解释第十五条规定，"各省、自治区、直辖市高级人民法院、人民检察院，可以根据本地区实际情况，在本解释第三条、第六条规定的数额幅度内，确定本地区执行的具体数额标准，报最高人民法院、最高人民检察院备案"。但截至目前，广东省检、省高院均未有确定起刑点报最高检最高法备案，视为未上报、未确定。

目前，浙江省高检高院已向最高检最高院报备，非法采矿罪起刑点为 20 万元。结合广东省是中国 GDP 第一大省，广州、深圳等地为各类刑事案件确定起刑点的一类地区，按照存疑有利于被告人的刑罚原则，此一重大事宜，应按照有利于被告人的方向进行认定，严格尊重、依照现有法律规定，认定陈××案所涉金额不在 30 万元以上，从数额上依法认定不构成情节严重，方体现宪法精神。

三、截至目前，无任何一份有效、可视的矿产品价值报告，总额未确定，简单推定无任何证据或法理支撑

根据现有证据显示，花都区国土与规划局证据已明确第一份《矿产资源储量简检报告》有关矿产品价值的认定"不作为法律定案价值依据"（证据在该局《说明》的第 3 页第一行），而花都区价格认证中心 3 月份的认证只有价格没有价值（且为照搬花都区局《说明》内容，无价格分析依据），当时以及现在能否直接套用吨位乘以价格的公式推算价值，没有任何证据或法理支撑。显然，从选矿学的角度言，

精矿不可能自然取得，必然付出选矿成本，直接以精矿数量推算价值定然不符合常理。况且精矿分析指标显示其并不符合高岭土矿的特征，从指标上判断其并非高岭土矿，其价格几何目前无从得知。

四、陈××等人行为主观上确非为非法开采矿产资源，其行为明显无重大社会危害性，客观情节明显不严重，甚至是依新法新规应明确鼓励的行为，依法确不能认定非法采矿罪

显然，该案陈××等人行为主观上不是为了开采矿产资源，更不是为了破坏矿产资源，其依合同在依法确定的建筑施工区内处理建筑废石废渣，并非在法定矿产资源矿区范围内进行非法采矿活动，对社会及其他利益方并不造成危害。

根据粤府办〔2016〕67 号文《广东省人民政府关于实施资源税改革的通知》及其附表《广东省资源税税目税率表》规定，广东省只对高岭土原矿从价征收 4% 的资源税，对精矿不征收资源税，而高岭土原矿的认定显然不是无标准的；另明确，"为鼓励资源综合利用，对利用废石、尾矿、废渣、废水、废气等提取的矿产品免税"。显然，免税的范围不归国土资源部门管辖，也无权管辖、无动力管辖，司法机关一般也无权干预。

该案中，如果陈××等人不对明显会进入建筑废弃物受纳场的建筑废石废渣中、零散的达不到高岭土原矿特征指标的物质进行合理处置，免费提供给别人用于提取其他矿产品，显然与粤府办〔2016〕67 号文的合法精神不符（现有证据中无证据证明他人用之于提取高岭土矿产品，即使是提取高岭土，依前述文件规定也属合法行为）。

另同理，国家法律、省政府文件已明确了对被告人有利的规定，如无明确有利的不同理解，当以有利于被告人的原则进行判断。

五、如错误认定为达标有价高岭土矿，一旦裁判"没收"，却又无人出资受让、变现、入库，则司法机关依法可能被问责

如前所述，该案涉案特质原矿 Al_2O_3 品位仅为 11.74%，未达到 14% 的一般工业指标，淘洗精矿 Al_2O_3 品位仅为 22.79%，未达到 24% 的指标，且 TiO_2 指标超标，不能判定为有工业价值的高岭土矿，只能归于一般砂石或其他，价值很低（多份讯问笔录显示，实际状况为免费都没人要）。

《刑事诉讼法》等法律规定了没收犯罪所得、拍卖出让、上缴国库的要求，检察院、法院均有职责对没收犯罪所得进行管理，如果该案错误认定涉案物质为达标有价高岭土矿，在处置时却因达不到工业利用的价值标准而无人出资受让变现，则根据现有体制机制，有可能被问责，被问"为什么"。

综上所述，结合中央提出推动全社会尊法、依法司法、切实依法保障人权、全面加强宪法实施的要求，以及明确法大于权、提高政治站位、落实习近平新时代法治思想，以及落实习近平总书记两次视察广东精神，实实在在以政治意识、大局意识等落实中央关于建设法治广东的要求，建议对该案作出不起诉决定为是。

此致
敬礼！

辩护人：北京市盈科（广州）律师事务所
广东省法学会环境资源法研究会常务理事
中共广州市委政法委法治化营商环境政策文件起草组成员
清华大学继续教育学院矿业高级经理研修班学员
广东省律师学院环境资源法教师
陈勇儒律师

2018 年 11 月 5 日

附：涉案相关证据材料、标准材料、法规材料

4. 提出专家评审意见

（PSYJ-2018-1102 号）
《非法开采广东省广州市花都区 M 街 M 路
（2018008 堆场）矿产资源储量检测报告》
评审意见书

声　明

一、本《评审意见书》之评审专家团队与委托方没有现存或预期的利益关系，对相关当事方不存在偏见。

二、本《评审意见书》之评审专家团队在本次评审过程中，严格遵循相关法律法规和行业规范之规定，恪守独立、客观和公正性原则。

三、《评审意见书》所引用的资料由委托方提供，委托方对所提供资料的真实性承担相应的法律责任。

四、评审专家团队商委托方未对《资源储量检测报告》标的物（堆料）进行现场勘察。评审专家团队认为：虽未进行现场察勘，但并不影响本次评审结论。

五、本《评审意见书》仅供委托方使用，未经评审专家团队同意，不得提供他人。

受北京市盈科律师事务所陈勇儒律师委托，中国矿业权评估师协会资深评估专家于学滋及其专家团队（以下简称专家团队）对《非法开采广东省广州市花都区 M 街 M 路（2018008 堆场）矿产资源储量检测报告》（以下简称《检测报告》）进行了仔细研阅，现将评审意见报告如下：

一、《检测报告》对于堆料的"高岭土矿工业类型"划分错误

《检测报告》所指堆料（简称本案堆料或堆料）为混合物，由黏性土及砂混合而成。检测人员"现场初步判断堆料去除砂后可以作为高岭土矿，或经淘洗后用作建设用砂"。（笔者注：应为建筑用砂，下同）

为了厘清本案堆料的性质，专家团队仔细研阅了《检测报告》及《高岭土、膨润土、耐火黏土矿产地质勘查规范》（DZ/T 0206—2002，简称《勘查规范》）。

由《勘查规范》可知，高岭土矿的"工业类型"根据其质地、可塑性和砂质质量分数（即含量，下同）分为三类：

1. 硬质高岭土：质硬，无可塑性，粉碎细磨后具可塑性；

2. 软质高岭土：质软，可塑性较强，砂质质量分数＜50%；

3. 砂质高岭土：质松散，可塑性较弱，砂质质量分数＞50%。

各工业类型高岭土相关指标见表2-5：

表 2-5 高岭土矿工业类型

矿石类型		化学成分质量分数/%		
		Al_2O_3	$Fe_2O_3+TiO_2$	
			总质量分数	其中 TiO_2
硬质高岭土	沉积型原矿	＞30	＜2	＜0.6
	热液蚀变型原矿	＞18	＜2	＜0.6
软质高岭土		＞24	＜2	＜0.6
砂质高岭土		＞14	＜2	＜0.6

注：表2-5软质高岭土、砂质高岭土虽未标注是否为原矿，但通过"高岭土矿一般工业指标"可知，上表中的指标均指各类型高岭土矿原矿化学成分质量分数。

"高岭土矿工业类型"是指：若该矿石是高岭土矿，按照相关指标分类，应明确它归属于哪种工业类型的高岭土矿，以便采选冶生产组织。

本案堆料作为"疑似高岭土矿"，到底是不是高岭土矿，如果是，属于哪一种高岭土矿，均需通过取样、化验，及其相关指标、数据来证明。为此，先假设堆料为"高岭土矿"，查看其属于哪种"工业类型"。

由表2-5知，当原矿中砂质质量分数＜50%，同时，其他指标亦符合表2-5中对应矿石类型指标时，称该类型高岭土矿为软质高岭土；当原矿中砂质含量＞50%，同时，其他指标亦符合表2-5中对应的矿石类型指标时，该类型高岭土矿为砂质高岭土。

由《检测报告》第9页知："混合物堆料中高岭土平均含量为52.20%，砂平均含量为47.80%。"对比"高岭土矿工业类型"，本案堆料应为"软质高岭土"（注：除含砂量外，其他指标亦应符合要求，否则不可称其为该类型高岭土矿）。

《检测报告》虽未直接表明堆料的"高岭土矿工业类型"，但在实际指标应用中均将其视为砂质高岭土。因此，《检测报告》对于堆料的"高岭土矿工业类型"划分错误。

二、《检测报告》将堆料基本化学分析数据与砂质高岭土矿"一般工业指标"对比错误，本案堆料不是高岭土矿

本案堆料是否为高岭土矿，要看它的各项化学成分质量分数（%）是否达到了高岭土矿的一般工业指标要求（表2-6）。

表2-6　高岭土矿一般工业指标（主要）

矿石类型	原矿或淘洗精矿	化学成分质量分数/%		
		Al_2O_3	$Fe_2O_3+TiO_2$	
			总质量分数	其中 TiO_2
硬质高岭土	沉积型原矿	＞30	＜2	＜0.6
	热液蚀变型原矿	＞18	＜2	＜0.6
软质高岭土	原矿	＞24	＜2	＜0.6
砂质高岭土	原矿	＞14	＜2	＜0.6
	淘洗精矿-325目水筛	＞24	＜2.5	＜0.7

表2-6表明，软质高岭土（原矿）一般工业指标 Al_2O_3＞24%。本案堆料若达不到此指标，即不可认定为高岭土矿（注：由《检测报告》知，本案堆料其他指标也不满足高岭土矿一般工业指标要求，因其不影响本次评审结论，故不做讨论）。

由《检测报告》第6页"2.1混合物主要化学成分"知：混合物（注：即原矿，下同）化验结果，Al_2O_3平均值仅为11.74%。故本案堆料不属于高岭土矿。关于此点，在《检测报告》第6页中也谈到"对比《勘查规范》的高岭土矿工业指标，矿石质量分数不满足高岭土矿一般工业指标（Al_2O_3＞14%）"。虽然《检测报告》承认"不满足高岭土矿一般工业指标"是对的，但其所引用的 Al_2O_3＞14%是错的。因Al_2O_3＞14%并不是软质高岭土（原矿）的一般工业指标，而是砂质高岭土（原矿）的指标。软质高岭土（原矿）的一般工业指标应为 Al_2O_3＞24%，而堆料的 Al_2O_3仅为11.74%，所以堆料并不是高岭土矿。

《检测报告》第7页、第8页"2.2分离后黏性土的主要化学成分及砂的物理性能"中"（2）黏性土化学分析结果"写明："分离后黏性土 Al_2O_3平均值为22.79%……满足高岭土矿工业指标（Al_2O_3＞14%）。"这个结论明显是错的。分离后黏性土又称

"淘洗精矿"，而高岭土矿工业指标（$Al_2O_3>14\%$）是指砂质高岭土原矿。《检测报告》将淘洗精矿 Al_2O_3 平均值 22.79%与砂质高岭土原矿指标 $Al_2O_3>14\%$ 相对比是不对的。精矿应与精矿指标相对比，砂质高岭土淘洗精矿一般工业指标为 $Al_2O_3>24\%$，可见，堆料经分离后黏性土 Al_2O_3 平均值 22.79%并未达到砂质高岭土淘洗精矿 $Al_2O_3>24\%$ 的指标要求，因此，本案堆料无论是混合物（原矿）Al_2O_3 含量 11.74%，还是分离后（淘洗精矿）Al_2O_3 含量 22.79%，均未达到砂质高岭土矿原矿和淘洗精矿一般工业指标 $Al_2O_3>24\%$ 的要求。同时，也未达到软质高岭土矿原矿的一般工业指标 $Al_2O_3>24\%$ 的要求。综上，本案堆料并不是高岭土矿（高岭土矿一般工业指标与本案堆料化验指标对比见表 2-7）。

表 2-7　高岭土矿一般工业指标与本案堆料化验指标对比

矿石类型	原矿或淘洗精矿	一般工业指标	本案堆料
		Al_2O_3 化学成分质量分数/%	Al_2O_3 化学成分质量分数/%
软质高岭土	原矿	>24	11.74
	精矿		22.79
砂质高岭土	原矿	>14	（11.74）
	淘洗精矿-325 目水筛	>24	（22.79）

注：（11.74）与（22.79）表示本不应与砂质高岭土对比，只是为了说明即便与砂质高岭土相比也不满足。

由表 2-7 可见，无论以软质高岭土还是砂质高岭土相关指标看，本案堆料均不满足高岭土矿的一般工业指标。

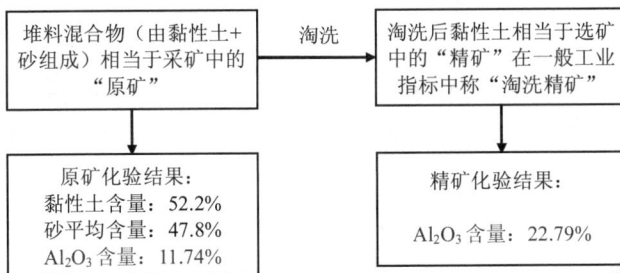

图 2-10　堆料"原矿"与淘洗后"精矿"化验指标示意图

专家团队评审结论：

《检测报告》存在两大主要错误：一是分类错误。本案堆料砂质含量＜50%，其工业类型应划归为软质高岭土型，而《检测报告》却将其划归为砂质高岭土型。在各项指标对比中均与砂质高岭土作对比；二是指标对比错误。《检测报告》错将淘洗精矿指标（Al_2O_3平均值22.79%）与砂质高岭土原矿指标（$Al_2O_3 > 14%$）进行对比，由此得出"堆料为高岭土矿"的错误结论。事实上，本案堆料不是高岭土矿。

三、《检测报告》将堆料经淘洗、筛选后的砂质部分，贸然认定"具有一定经济价值"不妥

《检测报告》第7页谈到"……筛孔均超出建筑用砂颗粒级配指标，超出总和为11%，达不到《建设用砂》（GB/T 14684—2001）规定的各级累计筛余总和不应大于5%的要求，不能直接作为建筑用砂使用，可进行筛选组合后达到规范指标要求后作为建设用砂使用"。对此专家团队认为，矿产资源可否开发利用，必须同时考虑技术、经济、市场、法律、环境、社会等诸多因素的限制，其中任一因素不满足相关要求，这种资源也是不可开发利用的，更不可盲目称其为"可采储量"。

本案所涉及堆料中的建筑用砂，因其必须先作淘洗去泥，再筛分、级配才可达到建筑用砂要求。因此，从淘洗、筛选、级配、装卸、运输到销售，其中人工成本、原材料及辅料、电力、用水、折旧、维修、管理费用以及各种税（规）费都是需要考虑的；在此基础上，还必须考虑淘洗、筛分过程中用水许可、排污许可，以及排水、排污必须达到环保指标要求而发生的成本。即便如此，还必须考虑开工生产对周边社区的影响。

综上，对于《检测报告》在未考虑上述诸多影响因素的情况下，在未进行可行性论证、生态环保评价的情况下，就断言其"具有一定的经济价值"是不妥的。正因如此，《检测报告》将"资源储量类型"确定为"可采储量"也是极不严肃的。

专家团队评审结论：

鉴于《检测报告》对堆料所含建筑用砂之淘洗、筛分、装卸、运输、销售等各环节成本及税费未进行经济论证，尤其未对上述过程中的生态环保因素进行评价，便断言其"具有一定的经济价值"极为不妥。

综合上述，专家团队总评审结论：

《检测报告》认定堆料中黏性土为高岭土错误。本案堆料不是高岭土矿。

《检测报告》在未对本案堆料中的砂质成分进行可行性论证及生态环保评价的情况下，盲目认定本案堆料中的砂质为"具有一定经济价值"的"可采储量"不妥。

四、评审专家：

饶绮麟　教授级高级工程师

　　　　享受国务院政府特殊津贴

　　　　博士生导师

　　　　原北京矿冶研究总院副院长兼工程设计院院长

　　　　多项采、选矿专利技术发明人

　　　　注册咨询工程师

　　　　联系电话：1391062××××

于学滋　物探高级工程师

　　　　中国首批注册矿业权评估师

　　　　中国矿业权评估师协会资深专家（证书编号：0001）

　　　　AusIMM（澳大拉西亚采矿与冶金学会）院士

　　　　联系电话：1391021××××

　　　　　　　　　　　　　　　　　　　　　　　　2018 年 11 月 15 日

再次申请取保候审，仍无果。至 12 月，当事人坐不住了。

12 月底，终于熬来开庭之日，当事人认可律师工作，但决意不做无罪辩护，愿认罪认罚，开庭即出去，检察官同意，法官同意。

（实案五）

普宁市 WW 印染厂印染废水直排污染环境案

一、基本案情

普宁市人民检察院指控：

被告人 WINSENG 系普宁市 WW 印染厂的老板，系在普宁市工商行政管理局注册的投资人。

被告人 WINSENG 在取得工商营业执照及《广东省排放污染物许可证》后，在普宁市占陇镇东西南村开设一印染厂，先后雇佣被告人肖某某、吴某某、张某某、杨某某及同案人陈某某（在逃）等人进行印染生产，其中被告人肖某某为该印染厂环保副厂长及污水处理小组带组组长，负责该印染厂污水处理的管理及安排组内工人的工作；被告人吴某某为该印染厂污水处理小组组长，负责该印染厂污水的处理及安排组内工人的工作；被告人张某某、杨某某均为该印染厂污水处理小组员工，负责该印染厂污水处理工作。

被告人 WINSENG 为降低污水处理成本，逃避环保部门监管，在工厂污水处理设施的初沉淀池中私设暗管并连接厂外管道，从 2017 年 6 月至今，被告人 WINSENG 与同案人陈某某指挥安排被告人肖某某、吴某某、张某某、杨某某从中操作，将工厂生产过程中所产生的污水，没有经过任何处理，通过私设暗管直接向厂外排放，同时用一条大塑料管道连接电泵机，利用电泵机将工厂生产过程中产生的污泥从初沉淀池中抽出，经该大塑料管道直接排出厂外，严重污染周边环境，至 2018 年 6 月 6 日被查获。

经普宁市环境保护局监测站对该印染厂生产过程中排放的污水进行监测，该印染厂西南侧一排放口的污水下列指标均超标：化学需氧量超出 948 倍、硫化物 0.58 倍、苯胺类 1.22 倍，其中"苯胺类"属有毒有害污染物质［普环监（测）字 2018 第（06）005 号监测报告］。同时，被告人 WINSENG 经营的普宁市 WW 印染厂，于 2012 年 7 月至今因违法排污等行为，被普宁市环境保护局及普宁市公安局先后行政处罚 17 次。经环境保护部华南环境科学研究所鉴定评估，2013 年—2018 年 5 月非法排放废水对练江环境生态损害费用为人民币（下同）464 798.71 元，本次环境损害鉴定评估工作事务性费用为 61 200 元，生态损害鉴定费用为 191 200 元，共计 717 198.71 元。

普宁市人民检察院向法庭提供了破案经过、现场相片、监测报告、证人证言、被告人供述等证据，认为被告单位普宁市 WW 印染厂及被告人 WINSENG、吴某某、肖某某、杨某某、张某某的行为触犯了《中华人民共和国刑法》第三百三十八条的规定，均已构成污染环境罪。被告单位诉讼代表人对刑事指控没有提出异议。被告人 WINSENG 辩称其在 WW 印染厂配置有污水处理设施，生产中的污水和污泥有经过处理才对外排放。

二、律师意见

笔者接受委托时，该案已经一审裁判，当事人 WINSENG 污染环境罪成立，判处有期徒刑两年六个月。

1. 经研判，律师团队向二审法院揭阳市中级人民法院提交了《普宁市 WW 印染厂涉污染环境刑事附带民事案上诉辩护词及代理意见》

> 辩护人现就本案基本事实认定不清，特别是是否排放有毒有害物质的事实认定存在明显证据不足、不能形成完整证据链问题，发表如下关于普宁市 WW 印染厂从单位犯主体资格、到犯罪客观方面，均不符合罪刑法定原则、不构成污染环境罪的意见，恳请贵院合议庭及审委会法官或广东省高级人民法院负责人审查。

一、《个人独资企业法》明确，自然人独资企业依法不具有独立法人资格，不是单位犯的适格主体

《中华人民共和国个人独资企业法》第二条明确，"个人独资企业，是指依照本法在中国境内设立，由一个自然人投资，财产为投资人个人所有，投资人以其个人财产对企业债务承担无限责任的经营实体"。个人独资企业明确不是具有独立法人资格的企业。

最高人民法院《关于审理单位犯罪案件具体应用法律有关问题的解释》（法释〔1999〕14 号）第一条规定，"刑法第三十条规定的'公司、企业、事业单位'，既包括国有、集体所有的公司、企业、事业单位，也包括依法设立的合资经营、合作经营企业和具有法人资格的独资、私营等公司、企业、事业单位"，该司法解释已明确构成单位犯的独资企业必须是具有法人资格的独资企业，不包括不具有法人资格的个体工商户、个人独资企业等。

《刑事附带民事判决书》（〔2018〕粤 5281 刑初 1203 号）中，将 WINSENG 先生个人投资的独资企业普宁市 WW 印染厂（以下简称上诉人）作为被告单位，判其构成污染环境罪，并处罚金人民币 100 万元，明显与现行有效的基本法、最高人民法院的司法解释相悖。截至目前，无任何通知、文件显示，最高人民法院法释〔1999〕14 号文失效，各级人民法院和基层人民法院应当遵照其执行。该文之所以如上规定的法理在于：《个人独资企业法》已明确规定个人独资企业不是独立法人，其财产所有权不独立且全部归于投资人，企业对外承担责任的主体就是投资人，而非企业本身，且投资人承担的是无限责任，如果既要求投资人承担个人责任，又要求企业承担单位责任，其结果就是重复司法，重复追责，因为追究企业就是追究个人，且由于企业无独立财产，也将使对企业的追究变得无法执行、没有意义。

二、一审认定诸被告人有"两年内曾因违反国家规定，排放、倾倒、处置有放射性的废物、含传染病病原体的废物、有毒物质受过两次以上行政处罚"的刑事行为，严重与事实不符，被告人在两年内未有查证一次排放、倾倒、处置前述物质的行政违法行为

《刑事附带民事判决书》〔（2018）粤 5281 刑初 1203 号〕中，认定诸被告人构成污染环境罪的具体法理，其中之一是依据《最高人民法院、最高人民检察院关于办理环境污染刑事案件适用法律若干问题的解释》（法释〔2016〕29 号）的第一条第（六）款，即"实施刑法第三百三十八条规定的行为，具有下列情形之一的，应当认定为'严重污染环境'：……（六）二年内曾因违反国家规定，排放、倾倒、处置有放射性的废物、含传染病病原体的废物、有毒物质受过两次以上行政处罚，又实施前列行为的。"

但该案刑事侦查卷（五）、卷（六）显示，被告人所受行政处罚中，只涉及 COD 超标、二氧化硫超标或色度超标，无一次被查证"排放、倾倒、处置有放射性的废物、含传染病病原体的废物、有毒物质"，更无一次因"有放射性的废物、含传染病病原体的废物、有毒物质"的排放、倾倒、处置而受到行政处罚的记录。因此，根本不符合该条司法解释的罪刑法定标准，另根据生态环境部已公布的《有毒有害大气污染物名录（2018 年）》《有毒有害水污染物名录（第一批）》，特别是卷（七）中普宁市环境保护局对有毒有害污染物质的《证明》，均可知前述超标所涉物质均非有毒有害污染物质。

因此，有必要请检察官明确，被告人是何年何月何日被何行政机关进行了编号为何的行政处罚决定，是否因排放、倾倒、处置有放射性的废物、含传染病病原体的废物、有毒物质受到的？如此方为事实清楚、证据确凿（除无任何证据证实，被告人在一审中也从未确认过有因排放六价铬、苯胺类有毒物质被行政处罚的行为，但一审判决书"经审理查明"部分中，第 16 页最后一自然段中却突然认定，"在 2 年内因违反国家规定非法排放六价铬、苯胺类有毒物质被行政处罚 7 次"！不知一审法庭是从哪里得来的线索或证据，或基于怎样的推论！？）。

三、普宁市环保监测站人员采样时使用来源不明的塑胶袋采集样品，又未对上诉人生化池中废水进行采样检测，导致一审主要证据之 5 号《监测报告》中检出的"苯胺类"系由上诉人导致的结论缺乏唯一性，因果关系不明，因此不能形成证明上诉人偷排含有毒物质"苯胺类"废水的完整证据链

一审判决书认定诸被告人构成污染环境罪的另一法理，是《最高人民法院、最高人民检察院关于办理环境污染刑事案件适用法律若干问题的解释》（法释〔2016〕29 号）的第一条第（五）款，即"实施刑法第三百三十八条规定的行为，具有下列情形之一的，应当认定为'严重污染环境'：……（五）通过暗管、渗井、渗坑、裂隙、溶洞、灌注等逃避监管的方式排放、倾倒、处置有放射性的废物、含传染病病原体的废物、有毒物质的"。判决书认定被告人排放了一种名为"苯胺类"的有毒物质。

而一审证据之编号为"普环监（测）字2018第（06）005号"的《监测报告》，是证明诸被告人排放有毒物质"苯胺类"的首要证据材料。

但是，查看侦查机关所提供的与该份《监测报告》有关的采样过程记录的现场照片，可知，采样人员在采集该份《监测报告》所对应的样品时，即在采集位于普宁市WW印染厂西南侧生化池下方一红色水管（11 cm）排放口废水时，竟然未按《地表水和污水监测技术规范》（HJ/T 91—2002）和国家标准《水质 苯胺类化合物的测定 N-（1-萘基）乙二胺偶氮分光光度法》（GB 11889—1989）的规范要求使用法定采样器，而是使用一来源不明的塑料袋来采集样品（详见侦查卷第3卷第78页），不符合《地表水和污水监测技术规范》第11章关于"监测质量保证与质量控制"的要求。

由于普宁环保监测站并未对生化池中的废水进行采样分析，即"物质同一性测定"，生化池（即证据图片中侦查机关认为的含有苯胺类物质的废水排放的源头）是否是本案确定的苯胺类物质的排放源头，样品中的苯胺类物质是否存在于上诉人生化池中、是否来源于生化池，缺乏同一性、排他性证明——无论是初沉池还是生化池，都必须证明废水样品中的有毒物质确实唯一来自污染源池中，而不可能来自取样的白色塑料袋中！——物质同一性鉴定的目的即在于此，在初沉池或生化池中取样检测的价值在于此。相反，因塑料袋并非合法采样器，且塑料袋来源不明，苯胺类物质来源于塑料袋，存在高度可能性。又因在相邻的取样点所采样品的分析结果，即编号为"普环监（测）字2018第（06）003号""普环监（测）字2018第（06）015号"的两份《检测报告》均显示苯胺类"未检出"（侦查卷宗第7卷第46页、第52页）；普宁市公安局的两份《鉴定意见通知书》（普公鉴通字〔2018〕00010字、普公鉴通字〔2018〕00012字）也分别明确，"监测报告显示普宁市WW印染厂西南侧（生化池下面）一暗管排放口的污水，未检出六价铬、苯胺类等有毒有害物质""监测显示普宁市WW印染厂厂内雨水渠6个沙井口，均未检出六价铬、苯胺类等有毒有害物质"（侦查卷宗第7卷第57页、第59页）。故相反结论进一步证明，塑料袋盛装样品中的苯胺类物质系上诉人排放的结论存疑，且没有其他证据予以排除这个存疑（比如在上诉人生化池中也检出苯胺类的、甚至其他排放口也检出苯胺类的），因果关系不能成立。

四、普宁市环境保护监测站的法定检测资质，应当予以查证合法

经辩护人再三核实国家计量认证认可查询官方平台"全国认证认可信息公共服务平台"、广东省市场监督管理局的"广东省市场监督管理局质量信息公示平台"之"行政许可信息"查询平台（网址：http://gdstandard.gdqts.gov.cn：8089/gdzj-qp/），均未查询到普宁市环境保护监测站的 CMA 认证，即中国计量认证证书，不能确定该站具有合法的计量检测资质及其检测能力范围。

根据《中华人民共和国计量法》第二十二条的规定，"为社会提供公证数据的产品质量检验机构，必须经省级以上人民政府计量行政部门对其计量检定、测试的能力和可靠性考核合格"。根据《中华人民共和国认证认可条例》第十六条的规定，"向社会出具具有证明作用的数据和结果的检查机构、实验室，应当具备有关法律、行政法规规定的基本条件和能力，并依法经认定后，方可从事相应活动，认定结果由国务院认证认可监督管理部门公布"；其第七十一条规定，"伪造、冒用、买卖认证标志或者认证证书的，依照《中华人民共和国产品质量法》等法律的规定查处"。

生态环境部/国家市场监督管理总局文件、环监测〔2018〕45 号文《关于加强生态环境监测机构监督管理工作的通知》第一点就明确，"凡向社会出具具有证明作用的数据和结果的生态环境监测机构均应依法取得检验检测机构资质认定"。

广东省生态环境厅《关于印发〈广东省污染源监督性监测质量保证和质量控制工作方案（试行）〉的通知》（粤环〔2008〕61 号）"3. 监测单位和人员资质，3.1款，污染源监测实行计量认证制度，监测单位应依法通过计量认证，计量认证范围应包含污染源监督性监测项目。未取得计量认证资质证书或资质证书过期的，所报监测数据无效"。

该监测站所做涉案全部《监测报告》第 2 页，也明确表述："未盖'CMA 标志、骑缝章'均无效"（侦查卷宗第 7 卷第 33 页、第 41 页、第 49 页等）。

辩护人在上诉前阅卷时，未发现本案关键证据之上述普宁市环境保护监测站 3 份《监测报告》（2018 年度）复印件上加盖有 CMA 标志，《监测报告》也未附其 CMA 认证证书复印件等，无法确切获知其资质合法性及资质范围。

辩护人请求贵院，通知普宁市环境保护监测站负责人携带 CMA 证书原件至法庭查验，接受质证。

此外，现场采样人员和行政执法人员未明示其采样上岗证号和行政执法证号，现场行政执法人员也显示仅有 1 位，其采样来源的合法性存疑明显。广东省生态环境厅《关于印发〈广东省污染源监督性监测质量保证和质量控制工作方案（试行）〉的通知》（粤环〔2008〕61 号）3.2 款明确，"监测人员实行持证上岗制度。监测人员应经专业培训，并按照《环境监测人员持证上岗考核制度》的规定经考核合格取得上岗证。未取得持证上岗合格证者，只能在持证人员的指导和监督下开展工作，监测工作质量由持证人员负责"。

五、附带民事诉讼裁判结果不成立的理由

刑事案件不成立，特别是事实不清的刑事案件，则刑事附带民事诉讼不成立。自不必赘言。

《中华人民共和国刑事诉讼法》第七章"附带民事诉讼"的第一条，即该法第一百零一条明确，只有因刑事违法行为导致的民事责任，才有可能提起刑事附带民事诉讼，该条规定如下：

"第一百零一条 被害人由于被告人的犯罪行为而遭受物质损失的，在刑事诉讼过程中，有权提起附带民事诉讼。被害人死亡或者丧失行为能力的，被害人的法定代理人、近亲属有权提起附带民事诉讼。

如果是国家财产、集体财产遭受损失的，人民检察院在提起公诉的时候，可以提起附带民事诉讼。"

如果刑事案件不成立、被告人不构成犯罪的，则不能提起"附带"民事诉讼，或只可能提起纯粹民事诉讼或行政附带民事诉讼。

单位不构成刑事上的单位犯的，假如单位的主管人员或直接责任人构成犯罪的，附带民事诉讼的被告是否还是单位，或仅列单位，尚存立法空白。从法理上讲，此情形下，单位不宜成为附带民事诉讼的被告。

本案无证据对应刑事附带民事诉讼标的额，《生态环境损害鉴定评估报告》上显示的数字并非刑事行为造成的民事损失额。

涉案生态环境损害评估鉴定报告的范围错误，其评估鉴定的时间范围为 2013 年至今，但无任何证据显示 2013—2016 年本案被告人有涉嫌犯罪，无任何证据显示在此期间有发生任何有损生态环境的犯罪行为，无论如何，即使认定 2016 年之后被告人有严重污染环境的犯罪行为，也只有 2016 年之后的行为才属于刑事附带民事赔偿的评估鉴定范围，不能混淆。

　　2016 年之后所涉行为，根据以上辩护意见，因无证据证明是所排水样含有有毒有害物质，依法也不是刑事违法行为，最后一次查获的行为，因取样所用不明白色塑料袋导致样品污染的问题，证据不足，亦不足以认定为刑事犯罪行为，故 2016 年之后时间段的所指排污行为导致的生态环境损害赔偿，依法也不是刑事附带民事赔偿对象。

　　习近平总书记强调，生态文明与法治建设是新时代习近平新思想的"一体两翼"，不可偏废。恳请贵院领导、合议庭法官，即使在审理生态环境案件时，依然坚持罪刑法定、证据裁判等基本原则，坚持推进以审判为中心的司法体制改革的正确方向。唯如此，司法公信力方可一案一案建立起来。

2. 针对该案关键证据，出具第二份法律意见

《普宁市 WW 印染厂涉污染环境刑事附带民事案上诉辩护词及代理意见之关于〈评估报告〉不能作为刑案证据的补充》。

　　现辩护与代理律师在原辩护代理意见基础上，再补充发表对涉案《评估报告》的意见。核心意见是：本案《评估报告》中的生态环境损害费用不能作为定罪的依据。

　　一、使用《评估报告》计算刑事案件中的"公私财产损失"，报告评估的对象必须是刑法第 338 条、第 339 条中所列严重污染环境行为，不能是一般环境行政违法行为

　　《最高人民法院、最高人民检察院关于办理环境污染刑事案件适用法律若干问题的解释》（2017 年 1 月 1 日施行版）第十七条第四款的规定明确，"本解释所称'公私财产损失'，包括实施刑法第三百三十八条、第三百三十九条规定的行为直接造成财产毁损、减少的实际价值，为防止污染扩大、消除污染而采取必要合理措施所产生的费用，以及处置突发环境事件的应急监测费用"。

　　如果要以"公私财产损失 30 万元以上"为由定罪，根据上述条款规定，必须是实施刑法第三百三十八条、第三百三十九条规定的行为。

　　《刑法》第三百三十八条污染环境罪规定，"违反国家规定，排放、倾倒或者处置有放射性的废物、含传染病病原体的废物、有毒物质或者其他有害物质，严重污

染环境的，处三年以下有期徒刑或者拘役，并处或者单处罚金；后果特别严重的，处三年以上七年以下有期徒刑，并处罚金"。第三百三十九条非法处置进口的固体废物罪规定，"违反国家规定，将境外的固体废物进境倾倒、堆放、处置的，处五年以下有期徒刑或者拘役，并处罚金；造成重大环境污染事故，致使公私财产遭受重大损失或者严重危害人体健康的，处五年以上十年以下有期徒刑，并处罚金；后果特别严重的，处十年以上有期徒刑，并处罚金"。

显然，第三百三十九条与本案无关。而第三百三十八条明确，只有与有毒有害物质排放有关的严重污染环境行为才是《刑法》这一条规制的对象。本案中，COD、氨氮、色度等不是有毒有害物质指标，这些指标超标无关有毒有害物质污染环境的问题，因其对于生态环境的损害所评估的费用，无论多大，根据上述司法解释的规定，都不是刑法上"公私财产损失"的范畴。

本案中，对于上诉人的污染环境违法行为，行政机关已经予以了行政处罚，对于其最后一次违法行为，上诉人只承认有私设暗管排污的行政违法行为，而私设暗管排放有毒有害物质的犯罪行为不能成立（苯胺类有害物质可能并非来自上诉人，原因：未做物质同一性监测予以证明、《检测报告》的检测样品系使用来源不明的塑料袋采集、塑料袋可能本身含有或产生有毒有害物质的合理怀疑无其他证据排除）。

二、该《评估报告》是检察机关用于发起附带民事公益诉讼的证据，不是侦查机关委托进行的刑事案件取证证据，不能作为刑事案件裁判理由，否则就乱套了

根据《最高人民法院关于审理环境民事公益诉讼案件适用法律若干问题的解释》（法释〔2015〕1号）和《最高人民法院、最高人民检察院关于检察公益诉讼案件适用法律若干问题的解释》等的规定，各类型环境民事公益诉讼将频起，检察机关对于每个涉及生态环境的刑事案件都必须提起附带民事公益诉讼。如果每个环境公益诉讼中所产生的环境损害评估鉴定报告，不分情况均用于刑事案件，那么刑民不分的情况就会频现，罪刑法定原则就会显著遭到破坏——国内目前出现的那些索赔上亿元的案件，如果其金额都反套用于刑事案件，那么被告人判多少年都不够。

三、"损害"不等于"损失"，有"损害"不等于有"直接损失"——该《评估报告》是预测损失、预期损失，并非刑法意义上的犯罪行为直接导致实际产生的公私财产损失，只能用于民事索赔，不能用于刑事量刑

再回到《最高人民法院、最高人民检察院关于办理环境污染刑事案件适用法律若干问题的解释》第十七条第四款的规定，"本解释所称'公私财产损失'，包括实施刑法第三百三十八条、第三百三十九条规定的行为直接造成财产损毁、减少的实际价值，为防止污染扩大、消除污染而采取必要合理措施所产生的费用，以及处置突发环境事件的应急监测费用"。

《刑法》中所讲的公私财产损失，是直接损失，这一基本法理，辩护人认为可不用赘述。本案中，《评估报告》是普宁市人民检察院于 2018 年 8 月委托生态环境部华南环境科学研究所进行的，使用虚拟治理成本法进行的预测、估算的数额，即"环境生态损害的费用"（报告原文表述）464 798.71 元，显然不是直接损失，并非当地环保部门或任何行政部门直接、实际产生而造成的公私财产损失，不可随意转换为刑法意义上的损失，否则刑法就不成其法了。

实际工作中，生态环境损害鉴定评估报告既可用于刑事案件，也可用于民事案件。根据《生态环境损害鉴定评估技术指南总纲》《环境损害鉴定评估推荐方法（第 Ⅱ 版）》（环办〔2014〕90 号），生态环境损害评估的费用既包括直接损失，比如本案中当地人民政府聘请第三方机构进行的现场调查挖掘作业费用，也包括其他间接损失。但是不分情况，不加区别将报告中的数据全部或部分用于刑事案件，就会出现如上所述乱套、乱法的情况。

对于上诉人已被查证的环境行政违法行为，检察院如果认为还应承担生态环境民事赔偿责任，依法发起民事公益诉讼，显然是正当的。

但是，如果要将生态环境民事赔偿金额一股脑儿用于刑事定罪量刑依据，就犯了"以偏概全"的错误。

三、案件处理结果

1．一审判决内容

本院认为，被告单位普宁市 WW 印染厂违反国家规定，通过私设的暗管排放含有毒物质的废水，严重污染环境，其在两年内曾因违反国家规定，排放有毒物质受过两次以上行政处罚，又实施了前列行为，且致使公私财产损失 30 万元以上，其行为妨碍社会管理秩序，已构成污染环境罪。

WINSENG 的辩护人提出本案被告人的最高法定刑为三年有期徒刑，已超过五年的追诉时效的辩护意见。经查，本案被告人 WINSENG 等人存在连续或继续状态污染环境的犯罪行为，追诉时效从犯罪终了之日起计算，故本案并未超过追诉时效。辩护人的该辩护意见，于法不符，不予采纳。被告人 WINSENG、肖某某、吴某某、张某某、杨某某作为单位犯罪中的直接责任人，也应以污染环境罪追究其刑事责任。对被告单位普宁市 WW 印染厂与被告人 WINSENG、肖某某、吴某某、张某某、杨某某应分别依法惩处。公诉机关指控普宁市 WW 印染厂与被告人 WINSENG、肖某某、吴某某、张某某、杨某某所犯罪名成立。WINSENG 开设印染厂并指挥他人偷排废水，在污染环境的共同犯罪中起主要作用，是主犯，应当按照其所参与的全部犯罪处罚。肖某某、吴某某、张某某、杨某某受他人雇佣在污染环境的共同犯罪中起辅助作用，均是从犯，应依法从轻处罚。指定辩护人提出肖某某、吴某某、张某某、杨某某系从犯的意见，予以采纳。

鉴于肖某某、张某某能当庭认罪，可酌情从轻处罚，指定辩护人请求对其从轻处罚的意见，可予采纳。庭审中吴某某、杨某某均未如实交代其全部犯罪事实，故辩护人提出吴某某、杨某某主观恶性小、认罪态度好的意见，不予采纳。公益诉讼起诉人普宁市人民检察院一并提起附带民事公益诉讼，依照法律的规定，本案中普宁市人民检察院具有诉讼主体资格。本案中被告单位普宁市 WW 印染厂非法排污的行为已造成对环境的损害，依法应承担破坏环境的侵权责任。依照《侵权责任法》第四条第一款的规定，虽然被告已被依法追究刑事责任，但并不影响其依法承担本案环境侵权责任，故普宁市人民检察院以公益诉讼起诉人的身份起诉被告单位并要求其赔偿排放废水造成的生态资源损失费及承担鉴定评估工作事务性费用、生态损害鉴定费用的诉讼请求，有事实和法律依据，应予支持。结合案件事实及公益诉讼起诉人的诉讼请求，被告单位应赔偿的项目和数额为：采用排污系数法核算 2013 年至 2018 年 5 月普宁市 WW 印染厂非法排放废水对练江环境生态损害的损失费用 464 798.71 元；本次环境损害鉴定评估工作事务性费用 61 200 元；生态损害鉴定费用 191 200 元。以上 3 项合计 717 198.71 元。依照《中华人民共和国刑法》第三百三十八条，第三十一条，第三百四十六条，第二十五条第一款，第二十六条第一款、第四款，第二十七条，第五十三条，《最高人民法院、最高人民检察院关于办理环境污染刑事案件适用法律若干问题的解释》第一条第（五）项、第（六）项、第（九）项，第十五条第（四）项，《民事诉讼法》第五十五条、第二百五十三条，《中华人民共和国环境保护法）第六十四条，《侵权责任法》第四条第一款、第十五条第一款第（六）项、第六十五条，《最高人民法院、最高人民检察院关于检察公益诉讼案件适用法律若干问题的解释》第二十条，《最高人民法院关于审理环境民事公益诉讼案件适用法律若干问题的解释》第十八条、第十九条第二款、第二十二条的规定，判决如下：

一、被告单位普宁市 WW 印染厂犯污染环境罪，判处罚金人民币 100 万元。罚金应于本判决生效后一个月内缴清。

二、被告人 WINSENG 犯污染环境罪，判处有期徒刑两年六个月，并处罚金人民币 10 万元。罚金应于本判决生效后一个月内缴清。

（刑期从判决执行之日起计算。判决执行以前被行政拘留和先行羁押的，羁押一日折抵刑期一日，即自 2018 年 6 月 6 日起至 2020 年 11 月 6 日止）。

三、被告人吴某某犯污染环境罪，判处有期徒刑一年六个月，并处罚金人民币 1 万元。罚金应于本判决生效后一个月内缴清。

（刑期从判决执行之日起计算。判决执行以前被行政拘留和先行羁押的，羁押一日折抵刑期一日，即自 2018 年 6 月 6 日起至 2019 年 11 月 26 日止）。

四、被告人肖某某犯污染环境罪，判处有期徒刑一年三个月，并处罚金人民币 7 000 元。罚金应于本判决生效后一个月内缴清。

（刑期从判决执行之日起计算。判决执行以前先行羁押的，羁押一日折抵刑期一日，即自 2018 年 6 月 6 日起至 2019 年 9 月 5 日止）。

五、被告人杨某某犯污染环境罪，判处有期徒刑一年二个月，并处罚金人民币 3 000 元。罚金应于本判决生效后一个月内缴清。

（刑期从判决执行之日起计算。判决执行以前先行羁押的，羁押一日折抵刑期一日，即自 2018 年 6 月 6 日起至 2019 年 8 月 5 日止）。

六、被告人张某某犯污染环境罪，判处有期徒刑一年，并处罚金人民币 2 000 元。罚金应于本判决生效后一个月内缴清。

（刑期从判决执行之日起计算。判决执行以前先行羁押的，羁押一日折抵刑期一日，即自 2018 年 6 月 6 日起至 2019 年 6 月 5 日止）。

七、被告单位普宁市 WW 印染厂应赔偿因其违法向水体排放废水造成的生态资源损失 464 798.71 元；本案环境损害鉴定评估工作事务性费用 61 200 元、生态损害鉴定费用 191 200 元由被告单位普宁市 WW 印染厂承担。以上 3 项共计人民币 717 198.71 元，应于本判决生效后十日内缴清。

如果未按照本判决指定的期间履行给付金钱义务，应当依照《中华人民共和国民事诉讼法》第二百五十三条的规定，加倍支付迟延履行期间的债务利息。

2．二审裁定原文

本院认为，原审判决认定部分事实不清，证据不足。依照《中华人民共和国刑事诉讼法》第二百三十六条第一款第（三）项规定，裁定如下：

一、撤销广东省普宁市人民法院（2018）粤 5281 刑初 1203 号刑事附带民事判决。

二、发回广东省普宁市人民法院重新审判。

本裁定为终审裁定。

四、案件评析

本案中辩护律师在实体入罪方面进行了充分辩护，对检测报告的合法性，以及因多次行政处罚导致升格为刑事案件的认定，进行了否决，阐明了 2012—2018 年间的行政处罚并非因为排放有毒物质所作的行政处罚，不能作为认定为刑事案件的证据。同时，在污染环境罪中公私财产认定的数额时，不能用非因刑事犯罪行为导致的生态环境损害来计算公私财产损失，本案中多年来的排污行政违法行为，导致的生态环境损害可以通过民事公益诉讼来索赔，但不能以此认定公私财产损失的总额，进而认定构成污染环境罪。

实案六

广州市 GS 环保处置公司水淬渣固体
废物处置案

一、案例简述

本案是中央环保督察期间，地方环保部门在督察组指导下，所查处的涉及危险废物处置的环境行政处罚案件。律师团队在行政处罚（听证）告知书下达后，代理该案件。

通过对案件相关材料进行研究后，认为案件复杂，事实方面不清楚尤其是危险废物的定性不明确，因此一边提出听证申请，一边积极获取相关鉴定意见和专家意见作为证据，证明非危险废物。

本案环保部门最初由于案件来源于中央环保督察组交办，所以在未充分确定的情况下，仓促立案，予以查处。在本代理律师团队介入后，通过获取大量反证，并及时提交专业的法律意见，环保部门最终采纳了水淬渣非危险废物的意见，主动撤销了案件，保障了相对人的合法权益。

二、基本案情

2018 年 4 月 28 日，中央环保督察组对广州市 GS 环保处置公司（以下简称 GS 公司）进行现场检查后指出，GS 公司通过高温熔融方式处置含铜污泥、含镍污泥等危险废物，所产生的副产品水淬渣仍属于"危险废物"。在中央环保督察组的认定意见出来后，2018 年 5 月 11 日，地方环保部门——广州市增城区环境保护局对 GS 公司进行现场执法检查。同年 5 月 18 日，增城区环境保护局作出了增环罚告（2018）288 号行政处罚（听证）告知书，认为 GS 公司将水淬渣作为一般固体废物交由无危险废物经营许可证的广州市增城元嘉耐磨材料厂进行处理处置，违法处置处理危险废物。遂拟对 GS 公司进行 20 万元罚款并责令停止违法行为，限期一个月改正的行政处罚。2018 年 5 月 19 日，GS 公司提出听证申请。增城区环境保护局于 5 月 29 日作出增环听字（2018）13 号听证通知书，决定于 2018 年 6 月 8 日举行听证会。

三、胜诉路径

本律师团队在增环罚告（2018）288 号行政处罚（听证）告知书作出后，受 GS 公司的委托作为该案件的代理人，就此案提供环境法律服务支持。GS 公司在整改期间，与本代理律师团队积极争取环保部门对涉案水淬渣危废属性进行鉴定。在此情况下，广州市环境保护局于 5 月 12 日组织第三方检测机构（中国广州分析测试中心）现场按法定程序对 GS 公司库存堆放的水淬渣（约 70 t）正式分组取样进行危险废物鉴别检测，检测结论为 17 项毒性浸出实验结果均达标。5 月 23 日 GS 公司又自行委托广州市中加检测公司对库存的水淬渣样品作检测，获得了《广州市 GS 环保处置有限公司固体废物来样分析检测报告》（ZJ［2018-05］234 号），检测结果的各项指标也是达标的。同时，本律师团队也建议邀请专家对水淬渣的属性出具咨询意见，最终于 2018 年 6 月 16 日取得了由 6 名专家联合出具的《关于广州市 GS 环保处置有限公司水淬渣性质的咨询意见》。本代理律师团队在上述证据材料基础上，结合相关法律及环境影响后评估报告等其他辅助证据材料，提出了如下核心法律意见：

（一）GS 公司水淬渣经过了多家权威检测机构检测及环评机构评价，均确定不是危险废物。GS 公司严格依照环评报告指导，通过将水淬渣作为建筑辅材外卖的方式进行处理，属合法行为

GS 公司成立以来，先后有多家权威机构对其所产生的水淬渣进行了不同类型的检测及评估认定，具体如下：

1. 2018 年 5 月 12 日，广州市环保局对其开展执法监督性检测，聘请了第三方机构——中国广州分析测试中心对 GS 公司水淬渣进行取样检测，按照法定的鉴别方法检测出来后的各项指标低于标准限值或未检出。

2. 2018 年 5 月 23 日，GS 公司自行委托第三方机构——广州市中加环境检测技术有限公司对公司的水淬渣进行危险废物鉴定。检测各项指标也均低于标准限值或未检出。

3. 2012 年中国科学院广州化学研究所测试分析中心对 GS 公司水淬渣检测分析后出具的《危险废物鉴定书》（QX120814—02 号）更是明文说明 GS 公司水淬渣不是危险废物。

4. 2015 年 5 月，环境保护部华南环境科学研究所对 GS 公司进行的环境影响后评价，出具了《广州市 GS 环保处置有限公司环境影响后评估报告》（以下简称《评估报告》）。该评估报告更是明确指出，"高温固化炉渣经水冷却后，形成玻璃体粒化水淬渣，重金属均固溶于玻璃体中，具有极好的安定性；主要成分是轻质的硅酸盐类无机物，重金属的浸出浓度远低于毒性鉴别标准，可用作建筑辅材"。这与《危险废物名录》HW18 焚烧处置残渣中 772-004-18 废物（图 2-11）仅将"非玻璃态"的物质列入名录而玻璃体水淬渣没有列入名录，后者不属于危险废物的事实相一致。

废物类别	行业来源	废物代码	危 险 废 物	危险特性
HW18 焚烧处置残渣	环境治理业	772-003-18	危险废物焚烧、热解等处置过程产生的底渣、飞灰和废水处理污泥（医疗废物焚烧处置产生的底渣除外）	T
		772-004-18	危险废物等离子体、高温熔融等处置过程产生的非玻璃态物质和飞灰	T
		772-005-18	固体废物焚烧过程中废气处理产生的废活性炭	T

图 2-11　《危险废物名录》焚烧处置残渣特性

综上所述，GS 公司水淬渣客观上确实不是危险废物。GS 公司依照环评报告的指导，将水淬渣作为建筑辅材外卖的方式进行处置，没有违法的主观可能。

（二）GS 公司固体废物处理采用的是"火法熔融"处置工艺，属于固体废物处理领域的示范性先进技术工艺。GS 公司环境治理效益与社会效益突出，属合法经营

2018 年 1 月 3 日，环境保护部为推动固废领域污染防治技术进步，满足固废污染治理对先进技术的需求，组织筛选了一批固体废物处理处置的先进技术，编制形成了《国家先进污染防治技术目录（固体废物处理处置领域）》（2017 年），其中就列举了 GS 公司从成立以来至今一直使用的"火法熔融"处置固体废物技术。目录的第 18 项将"电镀污泥火法熔融处置技术"列为示范性技术，具体如图 2-12 所示：

序号	技术名称	工艺路线及参数	主要技术指标	技术特点	适用范围	技术类别
18	电镀污泥火法熔融处置技术	将高含水率电镀污泥经回转烘窑预干燥后，在逆流焙烧炉中高温焙烧去除物料结晶水，再将焙烧块加入熔融炉进行高温熔融还原，利用密度差分离得到的 Cu、Ni 等金属单质与 FeO、SiO_2 及 CaO 等组成的熔渣、回收铜、熔渣作为水泥生产原料资源化利用。各环节产生的烟气经净化后达标排放	电镀污泥中 Cu、Ni 回收率达到 95%	有价金属回收率高；解决了电镀污泥还原熔炼时熔渣粘稠、易结瘤、炉料难下行、炉龄短且频繁死炉等问题	电镀污泥处理	示范

图 2-12　国家先进污染防治技术目录（固体废物处理处置领域）

图 2-12 在"工艺路线及参数"一栏中明确指明了"……将焙烧块加入熔融炉进行高温熔融还原，利用密度差分离得到 Cu、Ni 等金属单质与 FeO、SiO_2 及 CaO 等组成的熔渣、回收铜、熔渣作为水泥生产原料资源化利用……"这与 GS 公司实际遵守环评文件指导，将涉案的熔渣外卖给建筑材料公司资源化利用是一致的。GS 公司的处理工艺属于先进技术，熔渣处置方式也严格依照环评文件与法律许可的方式进行处理，整个过程均依法开展，属于合法经营。

（三）《危险废物鉴别标准通则》对于危险废物处理后的认定保有"除外"规定，不能机械适用法律对危险废物进行定性，应当考虑客观实际情形，否则将构成行政不当

　　环保督察组人员以《危险废物鉴别标准通则》（GB 5085.7—2007）中的 6.1 条款，"具有毒性（包括浸出毒性、急性毒性及其他毒性）和感染性等一种或一种以上危险特性的危险废物处理后的废物仍属于危险废物……"的规定，认定 GS 环保的水淬渣属于危险废物，但是该条有"国家有关法规、标准另有规定的除外"的"除外"规定。上面所述的《危险废物名录》将玻璃体的水淬渣不作为危险废物列入名录就是除外性法规规定。因此不能一以概之定性为危险废物，而且该条规定不符合现实实际情况的需要（多名专家对此结论表示若是如此认定，那么全国范围内的高温熔融治理行业大面积的违法，整个行业将面临危机）。

　　另外，鉴于实际情况的变化，法律规定的滞后性，生态环境部于 2018 年 5 月 30 日也及时发布了环办标征函（2018）19 号《关于征求〈危险废物鉴别标准通则（征求意见稿）〉（修订 GB 5085.7）等两项国家环境保护标准意见的函》。其中第六条危险废物处理后判定的第一款即 6.1 款在原有的规定上补充增加了"具有毒性、感染性等一种或一种以上危险特性的危险废物利用过程产生的废物经鉴别不再具有危险特性的，不属于危险废物"的规定。在此，代理律师暂且称之为"鉴别排除条款"。

　　显然，生态环境部意识到了原有的鉴别标准通则关于危险废物处理后的判定规则已不符合现实的实际需要，此次特意增加了"鉴别排除条款"，对于经过鉴别后不具有危险特性的就可判定为非危险废物。而 GS 公司此次所涉案的水淬渣经过鉴定后均不具备危险特性，各项危险指标均低于鉴别标准限值或未检出。因此可以确定无疑的是其不是危险废物，毋庸置疑。

四、案件评析

　　本案环保部门不考虑现实情况（尤其是存在大量反面证据证实的情况下），机械适用"危险废物处置后依然是危险废物"的规定，予以定性并立案给予行政处

罚，违反了法律上的行政合理性原则，属于行政不当，所作处罚也是不当的。

　　本案给我们的启示是，环保部门组织的监督检测和相对人自行所做的检测以及专家咨询意见，对于未明确在《国家危险废物名录》列明的固体废物，是否属于危险废物的认定，具有重要作用。本案在大量反证面前，环保部门认识到案件定性出现了错误，因此最终该案未作出行政处罚决定，而是主动撤销了案件，既体现了环保部门能够及时改正的工作作风，也体现了危险废物类环境案件的相对复杂性和专业性。

実案七

五方力量抗辩"三罪叠加"

——汕头盗采海砂案办案策略

一、案例简述

该案先冠以黑社会组织性质犯罪案，抓人第二天即在当天官方电视台播报定性为"黑社会"，之后改罪名为敲诈勒索犯罪，报检察院审查逮捕，检察官决意不批捕。被告人取保候审释放后又被收集到"新证据"，以完全不同犯罪类型的盗窃罪名再报检察院，三罪叠加，2015 年 11 月，检察院批捕。

被告人是广东省环境保护基金会的理事，案发前处于换肾后透析吃抗排药时期。2016 年年初，被告人儿子委托律师团队做无罪辩护。律师团队既包括环境资源法律师，也包括刑事辩护专业律师、北大法学院硕士毕业的盈科（广州）律师事务所刑事风险法律防控部主任金鑫。

在办案过程中，律师建议当事人聘请了医疗专家和海堤工程专家，其中金鑫主任律师负责与医疗专家进行对接，笔者负责与海堤工程专家对接，主要工作是保证专家证据的三性（真实性、合法性、关联性）。

经一审、二审裁定撤销一审发回重审、检察官更改起诉状一审重审，判决有期徒刑一年六个月。被告人已于 2016 年 12 月一审时，经司法鉴定属严重疾病被汕头市金平区人民法院取保候审。判决后，监外执行终结。

二、案情简述

公诉机关指控：2014 年 3 月至 2015 年 4 月，被告人 XIML 以汕头市 GY 公路工程有限公司的名义，在汕头经济特区某房地产开发有限公司开发汕头市东部经济带的片区内，承建由中交股份汕头东海岸新城项目新津片区经理部发包的纬四路西段回填砂工程中，指使汕头市 GY 公司员工 CQZ 等人偷挖围海的填砂。经广东 JX 司法会计鉴定所鉴定，被告人 XIML 偷挖围海的填砂达 66 043.054 m^3，以汕头市建设工程造价管理站出具的汕头市区 2014 年第一季度至 2015 年第二季度中砂参考价格 135 元/m^3 的情况说明作为依据，被告人 XIML 偷挖围海的填砂造成汕头经济特区某房地产开发有限公司损失 8 915 812.29 元。

根据《刑法》第二百六十四条关于盗窃罪的规定，"盗窃公私财物……数额特别巨大或者有其他特别严重情节的，处十年以上有期徒刑或者无期徒刑，并处罚金或者没收财产"。公诉机关指控当事人盗窃 891 万余元，如果指控成立，根据广东省高级人民法院、广东省人民检察院《关于确定盗窃刑事案件数额标准的通知》（粤高法发〔2013〕16 号）的规定，汕头市作为二类区域，盗窃罪"数额特别巨大的起点掌握在 40 万元以上"，而 891 万元是 40 万元的 22 倍！当事人的对手"专业"而又下了狠心，当事人的压力很大！

针对当事人身患重疾危及生命、羁押他的看守所所长都在着急的情况，为其争取早日解除羁押，自不待言；怎么帮其洗脱重罪是重点。

最终，在当事人亲人、朋友和专家们、律师们的共同努力下，在当事人自己的勇敢、坚毅、乐观之下，基本实现了上述目标。当事人被置死地而后生，付出的是满带泪水的时间和金钱！

三、办案思路

律师接手时，案件已到了移送审查起诉阶段，但检察院顶住压力，退回了公安机关要求补充侦查，且是第二次。

1．二次补充侦查

紧急看现场、与了解案情的人会谈、看守所会见当事人，我们初步发现了如下两方面的事实：

一、本案不符合盗窃罪的犯罪构成，犯罪嫌疑人不构成盗窃罪

（一）办案机关未查清涉案犯罪工具、犯罪方法、犯罪过程，没有详细查证犯罪嫌疑人盗窃的具体事实，属于明显证据不足。

其一，汕头市公安局并没有对具体实施的人进行查证。犯罪嫌疑人作为 GY 公司的法定代表人，属于公司高层管理人员，对于汕头市公安局所指其所涉的盗窃行为不可能亲自实施。那么具体实施本案所指盗窃行为的是谁，公安机关至今没有进行查证。

其二，汕头市公安局并没有对作案犯罪工具进行查证。据汕头市公安机关的指控，本案犯罪嫌疑人是用沙船进行抽砂。作为作案犯罪工具，汕头市公安机关应当依法对该沙船进行调查取证，将犯罪嫌疑人的作案犯罪过程完整地予以证明。但辩护人经阅卷发现，汕头市公安局并没有对此进行查证，即说明本案犯罪嫌疑人如何作案，并没有查证。

（二）本案涉案的砂并非人工填砂，也并非汕头经济特区某房地产开发有限公司所有，对于涉案砂石的所有权并没有查证属实，起诉意见书认定的盗窃事实有误。

1．本案没有查清涉案砂的来源，而是仅凭报案人的口供认定系围海填砂。然辩护人根据侦查机关提供的相反证据，能证明本案涉案的砂并非人工填砂。

涉案砂的权属认定，对盗窃罪的认定具有重要意义。诉讼证据卷二第 22 页《关于要求在东海岸新城范围内严厉打击偷挖砂、倾倒淤泥等非法行为的函》中第一点对采砂点的历史渊源作了说明："本案涉及的非法挖砂点位于新津片区元某填海遗留用地范围内，该区域在东海岸新城项目实施前，原为海域，后因中交公司围海造地工程的完工，该区域被周边土地包围形成水域。"由此可见，这片区域不是因为直接运载砂土入填而形成，而是由周边围海造地工程的建设形成的外围土地包围而成的水域。亦即，即使在这片区域采砂，也是开采保留自然形态的被围起的海砂，而并非围海造地的人工填砂。根据常识，围海造田的砂石来源主要有三个方面：一是洪水径流携带冲积，二是前海漂砂促淤，三是运载客土入填。即使因直接作用围海造地，该区域的砂仍有可能是冲积砂或者海漂砂，并不一定为人工填砂。因此起诉意见书指控 XIML 指使员工 CQZ 等人偷挖围海的砂系填砂有误。

2. 盗窃罪是指以非法占有为目的，秘密窃取公私财物的行为，盗窃罪侵害的客体是公私财产的所有权，其犯罪对象为公私财物，具有价值性和归属性。本案中，汕头经济特区某房地产开发有限公司取得的是土地使用权，并非涉案砂石的所有权，其土地使用权仅限用于地表的建设用地，对非地表的砂石并没有使用管理权，此时该区域砂石的归属权不属于汕头经济特区某房地产开发有限公司所有。既然 XIML 没有盗窃汕头经济特区某房地产开发有限公司的财物，也就不能指控其有偷盗该公司财物的行为，更不能以该公司的间接损失来认定 XIML 的盗窃金额。

（三）以间接方式证明犯罪数额，属于有罪推定。

其一，侦查机关以《鉴定报告书》所指汕头经济特区某房地产开发有限公司的间接损失 5 587 716.15 元作为盗窃金额（之初指控数额与最终指控数额相比偏低，原因见下文，笔者注），这显然是没有依据的。

本案犯罪嫌疑人之所以会被指控盗窃罪，是因为汕头经济特区某房地产开发有限公司认为砂作为重要的地基材料，如被盗挖将极大地增加其补填成本，从而对企业造成经济损失。但需要强调的是，这种损失是属于未经查实的、预期的可能损失，而并非直接损失。在盗窃罪里面，盗窃数额在认定罪名时无疑是个重要的情节，首先要以被盗物的价值为基础确定盗窃的数额。同时盗窃罪的数额仅仅指直接损失，而不包括间接的、可能的损失。间接的、可能的损失不能直接用来认定犯罪数额，因此本案对涉案金额的认定严重错误。

其二，对于《鉴定报告书》上鉴定的砂方量，无法直接证明系本案盗窃所得，对于犯罪数额缺乏必要的证据加以证明。

汕头市公安局委托广东大地司法会计鉴定所对汕头市 GY 公路工程有限公司已完成的填路项目未计消耗前的施工量与其公司账簿记录的总砂方量的差额、价值进行鉴定。后鉴定报告认定总砂方量的差额为 41 390.49 m³（之初指控的数量与最终指控数量相比偏低，原因见下文，笔者注），但没有涉及对该总砂方量的价值的鉴定。该鉴定出来的砂方量，无法证明系犯罪嫌疑人偷挖的砂量，对于犯罪数额缺乏必要的证据且无法排除其他合理怀疑，其认定上存疑，认定方法也是非常不合理的。

二、犯罪嫌疑人没有敲诈勒索的行为

XIML 经营的鱼虾养殖场，虽然占用了汕头市东海岸新城的一处水域，但其投放鱼苗、虾苗进行养殖是真实的，因龙光公司施工排放的淤泥流入其鱼塘而造成大量鱼虾死亡的事实也是存在的，其鱼塘占用的行为不合法，但其鱼塘内自身的私有财产也应受到法律保护，而不可随意被破坏、毁损。当其在自身财物遭受损失时，寻求正常的民事赔偿的程序与污染方索赔也是合法合情合理的，其行为又怎能构成敲诈勒索？

《土地管理法》第三十七条规定："禁止任何单位和个人闲置、荒芜耕地。已经办理审批手续的非农业建设占用耕地，一年内不用而又可以耕种并收获的，应当由原耕种该幅耕地的集体或者个人恢复耕种，也可以由用地单位组织耕种。"

对于汕头市东海岸新城一带，在未填海造地之前，一直以来都是作为渔民养殖鱼虾的养殖集中地，渔民们靠海吃海，充分利用自然资源发展养殖产业。2013 年，XIML 在汕头市东海岸新城山海豪庭后面 230 余亩水域被政府征用后，其鱼虾一时不知养殖于何处，才不得已私自围了一片 54 亩的水域来临时养殖。然而在养殖过程中，却因为龙光公司项目施工的泥污水的影响而出现养殖水域受污染、鱼虾大量死亡的事实，于是才会对进场施工人员加以阻拦，并要求赔偿损失。也许其维权方式存在不当，但这仅仅涉及民事纠纷的问题，其行为并非捏造或者故意夸大事实进行敲诈勒索，对其进行刑法的规制是完全不符合事实、没有法律依据的。

根据卷三第 17 页《处理某填海历史遗留问题协议书》描述的："某围海片区围填的 1 300 亩面积上，其中有一半的面积被村民占用进行养殖，这是因为在开发过程中某公司对村民提出的一些诉求没有及时解决，以及村民未解决生活出路，因此在该片土地进行养殖。"结合本案的历史背景，XIML 可以说是众多养殖户中的一个代表，其非法占用鱼塘系事出有因，导致其后面维权过程中对施工单位持排斥、抗拒的心态甚至做出较偏激的行为也可理解，对于政府来说，应当承担起积极统筹协调民众问题的职责，安抚村民的情绪，协调好经济开发、环境保护以及民众切身经济利益的关系。倘若动用刑事手段，阻断民众表达合法诉求的渠道，不仅是对法制的破坏，也是对群众的私有财产与切身利益的亵渎，从而导致更严重的社会问题。

根据《土地管理法》对非农用建设占用耕地的规定并结合立法初衷，可以看出，国家鼓励对土地进行合理使用，更加侧重保护第一产业生产者的利益，并反对占有土地闲而不用的行为。本案的东海岸新城片区作为建设用地出让后，并非地尽其用，大量的土地依然没有被开发使用而是一直处于闲置状态，即使 XIML 非法占用了鱼塘，也是以恢复发展养殖经济为出发点，国家并没有禁止这种行为，其本身不应该受到法律取缔，其合法的私人财产仍然受到法律保护，其通过合理的方式诉求民事损害赔偿并无不妥，将其入刑则违背了刑法打击犯罪的应有之义。

根据上述事实，辩护律师向检察院提出了羁押必要性审查申请，基于以下事由：

一、犯罪嫌疑人 XIML 符合《人民检察院办理羁押必要性审查案件规定（试行）》（下称《羁押必要性规定》）中应当释放或变更前置措施的规定，应立即建议汕头市公安局提出释放或者变更强制措施

《人民检察院办理羁押必要性审查案件规定（试行）》第十七条规定："经羁押必要性审查，发现犯罪嫌疑人、被告人具有下列情形之一的，应当向办案机关提出释放或者变更强制措施的建议：

（一）案件证据发生重大变化，没有证据证明有犯罪事实或者犯罪行为系犯罪嫌疑人、被告人所为的；

（二）案件事实或者情节发生变化，犯罪嫌疑人、被告人可能被判处拘役、管制、独立适用附加刑、免予刑事处罚或者判决无罪的；

......

（四）案件事实基本查清，证据已经收集固定，符合取保候审或者监视居住条件的。"

对于汕头市公安局指控的 XIML 盗窃罪，就目前全案的证据来看，一是涉案土地的使用权和财物所有权属性没有证据查证，二是涉案的砂的权属没有查证，三是具体实施人员没有查证，四是作案工具以及作案过程也未查证。以上事实是本案的关键性问题，直接影响到本案的定罪量刑，但公安机关并没有提供相应证据。对于汕头市公安局指控的敲诈勒索罪，犯罪嫌疑人 XIML 的行为根本不符合敲诈勒索罪的犯罪构成要件，其行为充其量是权利被侵害时个人为维护自身权益而做的私力救济，不可能构成敲诈勒索罪。

即到目前为止，贵单位已经两次认为本案证据不足，两次决定退回汕头市公安局进行补充侦查，充分说明了指控本案犯罪嫌疑人 XIML 的证据严重不足，依法未能形成完整的证据链，不能充分证明 XIML 具有犯罪行为。到了最后的法院审判，也很有可能判决 XIML 无罪。

即使退一步讲，到了最终本案犯罪嫌疑人被判处有罪，承担相应刑事责任，但对于 XIML 的口供证据汕头市公安局已经进行 N 次讯问，已经收集并固定下来了，完全符合取保候审以及监视居住的法定条件，没有继续羁押的必要。

以上情况，完全符合最高检《羁押必要性规定》中第十七条第一款、第二款、第四款关于应当向办案机关提出释放或者变更强制措施的建议的法定情形，故贵单位依法应当立即对本案犯罪嫌疑人 XIML 的羁押必要性依法进行审查，并及早建议汕头市公安机关作出变更强制措施。

二、犯罪嫌疑人患有严重疾病，不适宜长期羁押，且又符合取保候审或监视居住的条件，可以对其采取取保候审或监视居住，没有继续羁押的必要

XIML 先生是年满 62 周岁的老年人，《羁押必要性规定》第十八条规定，"经羁押必要性审查，发现犯罪嫌疑人、被告人具有下列情形之一，且具有悔罪表现，不予羁押不致发生社会危险性的，可以向办案机关提出释放或者变更强制措施的建议：……（八）患有严重疾病、生活不能自理的；……（十二）其他不需要继续羁押犯罪嫌疑人、被告人的情形"。

依据犯罪嫌疑人女儿 XISY 提交的犯罪嫌疑人相关病历等资料反映：自 2008年 2 月起，犯罪嫌疑人因患慢性肾功能不全，经汕头市劳动和社会保障局批准，同意犯罪嫌疑人按肾功能衰竭（透析治疗）的标准享受门诊特定病种待遇。2008 年10 月，犯罪嫌疑人在中山大学附属第一医院住院，经诊断，犯罪嫌疑人患有："1. 慢性肾功能不全（尿毒症期）、常规透析、慢性肾小球肾炎；2. 乙肝病毒携带者；3. 慢性病毒性戊型肝炎；4. 慢性胃炎；5. 十二指肠球炎，十二指肠降段憩室；6. 食道增生斑。"2009 年 2 月 13 日，犯罪嫌疑人在中山大学附属第一医院进行"同种异体肾移植术"。此后，犯罪嫌疑人依据医嘱一直在定期住院复诊，进行肾移植术后的血液透析、抗排斥等综合治疗。2015 年 6 月 25 日，犯罪嫌疑人在汕头市中心医院进行定期检查，发现"普乐可复（FK506）"的指标值的肾脏已出现肾功能排斥的现象。2015 年 7 月 1 日，犯罪嫌疑人在汕头市中心医院再次检查后，确实为：

"1. 肺部感染；2. 肾移植术后"，急需继续系统地进行抗排斥治疗，以避免病情进一步恶化。据此，犯罪嫌疑人确有必要尽早到为其进行肾移植手术的中山大学附属大学第一医院进行复查，以及接受相应的控制治疗。

参照《暂予监外执行规定》第五条的规定，"对被判处有期徒刑、拘役或者已经减为有期徒刑的罪犯，有下列情形之一，可以暂予监外执行：（一）患有属于本规定所附《保外就医严重疾病范围》的严重疾病，需要保外就医的……"，以及同法附件《保外就医严重疾病范围》第六条的规定，"各种急、慢性肾脏疾病引起的肾功能不全失代偿期，如急性肾衰竭、慢性肾小球肾炎、慢性肾盂肾炎、肾结核、肾小动脉硬化、免疫性肾病等"，必须监外执行。这说明上述肾功能疾病已经达到严重程度，更何况本案的犯罪嫌疑人 XIML 是更严重、随时具有生命威胁的肾移植排斥。

鉴于此，当事人 XIML 有可能不构成犯罪的情况下，为了避免造成错案，同时为了 XIML 日益严重的病情能得到有效的控制和治疗，以免意外病发身亡引起赔偿责任，本着人道主义精神，依据我国《刑事诉讼法》第六十五条的规定，"人民法院、人民检察院和公安机关对下列情形之一的犯罪嫌疑人、被告人，可以取保候审：……（三）患有严重疾病、生活不能自理，怀孕或者正在哺乳自己婴儿的妇女，采取取保候审不致发生社会危险性的"。辩护人恳切请求贵单位根据犯罪嫌疑人的上述客观实际，慎重考虑变更 XIML 的刑事强制措施为取保候审或监视居住的紧迫性与必要性，慎重考虑身患重疾的 XIML 继续羁押所产生的意外风险。

三、汕头市澄海区看守所曾多次反映相关事实，若继续对本案犯罪嫌疑人 XIML 羁押而发生意外状况，贵单位将面临很大的责任风险

汕头市澄海区看守所曾多次向汕头市公安局、驻所检察室反映 XIML 不适宜继续羁押的身体情况，但由于种种原因并未得到汕头市公安局的正面回应以及正确处理，看守所方面现也极为迫切地希望能够及早消除发生意外风险的可能性。

犯罪嫌疑人 XIML 是被贵单位批准逮捕的，若其身体健康状况无法承受继续羁押而出现亡故意外的，依据《国家赔偿法》规定，贵单位才是国家赔偿的赔偿义务机关，将依法承担国家赔偿责任。另依据《羁押必要性规定》第二十八条的规定："检察人员办理羁押必要性审查案件应当纳入检察机关司法办案监督体系，有受贿、玩忽职守、滥用职权、徇私枉法、泄露国家秘密等违纪违法行为的，依纪依法严肃处理；构成犯罪的，依法追究刑事责任。"审查本案犯罪嫌疑人 XIML 的羁押必要性会纳入司法办案监督体系。若具体办案检察人员依法应当建议汕头市公安局提出释放或者变更强制措施却未依法而为的，检察院将面临很大的责任风险。

但是，我们提出上述申请后，没有了下文。

其实也是有下文的。申请提出后，侦查机关也很着急，进一步深挖证据，将当事人所在公司的财务等一干人全部列入调查对象，将公司全部财务资料调走，再次进行会计司法鉴定，结果显示，"被盗的砂"不止 4 万余 m^3，而是 6 万余 m^3，价值不是 550 余万元，而是 890 多万元。当事人的压力由此更大了。

辩护律师也边等边查边深入。

2．提交不起诉意见

转眼二次补充侦查结束，公安机关仍将全案随送检察院审查起诉。辩护律师根据再深入的结果，向检察院提交了如下不起诉意见：

一、涉嫌敲诈勒索犯罪明显不成立，相信检察机关持相同意见

本案先立涉黑社会犯罪立案不成，又列涉嫌敲诈勒索，但所涉当事人使用围塘养鱼，并无违反法律规定，所养鱼苗、鱼条来源合法，围塘水域受环境污染后主张合法财产的侵权赔偿权利，并无任何触犯刑律之嫌，为此，检察机关一是曾经不予批捕，二是曾发回补侦，相信检察机关对此没有异议，在此不赘述。

二、涉嫌盗窃犯罪案件基本事实极为不清

（一）以间接证明方式、有罪推定推论事实成立，严重背离刑事司法规则

我国刑法规定中，只有巨额财产来源不明罪和非法持有毒品罪两种罪名的事实认定采用有罪推定方式，未曾有盗窃犯罪采用有罪推定案例、法理！

本案中，所涉犯罪教唆和实行行为过程不清，犯罪嫌疑人在哪里实施了盗窃、盗窃物品到底是什么、价值几何，均不清，未形成基本证据链。公安机关在无法查清盗窃罪基本事实的情况下，两次出具《鉴定意见书》，试图以理论用砂量减去实际购砂量的数额，认定差额就是犯罪嫌疑人盗窃所得，十分可笑，是明显的有罪推定。公安机关的逻辑是犯罪嫌疑人自己交代不够的砂是哪里来的，交待不出来，那就是盗窃的。

（二）本案假设受害人并非某房地产公司，其对假设被盗海域海砂没有所有权和管理权

假设本案犯罪事实清楚查明，根据材料《关于要求在东海岸新城范围内严厉打击偷挖砂、倾倒淤泥等非法行为的函》（卷二第22页）中第一点对涉案地点的历史渊源作了说明："本案涉及的非法挖砂点位于新津片区元某填海遗留用地范围内，该区域在东海岸新城项目实施前，原为海域，后因中交公司围海造地工程的完工，该区域被周边土地包围形成水域。"以上说明涉案地点本身是海域，因周边进行围海造地工程直接使涉案地点被包围而成就目前的地形地貌。故在涉案地点中的沙土并非围海造地人工填砂，其来源并非某房地产公司，而是属于国土资源。依据《矿产资源法实施细则》中《矿产资源分类细目》第（三）非金属矿种的明确规定，建筑用砂（天然石英砂）属于非金属矿产，是公有属性的矿产资源，其所有权属于国家，并非私有属性的个人财产。

因此，本案假设的被盗窃物所有权人即盗窃对象认定不清，以所有权属言，假设的被盗物属于历史自然形成的沿海滩涂海砂，其所有权属于国家，某房地产开发公司仅中标取得土地地表使用权，对于土地所属地下矿产资源无所有权，以管理权属言，涉案土地地块在2014年（包括至今），尚由政府交由中航三局进行土地开发预整理，其管理责任人在2014年和现在都是中航三局，公安机关的证据也显示，在此案侦查前，涉案土地尚未交付某房地产公司使用，涉案土地的管理直接利害关系人均是中航三局，没有出现某房地产公司的身影和声音，因此，涉案土地范围内的砂，无论从所有权属还是从管理权言，假设的盗窃物权属人都不是公安机关所指公司。

关于地下物的所有权，包括海砂所有权的刑事案件，最高人民法院官网上有多个案例，负责人可上网查证。

（三）某房地产公司不是受害者的原因二：理论损失或推定的损失不能作为刑法上的损失认定

如上所述，砂不是某房地产公司的，但公安机关一直要对此案追诉的原因之一，是某房地产公司将来开发围海区域用于建房时，要回填假设中被盗的海砂，因此假设的盗砂行为对某房地产公司可能会造成损失。辩护人不得不指出的是，进行开发就一定会回填吗？会不会不仅不回填而且还要挖走更多的砂？就不能像意大利威

尼斯城一样建在海面上？就不会像马尔代夫一样建在海空中？即使不建在空中，假设中被盗的海砂就一定不清走吗？如果设计建设地下室呢？

以必须回填假设中的被盗砂为理由进行损失推论，其推论的损失明显不是现实已存在的损失——况且某房地产公司尚未实际使用涉案海域，何来实际损失？理论的损失、推导的损失、未发生的损失不能作为刑法定罪量刑的依据（即使是在民商事领域，是否存在损失都必须经过充分的论证），受害人不可能是某房地产公司。

一个刑事案件，受害者都未查清，客体不明，如何提起公诉？

（四）涉案被盗物品种类未查清、价值不明

在《起诉意见书》中公安机关认定涉案被盗物品为围海的填砂，以《中砂价格鉴定文书》（卷一第31页）和《司法鉴定意见书》（卷一第36页）直接认定涉案被盗物是"中砂"。但事实上，"中砂"是以砂粒大小区分得出的分类，与种类无关。河砂有中砂，海砂也有中砂，但河砂与海砂是两种不同的物品，用途不同，价值也不同。公安机关并未查清涉案被盗物品是属于河砂还是属于海砂。

而事实上，涉案工程所用所购的砂，均为海砂而非河砂：1.《工程施工合同》（卷一第45页）第三条第四款第一项明确约定"充填沙袋用砂采用海砂，单价27元/m³，已包含在综合单价中，费用按实从工程款中扣除"；2.《协议》（卷一第52页）第一条第一款约定"市政道路回填按断面方以42元/m³（含税）支付给乙方，如乙方按甲方约定的时间内完成施工进度，甲方按断面以44.5元/m³（含税）支付给乙方，此费用为乙方完成回填任务所涉及工作的一切费用"及《补充协议》（卷一第54页）第一条第二款约定"甲方按断面方以44.5元/m³（含税）支付给乙方，此费用为乙方完成回填任务所涉及工作的费用"，仅42元/m³或44.5元/m³的工程造价，不可能使用贵达135元/m³的河砂；3.《购砂协议书》（卷一第51页）第二条约定"砂量砂款：乙方提供砂量为28 260 m³，单价20元/m³"，20元/m³的价格，买不到河砂。以上充分说明，GY公司在涉案工程所用的砂以及所购的砂均为海砂。

一个盗窃案件，盗窃数额或价值都不明，如何公诉？假设有盗窃，如何认定是否达到盗窃犯罪立案标准？"数额较大"如何认定？

（五）即使以间接证据进行有罪推定，其中证据之间的矛盾十分明显

1. 林某潮（林某朝）的证据之间存在矛盾，应当进行证据补强

林某朝在2016年4月22日被公安机关所做的询问笔录当中，已经承认《购砂

协议书》（二退卷三第 68 页）当中收受工程款 60 万元的事实，也确认该 60 万元收款收据（二退卷三第 64～65 页）的真实性，却否认《购砂协议书》当中的签名及其他内容，同时也否认另外一张签名字迹一模一样的收款收据（二退卷三第 66 页）的真实性。此证据是公安机关认定本案 GY 公司购砂量的重要证据，但却出现两种不同的可能性，不能排除任何一种怀疑，依法应当进行证据补强，对《购砂协议书》及林某朝不予认可的收款收据上的签名进行笔迹鉴定，以确定林某朝作为证人其证言的真实性和确定《购砂协议书》、不被认可的收款收据的真实性，以查明事实真相。但公安机关并未尽查明事实的职责，没有对此提起笔迹鉴定的司法程序。

2. 谢某如（谢某龙）的证据之间存在矛盾，应当进行证据补强

谢某如在《三航填路工程砂方量结算表》记载的其经手的购砂交易当中，确认了前三笔交易（二退卷三第 87～96 页），但又如林某朝一样，对签名字迹一模一样的后四笔购砂交易收款收据的真实性予以否认（二退卷三第 97～108 页），该证据同样对 GY 公司购砂量的认定有着重要的影响。如今存在严重的证据矛盾，而且无法通过现有的其他证据排除矛盾。因此为查明案件事实，依法应当进行证据补强，最直接的还是针对被谢某如否认的收款收据（二退卷三第 97～108 页）当中的签名进行司法鉴定，但公安机关同样没有履行职责。

综上，公安机关指控本案犯罪嫌疑人 XIML 盗窃罪，但其事实确实极为不清，证据十分不足，达不到基本的起诉标准，依法应当不予起诉。恳请公诉机关负责人承担起监督司法的重任，为早日实现法治汕头尽职。

然作用有限。

3. 提交变更强制措施申请书

兵分两路。

如上所述，当事人的身体状况令人十分担心。

当事人的亲属担心，官司没完，人没了，痛失；律师也担心，官司没完，人没了，失职。

律师不得不提出变更强制措施的申请书。在申请书重点加强了以下理由：

一、犯罪嫌疑人没有敲诈勒索的行为

XIML 经营的鱼虾养殖场，虽然非法占用了汕头市东海岸新城的一处水域，但是其所投放鱼苗、虾苗进行养殖是真实的，因龙光公司施工排放的淤泥流入其鱼塘而造成大量鱼虾死亡的事实也是存在的，虽然其鱼塘占用的地方不合法，但其鱼塘内自身的私有财产也应受到法律保护，而不可随意被破坏、毁损。当其在自身财物遭受损失时，寻求正常的民事赔偿的程序向污染方索赔也是合法合情合理的，其行为又怎能构成敲诈勒索？

对于汕头市东海岸新城一带，在未填海造地之前，一直以来都是作为渔民养殖鱼虾的养殖集中地，渔民们靠海吃海，充分利用自然资源发展养殖产业。2013 年，XIML 在汕头市东海岸新城山海豪庭后面 230 余亩水域被政府征用后，其鱼虾一时不知养殖于何处，才不得已私自围了一片 54 亩的水域来临时养殖。然而在养殖过程中，却因为龙光集团公司项目施工的泥污水的影响而出现养殖水域受污染、鱼虾大量死亡的事实，于是才会对进场施工人员加以阻拦，并要求损失。也许其维权方式存在不当，但这仅仅涉及民事纠纷的问题，其行为并非捏造或者故意夸大事实进行敲诈勒索，对其进行刑法的规制是完全不符合事实，也没有法律依据的。

根据卷三第 17 页《处理某填海历史遗留问题协议书》描述的："某围海片区围填的 1 300 亩面积上，其中有一半的面积被村民占用进行养殖，这是因为在开发过程中某公司对村民原提出的一些诉求没有及时解决，以及村民未解决生活出路，在该片土地进行养殖的实际。"结合本案的历史背景，XIML 可以说是众多养殖户中的一个代表，其非法占用鱼塘系事出有因，导致其后面维权过程中对施工单位持排斥、抗拒的心态甚至做出较偏激的行为也可理解，对于政府来说，应当承担起积极统筹协调民众问题的职责，安抚村民的情绪，协调好经济开发、环境保护以及民众切身经济利益的关系。倘若动用刑事手段，阻断民众表达合法诉求的渠道，不仅是对法制的破坏，也是对群众的私有财产与切身利益的亵渎，从而导致更严重的社会问题。

《土地管理法》第三十七条亦规定："禁止任何单位和个人闲置、荒芜耕地。已经办理审批手续的非农业建设占用耕地，一年内不用而又可以耕种并收获的，应当由原耕种该幅耕地的集体或者个人恢复耕种，也可以由用地单位组织耕种。"根据《土地管理法》对非农用建设占用耕地的规定并结合立法初衷，可以看出，国家鼓励对土地进行合理使用，更加侧重保护第一产业生产者的利益，并反对占有土地闲而不用的行为。本案的东海岸新城片区作为建设用地出让后，并非地尽其用，大量的土地依然没有被开发使用而是一直处于闲置状态，即使 XIML 非法占用了鱼塘，也是以恢复发展养殖经济为出发点，国家并没有禁止这种行为，其本身不应该受到法律取缔，其合法的私人财产仍然受到法律保护，其通过合理的方式诉求民事损害赔偿并无不妥，将其入刑则违背了刑法打击犯罪的应有之义。

二、犯罪嫌疑人 XIML 符合《刑事诉讼法》中关于适用取保候审以及监视居住的规定，对犯罪嫌疑人 XIML 变更刑事强制措施为取保候审或监视居住符合法律规定

《刑事诉讼法》第六十五条第一款第二项、第三项规定："人民法院、人民检察院和公安机关对有下列情形之一的犯罪嫌疑人、被告人，可以取保候审：……（二）可能判处有期徒刑以上刑罚，采取取保候审不致发生社会危险性的；（三）患有严重疾病、生活不能自理，怀孕或者正在哺乳自己婴儿的妇女，采取取保候审不致发生社会危险性的；……"

《刑事诉讼法》第七十二条第一款第一项及第二款规定："人民法院、人民检察院和公安机关对符合逮捕条件，有下列情形之一的犯罪嫌疑人、被告人，可以监视居住：（一）患有严重疾病、生活不能自理的；……对符合取保候审条件，但犯罪嫌疑人、被告人不能提出保证人，也不交纳保证金的，可以监视居住。"

（一）犯罪嫌疑人 XIML 患有严重疾病，随时有亡故的风险

依据犯罪嫌疑人女儿 XISY 所提交的犯罪嫌疑人相关病历等资料反映：自 2008 年 2 月起，犯罪嫌疑人因患慢性肾功能不全，经汕头市劳动和社会保障局批准，同意犯罪嫌疑人按肾功能衰竭（透析治疗）的标准享受门诊特定病种待遇。2008 年 10 月，犯罪嫌疑人在中山大学附属第一医院住院，经诊断，犯罪嫌疑人患有："1. 慢性肾功能不全（尿毒症期）、常规透析、慢性肾小球肾炎；2. 乙肝病毒携带者；3. 慢性病毒性戊型肝炎；4. 慢性胃炎；5. 十二指肠球炎，十二指肠降段憩室；6. 食道增生斑。"2009 年 2 月 13 日，犯罪嫌疑人在中山大学附属第一医院进行"同种异体肾移植术"。此后，犯罪嫌疑人依据医嘱一直定期住院复诊，进行肾移植术后的血液透析、抗排斥等综合治疗。2015 年 6 月 25 日，犯罪嫌疑人在汕头市中心医院进行定期检查，发现"普乐可复（FK506）"的指标值的肾脏已出现肾功能排斥的现象。2015 年 7 月 1 日，犯罪嫌疑人在汕头市中心医院再次检查后，确实为：

"1. 肺部感染；2. 肾移植术后"，急需继续系统的抗排斥治疗，以避免病情进一步恶化。据此，犯罪嫌疑人确有必要尽早为其进行肾移植手术的中山大学附属大学第一医院进行复查，以及接受相应的控制治疗。

参照《暂予监外执行规定》第五条的规定，"对被判处有期徒刑、拘役或者已经减为有期徒刑的罪犯，有下列情形之一，可以暂予监外执行：（一）患有属于本规定所附《保外就医严重疾病范围》的严重疾病，需要保外就医的"，以及其附件《保外就医严重疾病范围》第六条的规定，"各种急、慢性肾脏疾病引起的肾功能不全失代偿期，如急性肾衰竭、慢性肾小球肾炎、慢性肾盂肾炎、肾结核、肾小动脉硬化、免疫性肾病等"，必须监外执行。说明上述肾功能疾病已经达到严重程度，更何况本案的犯罪嫌疑人 XIML 是更严重、随时具有生命威胁的肾移植排斥！

（二）对 XIML 采取取保候审不致发生社会危险性

其一，犯罪嫌疑人 XIML 平时表现良好，在本案被公安机关采取强制措施之前，并没有受到公安机关的刑事处理或治安处罚。

其二，犯罪嫌疑人 XIML 是土生土长的汕头籍人，且长期居住在汕头市某某花园西区 25 栋 202 房，有长久而稳定的居所，而且创办有汕头市 GY 公路工程有限公司，有稳定的职业与收入来源，确保能够随传随到，丝毫不会影响公诉机关与法院对本案的审查与审理。

其三，本案的所有同案犯罪嫌疑人已经归案，没有在逃人员，对 XIML 采取取保候审，不会出现串供和通风报信的可能。

其四，本案在正常的刑事侦查期限外，依法经过两次补充侦查，已用尽法定的补充侦查次数，贵院必须作出起诉或不起诉的决定，且对本案关键性证据如犯罪嫌疑人供述、鉴定意见以及证人证言等均已固定并收集完毕，继续羁押犯罪嫌疑人 XIML 对于证据的收集没有任何损益作用，已无必要对犯罪嫌疑人 XIML 继续羁押。

其五，犯罪嫌疑人 XIML 的女儿 XISY 愿意作为取保候审保证人，履行保证人的义务，监督 XIML 取保候审后能够遵守取保候审制度，同时愿意配合贵院提供相应的担保金。

三、汕头市澄海区看守所曾多次反映相关事实，若继续对本案犯罪嫌疑人 XIML 羁押而发生意外状况，贵单位将面临很大的责任风险

汕头市澄海区看守所曾多次向汕头市公安局、驻所检察室反映 XIML 不适宜继续羁押的身体情况，但由于种种原因并未得到汕头市公安局的正面回应以及正确处理，看守所方面现也极为迫切地希望能够及早消除发生意外风险的可能性。

犯罪嫌疑人 XIML 是被汕头市人民检察院批准逮捕，后决定将本案移送至贵单位依法进行审查起诉，在贵单位决定提起公诉后，若其身体健康状况无法承受继续羁押而出现亡故意外的，依据《国家赔偿法》规定，贵单位是国家赔偿的赔偿义务机关，将依法承担国家赔偿责任。另依据《人民检察院办理羁押必要性审查案件规定（试行）》第二条的规定："羁押必要性审查，是指人民检察院依据《中华人民共和国刑事诉讼法》第九十三条规定，对被逮捕的犯罪嫌疑人、被告人有无继续羁押的必要性进行审查，对不需要继续羁押的，建议办案机关予以释放或者变更强制措施的监督活动"，和第二十八条的规定："检察人员办理羁押必要性审查案件应当纳入检察机关司法办案监督体系，有受贿、玩忽职守、滥用职权、徇私枉法、泄露国家秘密等违纪违法行为的，依纪依法严肃处理；构成犯罪的，依法追究刑事责任"，审查本案犯罪嫌疑人 XIML 的羁押必要性是贵单位的法定职责，同时会纳入司法办案监督体系。若检察院及具体办案检察人员依法应当建议汕头市公安局提出释放或者变更强制措施却未依法而为的，检察院及具体办案检察人员将面临很大的责任风险。

而当事人的对手决心很大。看守所也只能每天提心吊胆加派医生加护当事人，没有办案机关的同意，看守所依法无权作出变更决定。

4. 环境建设工程专家出具证人证言

在煎熬等待期间，我们为司法机关准备了两方面的专家。

一方面，我们聘请以下两位环境建设工程专家出具专家证人证言。

对粤嘉会鉴字〔2016〕第 005 号《司法会计鉴定意见书》的专家质证意见暨 GY 公司完成汕头东部经济带填砂及围堰工程用砂量计量说明

专家证人 1：

卢××先生（公路工程甲级造价师）

专家证人 2：

张××博士（中国铁路科学院高级工程师）

尊敬的汕头市金平区人民法院法官：

我们作为工程技术专业人士，对粤嘉会鉴字（2016）第005号《司法会计鉴定意见书》发表如下质证意见，对GY公司完成汕头东部经济带填砂及围堰工程用砂计量作简要说明：

一、会计师缺乏工程专业鉴定能力，无资质对工程计量问题发表专业意见

粤嘉会鉴字（2016）第005号《司法会计鉴定意见书》中的核心内容，主要是纬四路和经二路浅表处理和填充砂袋施工工程量如何计量的问题，而工程计量问题从来就不是单纯的会计数量问题，《会计鉴定意见书》中引用的广东省《市政工程综合定额》（第一册），很明显是工程技术人员才真正弄得懂的专业书籍，而会计师是财务专家，不是工程专家，由会计师对工程计量问题发表专家意见，这是牛做马的事，鉴定单位广东JX司法会计鉴定所，只有司法会计鉴定资质，无工程造价鉴定资质，请问其如何能进行工程计量鉴定？

由于学财务的会计师对"干密度""压实系数""砂垫层""超载土石方"等工程术语不通不懂，错误进行工程计量在所难免，详细意见见以下第二、三点。

二、合同约定的标准已确定了压实系数的取值

1. 完成工程的计量工程量通常为实体方，购买用砂材料为自然方。实体方与自然方通过压实系数换算。本案中涉及的最主要合同即2014年4月1日签订的《协议》，其第二点"乙方责任"第2小点已明确，"填筑的海砂含泥量不能超过5%，要求干密度不小于16.5 kn/m³"（kn/m³，即千牛每立方米，为工程设计常用密度单位，因 1 000 kg 物体产生的重力约 9.8 千牛，土木工程上习惯采用换算方程式 1 000 kgf ≈ 10 kn，所以 1 650 kg/m³ 的力在土木工程中用 16.5 kn/m³ 表示）。

《广东省市政工程综合定额》（以下简称《市政定额》）第一册"通用项目"的说明表四《土壤及岩石（普氏）分类表》（参见附表二），清楚表明砂的自然容量为 1 500 kg/m³，即 15.31 kn/m³（工程中通常用 15 kn/m³ 代替）。由此可得，该项目填砂挤淤的砂垫层压实系数为 16.5/15=1.1，因此，《协议》要求的堆砂挤淤砂垫层压实系数不适合采用《市政定额》D1-1-189"填中砂"定额压实系数。

D1-1-189"填中砂"，其工程的工艺要求"铺筑、整平、分层碾压"，它是适用于路面用优质材料，采用松方中砂干密度为 1.43 t/m³（1 430 kg/m³），压实系数为 1.25，材料损耗率为 4%，其折合压实砂体干密度达到 1.43 t/m³ × 1.25 ≈ 1.79 t/m³ ≈

17.9 kn/m^3，其定额考虑的耗砂系数为 1.25×1.04=1.29（参见建设部标准定额研究所编制的《全国统一市政工程预算定额》编制说明第 52 页附表一《材料压实干密度、方干密度、压实系数表》），这一材料和要求主要用于一般路面垫层、优质砂垫层等高等级的质量要求的砂垫层上，其材料受路基土或杂物污染就不能用，因此存在损耗的问题，而海滩路基填筑是没有损耗的，浅表处理更不用考虑损耗。

明显的，1.29 压实系数推导出的干密度 17.9 kn/m^3，对《协议》明确只要求的填筑海砂干密度 16.5 kn/m^3 是不相合的。

2. 2014 年 4 月 1 日《协议》超载土石方为自然方，施工工艺要求不要求压实，因此其压实系数就是 1.0。

3. 砂袋围堰的压实系数采用《市政定额》D1-5-2 的系数为 0.93，此处认同。

三、GY 公司实际完成工程的海砂用量

1. 浅表处理砂垫层的实体方，采用经双方结算确认的实体量为 151 167.654 m^3，换算自然砂方为 151 167.654 m^3×1.1=166 284.4 m^3。

2. 超载预压的数量为 100 940.4 m^3，是自然方，不需要再进行换算。

3. 2014 年 11 月 17 日签订的砂袋围堰《工程承包合同》为总价合同，其实际完成数量为 32 130 m^3 实体方，其压实系数为 0.93，折合用砂为 29 880.90 m^3 自然方。

综上，GY 承建填砂围堰总用砂为 297 105.72 m^3 自然方（参见附表一）。

四、《会计鉴定意见书》主要错误总结

广东 JX 司法会计鉴定所出具的粤 J 鉴定（2016）第 005 号《司法会计鉴定书》的结论是错误的，究其原因主要是：

1. 缺乏工程专业依据。《市政定额》明确规定砂天然干密度为 1 500 kg/m^3 即 15 kn/m^3，2014 年 4 月 1 日《协议》中明确要求砂垫层压实后干密度标准为 16.5 kn/m^3。设计部门因地制宜设计的浅表处理层，不同于一般概念的路基填砂、路面砂垫层、软基处理砂垫层，而是一个从海床过渡到路基的工作层，其密实度和承载力都小于路基压实层。向鉴定机构提供的送检材料没有包括工程专业分析资料，鉴定机构也缺乏了解，想当然地套用不合适的分项定额参数，出现错误是显而易见的。

超载预压为自然方计量，会计鉴定机构也未作工程专业分析，直接导致误用系数。

2014 年 11 月 17 日《工程施工合同》的砂袋围堰是临时工程，属总价合同。其实际工程数量应以实际完成的工程量为准，是 32 130 m³，而非 57 115.1 m³。

2. 公安机关错误地假设 GY 公司偷盗 66 043.054 m³ 天然砂，为了迎合公安机关需要，会计鉴定机构违心地编造出一些虚假的数据。

工程计量的数量是合同双方会同监理工程师验收结算确认的量，浅表处理的砂垫层和超载预压量是实际完成的量。填充砂袋的结算工程量是总价合同的包干量，其实际完成工程量远比结算量小。

这些实体的工程量与会计报表反映的购砂量是不能折算比率、进行累计相乘的。

按照鉴定机构计算：

①把实际完成围堰砂袋用砂 29 880.9 m³ 计算为

（30 633.945 m³×0.93+26 481.155 m³×1.29）=62 650.26 m³，多算了 32 769.36 m³。

②把堆载挤淤砂垫层 151 167.654 m³×1.1=166 284.4 m³ 计算为

151 167.654 m³×1.29=195 006.27 m³，多算了 28 721.87 m³。

③把堆载预压土方 100 940.4 m³ 计算为

（100 940.4 m³－1 794.457 m³）×1.29+1 794.457 m³×1.167

$$=142\,366.390\ \text{m}^3+2\,094.13\ \text{m}^3$$

$$=144\,460.529\ \text{m}^3，多算了\ 43\,520.129\ \text{m}^3。$$

把总数量为 297 105.72 m³ 自然方，计算为 402 117.054 m³，多算了 105 011.334 m³。

附表一：《工程量计算表》

附表二：《土壤及岩石（普氏）分类表》

附表三：《材料压实干密度、松方干密度、压实系数表》

编写：卢××

校核：张××

签名：

2016 年 8 月

另一方面，我们向检察院以及受理法院提供了广东省高级人民法院司法鉴定机构名录中的涉医司法鉴定机构名单，其中包括汕头市中心医院、汕头大学司法鉴定中心等，并先后分别向公安机关、检察院、法院提出了当事人严重疾病司法鉴定申请书。

终于，2016 年 8 月 15 日，法院同意委托司法鉴定所对当事人的病情是否属保外就医疾病伤残范围进行鉴定。

5. 庭审

时间过得很快，当事人收到其涉嫌盗窃罪的起诉状，很快开庭通知寄到，在法院最大的一号审判庭开庭，能容纳约 200 人旁听。于 2016 年 12 月 8 日、12 月 14 日开庭两次。

就在 12 月 8 日第一次开庭的当日，当事人的疾病鉴定意见已形成：当事人"患高血压性心脏病，严重心律失常，属严重疾病范围"。

为增强说服力，两位专家证人到庭接受质证，看似一切顺利。

但 12 月 14 日第二次开庭日的下午 6 时 30 分，法院还剩最后一个环节即总结陈述阶段，审判长宣布休庭 10 分钟。当事人身体状况突然恶化。法庭紧张一团，拨打 120 送医急救，吓坏了法官、律师，更吓坏了当事人亲属。

当夜，法警、法官、检察官、当事人亲友、律师，无眠。凌晨 2 时，急送中山大学肿瘤医院。第二天上午，律师带着当事人家属，来到法院，要求撤回取保候审申请书。法院紧急开会，主管副院长一线指挥，当日办理了取保候审手续。

待当事人病情略稳定，第三次开庭，已到 2017 年 4 月 13 日，开庭时间 2 小时。

庭后，辩护律师根据综合情况，发表了与写予检察院的《不予起诉意见书》大体相同的辩护意见。

一个月后，一审裁判书送达，法院裁判：

被告人 XIML 犯盗窃罪，判处有期徒刑一年六个月，并处罚金 2 万元。

法院认定：

关于被盗砂方性质及砂方价格的问题。经查，本案的书证即工程施工合同、协议及补充协议书，工程计量计算单及纬四路西段工程计量情况监理签证清单、工程施工明细账、海边外购砂工程量结算表等均证明 GY 公司完成纬四路回填砂工程的用砂为海砂，且价格与中砂价格相差甚远。据此，公诉机关认定被盗砂方为中砂并以中砂参考价格认定本案被盗砂方价值的意见缺乏证据证明，证据不足，本院不予支持。

公诉机关提供的汕头市建设工程造价管理站的情况说明，本院不予采信。辩护人提出被盗物品是否属于中砂无客观的证据证明以及被盗物品价格没有查清，汕头市建设工程造价管理站出具的情况说明不符合法律规定，没有证据效力的辩护意见理由成立，可予采信。

关于盗窃砂方总量及盗窃数额认定的问题。公诉机关指控被告人 XIML 盗窃被害单位围海的填砂 66 043.054 m³，造成被害单位损失 8 915 812.29 元，数额特别巨大。经查，本案证人证言均指证被告人 XIML 指使 CQZ 多次盗挖被害单位回填砂的事实，但对盗挖砂方量的证词不一致或不明确。公诉机关依据广东 JX 司法会计鉴定所的司法会计鉴定意见书，以 GY 公司已完成的纬四路回填砂工程砂方用量，大于其公司为纬四路回填砂工程购买的总砂方量，其差额即认定为被告人 XIML 盗窃的砂方量；进而以汕头市建设工程造价管理站提供的中砂价格结合被盗砂方量，认定被告人 XIML 的盗窃数额，公诉机关以倒推方式认定本案盗窃物品数量的意见，既缺乏法律依据，且违背无罪推定原则。据此，公诉机关指控被告人 XIML 盗窃的总砂方量及盗窃数额的事实存疑，认定被告人 XIML 盗窃的砂方量及数额特别巨大的意见证据不足，本院不予支持。公诉机关提供的广东 JX 司法会计鉴定所的司法会计鉴定意见书，本院不予采用。辩护人提出认定本案被盗砂方数量的证据材料严重错误，不能作为确定被盗砂方量依据的辩护意见理由成立，可予采信。

但是，对于辩护人提出本案涉案行为具体发生地点、发生时间及具体涉案人员、盗窃行为的工具及手段等均未查清或不明确的辩护意见。经查，本案被害单位的报案陈述及中交公司的书证，同案人 CQZ 的供述，多名证人证言等证据，足以证明 GY 公司长达一年余期间雇用他人使用大型机械或使用抽砂船在汕头市东部城市经济带片区——700 余亩池塘区域内，偷挖某房地产公司开发用地上回填砂并运载到纬四路进行回填及路基围堰的事实。辩护人上述辩护意见理由不成立，本院不予采信。

因此，公诉机关指控被告人 XIML 指使同案人 CQZ 在长达一年余期间多次在汕头市东部城市经济带片区内一处 700 余亩池塘区域内，偷挖某房地产公司开发用地上回填砂的事实，有受害单位的报案陈述，同案人 CQZ 的供述，证人陈某、朱某、谢某、谢某的证言及中交公司制止 GY 公司取砂的书面通知等证据证实，公诉机关指控被告人 XIML 盗窃被害单位回填砂的事实清楚，证据充分，本院予以认定。

6. 申请一审发回重审

检察院先对一审判决书提出了抗诉，坚持原有起诉意见，坚持要求判决十年以上。

当事人亦不得不上诉，并向二审法院提交了案件必须发回重审的重要理由，如下：

标题：《盗窃罪有 5 种，法庭只需审公诉机关所指控的》

详细理由：

以审判为中心的刑诉司法改革要求践行证据裁判原则，人民检察院未予指控的事实，其举证责任在人民检察院。

《最高人民法院、最高人民检察院、公安部、国家安全部、司法部关于推进以审判为中心的刑事诉讼制度改革的意见》第二点明确，"严格按照法律规定的证据裁判要求，没有证据不得认定犯罪事实"，第八点也指明，"被告人有罪的举证责任，由人民检察院承担"。这是司法的极大进步，明确了任何证明被告人有罪的责任，不在法院，而在人民检察院。

根据《刑法》第 264 条的规定，盗窃罪是指以非法占有为目的，窃取公私财物数额较大、多次盗窃、入户盗窃、携带凶器盗窃、扒窃公私财物的行为。说明典型的盗窃罪就是上述 5 种，其中，多次盗窃就是其中一种，根据《最高人民法院、最高人民检察院关于办理盗窃刑事案件适用法律若干问题的解释》（法释〔2013〕8 号）第三条，"二年内盗窃三次以上的，应当认定为'多次盗窃'"。如果检察院要指控被告人因多次盗窃而盗窃罪名成立，则必须在明确提控并为此提出相应充足证据。

本案中，5 种盗窃罪，检察机关只公诉了数额犯一种，也只对数额犯进行了举证证明，并未举证证明被告人具有刑法上规定的 2 年内三次以上盗窃的具体时间、

地点、犯罪人员、犯罪工具，既未在《起诉状》中列为起诉内容，又未充分举证，依法不在本案审理之列，也依法属于无证据证明、不能成立的犯罪情节，法院应践行刑事诉讼制度改革精神，严格坚持证据裁判原则，坚持人民检察院承担举证责任的规定，仅对公诉内容进行审理，作出数额犯定罪证据不足、指控不成立的裁判。

证明被告多次盗窃而有罪的责任，不在法院，而在人民检察院，希望法院真正贯彻以审判为中心的改革意见，真正过硬起来，做公正司法的表率者，无罪的案件不要帮助找证据、找理由证明有罪。

汕头市中级人民法院很快做出二审裁定书：撤销原判，发回重审，理由："原判认定的事实不清、证据不足。"至于为什么事实不清、证据不足，未表明，裁定书十分简洁，全书两页。

7. 最终裁定

2018 年 1 月 31 日，重审开庭。当事人浮肿的脸很黑，像抹了一层炭泥一样，65 岁。

开庭前，检察院发出当年度该院第 1 号《变更起诉决定书》，核心变更内容为将"偷挖围海的填砂"，由原来根据中砂价值以 135 元/m³ 计，变更为根据填路海砂的价格以 22 元/m³ 计，相应盗窃犯罪数额由 8 915 812.29 元变更为 1 452 947.188 元。

检察院的《变更起诉决定书》上无主张被告人有"二年内盗窃三次以上的"行为的表述，即指控的仍是数额犯、结果犯，而非行为犯。

但是，法院的再审判决书无任何实质变更，仍然裁非所诉，裁判 145 余万元的数额犯不成立，裁判被告人有"二年内盗窃三次以上的"行为犯成立，即盗窃罪还是成立——裁判结果与原判一模一样，理由亦一模一样。

第 **三** 部分
民事案件篇

实案一

南岭国家级自然保护区环境公益诉讼大案

一、案例简述

2016 年春，经人介绍，我们认识了著名的环保公益组织——成立于 1994 年的北京自然之友，从总干事张伯驹到前线调查员，与该组织的一半工作人员都有了接触。彼时，他们正在全国各地物色、培养合格的环境律师。当年，笔者受该组织邀请，参加了在中山大学举行的环境公益论坛，并且有幸与知名的中国法学会环境资源法学研究会党支部书记、武汉大学环境资源法研究所所长秦天宝教授同台演讲、向其学习。

在中大论坛的间隙，我们了解到自然之友刚刚向清远市中级人民法院提起了一单环境公益诉讼，状告南岭国家森林公园景区管理有限公司，破坏南岭核心自然保护区生态环境。由于最高法关于环境民事公益诉讼的司法解释中明确环境公益诉讼案必须公示，公示一个月内其他环境公益组织可以申请追加为共同原告，于是律师团队同广东省环境保护基金会负责人、原广东省环保局局长袁征同志约定第二天上午当面汇报，并力邀自然之友法务总监葛枫女士到基金会介绍情况。于是，在袁征老领导的强力支持下，笔者人生第一单环境公益诉讼案启程了，案值至少 10 亿元！

后来，我们七上南岭国家级自然保护区，聘请广东省最权威的生态学专家现场提出意见，经向当年中央环保督察广东组书面汇报，在督察组领导直入法院督促下，于当年 12 月 30 日达成调解协议。案例于 2017 年 6 月 30 日登上《人民法院报》。各方面认为，此案例有瑕疵，但开创了一个环境司法先例：修复费用上不封顶！

二、基本案情

2011 年岁末年初，广州一位留学归来的青年人，邀朋友一起前往南岭国家级自然保护区进行"野驴"，兴致高昂地爬到保护区核心区内的广东最高峰——石坑崆一带时，眼前一片大工地模样，多座高山被开挖出"之"字形土色公路，路基上下大片黄土裸露、大小碎石遍地，与传说中的郁郁葱葱、云山雾海相去甚远。

这群青年人利用微博、QQ 空间等自媒体发起"拯救岭南"行动，中国青年报、南方都市报、广东电视台等跟进报道。广东省林业厅经调查，确认施工现场系进行旅游公路开发，予以叫停，并报森林公安。最终，以破坏林地罪对施工企业的两名人员予以刑事处罚，此事暂予了结。

之后，这群青年人成立了环保公益组织广州市越秀区鸟兽虫木自然保育中心。2015 年，当他们组织开展活动时，发现同样的事情再次发生，而且规模更大、破坏性更强——在高山峻岭上，路面从原来的 4 m 拓宽至 8 m，土面硬化为水泥面！施工过程中炸山开路形成的土石直接向路外悬坡倾倒，一片一片的碗口粗红豆杉等绿木被压覆、枯萎、倒下。

2015 年新《中华人民共和国环境保护法》实施，环境公益诉讼成为各地新闻词。年轻的公益组织决定找年老的公益组织帮忙。2016 年春，南岭国家级自然保护区环境民事公益诉讼案在清远市中级人民法院受理。

三、胜诉路径

北京自然之友的起诉状如下：

民事起诉状

原告：北京市朝阳区自然之友环境研究所（简称自然之友），住所地北京市朝阳区裕民路 12 号 2 号楼 2 层 A201，邮编 100029，通讯地址：北京市朝阳区裕民路 12 号华展国际公寓 C 座 406

法定代表人：张赫赫　职务：副总干事

支持起诉单位：中国政法大学环境资源法研究和服务中心（又称中国政法大学污染受害者法律帮助中心），地址：北京市海淀区学院南路 38 号智慧大厦 304A，邮编 100082

负责人：王灿发　职务：主任

支持起诉单位：广州市越秀区鸟兽虫木自然保育中心，住所地广东省广州市越秀区北京路 312 号青年文化宫 7 楼，邮编 510000，通讯地址：广州市越秀区淘金路 54 号世贸花园 11 楼 F 单元

法定代表人：彭宇　职务：负责人

被告：广东南岭森林景区管理有限公司（简称景区公司），地址：乳源县五指山南岭国家森林公园乳阳林业局办公楼 101 室、102 室，邮编 512727

法定代表人：刘金文　职务：董事长

被告：深圳市东阳光实业发展有限公司（简称东阳光公司），住所地深圳市南山区华侨城东方花园 E 区 E25 栋，邮编 518000

法定代表人：张中能　职务：董事长

案由：环境民事公益诉讼

诉讼请求：

1. 请求判令二被告立即停止在南岭国家级自然保护区核心区内老蓬至石坑崆之间修建公路，停止一切与自然保护无关的人和事，停止一切未经国家林业总局批准的活动。

2. 请求判令二被告在六个月内将在南岭国家级自然保护区核心区内老蓬至石坑崆之间修路毁坏的生态环境恢复至原状，若二被告未在六个月内将修路毁坏的生态环境恢复至原状，则支付生态环境修复费用 500 万元（以评估或专家意见为准）。

3. 请求判令二被告共同赔偿上述修路生态环境受到损害至恢复原状期间服务功能损失费用 500 万元（以评估或专家意见为准）。

4. 判令二被告在省级以上媒体上对南岭国家级自然保护区核心区内修路破坏生态环境的行为公开赔礼道歉。

5. 判令二被告支付原告因诉讼支出的评估或鉴定费、律师费、差旅费、调查取证费、专家咨询费、诉讼费等费用。

事实与理由：

2009 年 12 月 26 日，广东省乳阳林业局与被告东阳光公司签约合作开发乳源县五指山南岭国家森林公园。此后，被告景区公司、东阳光公司在南岭国家森林公园进行森林生态旅游项目开发、经营及管理。南岭国家森林公园与南岭国家级自然保护区的面积几乎完全重叠。

2010 年 10 月始，被告开始在广东南岭国家级自然保护区核心区内炸山修路。2011 年年底，核心区修路的石坑崆山体陡峭，修路一圈一圈炸开山体，炸开的山石不经任何处理，直接用推土机推下山，使大量森林植被被掩埋，石坑崆的山体体无完肤。2012 年，老蓬段至石坑崆路段植被被全部破坏殆尽，公路雏形已现。2016 年元旦，被告开始实施硬化路面施工，目测至少有 4 km 沙泥路（之前炸山毁林开的沙泥路）已经铺上水泥，施工工人告知 2016 年年底可通车。自然保护区核心区内严禁任何开发建设项目，被告在南岭国家级自然保护区核心区内自 2010 年动工炸山毁林修路至现在实施路面硬化的建设工程也未取得环境影响评价审批。被告的行为违反了《中华人民共和国环境保护法》第 19 条、第 29 条，《中华人民共和国环境影响评价法》第 25 条，《自然保护区条例》第 27 条、第 28 条、第 32 条，《国家级森林公园管理办法》第 9 条等规定。

南岭国家级自然保护区是 1994 年经国务院批准的国家级自然保护区，孕育着丰富的森林和野生动植物资源，是我国生物多样性关键性地区，至今未调整保护区内功能区边界。被告修建的公路位于南岭国家级自然保护区的西北部，在老蓬至石坑崆之间，海拔 850~1 800 米，沿途多为深谷、陡坡，全长 17 km，完全在南岭国家级自然保护区核心区内。修路造成植被严重破坏，公路运行将永久性地加剧动植物栖息地的破碎化，进而导致部分濒危动植物的小种群现象甚至局部灭绝，对生态环境产生难以弥补的损害。

原告自然之友是 1993 年 6 月 5 日成立的非营利性民间环保组织，宗旨是"倡导生态文明，开展环境研究，促进可持续发展"。于 2010 年 6 月在民政部门登记注册，无违法记录。根据《中华人民共和国环境保护法》第五十八条原告有权提起环境民事公益诉讼。

综上，原告认为：二被告的行为已使国家级自然保护区核心区自然生态环境受到严重损害，并将继续加剧对生态环境的损害。故为保护好我们赖以生存的生态环境，特依据《中华人民共和国环境保护法》等法律规定向贵院提起环境民事公益诉讼，请求贵院依法裁判支持原告的诉讼请求。

此致
广东省清远市中级人民法院

具状人：北京市朝阳区自然之友环境研究所
支持起诉单位：中国政法大学环境资源法研究和服务中心
支持起诉单位：广州市越秀区鸟兽虫木自然保育中心
2016 年 1 月 28 日

我们提出了和而不同的起诉状，加急办理了接受广东省环保基金会委托的合同后，在学习自然之友的起诉状的基础上（其中包括诉讼请求略有不同、事实与理由略有不同），向清远市中级人民法院提出了请求追加共同原告的申请书。

民事起诉状

原告：广东省环境保护基金会，住所地：广州市黄埔大道西 868 号跑马地花园凯阅阁 2605 房，邮政编码：510627，法定代表人：陈坚，职务：理事长
被告：广东南岭森林景区管理有限公司（简称景区公司），地址等略
被告：深圳市东阳光实业发展有限公司（简称东阳光公司），住所地等略
案由：环境民事公益诉讼
诉讼请求：

1. 请求判令被告立即停止在广东南岭国家级自然保护区核心区和缓冲区内修

路毁林等一切与自然保护区保护方向不一致的旅游项目开发活动。

2. 请求判令被告支付生态环境修复费用人民币 500 万元（以评估或专家意见为准），指令原告或由依法负有自然保护区监督检查职能的地方环境保护行政主管部门指定的其他机构，选择和监督有资格的第三方生态环境修复单位使用生态环境修复费用，将三被告在南岭国家级自然保护区核心区和缓冲区修路毁坏的生态环境恢复至原状。

3. 请求判令被告共同赔偿自上述修路毁林破坏生态环境之日起至恢复原状期间广东南岭国家级自然保护区生态环境服务功能损失费用 500 万元（以评估或专家意见为准）。

4. 判令被告在《中国绿色时报》或《中国环境报》上对南岭国家级自然保护区核心区内修路破坏生态环境的行为公开赔礼道歉。

5. 判令被告支付原告因诉讼支出的评估或鉴定费、律师费（按广东省律师服务收费政府指导价收取，分段累计收 27.1 万元）、差旅费、调查取证费、专家咨询费等费用。

事实与理由：

根据已提起诉讼的另一原告——北京市朝阳区自然之友环境研究所和支持起诉单位已提交给贵院的证据材料，以及本原告掌握的证据，本原告主张如下事实：

广东省乳阳林业局（系事业法人单位）与二被告（以下简称三单位）擅自决定在广东南岭国家级自然保护区内进行包括毁坏Ⅰ级保护林地予以修路在内的旅游项目开发活动，未经国务院有关自然保护区行政主管部门批准，其所谓南岭国家森林公园总体规划与广东南岭国家级自然保护区总体规划相矛盾且未获国家林业局批复同意，未经环境影响评价审批，其公路建设未经道路交通主管部门批准、未经国土资源部门用地审批同意，未取得公路建设开工许可证，甚至未经占用林地审批程序，是彻头彻尾的违法行为，包括被告在内的三单位置国家法律法规和各级各类主管部门三令五申于不顾，致使广东南岭国家级自然保护区已被国务院、国家林业局确定为 30 个国家督办的国家级自然保护区之一。

违反的主要法律法规和其他法律性文件包括：《国家级森林公园管理办法》《自然保护区条例》《自然保护区土地管理办法》《公路法》《公路管理条例》及其实施细则、《森林法》及其实施条例、《建设项目使用林地审核审批管理办法》《环境保护法》《环境影响评价法》《建设项目环境保护管理条例》《土地管理法》《水土保持法》、交通部《关于实施公路建设项目施工许可工作的通知》（交公路发〔2005〕258号）等。

违法行为发生后，三单位拒绝停止项目开发施工，未真正进行生态环境修复，顶风作案，在中共十八大确立生态文明战略、绿色发展理念之后，特别是在国务院督办，环境保护部、国家林业局、国土资源部、发改委、水利部、农业部等十部委《关于进一步加强涉及自然保护区开发建设活动监督管理的通知》（环发〔2015〕57号）发布之后，广东省乳阳林业局和二被告仍拒绝停止违法活动，导致广东南岭国家级自然保护区被国家督办的恶劣后果。

南岭是广东人民的重要靠山，在其类似心脏的自然保护区核心区域内违法进行商业经营活动，是置广东全体人民利益于不顾。

鉴于事实证明已不宜由包括被告在内的三单位自己实施生态环境修复，即，一是其已失信于公众一次，二是由其自己实施缺乏动力、效果极差，三是不易监管，因此，请求直接判令被告支付生态环境修复费用，由第三方生态环境修复机构代为进行生态环境修复，方为合理、可行。

以上事实和理由，敬请贵院查明，支持原告诉讼请求，通过司法手段实现党和国家战略部署，保护广东人民的靠山不被开膛破肚！

此致
清远市中级人民法院

具状人：广东省环境保护基金会
2016 年 3 月 28 日

我们同时提起了如下两项申请：

追加被告申请书

申请人：广东省环境保护基金会，住所地等略

被申请人：广东省乳阳林业局，事业单位法人证书号：144000000660，法定代表人等略

申请事项：

追加被申请人为本案被告参加诉讼，依法判令其与其他被告共同承担责任。

申请事实与理由：

被申请人是广东南岭国家级自然保护区的土地使用和建设管理事业单位，企、事业单位都是《中华人民共和国环境保护法》的调整对象。被申请人罔顾国家法律规定和党中央、国务院，以及国家林业、环保、国土职能部门的三令五申，未经行政主管部门审批同意，擅自做主与深圳东阳光实业发展有限公司签订合作协议，对广东南岭国家自然保护区进行旅游项目开发，未经交通、环保、国土、林业等主管部门的相关审批许可，在自然保护区核心区、缓冲区内进行旅游公路建设，擅自建设石坑崆盘山公路，对施工企业的野蛮施工、破坏生态行为不履行管护、制止职责，导致自然保护区核心区、缓冲区内生态系统遭受巨大破坏！根据《国家林业局办公室关于国家级自然保护区"绿剑行动"监督检查结果的通报》（办护字〔2016〕23号），广东南岭国家级自然保护区已被定为国家重点督办整改的30处国家级自然保护区之一，在国内外造成极坏的影响，给党和国家生态文明国家战略的执行造成极大干扰。

对上述事实，自然之友和申请人已依法作为共同原告，对深圳市东阳光实业发展有限公司和相关单位广东南岭森林景区管理有限公司提起环境侵权民事公益诉讼，以维护社会公共利益，并已提交相关证据证明被申请人与本案有上述重大利害关系，根据《环境保护法》第六十一条、第六十三条和第六十四条以及《侵权责任法》《最高人民法院关于审理环境侵权责任纠纷案件适用法律若干问题的解释》的相关规定，被申请人应与本案被告承担共同侵权责任，是必须共同进行诉讼的当事人，因此，根据《最高人民法院关于适用〈中华人民共和国民事诉讼法〉的解释》第七十三条的规定，"必须共同进行诉讼的当事人没有参加诉讼的，人民法院应当依照民事诉讼法第一百三十二条的规定，通知其参加；当事人也可以向人民法院申

请追加。人民法院对当事人提出的申请，应当进行审查，申请理由不成立的，裁定驳回；申请理由成立的，书面通知被追加的当事人参加诉讼"。申请人特此申请追加被申请人作为被告参加诉讼，以查明案情，追究其责任。

此致
清远市中级人民法院

申请人：广东省环境保护基金会

2016 年 3 月 28 日

附：参考法条

新《环境保护法》第六条第一款："一切单位和个人都有保护环境的义务。"本条第三款："企业事业单位和其他生产经营者应当防止、减少环境污染和生态破坏，对所造成的损害依法承担责任。"

责令被告停止生态破坏行为的保全申请书

申请人（本案原告）：广东省环境保护基金会，住所地等略
被申请人（本案被告）：
广东南岭森林景区管理有限公司，地址等略
深圳市东阳光实业发展有限公司，住所地等略
广东省乳阳林业局，事业单位法人证书号等略

具体申请事项：

责令被申请人即被告自裁定之日起立即停止在广东南岭国家级自然保护区核心区和缓冲区进行路面硬化、挖土翻石等破坏自然生态环境的作业，立即撤出全部工程施工人员和机械设备。

事实与理由：

因三被告在广东南岭国家级自然保护区的违法施工活动，正在给该国家级自然保护区一级保护林地和生态多样性环境造成毁灭性破坏，根据《国家林业局办公室关于国家级自然保护区"绿剑行动"监督检查结果的通报》（办护字〔2016〕23 号），

广东南岭国家级自然保护区已被定为国家重点督办整改的 30 处国家级自然保护区之一，但三被告仍然拒绝停止违法行为，根据《民事诉讼法》第一百条的规定："人民法院对于可能因当事人一方的行为或者其他原因，使判决难以执行或者造成当事人其他损害的案件，根据对方当事人的申请，可以裁定对其财产进行保全、责令其作出一定行为或者禁止其作出一定行为；当事人没有提出申请的，人民法院在必要时也可以裁定采取保全措施。人民法院接受申请后，对情况紧急的，必须在 48 小时内作出裁定；裁定采取保全措施的，应当立即开始执行。"

申请人特向贵院提起保全申请，依法裁定禁止被申请人的违法损害行为。

另根据《最高人民法院关于审理环境侵权责任纠纷案件适用法律若干问题的解释》（法释〔2015〕12 号）第十二条的规定，"被申请人具有环境保护法第六十三条规定情形之一，当事人或者利害关系人根据民事诉讼法第一百条或者第一百零一条规定申请保全的，人民法院可以裁定责令被申请人立即停止侵害行为或者采取污染防治措施"。申请人请求贵院尽快裁定采取保全措施，防止侵害后果进一步扩大。

此致

清远市中级人民法院

申请人：广东省环境保护基金会

2016 年 3 月 28 日

很高兴的是，清远市中级人民法院很快接受广东省环保基金会作为共同原告的申请，也很快下达了追加广东省乳阳林业局为共同被告的通知。但遗憾的是，清远市中级人民法院没有下达责令被告停止生态破坏行为的保全令，事后沟通，法官告之法无明文规定可以下达此类保全令——时至今日，这个议题依然值得研究。

关于为什么要追加广东省乳阳林业局为共同被告，初衷在于自然之友法律与政策倡导总监葛枫女士在广东省环保基金会谈论该案时，诉苦该局不配合调查取证，正在考虑是否提起信息公开申请，否则很多涉案证据、信息无法掌握。

但很多人疑惑，"局"是行政机关，为什么民事诉讼中可以追加行政机关为被告？这岂不是变成了行政公益诉讼？公益组织有资格提起行政公益诉讼吗？

后来的事实证明，追加该单位为被告，为推动该案发挥了巨大作用。因为我国与美国等国的民事证据制度不同，没有强制性的被告证据真实开示制度——比如著名的西弗吉尼亚州 3 500 名居民诉全球化工巨头杜邦公司 PFOA（全氟辛酸，又称 C8）污染环境大案中，杜邦公司不得不向律师开示跨度达 10 年以上、多达 1 t 的公司内部有关真实材料——如果原告拿不到被告污染环境或破坏生态的基础证据，案件要想顺利推进，几乎是不可能的。

本案中，有证据证明广东省乳阳林业局不仅是共同侵权人、法定的自然保护区的管理人，更是知情人，如果第一被告广东南岭森林景区管理有限公司和第二被告深圳市东阳光实业发展有限公司做一个沉默的抗辩者，否认其是生态环境侵权人的基本事实，那么，本案只有采取其他路线取得相关证据，比如依法向有关法定行政管理机关或管理单位申请信息公开等。无疑，那将耗力耗时。

在众多办案实践中我们也有体会，由于多名被告之间地位不同、责任不同、立场不同，被告越多，能从中找到突破的空间越大，特别是在我国目前的法治条件下。本案中，广东省乳阳林业局与另二被告的法定地位、法定责任明显不同，自然立场会不同。我们将其追加被告后，广东省乳阳林业局立即从"局外人"变成"局内人"，变消极对待为积极配合，不仅积极提供各方面证据材料，而且明确要求另二被告尽快处理此案，积极修复生态环境，为本案最终较为完美的处理做出了重要贡献。

另一个办案经验就是，千万不要"善意的"相信被告的口头承诺！

本案涉及多方利益，特别是追加被告的行动，直接将政府下属的事业单位从后台推上前台，广东省人民政府相关部门明确希望该案尽快了结，以消除各方面的影响。受案之初，希望原告以撤诉了结，凡事好商量，但根据《最高人民法院关于审理环境民事公益诉讼案件适用法律若干问题的解释》（法释〔2015〕1 号）的规定，环境民事公益诉讼与一般民事案件不同，并非原告同意即可撤诉。撤诉不能，只能寻求调解。

以下是 2016 年 5 月最早期原告拟定的《调解方案》：

调 解 方 案

（草案）

1. 由清远市中院下达禁止令，在未取得保护区核心区和缓冲区功能区划调整同意批复之前，停止一切在核心区和缓冲区的包括公路建设在内的一切工程建设施工活动和有人活动，由被告广东省乳阳林业局执行。

2. 三被告在取得环境影响评估报告书批复和占用林地审批之前，停止一切在保护区范围内的旅游开发活动，包括旅游宣传活动。

3. 根据《自然保护区条例》第18条、第27条、第28条的规定，由被告广东省乳阳林业局组织建设施工单位在15个工作日内撤出全部施工机械设备、人员、车辆、工房，30个工作日内撤除核心区和缓冲区内已建成的公路水泥砂石路面、旅游设施建筑物、固定房屋等各类人工构造物，30个工作日内封闭现已施工的公路，非因法律许可的原因禁止人员入内，在公路两端设施未经依法许可禁止通行告示牌，否则由原告申请强制执行，所有执行费用由被告全额承担。

4. 由被告深圳市东阳光实业发展有限公司、被告广东南岭森林景区管理有限公司向广东省环境保护基金会、广州市环保组织鸟兽虫木自然保育中心支付禁止令执行监督取证费50万元，同意前述组织使用无人机航拍、派人随时到现场抽查取证等方式进行执行监督。

5. 一旦发现有违禁止令的行为，即发现在核心区和缓冲区有包括公路建设在内的一切工程建设活动和有人活动（原住民活动除外）的证据，经清远市法院执行听证裁定证据三性成立，听证裁决生效，三被告立即支付惩罚性赔偿金5000万元，三被告愿意接受裁定的强制执行力，连带承担违反禁止令的责任。支付对象分别为广东省环境保护基金会和自然之友环境研究所各2500万元，用于成立环境公益诉讼专门基金，专用于环境公益诉讼预缴诉讼费、鉴定评估费、专家证人费、公证费、律师费、取证与诉讼活动差旅住宿费等（该基金接受第三方审计监督、严格专款专用）。

6. 被告深圳市东阳光实业发展有限公司、被告广东南岭森林景区管理有限公司在7个自然日内支付生态修复费用500万元和生态功能损失费500万元至广东省环境保护基金会开设的专用账户，由自然之友环境研究所和支持起诉单位监督使用，全部用于南岭国家级自然保护区的生态治理。由广东省环境保护基金会在收到款项后 15 个工作日内通过公开招标方式选定委托第三方制定预算为 800 万元的生态修复方案、实施生态修复方案，自与第三方生态修复专业机构签订委托修复合同之日起 6 个月之后，由自然之友环境研究所或支持起诉单位以公开招标方式选聘验收和审计机构，对第三方修复绩效进行评估，向社会公布评估结果，方案编制费、生态修复实施费用、验收费用、审计费用均在 1 000 万元范围内支付，不足部分由深圳市东阳光实业发展有限公司补足，直至修复验收合格。

7. 被告深圳市东阳光实业发展有限公司、被告广东南岭森林景区管理有限公司向两原告支付律师费各 20 万元、差旅费各 3 万元，向两支持起诉单位支付调查取证费各 5 万元。

2016 年 6—7 月，被告回复原则同意上述《调解方案》内容，但原告未要求形成文字，原因是《调解方案》中的核心内容为对被损害生态环境采取保守性修复方案，即默认被告对涉案生态环境造成的是不可逆的永久性损害，不可能要求被告将高崖陡坡之上的公路改变为原貌，否则，如硬性要求恢复原状，将在恢复过程中造成更大的二次生态破坏。

但上述内容需要得到专业的认可，否则，调解方案即使签署，也有可能受到公众的质疑，导致不能生效。

7 月 5 日，来自中山大学生命科学院、中国科学院热带林业研究所研究员、广东省环境科学院、华南理工大学环境与能源学院的 5 位专家，与原告和支持起诉代表共同乘坐广东省乳阳林业局的公务车攀上南岭案发现场，主要目的之一就是论证保守性修复方案是否科学、正确，恢复原状之诉求是否不应予以支持。

下山后，在广东省乳阳林业局的会议室里，4/5 的专家认为只能实施保守性修复方案，如实施恢复原自然生境的大面积工程，会造成二次生态破坏，且成本高昂，我们让专家据实签字。

但当专家的签字意见反馈给被告时，被告不同意调解了，并称从来没有要调解结案的意思。

此时，恰逢中央环保督查组于 2016 年 10 月第一次进驻广东，我们将此案件反映给督查组。南岭国家级自然保护区原本就是当年环境保护部公布的全国 30

个重点挂牌督察的国家级自然保护区之一，问题早已反映至中央，督察人员正好借此机会解决南岭问题。

于是，接到自然之友和广东省环保基金会的举报、投诉材料后，中央环保督察员攀上南岭高峰案发地，再下清远市中级人民法院，责问为什么从 3 月立案至今一次庭也未开过，责问部分负责人为什么要干预该案正常办理。

2016 年 12 月 26 日，广东省环保基金会接到法官通知，定于 4 日后的上午开庭，不得推后。经加急协商，改定于 2016 年 12 月 30 日下午 2:30 开庭。庭审很顺利，制成大家在中国裁判文书网（wenshu.court.gov.cn）看到的《民事调解裁定书》[（2016）粤 18 民初 3 号]。

《民事裁定书》内容显示：

本案审理过程中，经本院主持调解，当事人自愿达成如下协议：

一、被告广东南岭森林景区管理有限公司对因石坑崆公路修建而给生态环境所带来的破坏向社会公众表示歉意；立即停止在南岭国家级自然保护区（南岭国家森林公园）内老蓬至石坑崆之间的修建公路行为，保持公路现状；已完成的道路仅作为森林防火、资源管护、生态修复使用；今后在自然保护区内不得新增旅游开发项目。

二、被告广东南岭森林景区管理有限公司在签订本调解协议之日起 10 日内赔偿生态环境修复费用 500 万元（此款已经履行）。上述费用用于老蓬至石坑崆段公路的生态修复以及自然保护区内的其他生态治理。

三、被告广东南岭森林景区管理有限公司按照广东省林业调查规划院所作出的《南岭国家森林公园林区公路（老蓬段）边坡复绿与生态修复（期）工程方案》的标准实施生态环境修复工作，于 2019 年 4 月 30 日前完成。生态环境修复工程必须履行公开招投标程序，并在原告、支持起诉单位和社会公众监督下使用生态环境修复费用。

四、被告广东南岭森林景区管理有限公司应在每年 12 月，向执行法院及原告通报生态修复进展情况，并接受司法、行政、原告、支持起诉单位及社会监督。被告广东省乳阳林业局负责监督生态环境修复工程的具体实施。原告及支持起诉单位有权到现场查看生态修复情况，相关合理费用支出由被告广东南岭森林景区管理有限公司负担。本案当事人及相关专家对生态环境修复工作效果进行评估，由此产生的相关费用由被告广东南岭森林景区管理有限公司负担；如经评估生态环境修复结果尚未达到《南岭国家森林公园林区公路（老蓬段）边坡复绿与生态修复（期）工程方案》的要求，被告广东南岭森林景区管理有限公司应继续承担后续生态环境修复费用直至通过生态环境修复效果评估为止。

五、被告广东南岭森林景区管理有限公司应向原告北京朝阳区自然之友环境研究所支付律师费 20 万元、差旅费 4 万元、评估费 6 万、专家咨询费 2 万；应向原告广东省环保基金会支付律师费 20 万、专家咨询费 3 万元；应向中国政法大学环境资源法研究和服务中心支付调查取证费 5 万元；应向广州市越秀区鸟兽虫木自然保护育中心支付调查取证费 5 万元。

六、本案案件受理费 81 800 元、公告费用 6 300 元，由被告广东南岭森林景区管理有限公司负担。

本院于 2017 年 1 月 14 日将上述调解协议在《人民法院报》及本院公告栏上进行了为期 30 日的公告，公告期满后未收到任何意见和建议。

本院认为，上述协议不违反法律规定和社会公共利益，本院予以确认。

本调解书经各方当事人签收后，即具有法律效力。

四、案件评析

此案给予被告企业的损失是巨大的。

2018 年 4 月，南岭国家级自然保护区暨南岭国家森林公园范围内所有旅游项目、相关设施，包括自然保护区实验区、缓冲区内所有的风景点、公路、山道、超市、酒店、温泉、民宿等，一律暂停对外营业，直至 2020 年 12 月，仍未开放。

到过南岭"景区"的人或知道，仅从豪华酒店、沥青盘山公路、温泉等推算，三被告在该地投入的开发资金应不少于人民币 20 亿元。

关于本案，《人民法院报》在 2017 年 6 月 8 日第五版以 3/4 的版面进行了解析（图 3-1），作者包括该报记者林晔晗、广东省高级人民法院曾洁赟、中国人民大学法学院教授周珂等，文中包括自然之友法务总监葛枫女士（现仍担任自然之友顾问）、中山大学法学院教授李挚萍（广东省法学会环境资源法学研究会会长）、广东省高级人民法院环境资源审判庭原负责人王恒、清远市中级人民法院环境资源庭原审判长谢伟诚（现任该院执行局局长）、广东乳阳林业局原局长陈振明、中国环境资源法学研究会常务理事王权典（华南农业大学法学院教授）等专家的观点，十分到位，值得找来一读。

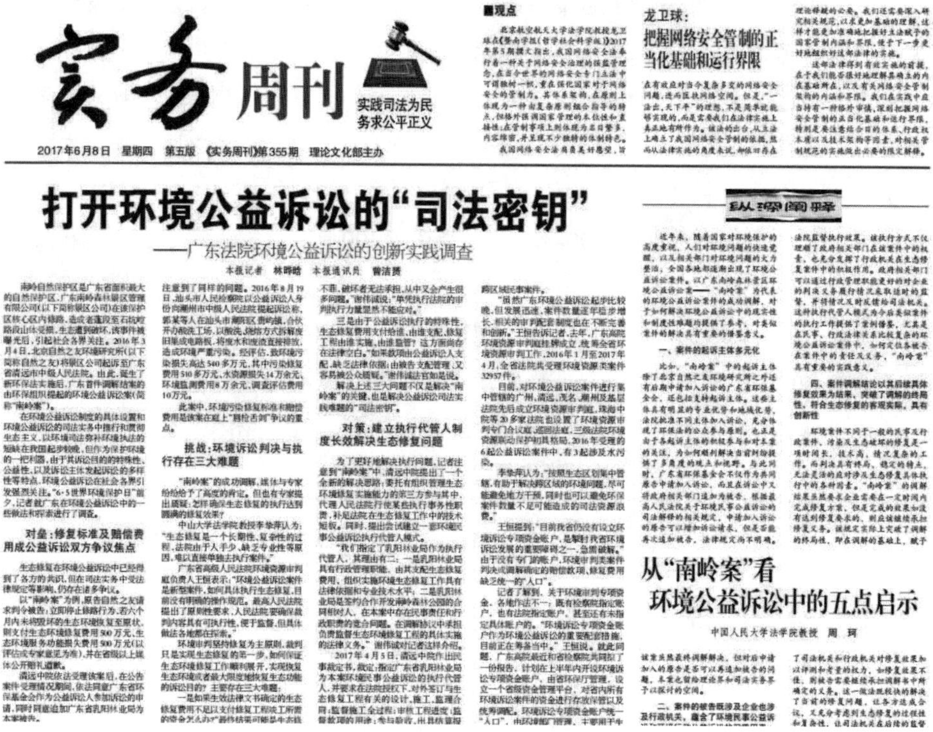
实务周刊
实践司法为民 务求公平正义
2017年6月8日 星期四 第五版 《实务周刊》第355期 理论文化部主办

龙卫球：
把握网络安全管制的正当化基础和运行界限

打开环境公益诉讼的“司法密钥”
——广东法院环境公益诉讼的创新实践调查

对垒：修复标准及赔偿费用成公益诉讼双方争议焦点

挑战：环境诉讼判决与执行存在三大难题

对策：建立执行代管人制度长效解决生态修复问题

从“南岭案”看环境公益诉讼中的五点启示
中国人民大学法学院教授 周珂

图 3-1 《人民法院报》关于“南岭案”解析

这里将中国人民大学法学院周珂教授所做《从“南岭案”看环境公益诉讼中的五点启示》一文“复印”分享给大家，以方便各位研读。具体内容如下：

近年来，随着国家对环境保护的高度重视，人们对环境问题的快速觉醒，以及相关部门对环境问题的大力整治，全国各地都逐渐出现了环境公益诉讼案件。以广东南岭森林景区环境公益诉讼案——“南岭案”为代表的环境公益诉讼案件的成功调解，对于如何解决环境公益诉讼中的现实性和制度性难题均提供了参考，对类似案件的解决具有重要的借鉴意义。

一、案件的起诉主体多元化

比如，"南岭案"中的起诉主体除了北京自然之友环境研究所之外还有后期申请加入诉讼的广东省环保基金会，还包括支持起诉主体。这些主体具有明显的专业优势和地域优势，法院批准不同主体加入诉讼，充分体现了环保法的公众参与原则。也正是由于各起诉主体的积极参与和对本案的关注，为如何顺利解决当前纠纷提供了多角度的观点和视野。与此同时，广东省环保基金会不仅作为共同原告申请加入诉讼，而且在诉讼中又将政府相关部门追加为被告，根据最高人民法院关于环境民事公益诉讼的司法解释的相关规定，申请加入诉讼的原告可以增加诉讼请求，但是否能再次追加被告，法律规定尚不明确。该案虽然最终调解解决，但对后申请加入的原告是否可以再追加被告的问题，本案也留给理论界和司法实务界予以探讨的空间。

二、案件的被告既涉及企业也涉及行政机关，蕴含了环境民事公益诉讼和环境行政公益诉讼的双重因素

该案法院将政府相关部门也追加为被告，使得"南岭案"在性质上突破了传统环境民事公益诉讼的一般特征，并包含了环境行政公益诉讼的特点。最终的调解方案实质上也体现了"民行二合一"的审判思路，不同的法律关系，在一个调解中彻底解决。在目前的环境公益诉讼案件中，很多案件都具有民、行交叉的特点，尤其是很多环境公益组织在起诉污染企业的同时也会顺带要求追究行政机关的相关责任。法院在具体的程序适用上可能还存在问题，但通过调解的方式可以有效地解决程序障碍，最终在调解中各方担责，共同治理，可以有效地化解案件矛盾纠纷，从而有助于实现最终的诉讼目的。以美国的公民诉讼案件为例，绝大多数案件均采取调解的模式予以解决。调解也是通过最少的诉讼程序代价尽快解决环境问题的有效手段。

三、创设了执行代管人模式的独创性解决机制

由政府相关部门在案件具体的执行中充当代管人的角色，充分发挥政府行政监管职能，在修复工作的方案制定、事实、监管、验收等领域配合法院监督执行效果。该执行方式不仅理顺了政府相关部门在该案件中的权责，也充分发挥了行政机关在生态修复案件中的积极作用。政府相关部门可以通过行政管理职能更好地对企业的判决义务履行情况采取适时的监督，并将情况及时反馈给司法机关。这种执行代管人模式为

今后类似案件的执行工作提供了案例借鉴，尤其是在民事、行政法律关系比较复杂的环境公益诉讼案件中，如何定位各被告在案件中的责任及义务，"南岭案"具有重要的实践意义。

四、案件调解结论以其后续具体修复效果为结果，突破了调解的终局性，符合生态修复的客观实际，具有创新性

环境案件不同于一般的民事及行政案件，污染及生态破坏的修复是一项时间长、技术高、情况复杂的工作。而判决具有终局、稳定的特点，无法灵活地应对涉及生态修复具体执行中的各种因素。"南岭案"的调解结果虽然要求企业需要在一定时间内完成修复方案，但是完成的效果如没有达到修复要求的，则应该继续承担修复义务。该规定实际上突破了调解的终局性，即在调解的基础上，赋予了司法机关和行政机关对修复效果加以评测和考量的权力，如修复效果不佳，则被告需要继续承担调解书中所确定的义务。这一做法既较快地解决了当前的修复问题，让各方达成合议，又充分考虑到生态修复的过程性和复杂性，让司法机关在后续的监督中，留有灵活的余地。

五、由于目前对森林生态系统损害的评估机制不完善，导致"南岭案"调解内容没有涉及环境治理期间损失的赔偿问题，这也反映出目前环境公益诉讼中所面临的实际问题

环境公益诉讼的发展也需要有完善的环境损害评估机制予以配合。而目前在该领域尚没有统一适用的标准体系，在个案中不同的评估机构所出具的评估结果差异过大，使得法院在适用中存在一定顾虑。该原因也造成司法机关在目前的环境公益诉讼案件中，重点关注生态恢复而较少涉及环境治理期间损失的问题。随着环境损害评估机制的完善，在今后的判决和调解中，环境治理期间损失的问题也将成为各方所重点关注的内容。而本案中，虽然调解内容没有涉及环境治理期间损失，但法院要求景区公司超额支付一部分修复费用，也算是对环境治理期间损失的一种回应。

在本案结尾处，要郑重提及，本案能够较为成功办理，产生极大、深远的环境法治意义，一位老领导居功至伟，他就是广东省环境保护基金会党支部书记袁征同志。在本案办理过程中，他承受的压力较大，需要一次又一次地向相关负责人说明情况、展示案情、陈述利弊。在此感谢袁征同志。

実案二

在环境私益诉讼案中确定行政机关的
民事环境侵权责任

一、案例简述

我国尚未形成环境权概念，特别是环境私权，公民因环境遭受损害而受到私权利损害时，不能提起环境权之诉，而只能提起一般的侵权之诉，本案就是这样的案件，因此称之为环境私益诉讼案，名称恐怕有点不够准确，权当以实践促理论。

作为笔者承办的首单环境私益诉讼案，结果并不美好，其中艰涩，唯当事人与笔者深知，能展现给大家的，是其中艰涩之冰山一角。

南方多暴雨，因政府旅游公路建设，广东省 DY 县某村村民的祖宅，因地势低洼，被施工单位违规倾倒的施工泥土冲填了老宅和部分水田，村民信访无果，听从政府工作人员建议，走法律程序。

在案件处理过程中，本案法官表现出较高的司法水平和素养，虽然这是在广东一个不发达的县发生的案件。笔者先后促使法院进行了两种司法鉴定，均得到了法官的支持，并未受到不合理的阻挠，出乎笔者意料。两个鉴定，一是房屋损害司法鉴定，二是耕地暨水田破坏司法鉴定。但遗憾的是，最终因找不到符合资格的司法鉴定机构，仅做了前者，客观上无法做后者。

也许是由于历史的局限性，本案处理的结果差强人意，但是，本案的一个重要进步是，在没有认定行政机关违法的情况下，法院判行政机关承担环境民事侵权责任，并且在中国裁判文书网上公布了裁判文书。

二、案情简述

本案原告为曾氏三人与其母亲叶氏，被告为 DY 路桥建筑工程有限公司（以下简称路桥公司）、DY 中大公路养护工程有限公司（以下简称养护公司）、河源市东源县交通局（以下简称交通局），案由为恢复原状、赔偿损失纠纷，案号：（2016）粤 1625 民初 170 号。

2011 年，由于建设康黄公路，河源市东源县人民政府征用了四原告部分土地，两被告于 2011 年经东源县发改局、东源县建设局的文件中标康黄公路建设项目，作为康黄公路施工单位参与道路施工建设。在道路施工过程中，两被告违反法律规定，破坏与原告水田和房屋相邻的地表水土，随意堆弃施工土、泥，且未做好水土防护，导致严重的水土流失，致使相邻的原告所有的房屋与承包的 8 亩水田（属于基本水田）被水土冲填、积水，原告的 8 亩水田被黄土覆盖、冲毁，完全丧失耕作功能，房屋严重水浸，根本无法用于居住，如不修缮，将丧失居住功能。原告就黄康公路施工造成的环境破坏向东源县国土资源局进行信访，向河源市国土资源局、广东省国土资源厅进行复核申请，于 2013 年 11 月 12 日收到三部门的意见书，从三份意见书的回复中可以确定，由于两被告的不当施工行为，导致原告 8 亩水田严重水土流失的事实。由于两被告在三份政府意见书作出后仍未能实施有效的治理、防止水土流失的措施，导致原告所承包的 8 亩土地水土流失情况愈加严重，耕地无法耕种，土地也有荒漠化的趋势。为维护两原告自身的合法权益，根据相关法律，请求法院判令被告停止侵害、排除妨碍、赔偿损失。

原告向法院提出如下诉讼请求：

（1）判令两被告停止破坏原告承包的 8 亩水田，恢复水田原状和功能，支付被破坏期间的损失 5 万元；（2）如不能恢复原状，判令另支付一次性赔偿金 10 万元；（3）判令被告采取补救措施停止对原告的房屋浸水破坏，修复房屋，支付被破坏期间的损失 5 万元；（4）如不能修复房屋，判令另支付一次性赔偿金 30 万元；（5）被告承担本案全部诉讼费用。庭审中原告将第一项诉讼请求变更为：判令两被告停止破坏原告承包的 6.85 亩水田，恢复水田原状和功能，支付被破坏期间的损失 5 万元。

三、办案思路

原告提供了以下证据支持其主张：

（1）两原告身份证复印件、户口本，证明两原告的主体资格，为两母子；（2）《企业机读档案登记资料》《全国企业信息公示系统（广东）》，证明两被告的主体资格；（3）《农村土地承包经营权证登记申请表》，证明被侵权土地为两原告所有的承包经营土地，具有无争议的承包经营权；（4）《东源县国土资源局信访答复》；（5）《河源市国土资源局信访事项复查意见书》；（6）《广东省国土资源厅受理告知书》；（7）《广东省国土资源厅信访事项复核意见书》；（8）《答复意见》，证据（4）～（8）共同证明经 DY 县国土资源局、河源市国土资源局、广东省国土资源厅经政府网上办事系统等相关政府主管部门确认，两原告承包的 8 亩土地确实存在严重水土流失及房屋积水问题；（9）河源市政府信息公开网截图，证明两被告中标康黄公路建设项目，是康黄公路项目的施工单位，应当承担连带赔偿责任；（10）六张照片，证明在两原告承包的 8 亩土地上所拍摄的照片，证明由于两被告的不当施工，导致两原告所有的土地严重的水土流失及房屋积水问题，不能继续耕种原有耕地，应当支付赔偿金；（11）证明，由黄田礼洞委会出具的《证明》，证明本案的 8 亩涉案水田归原告一所有；（12）《证明》；（13）《乡村建设规划许可证》，证据（12）、（13）共同证明由黄田礼洞委会出具的《证明》，证明本案的涉案房屋归原告二所有；（14）光盘两张，证明房屋原来的路基明显高于未修建之前的公路，公路修建之后路基明显高于房屋的路基，以及房屋未修建之前周边环境干燥，房屋保管完好。

被告路桥公司辩称：一、答辩人没有赔偿义务，无须向被答辩人赔偿。（1）答辩人与本案另一被告养护公司是康黄旅游大道（以下称康黄线）的中标单位。经查核，被答辩人所称的"被损害的地方"位于康黄线 10 km 处，属于第二标段，为答辩人中标的标段，并非养护公司中标及施工的路段；（2）答辩人在施工过程中完全按照业主单位提供的施工图纸进行施工，路基标高、坡高、排水沟、边坡及堆土等各项指标都是严格按施工图纸进行施工，即答辩人的一切施工行为都是严格按业主单位的要求进行。因此，即使损害赔偿，也应该由业主承担，与答辩人无关；（3）康黄线的业主单位被告交通局针对康黄线的水土流失问题曾多次拨专款到黄田府，由黄田府对水土流失造成损失的农户进行补偿。说明：第一，业主范围已对康黄线水土流失造成损失的农户进行了多次经济补偿；第二，康黄线水土流失问题承担责任的主体是东源县交通局，并非作为施工方的答辩人。特别强调的是：河源市国土资源局信访事项复查意见书第三点明确说明水土流失问题，请东源县政府、黄田镇政府妥善处理。可见，损害赔偿的责任主体应该是镇政府而不是答辩人。

二、被答辩人要求赔偿的事实不清，证据不足，依法不应支持。（1）被答辩人所称其有 8 亩水田被水土流失冲填而覆盖，缺乏证据证明；（2）被答辩人提供的东源县国土资源局信访答复可以看出：康黄公路建设征用你户的土地共 88.555 亩（其中水田 10.85 亩），故极有可能 8 亩水田也被征收了；（3）答辩人经现场查看并了解被答辩人所在的沉水村小组的村干部，都明确否认被答辩人有 8 亩水田被覆盖；（4）至于房屋被水浸问题，是被答辩人疏于管理和维护所造成。退一步说，即使有少部分责任，也应建议该项目业主单位负责，与答辩人无关。综上，答辩人没有任何赔偿义务。被答辩人的诉求事实不清，证据不足，依法应予驳回其对答辩人的诉求。

被告路桥公司提供以下证据支持其意见：（1）康黄大道指挥部请示及县领导批复，证明对康黄大道水土流失东源县政府已作出补偿；（2）审批表，证明县政府已拨付 48 万元到黄田政府，对水土流失问题作出补偿；（3）资金往来结算票据，证明黄田镇政府已收到东源县政府拨付的 48 万元水土流失补偿；（4）银行转账凭证，证明内容同上；（5～12）康黄线水土流失土地面积核实表，证明原告所诉称的水土流失问题均已核实并补偿，原告所称的长坑口、上肚段水田已核实补偿。

被告养护公司辩称：一、被答辩人所称的路段不是我公司施工，其损失与我公司没有任何关系；二、被答辩人盲目告状，致使我公司指派业务经理在百忙中参加诉讼，造成误工损失。根据现行管理，建筑公司业务经理参加招投标会议，至少需要支付人民币 1 万元作为误工损失。据此，被答辩人必须赔偿人民币 1 万元给答辩人。

被告交通局辩称：一、本案原告诉讼主体存在问题，两原告在本案中属于不适格的诉讼主体，请求合议庭驳回原告起诉。

二、关于涉案 8 亩水田水土流失的情况，两原告要求答辩人赔偿损失的请求，答辩人提出以下意见：（1）涉案 8 亩水田并非由两原告单独共有，两原告因水土流失损害的水田并无 8 亩；（2）关于涉案 8 亩水田的损失，补偿标准应当按相关政策或法律性规范执行；（3）答辩人就涉案水田的水土流失补偿费一事已经全额发放至当地的黄田镇政府，但因涉案 8 亩水田里各户的水田面积未协商处理完毕，故而各户并未领取该款项；（4）对属于其他人所共有的水田，两原告自行主张损失赔偿违背诚实信用、公平公正原则。综上，请求合议庭对两原告要求涉案水田的损失不予支持。

三、关于涉案房屋因房屋遭水浸、无法居住，两原告要求答辩人赔偿损失的诉讼请求，答辩人提出以下答辩意见：（1）答辩人已通知施工单位在涉案房屋前面挖一条水沟，以便排水，目前水沟排水工程已经完工验收，可见答辩人尽到排除妨害的义务。（2）涉案房屋早于 2011 年康黄公路建设前已废弃，不存在房屋被破坏期间损失问题。（3）两原告未提供证据证明涉案房屋遭受水土流失损害的事实。（4）被答辩人无证据证明排水问题与涉案房屋损失之间的因果关系。综上，两原告要求答辩人赔偿涉案房屋被破坏期间的损失及不能修复房屋损失请求属于证据不足、事实不清。再者，两原告也未提供证据证明涉案房屋被破坏期间的损失。5 万元及不能修复房屋导致的损失达 30 万元。故原告所提出的赔偿诉讼请求与事实无据，不应该予以支持。

四、责任主体问题。水土流失系属于多方因果关系的结果，涉案的地点属于常发且易发水土流失的地段，答辩人并非施工单位，答辩人虽是业主单位，但在工程建设过程中，并无指示上的过失，且已尽监督管理义务，对两原告所遭受的损失不应该承担损失赔偿责任。

被告交通局提供以下证据支持其意见：（一）《关于礼洞陈水小组水土流失相关问题的情况说明》。（二）《康禾旅游大道建设水土流失受影响土地面积核实表》7 份，两份证据共同证明：（1）证明礼洞陈水小组遭受水土流失（与两原告相关，由 7 大户共有，无法丈量每户核实的水田）的总面积共计 9.225 亩。（2）礼洞陈水小组水田的水土流失补偿款已发放至黄田镇政府，待 7 大户面积确定后，将一次性发放。（3）证明两原告提出因水土流失受损的 8 亩水田本身存在权属争议问题。（4）记账凭证、结算票据及业务凭证等材料，证明被告已将水土流失补偿款计 282 532 元划拨至黄田镇政府。（5）记账凭证、结算票据及业务凭证等材料，证明被告已将水土流失补偿款计 48 万元划拨至黄田镇政府。（6）照片，证明被告已修建水沟尽排除妨害义务。

经第一次开庭，针对被告答辩内容和法官总结的争议焦点，笔者代表原告提出了如下两项司法鉴定申请书。

房屋损害司法鉴定申请书

　　申请人：

　　ZLX，男，汉族，身份证号：××××，住址：××××。

　　申请人：

　　YZR，女，汉族，身份证号：××××，住址：××××。

　　申请事项：对申请人被侵权房屋进行损失鉴定。

　　事实与理由：

　　申请人 ZLX、YZR 诉 DY 路桥建筑工程有限公司、DY 中大公路养护工程有限公司的赔偿损失、恢复原状案件已由贵院受理，案号为（2016）粤 1625 民初字第 170 号，两被告公司的违法施工行为导致水土流失，造成申请人所有的房屋积水积泥严重，现已不能正常使用。根据我国有关法律规定，为维护申请人的合法权益，申请人申请对其所有的房屋损害之专门性问题进行损失鉴定及损失原因鉴定。

　　此致

DY 县人民法院

申请人：ZLX 先生，YZR 女士

代理人：陈勇儒律师、李建辉实习律师

2016 年 3 月 18 日

耕地破坏侵权赔偿责任司法鉴定申请书

申请人：

ZLX，男，汉族，身份证号：××××，住址：××××，联系电话：××××。

YZR，女，汉族，身份证号：××××，住址：××××，联系电话：××××。

被申请人： DY 中大公路养护工程有限公司，营业执照：××××。

申请事项：

请求对申请人的因水土流失被压覆不能耕种的 8 亩水田进行如下专业鉴定：（1）被破坏耕地面积测定；（2）耕地复垦方案评定和耕地复垦费鉴定，或永久占用土地使用权价值评定；（3）耕地复垦前不能种植期间的经济损失的价格认证。

事实与理由：

申请人 ZLX、YZR 诉 DY 路桥建筑工程有限公司、DY 中大公路养护工程有限公司的赔偿损失、恢复原状案件已由贵院受理，案号为（2016）粤 1625 民初字第 170 号，两被告公司的违法施工行为，即破坏地表不予复绿、随意堆弃泥土和施工渣土等固体废弃物，占用申请人耕地堆弃等行为，造成生态破坏致使申请人所承包的 8 亩水田被土渣覆盖、冲毁破坏，且未及时承担恢复种植条件的法定义务，给原告造成了多年不能耕种的损失，一直未予赔偿。

上述事实，如予确认，在涉及如何承担侵权责任的具体问题时，将涉及鉴定申请事项的三方面专业问题：

（1）如被告方不予确认被占用、破坏的耕地面积，又不能通过各方至现场进行测定，则需聘请第三方测绘专业人员测定面积。

（2）如庭审时被告明确拒绝承担恢复原状、土地复垦，即不确认耕地已丧失种植功能、拒绝承担恢复耕地种植条件的责任，则需聘请专业机构或人员鉴定耕地破坏的程度，以确定是否能复垦、恢复种植条件，并确定由第三方机构制定土地复垦方案，就土地复垦费即实施恢复种植条件的工程费用进行确定；如经专家鉴定耕地不能复垦、恢复原状、恢复种植条件的，则由法院确定耕地功能永久丧失的赔偿标准问题，如被告不同意比照国家征收征用耕地标准进行赔偿的，建议进行土地永久占用使用权的价值评估鉴定。

（3）自耕地被压覆、破坏以来，申请人不能种植或用于出租种植获益产生损失，此阶段损失的价格认证，即此时此地耕地的年收益单价标准是多少，给予评定。

　　根据《侵权责任法》第十九条、《民事诉讼法》第七十六条、《土地复垦条例》第十条和第十一条等的规定，为维护申请人的合法权益，申请人特提出上述 3 项鉴定申请，恳予批准。

　　此致

DY 县人民法院

申请人：ZLX 先生，YZR 女士

代理人：陈勇儒律师、李建辉实习律师

2016 年 3 月 18 日

　　附：本案鉴定所涉重点法律条文

　　针对第一份申请书，法院经商广东省高级人民法院，选聘广州 ZH 房屋安全鉴定有限公司于 2016 年 6 月 1 日作出《房屋损坏检测鉴定报告》，鉴定结论："（一）损坏原因……由于房屋年久失修所致。该房屋积水、积泥是由于房屋场地较周边低，其房屋周边无排水沟所致。""（二）等级评定……综合评定该房屋危险性等级为 C 级。"又选聘广东南天司法鉴定所于 2017 年 3 月 15 日作出《价格评估意见表》，评估该房屋损失金额核算为 7 750 元。评估费共计 25 000 元。

　　对于第二份申请书，法院没有找到合资格的司法鉴定机构。

　　本院根据原、被告的陈述和庭审举证、质证，认为查明了本案事实如下：

　　东源县黄田至康禾旅游公路，业主单位为被告交通局。被告路桥公司中标第一、二标合同段，被告养护公司中标第三标合同段。原告述称受损的水田及房屋位于第二标段处。

　　2014 年 8 月 29 日，河源市国土资源局向原告 ZLX 作出《河源市国土资源局信访事项复查意见书》载明："一、关于征地补偿标准的问题。……你户的土地共 84.555 亩（其中水田 10.85 亩、旱地 0.072 亩、山地 73.705 亩），地坟一座，按上述标准予以补偿，你已领取了部分征地补偿款。二、关于土地权属纠纷的问题。据调查，你户与礼洞陈水小组存在土地权属纠纷的面积约 7.4 亩，该土地不是你的责任田或开荒地，有关补偿问题，建议按陈水村小组村民户主会议决定办理。三、康黄公路建设造成水土流失的问题。经现场勘察，你反映康黄公路建设造成约8亩水田的水土流失属实，应给予合理的补偿。请东源县政府、黄田镇政府妥善处理。四、关于房屋被水浸问题。经现场调查，你位于礼洞陈水小组的房屋已经废弃，没有居住，没人管理，杂草丛生，屋内有积水。建议该项目业主单位派施工队民工在房屋前面挖一条水沟，以便排水。"因原告 ZLX 不服河源市国土资源局于 2014 年 8 月 29 日作出的《河源市国土资源局信访事项复查意见书》，向广东省国土资源厅提出复核申请。2014 年 10 月 11 日，广东省国土资源厅作出《广东省国土资源厅信访事项复核意见书》，认为河源市国土资源局于 2014 年 8 月 29 日作出的《河源市国土资源局信访事项复查意见书》认定事实清楚，予以支持。本复核意见为信访程序终结答复。

2016 年 4 月 5 日，DY 县黄田礼洞民委员会作出《证明》，证实叶××在沉水小组××大道边××栋 132 m^2 的砖瓦房，属其家人长期居住房。原告提供《中华人民共和国乡村建设规划许可证》予以证实。2016 年 4 月 5 日，东源县黄田礼洞民委员会作出《证明》，证实 ZQL 名下的土地承包水田约有 8.0 亩，于 2015 年水田确权时将其名下的水田转给其弟 ZLX。

我院于 2017 年 4 月 14 日至黄田礼洞委会了解该村委会于 2016 年 4 月 5 日作出的《证明》情况。作出《证明》的该村委会副主任 XXZ 经我院询问，述称其作出《证明》中写明的 8 亩水田是在册的水田，有纠纷的水田是荒田，几十年没有耕种的，也不在册。作出《证明》的意图是户主由 ZQL 名下转至 ZLX 名下，并非涉案 8 亩水田被毁坏。

2013 年 1 月 29 日，康禾旅游大道建设指挥部通过东源县财政局已将 48 万元汇至黄田人民政府对公账户作为水土流失补偿款。2015 年 1 月 22 日，康禾旅游大道建设指挥部通过东源县财政局已将 282 532 元汇至黄田人民政府对公账户用于东源县康禾旅游大道整治提升工程建设资金。2016 年 4 月 21 日，东源县黄田人民政府作出《关于礼洞陈水小组水土流失相关问题的情况说明》载明："礼洞陈水小组因康黄旅游大道建设造成水土流失，由于陈水农户多年失耕，造成界址不明，无法分户丈量，当时征地组只能以总面积进行丈量，核实总面积为 9.225 亩（此面积涉及陈水小组 7 大户所有，并非个人所有），面积到户情况交由陈水小组村民界定，补偿款在黄田镇政府，待各户面积确定后，镇政府一次性将补偿款发放到农户手中。"附：《康禾旅游大道建设水土流失受影响土地面积核实表》。

法院认为，本案有如下争议焦点：

一、关于涉案水田权属及侵权问题。本院认为，原告主张因康黄公路施工建设过程中造成其承包的 6.85 亩水田严重水土流失，但未提供证据证实水田所处的具体位置及测量面积，原告提交东源县黄田礼洞民委员会于 2016 年 4 月 5 日作出的《证明》作为依据，主张其承包的 6.85 亩水田被破坏，本院认为，该《证明》的作出人谢××在我院询问时述称写明的 8 亩水田是在册的水田，有纠纷的水田是荒田，几十年没有耕种的，也不在册。可见原告述称的 8 亩水田已登记在册，原告所依据黄田礼洞民委员会出具的《证明》8 亩水田仅为其在册水田，并非因康黄大道建设施工造成水土流失的荒田，另东源县黄田人民政府于 2016 年 4 月 21 日作出的《关于礼洞陈水小组水土流失相关问题的情况说明》已明确了"礼洞陈水小组因康黄旅游大道建设造成水土流失，由于陈水农户多年失耕，造成界址不明，无法分户丈量，当时征地组只能以总面积进行丈量，核实总面积为 9.225 亩（此面积涉及陈水小组 7 大户所有，并非个人所有），面积到户情况交由陈水小组村民界定"，并附《康禾旅游大道建设水土流失受影响土地面积核实表》，已明确了因康黄大道建设施工造成水土流失的水田无法分户丈量。综上，原告未能提供相关证据证明被冲毁的水田权属四至，对其主张的涉案水田权属未经依法确认的情形下，提起物上侵权之诉，于法不符，不予支持。

二、关于房屋损害赔偿问题。原告要求被告支付房屋被破坏期间的损失 5 万元及不能修复房屋应支付赔偿金 30 万元的请求，系物权保护行为，但被告承担侵权责任，应当符合一般侵权责任的构成要件。因其所提供的证据不能证明其已遭受相应的损失，且不能证明损失程度和赔偿标准及相应依据，因此，本院对其主张不予采纳。原告叶××位于东源县黄田礼洞委沉水小组的房屋经广州仲恒房屋安全鉴定有限公司于 2016 年 6 月 1 日作出《房屋损坏检测鉴定报告》，鉴定结论：（一）损坏原因……由于房屋年久失修所致。该房屋积水、积泥是由于房屋场地较周边低，其房屋周边无排水沟所致。河源市国土资源局于 2014 年 8 月 29 日向原告 ZLX 作出的《河源市国土资源局信访事项复查意见书》载明："四、关于房屋被水浸问题。经现场调查，你位于礼洞陈水小组的房屋已经废弃，没有居住，没人管理，杂草丛生，屋内有积水。"本院认为，首先，被告交通局作为施工业主单位，应对整个施工建设过程进行监督管理，其亦没有提供证据证实被告路桥公司没有完全按照其提供的施工图纸进行施工，对路基标高、坡高、排水沟、边坡及堆土等各项指标有执行不当之举，故被告路桥公司作为施工单位对涉案房屋受损不需负责任。其次，《房屋损坏检测鉴定报告》载明损坏原因之一是由于房屋场地较周边低，其房屋周边无排水沟导致有积水、积泥，即使被告交通局已在涉案房屋附近修建了一条水沟，以便排水，但这是房屋有积水、积泥后的补救之措，并不能说明被告交通局已尽到了排除妨害的义务。最后，涉案房屋受损另一原因是年久失修，没有居住，没人管理，并非全是由于康黄大道施工建设所致。综上，本院认为，原告叶××的房屋受损系由多个可归责的因素共同作用而成，综合考虑案件当事人各自过错的严重程度及对房屋受损所起的作用，酌定原告叶××、被告交通局对涉案房屋受损各承担 30%、70%的责任。鉴于涉案房屋经广东南天司法鉴定所于 2017 年 3 月 15 日作出《价格评估意见表》，评估该房屋损失金额核算为 7 750 元。因此，涉案房屋损失费 7 750 元，由原告叶××自行负担 2 325 元（7 750 元×30%），被告交通局负担 5 425 元（7 750 元×70%）。

三、关于被告养护公司提出原告应向其赔偿人民币 1 万元问题。本院认为，被告养护公司的主张依法无据，亦未提供证据证实，本院不予支持。

原告于 2017 年 5 月 15 日以书面的形式向本院申请撤回对被告养护公司的起诉，是在诉讼期间对自己权利的处分，符合法律规定，本院予以准许。

最后，法院依据《中华人民共和国侵权责任法》第三条、第六条、第十五条，《最高人民法院关于适用〈中华人民共和国民事诉讼法〉的解释》第九十条，《最高人民法院关于民事诉讼证据的若干规定》第二条，判决如下：

一、被告河源市 DY 县交通局于本判决生效后 10 日内向原告叶××赔付房屋损失费 5 425 元；

二、驳回原告叶××、ZLX、ZQL、曾××的其他诉讼请求。

如果未按本判决指定的期间履行给付金钱义务，应当依照《中华人民共和国民事诉讼法》第二百五十三条之规定，加倍支付迟延履行期间的债务利息。

本案受理费 8 800 元，由原告叶××、ZLX、ZQL、曾××负担 6 160 元，由被告河源市东源县交通局负担 2 640 元，评估费 25 000 元，由被告河源市东源县交通局负担。

判决书的下达，时间为 2017 年 6 月。

四、案件评析（启示）

细究本案，本案有突破、有创新，但更揭示了中国在未确立公民环境权背景下的司法裁判困境。

一个农民，从 2013 年发现自己的"环境权益"受损，到 2017 年获得一个并不理想的裁判结果，4 年努力揭示了怎样的问题？

笔者窃以为，如果确定公民的环境权，那么本案中无论是谁的水田、耕地，是否就可及时得到保护？

如果公民享有环境权，其不享有或无法确定其享有的，但有利害关系的环境是否能得到及时保护？

能否解放思想，以客观、理性、科学的需求为准，将环境权从公权概念的藩篱中解脱出来，确立环境权既是公权也是私权的中庸观念？

或者在程序上明确，凡涉及自然人环境利益的，自然人均有权提起公权意义上的诉讼，而非仅局限于自然人的私有权益？

第四部分

环保项目并购篇

【篇前语】

在环保政策频出，环保法治趋兴的今天，企业的环境安全合规显得尤为重要，否则将面临罚款、停产、关闭、责令恢复原状、取消税收优惠或财政补贴等行政处罚或命令的风险，有甚者被追究刑事责任。

2018 年，全国实施环境行政处罚案件 18.6 万件，罚款数额 152.8 亿元，同比增长 32%，是 2014 年的 4.8 倍。本律师执业所在地的广东省，官方公布信息显示，2018 年广东省共处罚环境违法案件 21 696 宗，罚没金额 17.23 亿元，移送行政拘留案件 671 宗，移送涉嫌环境犯罪案件 564 宗，位居全国第一；为实施环境保护法的配套办法所查处的五类案件数量合计 3 853 宗，位居全国第二。案件类型多样，涉及大气、水、土壤、海洋、森林、濒危动植物、人文遗迹、自然保护区等多个环境要素。环境保护的监管力度不断加大，环境法律政策相继出台、更新，彰显了国家建设生态文明和美丽中国的决心。

因此，环境类企业的投资并购，必须高度警觉目标项目或企业存在的环境违法风险，否则责令关闭、恢复原状的风险将频现于项目建设或运营阶段，给并购方、运营方带来巨大的经济损失。

例如，2019 年 4 月媒体曝光的广州富力地产在海南澄迈县破坏红树林，造成红树湾红树林枯死的生态环境破坏案，中央作出指示、生态环境部介入，被中央环保督察组纳入环境整治范围内，广州富力因此也产生了巨大的经济损失。

珠海长隆富祥岛填海工程，广东省海洋与渔业厅于 2018 年 10 月中旬正式下达文件，终止该项目海洋环境影响报告书的审查工作，退回审批申请。意味着这个计划填海 35 公顷、占用白海豚栖息地的工程，未来基本不存在开工的可能性。广东省海洋与渔业厅自 2017 年年中受理该环评，同年 7 月召开环评听证会，8 月召开内部座谈会，探讨研究了关于长隆填海规划符合性问题和横琴周边填海的累积影响，最终指出本项目性质（马戏场地、海洋馆等）不符合国家当前的用海政策，占用白海豚栖息地。

上述两案例的发生，根本原因在于旅游建设项目的投资建设方对于项目存在的环境法律风险没有把控。鉴于此，本篇分享我律师团队代理过的环境类企业投资并购实例，指出如何审查环境违法风险的实务经验、重点关注点，以飨读者。

实案一

某集团并购玉树市生活垃圾焚烧发电项目

本律师团队接受某环保集团的委托，就股权并购对象玉树市生活垃圾焚烧发电项目开展法律尽职调查。由于该项目为环保治理项目，主营业务是垃圾焚烧发电及资源综合化利用，因此环境保护是本法律尽调的重要内容之一。律师在审慎调查过程中，从以下各方面开展调查，把控环境风险。

一、目标公司生态环境管理合法性现状

根据目标公司提供的文件材料，并经律师核查，目前目标公司所取得的重要环保行政许可文件、环评批复和环境管理现状情况如下：

1. 通过环境影响评价，不存在"未批先建"问题

玉树州环境保护局以玉环发〔2017〕175 号文件审批通过了目标公司的玉树市生活垃圾焚烧发电项目环境影响报告书。目标公司项目因处于建设中，现阶段所需的环境许可文件——环评行政许可类审批，已经取得，截至报告基准日，律师未发现环评获批程序违法。另外，律师查明目标公司截至尽调截止日无环境违法情形。环评批复文件如图 4-1 所示。

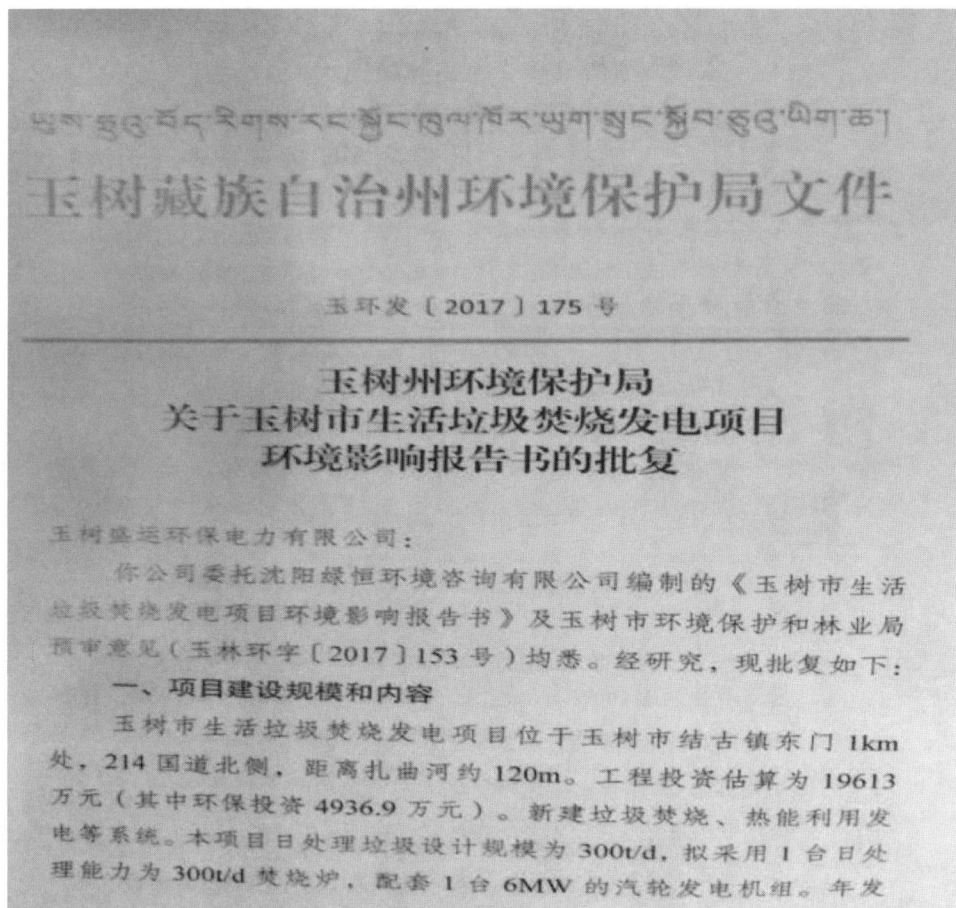

图 4-1 环评批复文件

2．通过节能审核，不存在相关问题

根据《玉树市发展改革和经济商务局玉树市生活垃圾焚烧发电项目节能审查的情况说明》，玉树市发展改革和经济商务局认为，目标公司项目属于用能工艺简单、节能潜力小的行业，不单独进行节能审查，根据该项目可行性研究报告节能专章内容，准予通过节能审查。如图 4-2 所示。

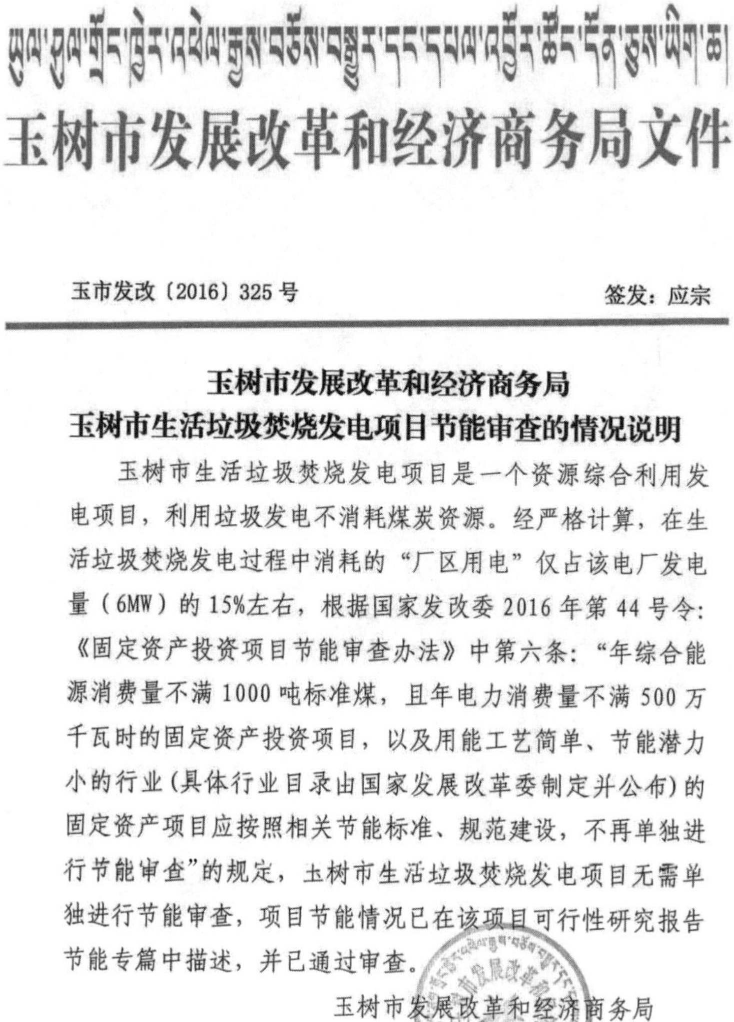

ཡུལ་ཤུལ་གྲོང་ཁྱེར་འཕེལ་རྒྱས་བཅོས་བསྒྱུར་དང་དཔལ་འབྱོར་ཚོང་དོན་རྒྱས་ཡིག་ཁ།

玉树市发展改革和经济商务局文件

玉市发改〔2016〕325 号 　　　　　　　　　　签发：应宗

玉树市发展改革和经济商务局
玉树市生活垃圾焚烧发电项目节能审查的情况说明

　　玉树市生活垃圾焚烧发电项目是一个资源综合利用发电项目，利用垃圾发电不消耗煤炭资源。经严格计算，在生活垃圾焚烧发电过程中消耗的"厂区用电"仅占该电厂发电量（6MW）的 15%左右，根据国家发改委 2016 年第 44 号令：《固定资产投资项目节能审查办法》中第六条："年综合能源消费量不满 1000 吨标准煤，且年电力消费量不满 500 万千瓦时的固定资产投资项目，以及用能工艺简单、节能潜力小的行业（具体行业目录由国家发展改革委制定并公布）的固定资产项目应按照相关节能标准、规范建设，不再单独进行节能审查"的规定，玉树市生活垃圾焚烧发电项目无需单独进行节能审查，项目节能情况已在该项目可行性研究报告节能专篇中描述，并已通过审查。

　　　　　　　　　　　　　　　　玉树市发展改革和经济商务局
　　　　　　　　　　　　　　　　2017 月年 6 月 6 日

图 4-2　玉树市生活垃圾焚烧发电项目节能审查文件

3．通过水资源论证审批

　　根据目标公司披露的玉树藏族自治州水利局《关于玉树市生活垃圾焚烧发电项目水资源论证报告书的批复》（玉水字〔2017〕126 号），目标公司项目已获得水资源论证审批。批复文件显示，有关水利部门同意项目取用水合理性分析，为项目建成后获得用水许可证创造了行政许可条件。

4．通过社会稳定风险评估，因环境问题导致不能开工运营的风险较小

根据目标公司提供的玉树高冈维护社会稳定工作领导小组办公室提供的《关于玉树市生活垃圾焚烧发电项目社会稳定风险评估的意见》（玉市稳办〔2017〕14 号）显示，目标公司项目已通过社会稳定风险评估，认定项目属于低风险项目，同意开展该项目，如图 4-3 所示。

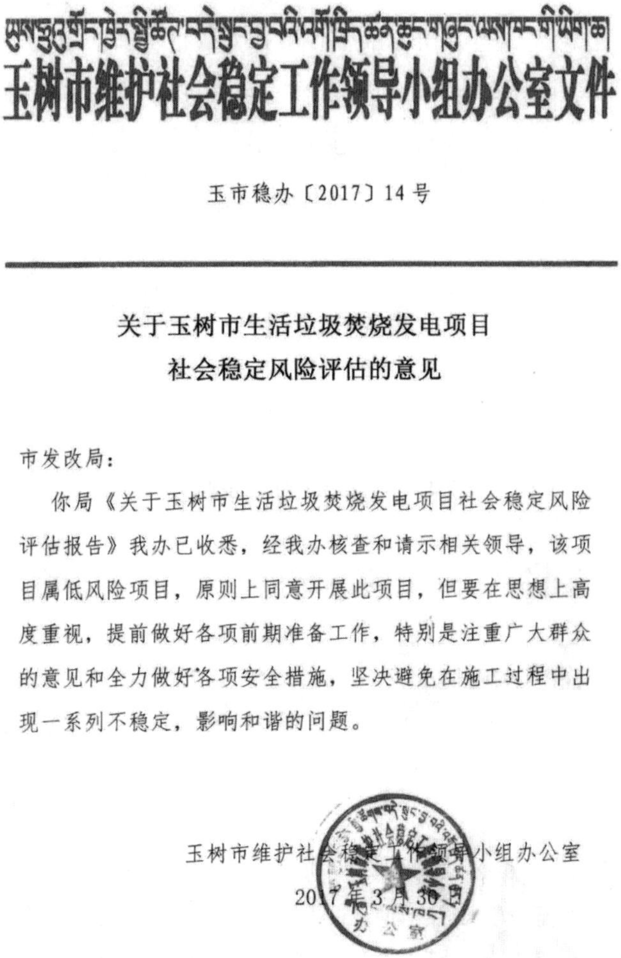

玉市稳办〔2017〕14 号

关于玉树市生活垃圾焚烧发电项目
社会稳定风险评估的意见

市发改局：

你局《关于玉树市生活垃圾焚烧发电项目社会稳定风险评估报告》我办已收悉，经我办核查和请示相关领导，该项目属低风险项目，原则上同意开展此项目，但要在思想上高度重视，提前做好各项前期准备工作，特别是注重广大群众的意见和全力做好各项安全措施，坚决避免在施工过程中出现一系列不稳定，影响和谐的问题。

玉树市维护社会稳定工作领导小组办公室
2017年3月30日

图 4-3 玉树市生活垃圾焚烧发电项目社会稳定风险评估文件

经律师现场查看，目标公司项目所在地附近已存在大型垃圾填埋场，场所上空有一群叼食腐肉的秃鹫盘旋；有污水处理厂一座，另有污水处理厂二期正在扩建，因此目标公司项目位于集中连片环境治理产业园区，不是独此一家，且目测周边 300 m 范围内无常住居民，西侧原有反季节蔬菜大棚已全部做拆迁处理，对此当地新寨村村委会开具有《蔬菜大棚拆迁证明》，如图 4-4 所示。

蔬菜大棚拆迁证明

我村位于玉树市生活垃圾焚烧发电厂西侧的蔬菜大棚因年久失修均已无法使用（大部分已经拆除），且无后续资金投入。垃圾发电厂即将正式开工动土，为保证工程顺利进行，我村委会自愿将所剩大棚全部做拆迁处理，特此证明。

新寨村村委会

2017 年 8 月 22 日

图 4-4　蔬菜大棚拆迁证明

综上，周边群众、企业单位对其认知度较高，当地政府、公众支持力度较大，故开建风险较小。

5. 通过地质灾害风险评估

目标公司披露，已于 2016 年委托青海工程勘察院、青海世安矿业勘查开发有限公司编制《玉树市生活垃圾焚烧发电建设工程地质灾害危险性评估报告》，并通过专家评审。

专家评审意见显示，目标公司项目所在评估区地质环境条件复杂程度属中等，现状评估认为：评估区地处河谷平原区，区内崩塌、滑坡、泥石流等突发性地质灾害不发育。综合评估认为：报告依据地质灾害现状评估和预测评估的基础上，结合拟建工程建设规模、工程活动方式和地质环境条件，综合评估将评估区划分为危险性中等区，建设场地适宜性为基本适宜。

6. 目标公司项目已预签多份污染物协同处置和资源化利用协议

目标公司已于 2017 年与玉树市宝石工贸有限责任公司签订《炉渣处理意见协议》，约定在项目运行后将炉渣交由后者进行资源化利用，本所律师判定此安排合法。

目标公司已于 2017 年与玉树市结古生活垃圾填埋场签订《飞灰处理意向协议》，约定项目运行后将产生的飞灰委托后者进行固化填埋处理，本所律师判定此安排亦合法。

目标公司已于 2017 年与玉树市结古排水有限公司签订《污水处理意向协议》，约定项目运行后将产生的垃圾渗滤液"经厂内渗滤液系统处理达到《生活垃圾填埋场污染控制标准》（GB 16889—2008）及《生活垃圾焚烧污染控制标准》（GB 18485—2014）其他相关要求后通过密闭输送系统送至甲方（即结古排水公司，下同）处理"，"生活污水和其他生产废水排放水质应满足《污水排入城镇下水道水质标准》（CJ 343—2010）B 等级标准（即下游污水处理厂接纳水质要求）后送至甲方处理。"律师判定此安排亦合法。

目标公司于 2017 年获得国网玉树供电公司《关于玉树市生活垃圾焚烧发电项目电源接入意向书》，玉树供电公司项目接入国网玉树电网，电源接入可考虑结古 110 kV 变电站和扎西 110 kV 变电站，意见有效期至 2019 年 12 月 4 日。

二、法律风险分析

1. 目标公司项目环境管理应满足新准入条件的要求

目标公司建设的生活垃圾焚烧发电项目下阶段为设备配置入场。按照环保部最新发布的环办环评〔2018〕20 号文《生活垃圾焚烧发电建设项目环境准入条件（试行）》（图 4-5）的规定，"焚烧炉主要技术性能指标应满足炉膛内焚烧温度≥850℃，炉膛内烟气停留时间≥2 s，焚烧炉渣热灼减率≤5%。应采用'3T+E'控制法使生活垃圾在焚烧炉内充分燃烧……"因此在项目后期的设备配置中，应当注意选用符合标准的机器设备。

索引号：000014672/2018-00318	分类：环境管理业务信息\环境影响评价管理
发布机关：环境保护部办公厅	生成日期：2018年03月05日
名　　称：关于印发《生活垃圾焚烧发电建设项目环境准入条件（试行）》的通知	
文　　号：环办环评[2018]20号	主题词：

环境保护部办公厅文件

环办环评[2018]20号

关于印发《生活垃圾焚烧发电建设项目环境准入条件（试行）》的通知

各省、自治区、直辖市环境保护厅（局），新疆生产建设兵团环境保护局：

　　为规范生活垃圾焚烧发电建设项目环境管理，引导生活垃圾焚烧发电行业健康有序发展，我部组织制定了《生活垃圾焚烧发电建设项目环境准入条件（试行）》，现印发给你们，作为开展生活垃圾焚烧发电建设项目环境影响评价工作的依据。

　　附件：生活垃圾焚烧发电建设项目环境准入条件(试行)

环境保护部办公厅

2018年3月4日

图 4-5　环办环评〔2018〕20 号文件发布通知

在当前环保督察高压之下，尤其要注意选用二噁英类持久性重点污染物控制达标的技术和成套设备。

2．项目建设所在地位于高海拔寒冷地区，技术特殊性要求较难达到

律师注意到，目标公司项目位于全球屋脊之青藏高原所在地，项目所在地玉树市海拔高度 4 300 m，比拉萨市尚高 1 000 多 m，属于高寒地区，要达到前述环办环评〔2018〕20 号文《生活垃圾焚烧发电建设项目环境准入条件（试行)》所要求的技术条件，满足各项污染物排放要求，控制二噁英等持久性有机污染物对项目周边环境的影响，乃至对整个三江源地区，对中国母亲河长江、黄河和澜沧江—湄公河源泉水质、土壤不产生重要影响，需要较高的环境技术成本和环境管理成本。

3．地震灾害尚未考虑，项目抗震设计可能会增加建设成本

项目所在地位于 2010 年发生大地震的玉树市结古镇，处于国家划定的青藏高原地震带和地震重点监视防御区中，根据《青海省地震安全性评价管理条例》和《玉树州建设工程抗震设防要求和地震安全性评价管理办法》关于"把抗震设防要求管理贯穿于城乡规划和建设工程的选址、立项、设计、施工及验收的全过程"的要求，目标公司项目的地震安全性评估与审查是必须的。截至本报告尽调基准日，目标公司尚未披露地震安全性评估及其审查情况。

根据《青海省地震安全性评价管理条例》第 12 条的规定："住房城乡建设、交通、水利等其他专业主管部门，应当将抗震设计纳入建设工程初步设计或者设计文件的审查内容。建设工程的抗震设计未经审查或者审查未通过的，不得发放施工许可证。"故，目标公司必须对项目进行地震安全性评价并获得审查通过后，方可进行项目的施工建设。

广州某集团并购锡林郭勒盟环保电力项目

北京市盈科（广州）律师事务所接受广州某集团委托，就委托人拟与锡林郭勒盟某环保电力有限公司进行股权投资或项目合作，对锡林郭勒盟 SY 公司进行法律尽职调查工作。由于并购目标是能源类企业，环境风险审查是重点之一，律师团队对此进行了如下审查。

一、法律事实部分

锡林浩特市生活垃圾焚烧发电项目

根据目标公司提供的文件材料，并经律师登录锡林郭勒盟环境保护局官方网站核查，目前目标公司就生活垃圾焚烧发电项目的重要行政许可文件的取得情况如下：

2017 年 7 月 6 日，目标公司取得锡林郭勒盟环境保护局出具的《关于锡林浩特市生活垃圾焚烧发电项目环境影响报告书的批复》（该环境影响评价简本公示于锡林郭勒盟环境保护局官网），如图 4-6 所示。

图 4-6 锡林郭勒盟环境保护局官网有关目标公司环评文件受理情况

其他相关项目审批文件请具体参照本尽调报告"5.3.3（1）C.BOT 项目的立项审批"。

二、法律风险评估

（1）目标公司自成立至本报告尽调基准日暂未发现公司存在环保主管部门的行政处罚事件。

经本所律师查询各级环保主管部门官网及经与目标公司负责人会谈，截至本报告尽调基准日，暂未发现目标公司自成立至今受到行政处罚或行政命令的信息。

（2）自 2017 年 8 月 11 日，BOT 项目的环评批复项目业主亦已变更为锡林浩特市城建投资有限公司。

根据 2017 年 8 月 11 日内蒙古锡林郭勒盟环境保护局出具的《锡林郭勒盟环境保护局关于锡林浩特市生活垃圾焚烧发电项目变更建设单位的批复》及锡林浩特市发展和改革局出具的《关于同意锡林浩特市生活垃圾焚烧发电项目变更环评批复项目业主的复函》，有关 BOT 项目的环评批复项目业主亦已变更为锡林浩特市城建投资有限公司。律师建议目标公司尽快与锡林浩特市政府及城建公司共同磋商明确 BOT 项目的合作方式及特许经营协议的处置方式，以便进一步推进 BOT 项目的建设运营。

三、结论性法律意见、法律解决方案

律师经现场了解情况，与贵公司现场负责人沟通，明确拟以股权收购目标公司为目的进行了法律尽职调查，本部分论述是上述目的项下的结论性法律意见，揭示其中法律风险，提出相应解决方案（建议）。

1. 法律风险评估

本项目存在较大的风险，且集中在以下主要的负面风险：

（1）自 2017 年 8 月 11 日，目标公司已不再具备垃圾焚烧项目的建设项目主体资格。

根据锡林浩特市发展和改革局于 2017 年 8 月 11 日作出的《关于同意锡林浩特市生活垃圾焚烧发电项目变更环评批复项目业主的复函》直接将垃圾焚烧项目主体由目标公司变更为锡林浩特市城建投资有限公司，即目标公司已经丧失作为垃圾焚烧项目的主体资格。

自 2017 年 8 月 11 日项目建设主体变更之后，所有审批报送文件的出具主体均已变更为锡林浩特市城建投资有限公司，所有政府以及行政机关的发函批复项目主体均变更为锡林浩特市城建投资有限公司。

目标公司经理 JXA 口述，本次主体转变后，政府将会将 BOT 项目通过 PPP 形式再次向社会招标，届时目标公司还有参与 BOT 项目合作的机会，且公司中标的机会优先于其他社会资本方。但截至本报告尽调基准日，目标公司未提供任何政府批复以及书面文件以确认目标公司必定中标政府就本垃圾焚烧项目进行的 PPP 公开招标活动。

（2）BOT 项目的主要资产并非登记在公司名下。

BOT 项目土地不在目标公司名下，而是登记在城建公司名下。根据目标公司提供的 BOT 项目土地《不动产权证书》《建设项目选址意见书》《建设用地批准证书》等复印件资料（因该等材料原件保存在城建公司），BOT 项目土地情况见

表 4-1。

表 4-1 BOT 项目土地情况

序号	证号	取得时间	用途	使用权类型	使用权面积/m²	使用期限	坐落位置
1	蒙〔2017〕锡林浩特市不动产权第 0000733 号）	2017.4.13	公告设施用地	出让	61 614.96	2004 年 7 月 7 日至 2054 年 7 月 7 日	杭办吉日嘎朗图居委会

鉴于目标公司未提供上述项目土地的不动产权证原件，且不配合律师前往不动产登记中心调取查册资料，故律师无法核查上述项目土地权属的真实性及其是否存在抵押、查封等权利瑕疵。

（3）目标公司存在较多数额不明确的债务。

此部分涉及隐私文件，略。

（4）目标公司在未取得《建设工程规划许可证》及《施工许可》的情况下开工，可面临行政处罚，项目现场处于停工状态。

律师于 2018 年 5 月 1 日在 BOT 项目现场实调发现，BOT 工程已建设了综合楼部分地基基础结构以及已挖掘垃圾填埋池。目标公司在没有办理《建设工程规划许可证》和《施工许可》的情况下进行施工（图 4-7 BOT 项目工地现场），按照《中华人民共和国建筑法》第六十四条的规定："未取得施工许可证或者开工报告未经批准擅自施工的，责令改正。对不符合开工条件的责令停止施工，可以处以罚款。"根据《建设工程质量管理条例》第五十七条的规定："违反本条例规定，建设单位未取得施工许可证或者开工报告未经批准，擅自施工的，责令停止施工，限期改正，处工程合同价款百分之一以上百分之二以下的罚款。"

图 4-7　BOT 项目工地现场

（5）目标公司不配合前往相关部门调取资料，故缺失资料较多。

①目标公司未配合前往工商管理部门调取工商内档资料，无法核查公司历史沿革问题。

②目标公司未配合前往中国人民银行打印企业征信报告，无法核查其自行打印的《企业信用报告》的真实性，亦无法核查公司与金融机构之间的债权债务情况。目标公司尚未提供目标公司借款、担保及融资合同等，无法核查目标公司是否存在重大债务或担保责任。

③目标公司未配合前往不动产登记中心打印公司名下不动产查册表及项目土地查册表，故律师无法核查项目土地权属的真实性及其是否存在抵押、查封等权利瑕疵的问题，亦无法核查公司名下不动产信息。

④因目标公司不予配合前往国税、地税局查询、打印是否已依法缴纳完毕税费以及开具完税证据，故无法明确目标公司缴纳税费情况。

2.法律解决方案

因存在重大法律风险，建议不实施此目的行为，故暂无成熟解决方案。

实案三

广州某固废处置公司并购江苏镇江
HH 废水处置项目

根据法律尽职调查的重要性原则，因 HH 公司为环保产业类企业，是环保部门认定的"双有"企业，其主营业务是有毒有害危险废液的集中处置，提供相关的咨询、技术服务，主营业务为《国家危险废物名录》中所列危险废物处理业务，故"环境保护"项是本报告的重点。

一、法律事实部分

（1）根据 HH 提供的文件材料，并经律师登录镇江市环境保护局官方网站核查，目前 HH 对重要的环保行政许可文件的取得情况如下：

HH 披露《危险废物经营许可证》。

发证机关：镇江市环保局，证号：JSZJ1181OOD009，核准经营：处置含铬废液（HHW21）2 000 t/a，含铜废液（HHW22）2 000 t/a，含镍废液（HHW46）2 000 t/a；有机溶剂废液（HHW06），油水、烃/水混合物或乳化液（HHW09），含染料涂料废液（HHW12），表面处理废液（HHW17），含氟废液（HHW32），废酸（HHW34），废碱（HHW35）84 000 t/a。共计 90 000 t/a。有效期：2017 年 1 月至 2021 年 12 月，首次领证时间：2014 年 4 月 15 日。

经在镇江市环境保护局官方公示网站上查询《镇江市危废经营许可证持证单

位名单（截至 2017 年 7 月底）》，有以"镇江市 HH 工业废水废水处置有限公司"为发证对象的信息，比较后重大区别有二：一是核准"年处置量(t)"显示为 84 000 t，不是 90 000 t；二是经营方式，公示信息为"利用"，现持证信息为"处置"。其他信息无区别。

因目标公司与贵司考虑暂不扰动当地环保部门，故不能前往当地环保部门核实该证持证信息与公示信息有所区别的原因。

HH 披露《排污许可证》。

发证机关：丹阳市环境保护局，发证日期：2016 年 12 月 26 日，证号：3211812016000012A，核准排放重要污染物及特征污染物种类：COD、氨氮、总磷、总氮、SS、石油类、六价铬、总铬、镍、铁、锌、铜、银、氰化物、氟化物、氨、硫化氢、氯化氢、硫酸雾、氟化物、非甲烷总烃。有效期限：2016 年 12 月 27 日至 2017 年 12 月 26 日。

因目标公司与贵公司考虑暂不扰动当地环保部门，故不能前往当地环保部门核实该《排污许可证》真实性，在丹阳市环保局官网上也无相关信息公示，故无其他方法核实其真实性。

（2）公司 2016 年有环保行政处罚一单，罚额 32 万余元。

根据公司披露的资料以及律师调查可知，HH 公司于 2016 年 9 月收到丹阳市环保局的《行政处罚决定书》（丹环行罚字〔2016〕40 号），内容为丹阳市环境监测站在对其进行采样监测时，发现其排放的污水中铁离子超标，违反《水污染防治法》第 9 条的规定，根据该法第七十四条，罚款 323 877 元。

HH 法定代表人在本律师所进行的《访谈记录》中解释，该单处罚事出有因，系因电镀园区其他企业新上资源利用项目所致，与目标公司无关，但发生在中央环保督察期间，当地职能部门怕被追责，故仍然出具罚单。HH 公司既未提出行政复议，也未提起行政诉讼，该行政处罚可进入强制执行程序。目标公司法定代表人表示，如果将来催缴，可由大股东代为缴纳。

（3）HH 公司列入江苏省强制清洁生产审核名单，目前已填报评估和验收表

2017 年 3 月，江苏省环保厅下发《关于公布江苏省第十三批清洁生产审核重点企业名单的通知》（苏环办〔2017〕64 号），HH 公司名列其中。《通知》要求，重点企业的清洁生产审核评估工作必须在 2017 年年底前完成，验收可在

2018 年进行。

HH 公司披露，公司于 2017 年 7 月 25 日向当地环保部门提交《重点企业清洁生产审核评估申请表》和《重点企业清洁生产审核验收申请表》，亦披露与镇江生态环境科技咨询中心签订的《清洁生产审核技术合同书》，未披露是否完成《清洁生产审核报告》编制，是否需要制定中/高费方案。

二、法律风险评估

（1）因行政处罚而无法享受 36 个月增值税优惠政策。

本报告第二部分第五节"公司税务、财政补贴"章节已披露，HH 公司享受增值税即征即退 70% 的优惠，但根据《关于印发〈资源综合利用产品和劳务增值税优惠目录〉的通知》（财税〔2015〕78 号）第四条的规定，"已享受本通知规定的增值税即征即退政策的纳税人，因违反税收、环境保护的法律法规受到处罚（警告或单次 1 万元以下罚款除外）的，自处罚决定下达的次月起 36 个月内，不得享受本通知规定的增值税即征即退政策"。故因为 HH 公司 2016 年 9 月受到环保行政处罚，其不能享受 36 个月的前述税收优惠，影响 HH 公司的市场定价能力（在与同行进行价格竞争时处于劣势），进而影响 HH 及其母公司的盈利能力。

（2）清洁生产审核及验收与排污许可证挂钩，HH 公司排污许可证在 2017 年年底到期，如未通过清洁生产审核，排污许可证无法延续，可能面临停产。

根据环境保护部文件《关于进一步加强重点企业清洁生产审核工作的通知》（环发〔2008〕60 号）第三点的规定，"清洁生产审核结果应作为核准排污许可证载明的排污量的依据"。各地环保部门已越来越倾向于将强制性清洁生产审核及验收与排污许可证发放和延续挂钩，广东省、湖北省已实行。江苏省环保厅在其苏环办〔2017〕64 号文件中也提出："通过强制性清洁生产审核提升环境管理的专业化和精细化水平、完善排污许可证制度。"

如上所示，HH 公司当前的排污许可证在 2017 年 12 月 26 日到期，根据江苏省环保厅的要求，HH 公司也应在 2017 年年度前通过清洁生产审核评估，如未通过清洁生产审核，排污许可证无法延续，则有可能面临停产。

广州某集团公司并购乌兰浩特
SY 环保电力公司项目

根据法律尽职调查的重要性原则，因贵公司股权并购对象为环保产业类企业，目标公司的主营业务是生活垃圾焚烧发电。上述业务为《建设项目环境影响评价分类管理名录》中所列的应当编制环境影响评价报告书的对环境可能造成重大影响的项目，是故，环境保护是本法律尽调的重点内容之一。

一、环境法律管理现状

根据目标公司提供的文件材料，并经律师核查，目前目标公司所取得的重要环保行政许可文件、环境管理状况情况如下：

（1）取得兴安盟环境保护局《关于确认〈乌兰浩特市城市生活垃圾焚烧发电BOT 项目〉环境影响评价执行标准的复函》（兴环函〔2016〕17 号），该函确定了目标公司该项目进行环境影响评价时应执行的排放标准和环境质量标准，同时也是目标公司进行环境风险管理的技术法规，目标公司在项目建设、运营过程中应注意遵守，且应实时关注其变化，根据《中华人民共和国标准化法》和相关法律法规的规定，对相关标准的违反将导致量化行政处罚甚至刑事责任的后果。相关文件如图 4-8 所示。

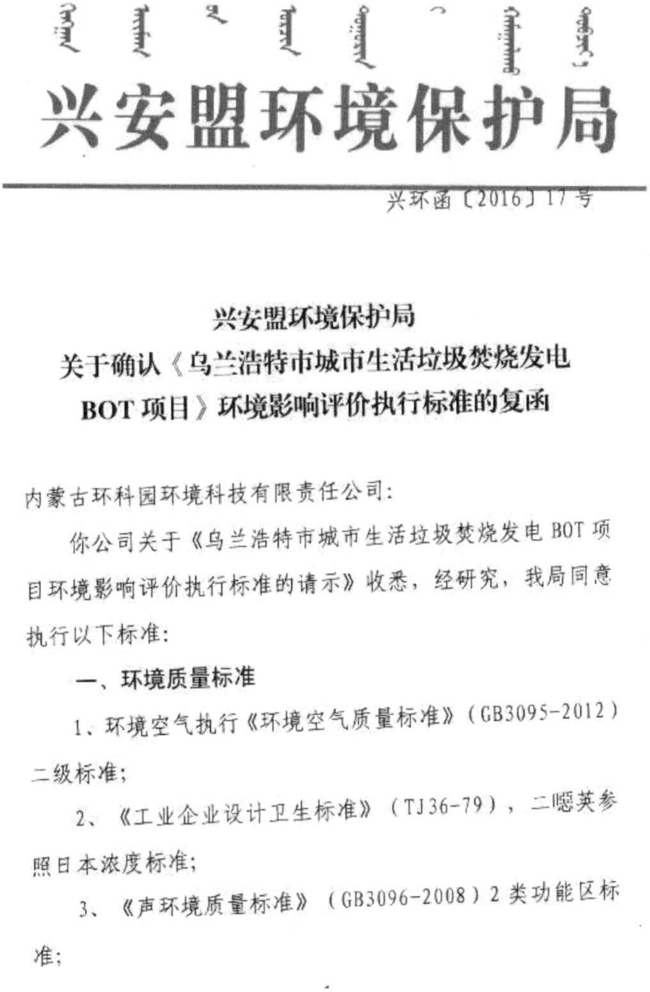

兴安盟环境保护局

兴环函〔2016〕17 号

兴安盟环境保护局
关于确认《乌兰浩特市城市生活垃圾焚烧发电
BOT 项目》环境影响评价执行标准的复函

内蒙古环科园环境科技有限责任公司：

你公司关于《乌兰浩特市城市生活垃圾焚烧发电 BOT 项目环境影响评价执行标准的请示》收悉，经研究，我局同意执行以下标准：

　　一、环境质量标准

　　1、环境空气执行《环境空气质量标准》（GB3095-2012）二级标准；

　　2、《工业企业设计卫生标准》（TJ36-79），二噁英参照日本浓度标准；

　　3、《声环境质量标准》（GB3096-2008）2 类功能区标准；

图 4-8　兴安盟环境保护局复函文件

　　（2）于 2017 年 4 月通过了兴安盟环境保护局的环境影响评价批复，文件号：兴环审〔2017〕6 号。目标公司项目因处于建设中，现阶段所需的环境许可文件——环评行政许可类审批，已经取得，不存在"未批先建"的重大违法行为。同时，为其项目进行环境影响报告的第三方单位内蒙古环科园环境科技有限责任公司，前身是内蒙古自治区环境科学研究院，具有多项甲级环评资质。截至报告基准日，律师未发现环评程序违法的情形。相关文件如图 4-9 所示。

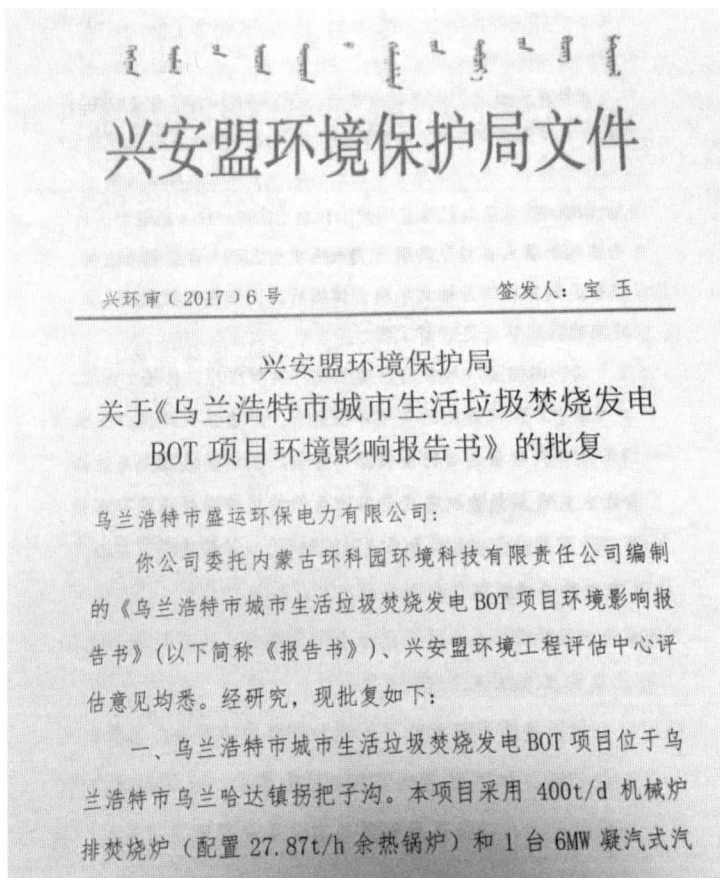

兴安盟环境保护局文件

兴环审（2017）6 号　　　　　　签发人：宝 玉

兴安盟环境保护局
关于《乌兰浩特市城市生活垃圾焚烧发电
BOT 项目环境影响报告书》的批复

乌兰浩特市盛运环保电力有限公司：

你公司委托内蒙古环科园环境科技有限责任公司编制
的《乌兰浩特市城市生活垃圾焚烧发电BOT 项目环境影响报
告书》（以下简称《报告书》）、兴安盟环境工程评估中心评
估意见均悉。经研究，现批复如下：

一、乌兰浩特市城市生活垃圾焚烧发电BOT 项目位于乌
兰浩特市乌兰哈达镇拐把子沟。本项目采用 400t/d 机械炉
排焚烧炉（配置 27.87t/h 余热锅炉）和 1 台 6MW 凝汽式汽

图 4-9　兴安盟环境保护局批复文件

上述获批的目标公司项目环境影响报告书大量关注了二噁英类持久性有机污染物污染防控的事务，报告书中明确要求，"在垃圾焚烧电厂试运行前，需在厂址全年主导风向下风向最近敏感点及污染物最大落地浓度点附近各设 1 个监测点进行大气中二噁英监测；在厂址区域主导风向的上、下风向各设 1 个土壤中二噁英监测点，下风向推荐选择在污染物浓度最大落地带附近的种植土壤"。在公众越来越重视身体健康和生态安全的大背景下，目标公司项目建设的技术要求越来越高，相关环境法律风险也越来越大。

（3）取得了兴安盟水务局《关于乌兰浩特城市生活垃圾焚烧发电项目 BOT 项目水土保持方案报告书的批复》（兴水保〔2015〕54 号），水土保持方案报告书获得批复许可。批复文件显示：水土保持工程投资共 77 万元，其中水土保持补偿费 2.1 万元。根据文件和相关法律要求，目标公司应在项目施工过程中进行水土保持工程的"三同时"建设，做好水土保持相关工作，防止水土流失，且在项目建设竣工后、投产前进行水土保护工程的"三同时"验收。相关文件如图 4-10 所示。

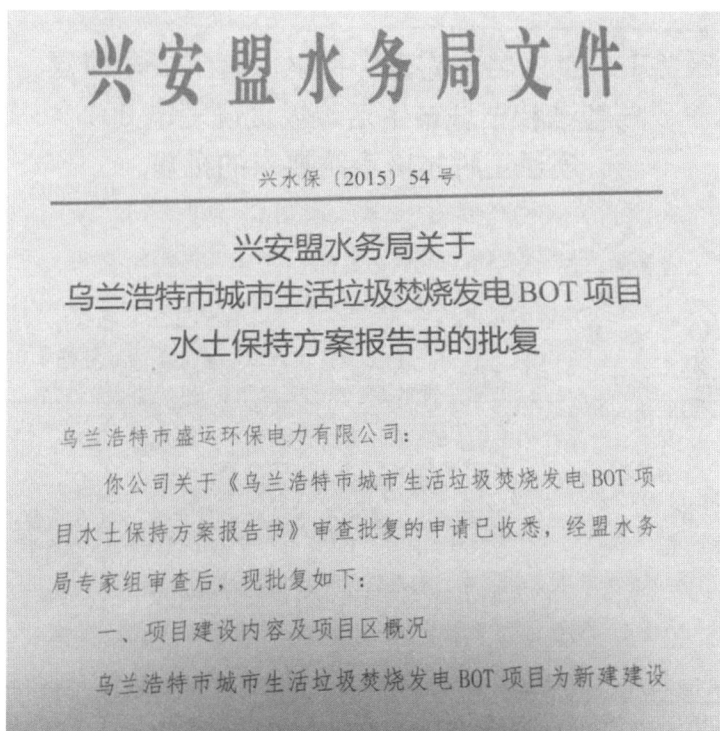

图 4-10　兴安盟水务局批复文件

（4）于 2016 年取得乌兰浩特市地震局颁发的《关于乌兰浩特 SY 环保电力有限公司拟建乌兰浩特市城市生活垃圾焚烧发电项目 BOT 项目工程抗震设防要求的批复》（乌震审字〔2016〕3 号），根据该文件要求，目标公司"该项目属于供水供电类项目，建设单位必须委托有地震安全性评价资质的机构进行地震安全性评价，并将地震安全性评价结果报市地震局备案存档"。否则，根据《防震减灾法》

第八十七条的规定，最高罚款 30 万元。相关文件如图 4-11 所示。

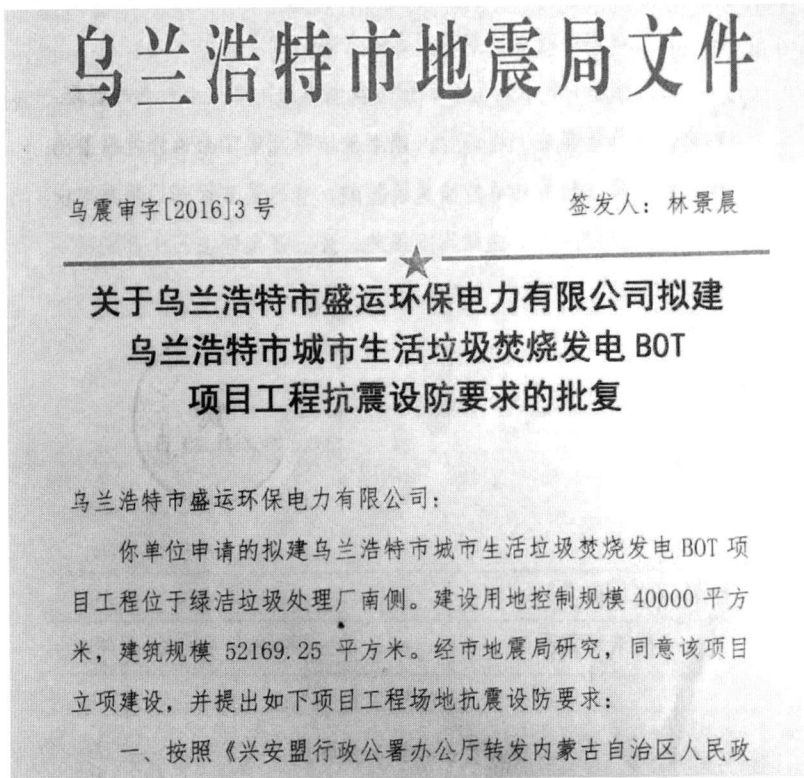

乌兰浩特市地震局文件

乌震审字[2016]3 号　　　　　　　　　　签发人：林景晨

关于乌兰浩特市盛运环保电力有限公司拟建
乌兰浩特市城市生活垃圾焚烧发电 BOT
项目工程抗震设防要求的批复

乌兰浩特市盛运环保电力有限公司：

　　你单位申请的拟建乌兰浩特市城市生活垃圾焚烧发电 BOT 项目工程位于绿洁垃圾处理厂南侧。建设用地控制规模 40000 平方米，建筑规模 52169.25 平方米。经市地震局研究，同意该项目立项建设，并提出如下项目工程场地抗震设防要求：

　　一、按照《兴安盟行政公署办公厅转发内蒙古自治区人民政

图 4-11　乌兰浩特市地震局批复文件

　　截至尽调基准日，目标公司尚未披露其建设项目地震安全性评价报告及其专家评审记录，亦未披露其选定第三方评价单位的相关合同。

　　（5）目标公司项目获得社会稳定风险评估备案批复。

　　目标公司披露了兴安盟维护稳定工作领导小组办公室下发的《关于对乌兰浩特市城市生活垃圾焚烧发电项目社会稳定风险评估备案申请答复的函》（兴稳办发〔2015〕26 号），如图 4-12 所示。

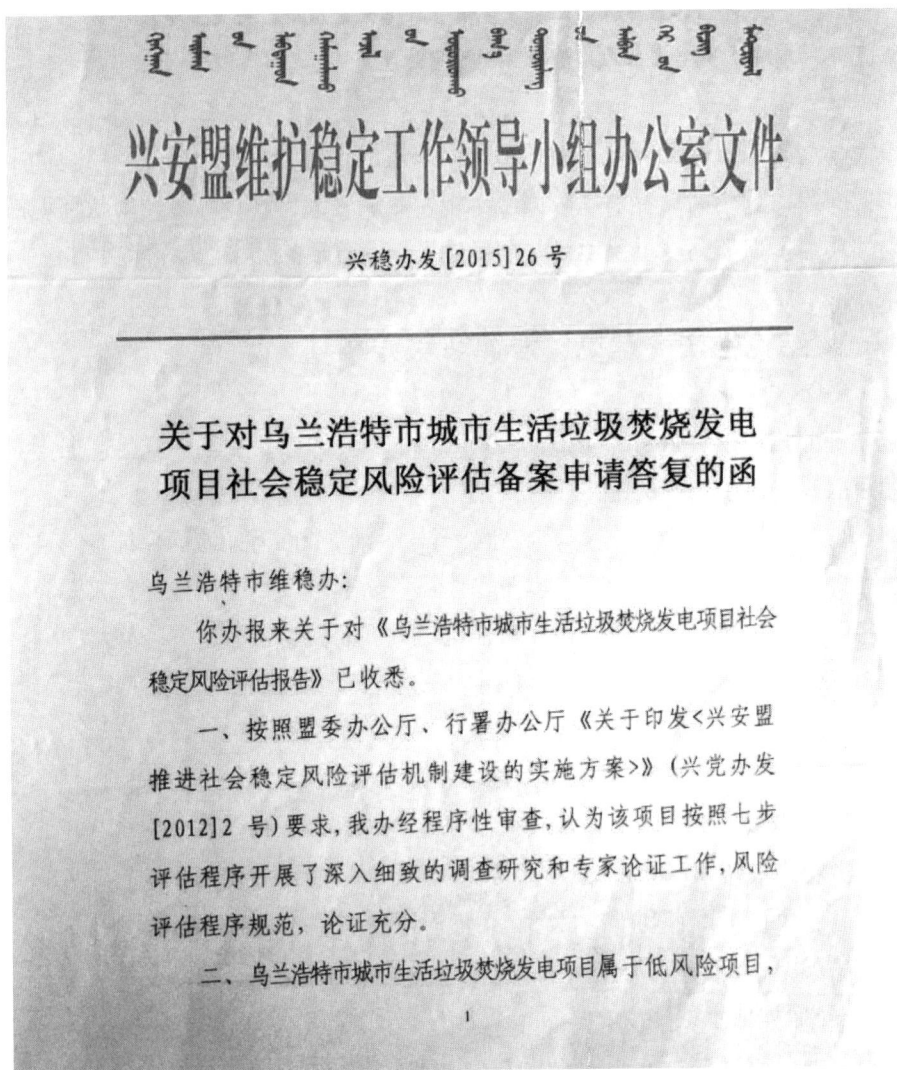

兴安盟维护稳定工作领导小组办公室文件

兴稳办发[2015]26号

关于对乌兰浩特市城市生活垃圾焚烧发电
项目社会稳定风险评估备案申请答复的函

乌兰浩特市维稳办：

　　你办报来关于对《乌兰浩特市城市生活垃圾焚烧发电项目社会稳定风险评估报告》已收悉。

　　一、按照盟委办公厅、行署办公厅《关于印发<兴安盟推进社会稳定风险评估机制建设的实施方案>》(兴党办发[2012]2号)要求，我办经程序性审查，认为该项目按照七步评估程序开展了深入细致的调查研究和专家论证工作，风险评估程序规范，论证充分。

　　二、乌兰浩特市城市生活垃圾焚烧发电项目属于低风险项目，

1

图 4-12　社会稳定风险评估备案申请答复文件

　　该文件显示，目标公司项目已获通过重大建设项目社会稳定风险评估备案，项目属于低风险项目。该函的发布，一定程度上，特别是从预计的环境压力测试层面，论证了目标公司项目开工建设、运营期的安全性，产生环境治理领域常见的"邻避效应"的可能性相对较小。

二、环境法律风险评估

总体而言，目标公司项目主体工程尚未建成投放，相关环境法律风险尚未有成形的对象可供判断、鉴别，故截至本报告尽调基准日，目标公司现状环境法律风险不明显，但需高度重视项目并购后建设、运营期的环境法律风险。

三、结论性法律意见、法律解决方案

本部分论述以贵公司并购目标公司为目的，发表结论性法律意见，揭示其中法律风险，提出相应解决方案（建议）。

重要负面评估意见为：（一）目标公司未缴纳 2 000 万元履约保证金，且项目建设已停工多日，《BOT 协议》有可能在 6 月被终止；（二）特许经营权人为目标公司控股股东，非目标公司，转让需征得甲方书面同意（与提交贵公司的《乌兰浩特市 SY 环保电力公司收购项目法律尽职调查之重大问题汇总表（快报）》内容一致）。

重要正面评估意见为：（一）一旦《BOT 协议》被当地政府或部门宣布终止，贵公司可在本报告掌握的情报基础上，强力参与原项目的竞争性谈判，获得相关项目新的特许经营权；（二）现有情报较为清晰，如项目所涉场平等工程四项大额合同应付款已过半，有利于与目标公司展开项目资产的接盘谈判。

详情如下：

1．正面评估意见

（1）原《BOT 协议》可能终止，当地政府或将启动新的特许经营权招标

根据本所律师掌握的情况，涉案目标公司项目虽然可能存在当地利益方"白手套"设置的情况（详见第二部分第五章之"目标公司重大合同"相关内容），但已有较明晰的迹象表明当地政府部门已经对项目进展过于缓慢极为焦虑，一是《BOT 协议》约定的 2 000 万元保证金迟迟未到位，二是约定的工期早已超过多日，在绿色发展国家战略的压力下，当地政府的耐心可能很快到达极点（详见本部分第二章之"负面评估意见"相关内容）。

故建议贵公司密切留意目标公司项目进展，如当地政府下定决心（或促成下定决心）终止原《BOT 协议》，重新对项目进行特许经营权的发包，则贵公司可利用资本优势，强力切入项目。

（2）情报掌握相对清晰，有利于与目标公司展开各类型谈判

本报告第二部分共十二章，对目标公司所涉特许经营权协议、历史延革、资产情况、合作第三方情况、合同履约情况、相关利益方、员工状况等均进行了较为清晰的调查分析，目标公司的利、弊、优、劣等方面法律评价相对清晰，应有利于贵公司进行接盘等各类型的相关谈判、决策。比如律师列举的四份重要合同的履行情况如表 4-2 所示。

表 4-2　目标公司合同履行情况

序号	合同详情	履行情况
1	建设工程设计合同，标的额 200 万元	已付 40 万元，欠 160 万元
2	场平工程施工合同，标的额 632 万元	已付 431.5 万元，欠 201.5 万元
3	乌兰浩特市 LJ 垃圾处理厂车库异地新建工程施工承包合同，标的额 320 万元	已付 100 万元，欠 220 万元
4	建设工程施工专业承包合同（渗滤液），标的额 132 万元	已付 125.5 万元，欠 6.5 万元

2．负面评估意见

（1）原《BOT 协议》较快终止的原因

原《BOT 协议》于 2014 年签订。2018 年 4 月 9 日，原《BOT 协议》甲方当地市建设局向乙方即目标公司控股股东安徽 SY 环保股份有限公司（以下简称 SY 环保股份）来函，主要内容包括："1．于 2018 年 4 月 13 日前必须将合同约定的项目保证金贰千万元打入我市财政账户。2．于 2018 年 4 月 11 日前项目建设必须全面复工，并承诺今年内建成达产。如以上两项要求你公司无法兑现，将终止与你公司签订的合同。""合同终止后我们将收回项目建设用地，并将此项目面向社会公开招标，届时你公司投入的前期及现有建设费用由承接方与你公司协商解决。""此函，望 2018 年 4 月 13 前回复，否则视为放弃。"

SY 环保股份于 2018 年 4 月 12 日回函，主要内容："我司正积极采取融资、债转股、发行债券、资产重组等措施积极筹措资金，按当前工作进程可确保 5 月

底前资金到位，并立即恢复工程建设。"

截至尽调基准日，目标公司仍未缴纳 2 000 万元保证金至政府部门指定专户，亦未有恢复动工行为，在绿色发展、生态文明建设、生态环保督察等要求或压力下，当地政府可能会较快作出应对决策，相关决策有可能对目标公司不利。故建议贵公司密切留意该项目动态，特别是保证金缴纳情况，以利贵公司决策。

（2）特许经营权人转让需征得甲方书面同意的问题

涉案《BOT 协议》明确特许经营权人是签字的乙方即 SY 集团，非项目公司本身，违反了《基础设施和公用事业特许经营管理办法》第 16 条、第 18 条关于特许经营权应授予特许经营项目公司的相关规定，但《BOT 协议》在未修改或补充签订之前，其第六条第三款关于特许经营权转让第三方必须经过甲方书面同意的规定仍然表面有效（如图 4-13 所示，更详细情况见本报告第二部分第四章"目标公司的主要资产"相关内容）。

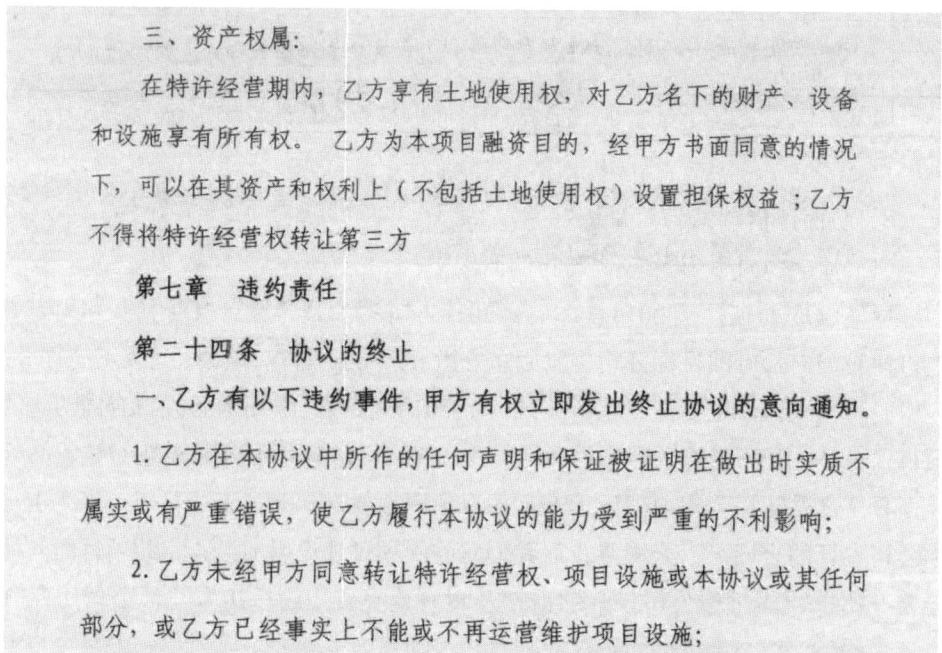

三、资产权属：

在特许经营期内，乙方享有土地使用权，对乙方名下的财产、设备和设施享有所有权。乙方为本项目融资目的，经甲方书面同意的情况下，可以在其资产和权利上（不包括土地使用权）设置担保权益；乙方不得将特许经营权转让第三方

第七章　违约责任

第二十四条　协议的终止

一、乙方有以下违约事件，甲方有权立即发出终止协议的意向通知。

1. 乙方在本协议中所作的任何声明和保证被证明在做出时实质不属实或有严重错误，使乙方履行本协议的能力受到严重的不利影响；

2. 乙方未经甲方同意转让特许经营权、项目设施或本协议或其任何部分，或乙方已经事实上不能或不再运营维护项目设施；

图 4-13　《BOT 协议》部分条款

如果不能将《BOT 协议》修正为特许经营权享有主体为项目公司即目标公司，则目标公司不能在当地人大会议财政预算中获得表决通过，项目建成后可能无法正常依法取得每吨 60 元的垃圾处理费用。上网发电的许可及其收益取得，亦受相应影响。

在当地政府已明确表示对 SY 集团失去充分信任和信心的背景下，可能已选定第三方作为项目承接方，不会同意我方承接项目公司。

因此，如不能在一定预期内解决特许营权人未归于项目公司名下的问题，则并购目标公司的目的不能实现。

实案五

广州某集团公司并购乌兰察布
SY 环保电力公司项目

根据法律尽职调查的重要性原则，因贵公司本次拟收购的对象为环保产业类企业，目标公司的主营业务是城市生活垃圾无害化处理（筹建），故"环境保护"项是本报告的重点。

一、法律事实部分

1. 乌兰察布市生活垃圾焚烧发电项目

根据目标公司提供的文件材料，并经律师登录乌兰察布市环境保护局官方网站核查，目前目标公司就生活垃圾焚烧发电项目的重要行政许可文件的取得情况如下：

2016 年 9 月 29 日，目标公司取得乌兰察布市环境保护局出具的《关于乌兰察布生活垃圾焚烧发电项目环境影响报告书的批复》（该环境影响评价简本公示于乌兰察布市环保局官网，如图 4-14 所示）。

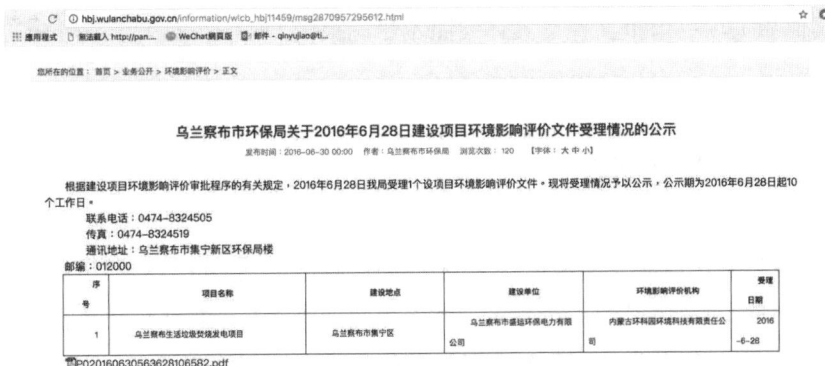

图 4-14　乌兰察布市环保局官网有关目标公司环评文件受理情况

其他相关项目审批文件请具体参照本尽调报告"5.3.3（1）D．一期 BOT 项目的立项审批"。

2．乌兰察布市集宁区餐厨、污泥垃圾处理项目

根据目标公司提供的文件材料，并经律师登录乌兰察布市环境保护局官方网站核查，目前目标公司就餐厨、污泥垃圾处理目的重要行政许可文件的取得情况如下：

2017 年 6 月 12 日，目标公司取得乌兰察布市环境保护局出具的《关于乌兰察布集宁区餐厨污泥垃圾处理项目环境影响报告书的批复》（该环境影响评价简本公示于乌兰察布市环保局官网，如图 4-15 所示）。

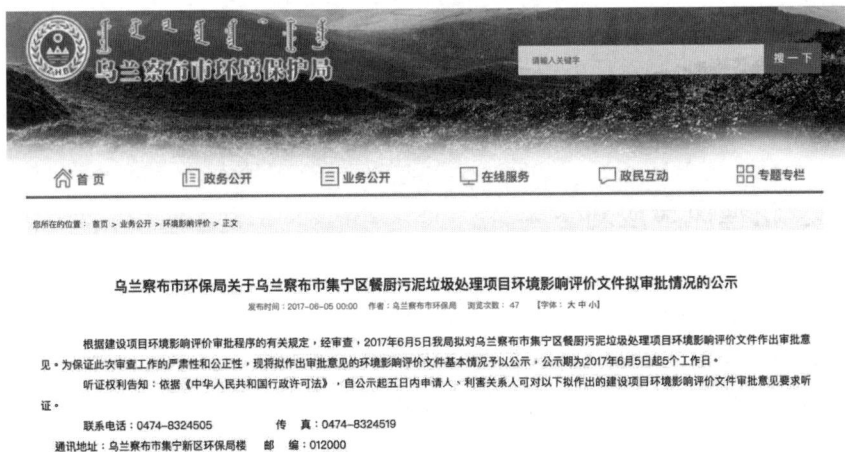

图 4-15　乌兰察布市环保局官网有关目标公司环评文件受理情况

其他相关项目审批文件请具体参照本尽调报告"5.3.3（2）C. 二期 BOT 项目的立项审批"。

二、法律风险评估

1. 目标公司自成立至本报告尽调基准日无环保主管部门行政处罚事件

根据目标公司出具的《承诺函》，并经本律所走访乌兰察布市环境保护局及与环保局审批专员简单访谈后得知，环境保护行政主管部门乌兰察布市环保局自目标公司成立至今未曾对目标公司实施过行政处罚或者行政命令，亦未听闻或受理过涉及目标公司的信访。经查询各级环保主管部门官网，未发现目标公司自成立至今受到行政处罚或行政命令的信息。

2. 乌兰察布市集宁区餐厨、污泥垃圾处理项目的环境影响评价报告于 2022 年 6 月过期，若目标公司未能及时开工，将面临重新评估的风险

根据《中华人民共和国环境影响评价法》第二十四条及第二十五条的规定："建设项目的环境影响评价文件自批准之日起超过五年，方决定该项目开工建设的，其环境影响评价文件应当报原审批部门重新审核；原审批部门应当自收到建设项目环境影响评价文件之日起十日内，将审核意见书面通知建设单位。建设项目的环境影响评价文件未依法经审批部门审查或者审查后未予批准的，建设单位不得开工建设。"经核查集宁区餐厨、污泥垃圾处理项目的环境影响评价文件于 2017 年 6 月作出，且目标公司至今尚未取得该项目的《开工许可证》，若目标公司未能于 2022 年 6 月之前如期开工建设，则本项目将面临重新环境评估的风险。

三、法律风险应对

集宁区餐厨、污泥垃圾处理项目如不能争取在环评报告有效期内开工，将可能导致目标公司需要重新做环评报告。根据上述查明情况，本所律师建议委托人提请目标公司尽快与乌兰察布市城管局落实项目开工日期。

四、结论性法律意见、法律解决方案

本次尽职调查过程中，结合现场了解的情况，经与贵公司现场负责人沟通，就拟以股权收购目标公司为目的进行法律尽职调查，本部分论述在上述目的项下的结论性法律意见，揭示其中法律风险，提出相应解决方案（建议）。

以股权并购目标公司为目的的结论性意见——法律风险评估

1．正面评估

（1）目标公司履行信披义务积极配合、较为全面。

目标公司即乌兰察布 SY 环保电力有限公司（以下简称目标公司或公司），对本次尽调工作相当重视，履行披露义务较为全面，有利于全面认知、评价法律风险。

（2）因乌兰察布市正值参与创建全国文明城市，生活垃圾无害化处理是其中一个考核指标，因此乌兰察布市政府对目标公司的一期、二期 BOT 项目均表示重视与支持。

根据《全国文明城市测评体系》的要求，若乌兰察布市拟申报成为全国文明城市，其中一项考核要求是"生活垃圾无害化处理率＞80%"，因此当地政府对于目标公司的一期、二期 BOT 项目均表示重视与支持。这个可以从以下几个方面佐证：乌兰察布市集宁区人民政府根据会议纪要〔2016〕107 号向公司发放两笔生活垃圾焚烧发电项目基础设施配套补贴费，分别为人民币 697 万元以及 590 万元，共计 1 287 万元；乌兰察布市集宁区人民政府根据会议纪要〔2017〕49 号及乌兰察布市集宁区财政局文件集财预函〔2017〕231 号，于 2017 年 9 月 8 日向目标公司发放人民币 971 万元生活垃圾焚烧发电项目基础设施配套补贴费；乌兰察布市集宁区发展和改革局根据文件集发改字〔2017〕26 号，于 2017 年 9 月 29 日向目标公司发放人民币 1 000 万元垃圾焚烧发电项目建设补助款；经本所律师走访乌兰察布市环境保护局与相关工作人员会谈得知，当地环保局及政府对目标公司的 BOT 项目均予以重视，且目标公司与当地环保局的关系维系得不错。

（3）暂未发现目标公司存在重大环境管理法律风险，生活垃圾焚烧发电 BOT 项目已取得多项审批文件，餐厨、污泥处理项目的环保审批文件亦较为齐备。

表 4-3　目标公司生活垃圾焚烧 BOT 项目已取得审批文件

时间	文号	文件名	主要内容	出具单位
2015.8.11	集发改审字〔2015〕148 号	关于乌兰察布生活垃圾焚烧发电项目备案确认书	准予备案，建设年限为 2015—2017 年	乌兰察布市集宁区发展和改革局
2015.12.31	集稳评备字〔2015〕1 号	关于对乌兰察布生活垃圾焚烧发电项目社会稳定风险评估申请备案的函的批复	该项目为低风险，符合备案条件，可以实施	乌兰察布市集宁区维护稳定工作领导小组办公室
2016.3.17	乌园国土资发〔2016〕9 号	关于乌兰察布生活垃圾焚烧发电项目用地的初审意见	经初审，项目符合土地利用总体规划，请按法定程序办理用地手续	乌兰察布市国土资源局察哈尔工业园区分局
2016.4.29	集水政〔2016〕23 号	关于乌兰察布 SY 环保电力有限公司使用中水指标分配的批复	批准打自备井一眼用于生活用水，生产用水使用乌兰察哈尔工业园区巴音污水处理有限公司中水	乌兰察布市集宁区水利局
2016.5.9	集安监局管字〔2016〕13 号	关于对乌兰察布 SY 环保电力有限公司职业病危害预评价报告的批复	准予该项目通过职业病危害预评价审核。该单位需进行职业病防护措施设计，并备案、验收和审查，设计专篇经审查通过后，方可开工建设	乌兰察布市集宁区安全生产监督管理局
2016.6.28	内电发展〔2016〕190 号	关于乌兰察布 SY 环保电力有限公司 1×15 MW 垃圾焚烧发电项目并网意向的复函	1. 原则同意 2. 请公司委托有资质、独立的设计单位开展电源接入系统方案设计 3. 在设计时考虑机组接入电网后对电网短路电流及机组启停对接入点电压的影响	内蒙古电力（集团）有限责任公司

时间	文号	文件名	主要内容	出具单位
2016.6.29	乌水审〔2016〕34号	关于对乌兰察布生活垃圾焚烧发电项目水土保持方案报告书的批复	1. 厂区建筑物开挖多余的土方用往城市建筑废土指定排放场地，不设置取弃土场 2. 本工程水土保持工程总投资95.29万元 3. 需委托有资质的监测、监理单位开展水土保持工程的监测监理工作，并及时向有关水行政部门提供监测监理报告 4. 需在建设完工后编写工作报告、施工技术总结，委托水土保持咨询评估单位编制水土保持施工综合评估报告，及时向市水行政主管部门提出申请验收	乌兰察布市水利局
2016.9.2	集水政〔2016〕50号	集宁区水利局关于乌兰察布生活垃圾焚烧发电项目水资源论证报告书的批复	1. 基本同意该《报告书》的审查意见 2. 同意该项目以小东摊污水处理厂的再生水作为生产取水水源，生活用水由厂区周边的章盖营自来水厂供给 3. 基本同意该项目废污水经处理达标后部分回用，剩余部分排至碧水蓝天污水处理厂进一步处理，不外排 4. 自审查通过之日起满3年该项目未通过核准，如需继续申请取水，应重新进行水资源论证（附乌兰察布生活垃圾焚烧发电项目水资源论证报告书审查意见）	乌兰察布市集宁区水利局
2016.9.29	乌环审〔2016〕28号	关于乌兰察布生活垃圾焚烧发电项目环境影响报告书的批复	1. 同意该项目《报告书》中所列建设项目的性质、规模、生产工艺和拟采取的环境保护措施 2. 严格落实固体废物安全处置措施。焚烧炉炉渣经出渣机运出磁选后送灰渣贮坑，拟送至乌兰察布市恒益达建材有限责任公司综合利用	乌兰察布市环境保护局

时间	文号	文件名	主要内容	出具单位
2016.12.5	集建〔2016〕227 号	关于乌兰察布市生活垃圾焚烧发电项目工艺审查的意见	该项目工艺符合要求	乌兰察布市集宁区住房和城乡建设局
2016.12.28	乌发改环资字〔2016〕715 号	关于乌兰察布市生活垃圾焚烧发电项目节能评估报告书的批复	1. 在落实节能评估报告书提出的节能措施的前提下，同意项目建设 2. 项目竣工后向我委提出节能验收申请，以便进行项目竣工节能验收，验收合格后，方可正式运营	乌兰察布市发展和改革委员会
2017.1.13	乌稳评备字〔2017〕1 号	关于对《集宁区人民政府关于乌兰察布市 SY 环保电力有限公司乌兰察布生活垃圾焚烧发电项目社会稳定风向评估备案的函》的批复	准予备案	乌兰察布市维稳办
2017.2.15	乌发改能源字〔2017〕75 号	关于乌兰察布市 SY 环保电力有限公司 15MW 生活垃圾焚烧发电项目批准的批复	原则同意项目，该项目核准有效期两年	乌兰察布市集宁区发展和改革局
2017.2.17	集发改审字〔2017〕15 号	转发《乌兰察布市 SY 环保电力有限公司 15MW 生活垃圾焚烧发电项目核准的批复》的通知	原则同意项目，该项目核准有效期两年	乌兰察布市集宁区发展和改革局

表 4-4　目标公司一期 BOT 项目发电机组安装部分已取得审批立项文件

时间	文号	文件	主要内容	出具单位
2017.8.14	前规发〔2017〕83 号	关于乌兰察布生活垃圾焚烧发电项目至玫瑰营 110 kV 变电站 35 kV 线路选址的复函	同意线路选址	察右前旗规划局
2017.9.2	前农牧发〔2017〕180 号	关于乌兰察布生活垃圾焚烧发电项目至玫瑰营 110 kV 变电站 35 kV 线路选址的复函	线路不在草原生态脆弱区域，区域内无草原保护设施，同意线路选址	察右前旗农牧业局

时间	文号	文件	主要内容	出具单位
2017.9.8	前政林函〔2017〕12号	关于乌兰察布生活垃圾焚烧发电项目至玫瑰营110 kV变电站35 kV线路项目路径的复函	同意该项目线路路径工程方案，在具体项目设施中，涉及林地的必须按《森林法》有关规定办理有关使用林地手续后方可施工	内蒙古察右前旗林业局
2017.9.13	察开管函〔2017〕25号	关于为乌兰察布SY环保电力有限公司办理生活垃圾焚烧发电项目至玫瑰营110 kV变电站35 kV线路项目选址路径的函	请求为该项目办理项目选址路径意见	内蒙古察哈尔经济技术开发区管理委员会（发给人民武装部）
2017.9.15	前国土函〔2017〕108号	关于乌兰察布市SY环保电力有限公司1×15 MW垃圾焚烧发电项目至玫瑰营110 kV变电站35 kV线路项目的复函	同意线路路径意见：尽量避让基本农田及耕地；遇压覆重要矿藏，需办理相关手续	察哈尔右翼前旗国土资源局
2017.9.18	前文新广发〔2017〕94号	关于乌兰察布生活垃圾焚烧发电项目至玫瑰营110 kV变电站35 kV线路选址的复函	路径所经之地域没有文物遗址点	察右前旗文化旅游新闻出版广电局
2017.9.20		关于办理乌兰察布生活垃圾焚烧发电项目至玫瑰营110 kV变电站35 kV线路项目规划手续的函	同意线路选址	集宁区规划分局
2017.9.22	前武〔2017〕43号	关于《为乌兰察布SY环保电力有限公司办理生活垃圾焚烧发电项目至玫瑰营110 kV变电站35 kV线路项目选址路径的函》的复函	报送的坐标点依据地图比对未在军事设施内	察右前旗人民武装部发给内蒙古察哈尔经济技术开发区管理委员会
2017.11.20	玫政发〔2017〕269号	关于同意乌兰察布生活垃圾焚烧发电项目至玫瑰营110 kV变电站35 kV线路选址的复函	同意线路选址	察哈尔右翼前旗玫瑰营镇人民政府
2017.11.28	集稳评备字〔2017〕21号	关于对《乌兰察布生活垃圾焚烧发电项目至玫瑰营110 kV变电站35 kV线路项目申请社会稳定风险评估报告备案的函》的批复	项目为低风险，符合备案条件，可以实施	乌兰察布市集宁区维护稳定工作领导小组办公室

时间	文号	文件	主要内容	出具单位
2017.11.30	前维稳办发〔2017〕26号	关于乌兰察布生活垃圾焚烧发电项目至玫瑰营110 kV变电站35 kV线路项目社会稳定风险评估报告备案的批复	准予备案	察右前旗维护稳定工作领导小组办公室
2017.12.12	前国土资发〔2017〕362号	关于乌兰察布生活垃圾焚烧发电项目至玫瑰营110 kV变电站35 kV线路项目用地的预审意见	拟同意该项目用地	内蒙古察右前旗国土资源局
2017.12.25	前水发〔2017〕167号	关于对《关于申请办理"乌兰察布生活垃圾焚烧发电项目至玫瑰营110 kV变电站35 kV线路项目"选址路径的申请函》的复函	原则同意	察哈尔右翼前旗水利局
2017.12.26	集水政〔2017〕101号	关于乌兰察布市生活垃圾焚烧发电项目至玫瑰营110 kV变电站35 kV线路项目路径的复函	同意	乌兰察布市集宁区水利局
2012.12.29	乌国土资函〔2017〕138号	关于乌兰察布生活垃圾焚烧发电项目至玫瑰营110 kV变电站35 kV线路用地预审的复函	同意	乌兰察布市国土资源局
2018.1.8	乌规划字〔2018〕5号	关于乌兰察布SY环保电力有限公司发电项目至玫瑰营110 kV变电站35 kV线路项目规划选址的批复	同意，本批复有效期1年	乌兰察布市规划局
2018.1.15	乌发改批字〔2018〕3号	关于乌兰察布生活垃圾焚烧发电项目至玫瑰营110 kV变电站35 kV线路项目核准的批复	准许项目予以核准决定或者同意变更决定之日起2年未开工建设，需要延期开工建设的，在2年期届满的30个工作日前申请延期开工建设，开工建设只能延期一次，期限最长不得超过1年	乌兰察布市发展和改革委员会

时间	文号	文件	主要内容	出具单位
2018.1.19	前发改发〔2018〕11 号	关于转发《乌兰察布生活垃圾焚烧发电项目至玫瑰营 110 kV 变电站 35 kV 线路项目核准的批复》的通知	转发乌发改批字〔2018〕3 号内容	内蒙古察哈尔右翼前旗发展和改革局
2018.4.12	乌公消设/竣复字〔2018〕0007 号	建设工程消防设计/竣工验收消防备案复查意见书	提出有关违法问题	乌兰察布市公安消防支队

表 4-5　目标公司餐厨、污泥处理 BOT 项目的立项审批情况

时间	文号	文件	主要内容	出具单位
2016.4.27	集发改审字〔2016〕78 号	关于乌兰察布市集宁区餐厨污泥垃圾处理项目备案确认书	备案年限为 2016 年 4 月 27 日—2018 年 4 月 27 日，如未开工，需在有效期满前 30 日申请延期，否则备案失效，目前二期不确定施工合同签订情况，可能存在项目备案失效的风险	乌兰察布市集宁区发展和改革局
2016.6.13	集稳评备字〔2016〕6 号	关于对乌兰察布市餐厨、粪便、污泥废弃物无害化处理工程项目社会稳定风险评估报告备案的函的批复	评估该项目为低风险，可以实施。但实施过程注意民意调查和矛盾化解	乌兰察布市集宁区维护稳定工作领导小组办公室
2016.7.27	乌园国土资发〔2016〕31 号	关于乌兰察布市集宁区餐厨污泥垃圾处理项目用地的初审意见	项目用地符合总体用地规划，完善手续后可开工	乌兰察布市国土资源局察哈尔工业园区分局
2017.6.12	乌环审〔2017〕20 号	关于乌兰察布市集宁区餐厨污泥垃圾处理项目环境影响报告书的批复	二期项目做好项目建设和运行管理中心的污染防治工作	乌兰察布市环境保护局
2017.12.21	集发改审字〔2017〕220 号	关于乌兰察布市集宁区餐厨污泥垃圾处理项目节能评估报告书的批复	项目竣工后，须向发改委提出节能验收申请，验收合格后，方可正式运行	乌兰察布市集宁区发展和改革局
2018.1.16	乌水审〔2018〕1 号	关于乌兰察布市集宁区餐厨污泥垃圾处理项目水土保持方案报告书的批复	针对不同分区采取适用的水土保持	内蒙古乌兰察布市水利局

经核查，律师认为目标公司取得政府投资主管部门同意开展前期工作、可行性研究报告、土地预审、安全预评价、水土保持方案备案、水资源论证、节能评估、社会稳定风向评估、环境影响评价等前期工作，并获得政府投资主管部门的核准或审批。

综上，二期 BOT 项目在目标公司提供的项目前期文件中未见《社会稳定风险评估报告》《水资源论证报告书》，缺乏上述文件将导致二期项目暂未取得关于二期项目的核准文件。经律师与目标公司黄经理沟通后得知，前述文件正在办理过程中。律师建议，目标公司尽快向相关部门补充缺失文件，以推动项目进展。

（4）经本所律师于项目工地现场实调，目标公司生活垃圾焚烧发电 BOT 项目大部分工程已完成。

图 4-16　一期 BOT 项目垃圾焚烧场所主体结构图

2．负面评估

（1）目标公司股权存在质押情况，存在实质性的股权并购交易障碍

据国家企业信用信息公示网显示，目标公司股权（出质股权数为 8 700 万）于 2017 年 8 月 24 日作出股权出质登记，但截至 2018 年 5 月 3 日，未见股权质押合同或质押登记相关资料（图 4-17）。

▌股权出质登记信息

序号	登记编号	出质人	证照/证件号码	出质股权数额	质权人	证照/证件号码	股权出质设立登记日期	状态	公示日期	详情
1	A1701678214	安徽盛运环保（集团）股份有限公司	非公示项	8700	兴业银行股份有限公司合肥分行		2017年8月24日	有效	2017年8月24日	

共 查询到 1 条记录 共 1 页

首页　◄上一页　1　下一页►　末页

图 4-17　目标公司股权出质登记信息

根据《物权法》第二百二十六条的规定："基金份额、股权出质后，不得转让，但经出质人与质权人协商同意的除外。出质人转让基金份额、股权所得的价款，应当向质权人提前清偿债务或者提存。"目标公司质押的情况下，股权在未经得质权人同意的情况下，难以办理目标公司股权转让。

（2）目标公司对外负债较大

①《企业征信报告》显示目标公司在金融机构负债 20 500 万元，且与目标公司有直接关联关系的其他企业有 13 家（企业征信记录显示关联关系为企业担保人关联、兼个人担保），但目标公司未能提供相关的《融资合同》《贷款合同》《授信合同》《担保合同》《抵押合同》《质押合同》及担保登记文件等。因截至本报告尽调基准日，目标公司未能提供《借款合同》《担保合同》及担保登记等文件，本所律师无法核查公司目前债权债务情况，难以就目标公司融资及负债情况作出客观判断。

②目标公司在建项目已安装部分锅炉、管道、发电等设备，但目标公司无法提供重大采购合同、销售合同及清单，故本所律师难以排查公司已存在或潜在的合同之债。

（3）核心资产存在重大法律风险

①目标公司生产经营设备所有权已转让给 GRD 租赁有限公司，转让款为 6 000 万元。

根据《安徽 SY 环保（集团）股份有限公司关于开展融资租赁业务的公告》，SY 集团拟与 GRD 租赁有限公司开展设备售后回租业务，目标公司将账面价值 7 297.5 万元的生产设备转让给 GRD 租赁有限公司，转让款为 6 000 万元，租赁期限为 6 年；截至 2018 年 5 月 3 日，目标公司及目标公司股东尚未提供上述所涉的融资租赁合同以供律师核查。

②目标公司的一期 BOT 项目土地权利情况不明，且二期 BOT 项目土地尚未办理不动产权证。

经本所律师核查目标公司提供的《不动产权证书》《国有建设土地使用权出让合同》、土地出让金支付凭证、《建设用地批准证书》等资料，目标公司名下土地情况见表 4-6。

表 4-6　目标公司名下土地情况

序号	证号	取得时间	用途	使用权类型	使用权面积/m²	目前状态	坐落位置
1	蒙〔2017〕集宁区不动产权第 0000693 号	2017.1.6	工业用地	出让	66 624	不清楚是否存在抵押、查封情形	布拉格东街北侧、泉玉岭西路西侧
2	—	—	工业用地	出让	50 164	暂未取得不动产权证	布拉格东街北侧、泉玉岭西路西侧

因集宁区不动产登记中心工作人员提前节假日放假，故本所律师于 2018 年 4 月 27—28 日前往调取相关不动产信息时，无工作人员在岗配合。后目标公司项目经理黄×× 于 2018 年 5 月 2 日前往调取不动产权查册表时，被工作人员告知该不动产登记中心不提供查册服务，目标公司的土地状态可以通过土地证原件核查。截至 2018 年 5 月 3 日，本所律师未能获取目标公司名下不动产权查册表，无法确认目标公司名下土地的权利瑕疵情况，无法确认该土地是否存在抵押、查封的情况（该宗土地位处布拉格东街北侧、泉玉岭西路西侧土地产权证号：〔2017〕集宁区不动产权第 0000693 号）。

目标公司已于 2017 年 7 月 22 日与察右前旗国土资源局之间签订了《国有建设用地使用权出让合同》，约定由目标公司受让宗地坐落于布拉格东街北、泉玉岭西路西侧，宗地编号 2017-002，但截至 2018 年 5 月 3 日，目标公司尚未取得不动产权证，但目标公司的黄经理表示产权证相关手续正在办理中。

（4）一、二期 BOT 协议存在较多违约风险，协议可被终止或追究违约责任

①根据一期 BOT 协议第 18 页的约定："工程开工日期为 2015 年 8 月，工程建设期为乙方开工后 18 个月内"，即于 2018 年 1 月应完成工程建设。目前目标公司工程交付已延期，且经与目标公司经理黄××沟通后得知，目标公司至今未向协议甲方提出延期的书面请求及取得甲方的书面回复。一期 BOT 项目延期且未取得甲方就延期的书面答复，根据协议第 46 页第 16.5（1）款约定："除本协议另有规定外，当协议一方发生违反本协议的行为而使非违约方遭受任何损害、损失、增加支出或承担额外责任，非违约方有权获得赔偿，该项赔偿由违约方支付。"如委托方拟收购目标公司，将面临目标公司因违约所需承担的违约之债。

②根据一期 BOT 协议第 14.14 项约定："公司应在特许经营内，乙方按有关规定投保"，及根据 16.1.1（3）约定："如出现第 14 条规定的任何一项内容，自乙方收到甲方通知发出的违约通知之日起，在 90 日内未得到有效补救使违约事件结束，则甲方有权终止合同。"截至本报告尽调基准日，目标公司未有就一期 BOT 项目投保，故面临甲方有权终止合同的情形。

③根据一期 BOT 协议第 14.1（2）项约定："在未经甲方同意的，乙方不得作为保证人以保证的方式为他人（包括乙方的股东）的债务提供担保"及根据 16.1.1（3）约定："如出现第 14 条规定的任何一项内容，自乙方收到甲方通知发出的违约通知之日起，在 90 日内未得到有效补救使违约事件结束，则甲方有权终止合同。"经本所律师通过网络核查的方式发现，目标公司股东 SY 集团存在对外担保情形，但未能确定是否以保证人方式对外进行担保，如确实存在上述行为，则甲方有权根据协议第 16.1.1（3）款终止一期 BOT 协议。

④根据二期 BOT 协议第 14.1 条的规定："工程开工日期为 2016 年 8 月 1 日，工程建设期为 730 天。"即二期 BOT 项目竣工期为 2018 年 8 月 1 日，目前已临近项目竣工期。根据合同第 16 条规定："若因乙方原因延误工期，每推迟一天按投资总额的万分之二支付违约金……"以及第 27.2 条规定："如果由于项目公司单方面的原因未能履行或迟延履行本特许经营协议规定的各项义务，项目公司将为此承担违约责任，甲方将有权向项目公司提出索赔要求。"律师认为，目标公司至今尚未取得项目开工许可，距离竣工期余下工期不足 3 个月，存在逾期竣工的风险，承担前述违约责任的可能性较大。

⑤二期 BOT 项目未取得《建设工程施工许可证》，未开工将导致二期项目立项审批备案失效的风险。

经核查，二期 BOT 项目未取得《建设工程施工许可证》，根据 2016 年 4 月 27 日乌兰察布市集宁区发改委颁发的《关于乌兰察布市集宁区餐厨、污泥垃圾处理项目备案确认书》明确 2 年内未开工，该确认书失效，截至 2018 年 4 月 27 日二期项目尚未取得《建设工程施工许可证》，未正式开工。

3. 法律解决方案

因存在重大法律风险，建议不实施此目的行为，故暂无成熟解决方案。

深圳某环保公司并购湖北某环保公司项目

一、法律事实部分

1. 九天环保宜昌垃圾焚烧发电项目

根据九天环保提供的文件材料，并经律师登录湖北省及宜昌市环境保护局官方网站核查，目前九天环保对重要行政许可文件的取得情况如下：

2013年11月18日，取得湖北省环境保护厅出具的《省环保厅关于宜昌市生活垃圾焚烧发电厂工程环境影响报告书的批复》（该环境影响评价简本公示于湖北省环境保护厅官网）。

其他相关项目审批文件请具体参照本尽调报告"5.3.2（1）C. 项目的立项审批"。

2. 周口青怡苑医废项目

根据周口青怡苑医废项目（以下简称周口医废）提供的文件材料，并经律师登录河南省及周口市环境保护局官方网站核查，目前周口医废对重要行政许可文件的取得情况如下：

2003年9月18日，取得河南省发展计划委员会核发的《关于周口市医疗废物处置工程可行性研究报告的批复》（豫计投资〔2003〕1635号），批复同意周口市计委在周口市垃圾处理厂建设医疗废物处置工程项目。

2003年9月14日，取得周口市环境保护局核发的《关于周口市利民垃圾处理有限公司建设周口市医疗废物处置中心项目的审批意见》（周环监〔2003〕29号）。

2006年9月20日，取得河南省环境保护局核发的《关于周口市医疗废物处置中心建设项目环境影响报告书的批复》（豫环审〔2006〕196号）。

2011年8月27日，取得周口市环境保护局核发的《关于周口市青怡苑医疗废物处置有限公司周口市医疗废物处置中心项目竣工环境保护验收批复意见》。

2012年12月26日，取得周口市发展和改革委员会核发的《关于周口市青怡苑医疗废物处置有限公司收取医疗废物集中处置费标准的批复》（周发改收费〔2012〕948号），批复内容：继续按周改房字〔2010〕534号文规定试行标准收取医疗废物集中处置费。（1）有固定病床的医疗机构，按医疗机构病床数和病床实际利用率，每床每日1.9元，按月计收；（2）有固定床位的医疗机构门诊医疗废物处置费，按就诊患者人数每人次0.1元计收；（3）无固定床位的医疗机构，其医疗废物处置费按单位和规模包月计，门诊部每月10～50元，卫生所、医务室、社区卫生服务站、个体诊所每月10～50元，下岗再就业、残疾人开办的个体诊所或社区服务站凭证件减半收取；（4）对医药公司、血液中心、防疫科研教学等产生医疗废物的单位，均应按规定实行集中处置、处置费标准应按实际产生量每公斤2元内协商收取。

2013年4月3日，取得河南省发展和改革委员会及周口市发展和改革委员会联合印发的《收费许可证》，有效期限为2013年4月至2014年6月。根据2015年4月15日发布的《国家发展改革委财政部关于取消收费许可证制度加强事中事后监管的通知》，自2016年1月1日起，在全国统一取消收费许可证制度，故周口医废不存在收费许可证年审的问题。

2013年6月10日，取得《河南省危险废物经营许可证》，证号：周环许可危废字1号；发证机关：周口市环境保护局；核准经营类别：HHW01；危险废物代码：851-001/900-011-01；经营范围：感染性废物、损伤性废物、病理性废物；经营规模：2 920 t/a；经营方式：综合经营；初次申领时间：2013年6月10日；有效期限：自2013年6月10日至2018年6月9日。

2013年8月13日，取得《排放污染物许可证》，证号：豫环许可周字2013004号；发证机关：周口市环境保护局；排放重点污染物及特征污染物种类：二氧化硫、氮氧化物；总量控制指标：二氧化硫9.5 t/a、氮氧化物5.23 t/a；最高允许排放浓度：二氧化硫 300 mg/m³、氮氧化物 500 mg/m³；有效期限：自 2013 年 8 月 13 日起至 2015 年 8 月 12 日。

根据周口医废提供的相关文件与合同，确认周口医废采取如下环境管理措施：执行危险废物转移联单制度，与周口医废的客户之间签署并交接危险废物转移联单；于 2017 年 4 月 17 日与××环保有限公司签订《河南省危险废物处置服务合同书》，约定对运营过程中产生的飞灰等危险废物，交由该公司进行处理，约定的处置期间为 2017 年 4 月 17 日至 2018 年 4 月 16 日。

3. 安徽蚌埠医废项目

2008 年 8 月 6 日，蚌埠市发展和改革委员会核发了《关于医疗废物集中处置工程立项的批复》（发改投资〔2008〕136 号）。

2008 年 7 月 11 日，安徽省环境保护局核发了《关于蚌埠市医疗废物集中处置中心项目环境影响报告书的批复》（环控函〔2008〕706 号）。

2008 年 7 月 30 日，安徽省发展和改革委员会核发了《关于蚌埠市医疗废物集中处置中心工程可行性研究报告的批复》（发改投资〔2008〕710 号）。

2013 年 8 月 22 日，取得安徽省环境保护厅核发的《安徽省环保厅关于蚌埠市可燃性危险废物焚烧项目竣工环境保护验收意见的函》。

取得安徽省环境保护厅核发的《危险废物经营许可证》（编号：340302001），经营方式：收集、贮存、处置；经营类别：医疗废物、工业危险废物（具体类别见附表）；经营规模：8 250 t/a（其中焚烧处置工业危险废物 6 600 t/a，医疗废物 1 650 t/a；有效期限：2014 年 9 月 19 日至 2016 年 9 月 18 日。

2013 年 11 月 1 日，取得安徽省蚌埠市环境保护局核发的《危险废物经营许可证》（编号：皖危废蚌字 34030008001 号），核准经营危险废物类别及经营规模：医疗废物 3 600 t/a；经营方式：收集、运送、贮存、处置等；主要处置工艺：焚烧；有效期限自 2013 年 11 月 1 日至 2018 年 11 月 1 日。

根据蚌埠医废提供的相关文件与合同，确认蚌埠医废采取如下环境管理措施：执行危险废物转移联单制度，在网上自主申报与危险废物产生单位即各大医院双方确认的《危险废物转移联单》表。

二、法律风险评估

（1）九天环保、周口医废及蚌埠医废近 3 年来无环保主管部门行政处罚事件。

经询问公司负责人得知，公司环境保护行政主管部门湖州市环保局近 3 年来未曾对九天环保、周口医废及蚌埠医废实施过行政处罚或者行政命令，经查询各级环保主管部门官网，未发现九天环保近 3 年内受到行政处罚或行政命令的信息。

（2）作为蚌埠医废核心资质的《危险废物经营许可证》（编号：340302001）已过有效期，蚌埠医废不能开展危险废物的相关业务。

根据《危险废物经营许可证管理办法》第十三条第二款，"危险废物经营许可证有效期届满，危险废物经营单位继续从事危险废物经营活动的，应当于危险废物经营许可证有效期届满 30 个工作日前向原发证机关提出换证申请。原发证机关应当自受理换证申请之日起 20 个工作日内进行审查，符合条件的，予以换证；不符合条件的，书面通知申请单位并说明理由"。安徽蚌埠的《危险废物经营许可证》（编号：340302001）已过有效期，在未获续期之前不能开展危险废物收集处置的相关业务，公司收入受到严重影响。

据蚌埠医废公司经理向××先生介绍，因公司设备目前尚处于技改阶段，待技改完工后，公司将根据技改后的设备向环保局申请可处置规模更大的危险废物经营许可证。根据《危险废物经营许可证管理办法》第十二条第（三）款的规定："有下列情形之一的，危险废物经营单位应当按照原申请程序，重新申请领取危险废物经营许可证：……（三）新建或者改建、扩建原有危险废物经营设施的。"本所律师认为，如蚌埠医废的技改内容涉及改建或扩建原有危险废物经营设施的，蚌埠医废应重新申领经营许可证，而非重新对原牌照进行换领证。

（3）周口医废的《排污许可证》已过期，蚌埠医废至今仍未办理《排污许可证》，将面临相应处罚。

根据《排污许可证管理暂行规定》第二十三条的规定："排污许可证有效期届满后需要继续排放污染物的，排污单位应当在有效期届满前 30 日向原核发机关提出延续申请。"本所律师认为，周口医废的《排污许可证》至 2015 年 8 月 12 日，公司在有效期期满后仍未及时提出延续申请，可由颁发许可证的环境保护部门责令限期改正，可以处 5 万元以下的罚款；情节严重的，面临吊销排污许可证或者临时排污许可证的行政处罚风险。

据本所律师走访蚌埠医废公司时，公司经理向××先生告知公司至今未有办理《排污许可证》，但会根据蚌埠市环保局出具的排污费缴费通知单缴纳相应的排污费。根据《中华人民共和国大气污染防治法》第九十九条："违反本法规定，有下列行为之一的，由县级以上人民政府环境保护主管部门责令改正或者限制生产、停产整治，并处十万元以上一百万元以下的罚款；情节严重的，报经有批准权的人民政府批准，责令停业、关闭：（一）未依法取得排污许可证排放大气污染物的。……"以及《中华人民共和国水污染防治法》第二十条："国家实行排污许可制度。直接或者间接向水体排放工业废水和医疗污水以及其他按照规定应当取得排污许可证方可排放的废水、污水的企业事业单位，应当取得排污许可证；城镇污水集中处理设施的运营单位，也应当取得排污许可证。排污许可的具体办法和实施步骤由国务院规定。禁止企业事业单位无排污许可证或者违反排污许可证的规定向水体排放前款规定的废水、污水。"蚌埠医废公司自实际展业至今仍未取得排污许可证已严重触犯上述法律规定。

虽蚌埠医废公司一直有缴纳排污费，但经律师核实，该公司因停产，自 2016 年 3 月起欠交或停交排污费，且本所律师认为，待该公司股东蚌埠市环境监测站转让其相应股权后，该公司或将可面临因未取得《排污许可证》而受到行政处罚的风险。

（4）蚌埠医废曾在 2015 年列入危废规范化管理不达标企业名单。

另据安徽省环境厅官网上公告查明，2015 年 11 月 9 日，蚌埠医废公司被该厅列入当年"2015 年全省危险废物规范化管理督查不达标企业名单"，存在问题是："1. 环保档案资料管理较混乱；2. 危险废物经营记录薄记录数据不齐全，未记录医疗废物焚烧量；3. 新产生危险废物管理台账与焚烧生产记录无法对应，且危废产生量偏低；4. 危废入厂特性分析较弱，委托合大检测公司进行危废特性鉴别分析，未对危废成分和热值等因子进行分析；5. 危废暂存库现场地面无防渗防腐且破损严重；6. 尾气处理系统和尾气在线监测运行不正常。"

因蚌埠医废实际由控股股东蚌埠市环境监测站控制，且目前实际处于停运状态，故目标公司以此为由未披露后期整改情况，因该公司停运时间为 2016 年 3 月，故不排除蚌埠公司因整改不到位而停运。

（5）宜昌垃圾焚烧发电项目的环境影响评价报告已临近有效期，若公司未能及时开工，将可面临重新评估的风险。

根据《中华人民共和国环境影响评价法》第二十四条及第二十五条的规定："建设项目的环境影响评价文件自批准之日起超过 5 年，方决定该项目开工建设的，其环境影响评价文件应当报原审批部门重新审核；原审批部门应当自收到建设项目环境影响评价文件之日起 10 日内，将审核意见书面通知建设单位。建设项目的环境影响评价文件未依法经审批部门审查或者审查后未予批准的，建设单位不得开工建设。"经核查，宜昌垃圾焚烧发电项目的环境评估报告于 2013 年 9 月作出，若公司未能于 2018 年 9 月前如期开工建设，则本项目将面临重新环境评估的风险。

由于公司曾经取得的重要项目文件之一——《建设项目选址意见书》已于 2014 年到期失效，故公司应评估是否能在 2018 年 9 月前取得《开工许可证》所需的系列审批文件，特别是建设项目工程规划许可证等，评估能否自 2017 年 6 月起在较短的 1 年零 3 个时间内达到具体开工条件。

三、法律风险应对

（1）保障蚌埠医废公司从事危险废物处置经营展业的稳定性，保障核心资质《危险废物经营许可证》具备到期后续期的条件。

根据《危险废物经营许可证管理办法》第五条的规定："申请领取危险废物收集、贮存、处置综合经营许可证，应当具备下列条件：（一）有 3 名以上环境工程专业或者相关专业中级以上职称，并有 3 年以上固体废物污染治理经历的技术人员；（二）有符合国务院交通主管部门有关危险货物运输安全要求的运输工具；（三）有符合国家或者地方环境保护标准和安全要求的包装工具，中转和临时存放设施、设备以及经验收合格的贮存设施、设备；（四）有符合国家或者省、自治区、直辖市危险废物处置设施建设规划，符合国家或者地方环境保护标准和安全要求的处置设施、设备和配套的污染防治设施；其中，医疗废物集中处置设施，还应当符合国家有关医疗废物处置的卫生标准和要求。"公司需保障蚌埠医废公司核心技术人员的稳定性，保障该公司从事危险废物处置的设备、车辆、厂房及附属设施的稳定性以保证《危险废物经营许可证》成功续期。

本所律师建议：委托人如投资并购蚌埠医废，应与九天环保尽早完成技术改革问题和经济论证，且公司应向委托人承诺，因公司未如期换领证或技改问题所致本次交易后的潜在风险或法律、经济赔偿责任，应由公司连带承担。

（2）周口医废公司应尽快延续原排污许可证，蚌埠医废公司则应依法办理排污许可证。

本所律师建议周口医废应尽快申请延续原排污许可证，并补缴此前少缴或未缴的排污费，而蚌埠医废公司则应尽快申请办理排污许可证。两公司必须按照排放许可证规定的污染物种类、数量、浓度和其他排放条件排放污染物，如期足额缴纳排污费。

（3）宜昌垃圾焚烧发电项目若不能争取在环评报告有效期内开工，应重新考虑该项目的合作模式。

根据上述查明情况，本所律师建议委托人提请九天环保尽快与宜昌市城管局落实项目开工日期。同时经核查发现上海浦东发展银行于 2013 年 11 月 12 日开具的《上海浦东发展银行贷款承诺函》承诺给予九天环保就 BOT 垃圾焚烧发电项目贷款不超过 3 亿元，但该承诺函自签署之日起 12 个月内有效，目前该承诺函已失效。本所律师建议，委托人应同时提请九天环保在开工日前尽快落实项目贷款的相关事宜，确保九天环保具备充足的启动资金，以推进项目的开展。

（4）依法公开环境信息，依法规范危废管理。

周口医废公司现场各项管理较为规范，但无污染物排放在线监测实时公示牌，医废标签无文字警示说明，不符合《企业事业单位环境信息公开办法》《医疗废物管理条例》和新《危险废物规范化管理指标体系》等的规定，全国人大已启动固废防治法专项督察，公司应督促周口医废公司加强按规范分类收集医疗废物，依规设置危废警示标志、标签和警示说明等，防微杜渐。

（实案七）

广州某国际有限公司并购广州某环保科技 有限公司项目

根据法律尽职调查的重要性原则，因贵公司股权合作对象为环保产业类企业，目标公司 DS 的主营业务是垃圾焚烧发电厂的烟气净化系统的 EPC 工程，其三家控股子公司，主营业务均为《国家危险废物名录》中所列危险废物处理业，故"环境保护"项是本报告的重点。

一、DS 子公司之乐山 DS 固体废物处理有限公司

1. 法律事实部分

（1）项目总体规划

如前所述，乐山 DS 系 DS100%控股的子公司，在建项目，项目名称：乐山市固体废物综合处置中心（以下简称乐山固废项目）。根据公司反馈的尽职调查清单回复，目前该项目已通过国有土地使用权挂牌出让程序取得土地使用权，正在办理国有土地使用权证的过程中。

律师前往乐山市环境保护局与该局副局长赵某会谈，经介绍，律师取得四川省环境保护厅《关于印发〈四川省危险废物处置利用设施建设规划（试行）〉（2016—2020 年）的通知》之文件，文号：川环发〔2015〕135 号，根据该通知所列《四川省危险废物处置利用设施建设规划（试行）》（2016—2020 年），四川省规划乐

山市建设如下四类危险废物处置利用设施：HHW09 油/水、烃/水混合物或乳化液、HHW11 精（蒸）馏残渣、其他类之废硅切削液、其他类之废四氯化硅。根据介绍，乐山市支柱产业中，磷化工、石油化工、陶瓷产业等产生前述危险废物。

根据上述规划，所列建设项目禁入特殊地区为："《地表水环境质量标准》（GB 3838—2002）中规定的地表水环境质量Ⅰ类、Ⅱ类功能区；《环境空气质量标准》（GB 3095—2012）中规定的环境空气质量Ⅰ类功能区；依法设立的基本农田保护区、饮用水水源保护区、生态功能保护区、居民集中区等环境要求高的区域，不再规划建设危险废物处置利用设施。"

根据 DS 提供的、由夹江县人民政府与 DS 两方于 2015 年 12 月 28 日签订的《项目投资协议书》，夹江县人民政府规划乐山固废项目落地于该县夹江高端陶瓷产业园区，规划建设三条固体废物生产线，其中两条为日综合处理 50 t 的污泥炭化焚烧线，一条为日综合处理固体 40 t 焚烧线。经赵某确认，此协议书真实，亦有 DS 取得申请该园区内 136.28 亩土地使用权系列资格文件为证。

（2）项目所在区域规划环评

乐山固废项目规划位于乐山市夹江高端陶瓷产业园区内。根据赵某介绍，并依申请信息公开程序取得，乐山市环境保护局提供了该局《关于印发〈乐山市夹江高端陶瓷产业园区规划环境影响报告书审查意见〉的通知》，文号：乐市环评〔2015〕161 号，根据该《通知》，乐山市环境保护局已审查同意了《乐山市夹江高端陶瓷产业园区规划环境影响报告书》。

该《通知》显示，同意乐山市夹江高端陶瓷产业园区"产业定位"："主导发展产业为高端陶瓷及配套产业、新材料产业、环保产业"；"禁止、鼓励入园行业名录"，"3. 允许类：园区主导产业的上下游产业、循环经济和环保产业项目，以及与园区主导产业相容的、不形成交叉影响的产业"；"清洁生产门槛为：入园企业应采用国际、国内先进水平的生产工艺、设备及污染治理技术，能耗、物耗、水耗等应达到相应行业的清洁生产水平二级或国内先进水平"。

乐山固废项目西南向 1 km 距离范围内，紧邻金牛河，该区域环境保护规划为地表水Ⅲ类水域、环境空气质量Ⅱ类区。

根据律师于 2016 年 11 月 7 日于项目土地所在地夹江高端陶瓷产业园区内及其周边现场踏勘，项目所在地非居民集中区，其周围 300 m 范围内散见养猪场、茶园、鱼塘和数户居民平房等，其东南方向紧邻一家在运行的中大型陶瓷厂。

（3）项目环评

根据乐山 DS 总经理郑 JH 先生介绍，已拟聘请成都市环境科学院担任乐山固废项目的环境影响评价第三方机构，双方已就环境影响评价费用和技术问题等进行会商，但暂未签订正式委托协议。

2．法律风险评估

乐山固废项目属于在建项目，现状为仅取得项目所在地土地使用权证的申请资格，该项目能否顺利实现投资价值、预期目标，尚需在土地使用权证取得之后，办理环境影响评价审批、安全性评价审批、用能量评价审批、社会稳定风险评价审批、发改委立项核准、强制性清洁生产审核，取得用地规划许可证、项目工程规划许可证、施工许可证等，之后方可开工建设项目工程。建成之后，需进行试运营备案、竣工环保验收备案、申请危险废物经营许可证等，方为合法达至预期投资目标。

根据现有合法有效的相关规划，乐山固废项目与规划相符，其所在位置不在禁入区域，根据现行法律规定，不存在重大的法律障碍。

只是，根据《危险废物处置工程技术导则》（HHJ 2042—2014）、《危险废物贮存污染控制标准》（GB 18597—2001）的规定，"依据环境影响评价结论确定（危险废物处置工程）场址的位置及其与周围人群的距离，并经具有审批权的环境保护行政主管部门批准，可作为规划控制的依据"。乐山市环境保护局副局长赵某介绍，已初步同意乐山固废项目的环评安全距离为 300 m，由于律师实地勘测项目所在地周围 300 m 范围内有民居、中大型工厂，因此如确定 300 m 范围，则 300 m 范围内区域将涉及搬迁和补偿费用，是否由此导致成本大幅增加而致经济性差，甚至导致不能实现环境影响评价的审批通过等一系列法律手续的申报障碍，尚不明确。故，能否顺利通过环境影响评价审批，是乐山固废项目的最大法律风险点。

3．法律风险应对

（1）股权并购之后，应安排 DS 与夹江县人民政府签订补充协议，明确约定《项目投资协议书》所约定的协议解除条件（如不能取得环评审批等情况时如何做），夹江县人民政府除应收回项目所在地土地外，并应退还 DS 所缴全部土地出让金。

（2）责成乐山 DS 立即着手调查 300 m 范围内区域中民居是否有常住居民、是否存在有较大价值资源，评估可能增加的搬迁、补偿费用，评价继续投资是否经济。

（3）责成乐山 DS 与拟定环境影响评价第三方机构、乐山市环境保护局进行充分技术沟通、勘查现场、充分论证环境影响报告书审批通过的可行性，有无缩小安全距离的优化替代方案。

二、DS 子公司之 OED（朝阳）环保有限公司

1. 法律事实部分

根据 DS 及 OED（朝阳）环保有限公司（以下简称 OED 朝阳）提供的文件材料，并经律师前往朝阳市环境保护局固体废物管理科负责人面谈证实，目前 OED 朝阳对重要行政许可文件的取得情况如下：

取得《医疗废物集中处置经营许可证》，证号：CY2130CSD002；发证机关：朝阳市环境保护局；核准经营危险废物类别：医疗废物（废物类别 HHW01 废物代码 851-001-01）中感染性和损伤性废物；核准经营规模：1 650 t/a；有效期限：自 2015 年 12 月 28 日至 2020 年 12 月 27 日；

取得《排污许可证》，证号：211300-2016-000005-B；发证机关：朝阳市环境保护局；排放重点污染物及特征污染物种类：化学需氧量、氨氮、二氧化硫、氮氧化物、颗粒物、氯气、氯化氢；有效期限：自 2016 年 8 月 16 日起至 2018 年 8 月 15 日；

取得《关于我市医疗废物处置收费标准及有关事宜的通知》，文号：朝价发〔2016〕29 号；发布单位：朝阳市物价局、朝阳市卫生计生委；有效期至 2019 年 6 月 30 日；

取得辽宁省环境保护厅《关于朝阳市医疗废物集中处置工程环境影响报告书的批复》（辽环函〔2013〕323 号）、《辽宁省环境保护厅关于朝阳市医疗废物集中处置工程竣工环境保护验收意见的函》（辽环函〔2015〕318 号），显示 OED 朝阳已取得环评批复并已通过竣工环保验收与备案；

尚未取得道路危险货物运输经营许可证，但已向交通运输管理部门提交并盖业务受理章的《道路运输行政许可业务审批表》，朝阳市已配套 5 辆专用车辆，提供了车辆的登记证、购置发票。

根据 OED 朝阳提供的相关文件与合同、与合同相对应的款项往来的发票以及银行流水单核对，确认 OED 朝阳采取了如下环境管理措施：

执行危险废物转移联单制度，与医疗废物产生单位即朝阳市中心医院、朝阳市第二人民医院等在收集医疗废物时均填写有两方签字的《危险废物转移联单（医疗废物专用）》表，并月报朝阳市环境保护局备案；

制定《突发环境事件应急预案》，并于 2014 年 1 月 1 日向朝阳市环境保护局备案；

与山东 SR 环境设备科技有限公司签订《销售合同书》，约定由该公司为 OED 朝阳提供污水排放口 24 h 自动在线监测与联网传输服务，实行污染源自动监测并与朝阳市环境保护局自动监测平台联网，为此律师从朝阳市环境保护局所属朝阳市环境应急与信息监控中心调取了 2016 年 10 月的自动监测数据；

于 2014 年 7 月 3 日取得中国疾病预防控制中心环境与健康相关产品安全所的《检测报告》，就 OED 朝阳的产出物即医疗废物产出物是否能作为普通固体废物垃圾予以填埋，出具论证意见，《检测报告》显示，OED 朝阳的产出物"达到消毒合格要求"，可作为一般固体废物交于 OED 朝阳项目所在地一山之隔的朝阳生活垃圾处置中心处置；

于 2015 年 8 月 20 日与大连 DT 产业废弃物处理有限公司签订《危险废物处置意向书》，约定对运营过程中产生的污水处理站污泥 9.8 t/a、废活性炭 0.5 t/a、导热油（设备拆降时 300 kg）等危险废物，交由该公司进行处理，OED 朝阳提供了由该公司于 2015 年 9 月 18 日开具的 5 000 元处理费发票，该费用属于预付性质，尚未实际发生危废处理事务；

于 2013 年 5 月 16 日取得朝阳市污水处理工程建设管理办公室发给 OED 朝阳的《关于同意接收朝阳医疗废物集中处置工程污水的函》，说明就 OED 朝阳日产生约 30 t 污水的处置事宜，OED 朝阳已经有合法的处置渠道，而且是免费的。

2．法律风险评估

（1）OED 朝阳自成立以来无环保主管部门行政处罚事件

经征询朝阳市环保局负责人，朝阳市环保局未曾对 OED 朝阳实施过行政处罚，经查询各级环保主管部门官网，未发现 OED 朝阳受到行政处罚或行政命令的信息。

（2）有污水排污口但未见标志牌，可能存在污水未经污水处理厂处理排至地下的情形

理由有二：

一是根据《关于同意接收朝阳医疗废物集中处置工程污水的函》以及《辽宁省环境保护厅关于朝阳市医疗废物集中处置工程竣工环境保护验收意见的函》（辽环函〔2015〕318 号），OED 朝阳产生废水"主要为生活污水、生产过程中产生的消毒废水、化验室废水及冲洗废水"，"经厂区内一座 24 m^3/d 污水处理站处理后，部分回用于厂区绿化及车辆清洗，其余送朝阳市什家河污水处理厂处理"，但 OED 朝阳与什家河污水处理厂之间并无污水管道，也未披露如何将污水送往污水处理厂；

二是根据 2016 年 9 月 29 日 OED 朝阳向朝阳市环境保护局信息科出具《关于在线监测设备故障情况说明》，以及朝阳市环境应急与信息监控中心在线数据可说明，OED 朝阳污水在线监测设备发生故障，导致期间污水 COD 数值升值，由此说明 OED 朝阳有污水排放口，但 OED 朝阳确无充分材料或行为披露污水的明确去向，未向律师指示排放口标志牌；

医废处理机构排放废水要求按《医疗机构水污染物排放标准》（GB 18466—2005）表 2 标准限值要求排放至污水处理厂处理，如未经净化处理直接排放，日积月累，从量变到质变，有可能引发地下水环境污染事件。

（3）免费取用地下水问题

根据 OED 朝阳提供的朝阳市人民政府办公室 2013 年 4 月 28 日的《市政府业务会议纪要》显示，"2013 年 4 月 26 日，副市长武某某就我市医疗废物处置项目搬迁以及设备制造项目筹建工作主持召开市政府业务会议"，"会议决定：……由市水务局负责，在新厂附近免费为企业打一眼水井，保证企业生产用水"，OED 朝阳以此证明，OED 朝阳经市政府同意使用地下水。经律师二次实地察看，OED

朝阳项目所在地办公楼顶层建有抽送用地下水泵和储存自动系统。

根据《取水许可和水资源费征收管理条例》（国务院令第 460 号）的规定，取用地下水必须取得水利部门取水许可，并缴纳水资源费，OED 朝阳虽经市政府同意并由市水利局为其免费打井取水，但不能推论出目前取用地下水的行为是合法的。

另根据辽宁省环境保护厅《关于朝阳市医疗废物集中处置工程环境影响报告书的批复》，其各项污染防治措施重点工作明确要求，"本工程用水须严格执行辽宁省人民政府第 255 号令，不得取用地下水"。

（4）电子显示屏黑屏，未全面设置危险废物识别/警示标志、标签和警示说明

根据辽宁省环境保护厅《关于朝阳市医疗废物集中处置工程环境影响报告书的批复》要求，"公司须在厂区明显位置设置显示屏，将炉温、烟气停留时间、烟气出口温度、一氧化碳等数据向社会公布"。根据《企业事业单位环境信息公开办法》第十六条，重点排污单位不按照规定方式公开环境信息的，将被"责令公开，处 3 万元以下罚款，并予以公告"。

OED 朝阳项目全生产链共存在如下三类 5 种危险废物：

第一类为 HHW01 医疗废物两种：感染性废物、损伤性废物，其有毒有害性不同，根据《医疗废物管理条例》和《医疗卫生机构医疗废物管理办法》的规定，两种废物应分类收集、不得混装，两者警示标志应明示不同，警示说明亦不同，违者予以警告，"逾期不改正的，处以 2 000 元以上 5 000 以下的罚款"；

第二类为 HHW08 废矿物油之废导热油；

第三类为 HHW49 其他废物类两种：污泥和废活性炭。

根据环境保护部 2016 年 1 月 1 日修订实施的新《危险废物规范化管理指标体系》要求，上述各类各种警示标志、标签和警示说明均应依照法律规定，在收集、贮存、运输、处置、利用危险废物的设施、场所、包装物、容器上予以分别设置，违者将根据《固体废物污染环境防治法》第 75 条之规定处以 1 万至 10 万元罚款。

图 4-18 为厂区现场图。

图 4-18　厂区现场图

（5）医疗废物领域专业人才明显配备不足

企业风险的根本是人的风险，OED 朝阳项目所涉医疗废物是特殊高危废物，其从收集开始的处理环节涉及专业知识庞杂，涉医学、生物学、化学、环境学等多门交叉学科，但在朝阳尽调期间，尽调律师未接触一位与此领域高度相关的专业人士。OED 朝阳虽制定有相关风险责任制度，并明确责任人，但若责任人专业造诣不深、日常监管经验不足，将给责任人自身带来不可预测的高法律风险。

3．法律风险应对

（1）合资合作谈判期间，请 DS 对 OED 朝阳污水去向事宜作出充分而实事求是的披露，依法明示排放口标志牌——兹事体大，如系基于成本的考虑，可以充分讨论后作出经济上的考虑，或投入提升技术完全做到污水 100% 回用不外排，经环保主管部门评价认同后撤掉自动监测系统。

（2）主动申领地表水用水许可证，缴纳水资源费，或请求铺设公共供水管网。

根据《辽宁省地下水资源保护条例》《辽宁省禁止提取地下水规定》（辽宁省人民政府令第 255 号）、《辽宁省取水许可和水资源费征收管理实施办法》等的规定，原则上不再新批地下水采用，已设水井应限期关闭，且"禁止任何单位和个人减免水资源费"。

根据国家发改委、财政部《关于取水收费许可证制度加强事中事后监管的通知》的规定，OED 朝阳作为收取经营服务性收费单位，每年 5 月底前需向同级主导价格部门、财政部门报送年度收费情况报告表，报告收支状况，还要进行收费合理性第三方评估并向社会公开。用水费用是 OED 朝阳项目的必要成本，如没有水资源费支出项，第三方评估将面临困境。

建议合资合作成功后，应责成 OED 朝阳主动向当地水利部门申请地表水取水许可证，缴纳水资源费（最高 4.31 元/m³），哪怕从较远处铺设管道取水，如经济可行则申请铺设公共供水管网，以取得用水合法性，免予发生水资源审计问题。

（3）依法公开环境信息，依法规范危废管理。

严格依照《企业事业单位环境信息公开办法》《医疗废物管理条例》和《医疗卫生机构医疗废物管理办法》、新《危险废物规范化管理指标体系》等的规定，电子屏实时公开环境信息，按规范分类收集医疗废物，依规设置危废警示标志、标签和警示说明。

（4）合资合作成功后，建议启动全国招聘，借鉴船造、建筑领域，依法让专业人士担任企业安全生产责任人和直接责任人员，未到位之前，持续加强责任人特殊专业知识和能力培训。

（备注：海恩法则——每一起严重事故的背后，必然有 29 次轻微事故和 300起未遂先兆以及 1 000 起事故隐患。）

三、法律风险汇总与应对

本报告对目标公司 DS 的三个危险废物处理项目子公司的环保法律风险，进行了详细的评估，提出了有针对的解决方案和建议，现汇总如下：

（1）在建乐山 DS 项目环境影响评价审批能否通过是项目成功的关键，周边300 m 环境风险是难点

乐山 DS 项目已确定取得项目土地使用权，项目也符合当地总体规划，但由于选址在混合园区即陶瓷产业园区内，项目紧邻工厂和少数居户，危废处理项目对安全距离的硬性要求，地方环保局副局长对 300 m 距离的表态，将构成对项目环评的重大影响。

应对：就项目清洁生产的程度进行充分论证，根据项目环评难点提出有针对性的技术改进措施；明确周边居户是否已由政府安排拆迁，耕地农田鱼塘茶园林地是否预留储备土地。

（2）OED 朝阳危废管理尚未规范化，免费取用地下水、污水去向披露不明等问题宜重视

OED 朝阳获得的当地政府支持力度很大，证照最齐全，收费合同由政府部门安排，但风险也较为明显。

由于采用的处理工艺不同，对其危废管理的规范化要求更高，OED 朝阳应按照新《危险废物规范化管理指标体系》要求，加强危废处理的基础管理，避免受到行政处罚。

由政府安排免费取用地下水的问题，OED 朝阳应早做预算，避免收费公示时对水资源费的审计不利。

污水去向，请严格按环境影响评价报告所述进行披露，如果确属排往地下，

则严重违背危废处理行业的规则。

（3）受新《国家危险废物名录》的影响，辽阳鸿宇的竣工环保验收备案存在不确定性

新《国家危险废物名录》于2016年8月生效实施，正好在辽阳鸿宇竣工环保验收备案环节的节点上，新《国家危险废物名录》对危废处理后的废物管理提出了新要求，当地环保局是否会因此提出新的竣工环保验收条件，尚需引起各利益方的重视。

实案八

深圳某环保公司并购湖州市
某固废处置公司项目

根据法律尽职调查的重要性原则，因贵公司股权合作对象为环保产业类企业，湖州市某固体废物综合利用处置有限公司（以下简称 XH 固废）的主营业务是危险废物的收集、贮存、处置、资源回收利用，提供相关的咨询、技术服务，主营业务为《国家危险废物名录》中所列危险废物处理业，故"环境保护"项是本报告的重点。

一、法律事实部分

根据 XH 固废提供的文件材料，并经律师登录湖州市环境保护局官方网站核查，目前 XH 固废对重要行政许可文件的取得情况如下：

取得《危险废物经营许可证》，证号：浙危险经第 129 号；发证机关：浙江省环境保护厅；核准经营类别：医药废物、农药废物、木材防腐剂等危险废物的收集、贮存、处置；核准经营规模：15 000 t/a；有效期限：自 2017 年 1 月 9 日至 2018 年 1 月 8 日。

取得《危险废物经营许可证》（医疗废物），证号：湖危险经第 02 号；发证机关：湖州市环境保护局；核准经营类别：医药废物收集、贮存、处置；核准经营规模：8 000 t/a；有效期限：自 2016 年 7 月 7 日至 2021 年 7 月 6 日。

取得《浙江省排污许可证》，证号：浙 EF2016A0219；发证机关：湖州市环境保护局；排放重点污染物及特征污染物种类：二氧化硫、氮氧化物、烟尘；有效期限：自 2017 年 2 月 1 日起至 2017 年 12 月 31 日。

取得《湖州市发改委关于调整我市工业危废处置收费批准的批复》，文号：湖发改费管〔2015〕154 号；发布单位：湖州市发展改革委员会。

取得《湖州市发改委、湖州市卫生和计划生育局关于调整我市工业医疗处置收费标准的批复》，文号：湖发改费管〔2015〕374 号；发布单位：湖州市发展改革委员会、湖州市卫生和计划生育局。

取得湖州市环境保护局开发区分局《关于 XH 固废工业危险废物焚烧处置项目环境影响报告书的批复》（湖环开建〔2016〕21 号），显示 XH 固废已取得环评批复，但尚未取得项目竣工环保验收。

取得湖州市环境保护局开发区分局《关于 XH 固废年回收利用 1 300 吨废弃玻璃项目环境影响报告书的批复》（湖环开建〔2016〕36 号），显示 XH 固废已取得环评批复，但尚未取得项目竣工环保验收。

取得湖州市环境保护局开发区分局《关于 XH 固废年产 700 吨塑料制品项目环境影响报告书的批复》（湖环开建〔2016〕28 号），显示 XH 固废已取得环评批复，但尚未取得项目竣工环保验收。

取得湖州经济技术开发区管理委员会《关于 XH 固废开展湖州市工业危险废物焚烧处置系统迁建项目前期工作的函》（湖开发委审批〔2016〕221 号），显示主管部门湖州市经济技术开发区管理委员会已同意 XH 固废新增建筑面积 5 000 m²、新建日处理 100 t 工业危险废物回转焚烧系统。

取得湖州市环境保护局开发区分局《关于 XH 固废医疗废物和病死害动物协同处置项目环境影响报告书的批复》（湖环开建备〔2016〕1 号），显示 XH 固废医疗废物和病死动物协同处置的后环评已在湖州市环境保护局开发区分局备案。

取得浙江省固体废物监督管理中心《关于同意 XH 固废试运行期间接受危险废物的函》，显示 XH 固废取得浙江省固体废物监督管理中心就危险废物焚烧处置项目试运行许可。

根据 XH 固废提供的相关文件与合同，确认 XH 固废采取如下环境管理措施：执行危险废物转移联单制度，与危险废物产生单位即湖州市中心医院（律师抽查）、浙江升华 BK 生物股份有限公司（律师抽查企业）、DH 橡塑（嘉兴）有限公司（律师抽查企业）等在收集危险废物时均填写有两方签字盖章的《危险废物转移联单》表。

制定《突发环境事件应急预案》，并于 2014 年 12 月 20 日向湖州市环境保护局备案。

于 2017 年 3 月 28 日与浙江 MJ 环保科技有限公司签订《危险废物处置协议》，约定对运营过程中产生的灰渣、飞灰等危险废物交由该公司进行处理，约定的处置期间为 2017 年 3 月 28 日至 2017 年 12 月 31 日。

二、法律风险评估

（1）XH 固废自成立以来无环保主管部门行政处罚事件。

经询问公司负责人得知，公司环境保护行政主管部门湖州市环保局未曾对 XH 固废实施过行政处罚或者行政命令，经查询各级环保主管部门官网，未发现 XH 固废受到行政处罚或行政命令的信息。

（2）作为公司核心资质的《危险废物经营许可证》（浙危废经第 129 号）有效期为一年，存在到期后浙江省环保厅不予续期的风险。

根据《危险废物经营许可证管理办法》第十三条第二款："危险废物经营许可证有效期届满，危险废物经营单位继续从事危险废物经营活动的，应当于危险废物经营许可证有效期届满 30 个工作日前向原发证机关提出换证申请。原发证机关应当自受理换证申请之日起 20 个工作日内进行审查，符合条件的，予以换证；不符合条件的，书面通知申请单位并说明理由。"浙江省环保厅核准发放给 XH 固废的危险废物经营许可证有效期为 2017 年 1 月 9 日至 2018 年 1 月 8 日，许可期限仅有一年，一年有效期到期后需要向浙江省环保厅申请换证续期，有效期限较短存在到期后不予续期的法律风险。

（3）XH 固废三大业务中的病死动物无害化处理，根据公司提供的资料显示并无相应的处置资质。

根据对公司负责人 RJM 先生的访谈以及律师实地走访，公司的三块主要业务为工业危废、医疗废物、病死动物的无害化处置。对于病死害这一块是由浙江

WN 环保科技发展有限公司委托 XH 固废进行处理，并且该项业务占公司总收入的比例是 1/6。

农业农村部《动物防疫条件审查办法》规定，"动物饲养场、养殖小区、动物隔离场所、动物屠宰加工场所以及动物和动物产品无害化处理场所，应当符合本办法规定的动物防疫条件，并取得《动物防疫条件合格证》"，XH 固废需要取得由农业主管部门颁发的《动物防疫条件合格证》方可开展病死害动物无害化处理业务。

公司并未提供相关方面的资质证书，仅提供湖州市病死害动物处置中心有限公司所有的《动物防疫合格证》，但是 XH 固废与湖州市病死害动物处置中心有限公司为两个独立主体，XH 固废并不能使用湖州市病死害动物处置中心有限公司《动物防疫合格证》资质，因此，XH 固废开展病死动物无害化处置业务涉及未经主管部门发放许可经营证，此处涉嫌无证经营。

（4）湖州市工业危险废物焚烧处置系统迁建项目未办理环境影响评价报告

根据对公司负责人 RJM 先生的访谈及湖州市经济技术开发区管理委员会《关于同意 XH 固废开展湖州市工业危险废物焚烧处置系统迁建项目前期工作的函》可知，XH 固废并未对湖州市工业危险废物焚烧处置系统迁建项目办理环境影响评价报告。《环境影响评价法》第二十七条规定，"在项目建设、运行过程中产生不符合经审批的环境影响评价文件的情形的，建设单位应当组织环境影响的后评价，采取改进措施，并报原环境影响评价文件审批部门和建设项目审批部门备案；原环境影响评价文件审批部门也可以责成建设单位进行环境影响的后评价，采取改进措施"，可知，原项目已经过环评报批、批复等程序，后续需要"新建、改建、扩建"等项目变更的均需要进行后环境影响评价。该项目新增建筑面积 5 000 m²、新建处理 100 t 工业危险废物回转焚烧系统，属于需要后环境影响评价的范畴。根据 RJM 先生在访谈中提到及公司提交的材料显示，该项目未进行环境影响评价，已违反相关规定，存在较大法律风险。

（5）医疗废物和病死动物协同处置项目未见竣工验收备案资料。

根据对公司负责人 RJM 先生的访谈及湖州市环保局湖州经济技术开发区分局出具的《关于 XH 固废医疗废物和病死动物协同处置项目环评报告的备案意见》可知，公司的医疗废物和病死动物协同处置项目已经通过竣工验收，但公司并未提供相关材料以供律师核实，此处存在法律风险。

三、法律风险应对

（1）保障租赁物的稳定性，保障核心资质《危险废物经营许可证》具备到期后续期的条件。

根据《危险废物经营许可证管理办法》第五条的规定："申请领取危险废物收集、贮存、处置综合经营许可证，应当具备下列条件：（一）有 3 名以上环境工程专业或者相关专业中级以上职称，并有 3 年以上固体废物污染治理经历的技术人员；（二）有符合国务院交通主管部门有关危险货物运输安全要求的运输工具；（三）有符合国家或者地方环境保护标准和安全要求的包装工具，中转和临时存放设施、设备以及经验收合格的贮存设施、设备；（四）有符合国家或者省、自治区、直辖市危险废物处置设施建设规划，符合国家或者地方环境保护标准和安全要求的处置设施、设备和配套的污染防治设施；其中，医疗废物集中处置设施，还应当符合国家有关医疗废物处置的卫生标准和要求。"公司需保障核心技术人员的稳定性，保障公司从处置中心所租赁的设备、车辆、厂房及附属设施的稳定性，以保证《危险废物经营许可证》在 2018 年 1 月 9 日到期后能够顺利续期。

（2）XH 固废申领《动物防疫条件合格证》。

根据 XH 固废医疗废物和病死动物协同处置项目环评报告的备案意见，XH 固废的病死动物年焚烧 2 000 t 项目处置已经获得环评批复通过，但目前未取得《动物防疫条件合格证》，暂不具备病死害动物无害化处理的资质。建议与湖州市病死害动物处置中心有限公司签订协同处置协议，即签订委托协议，XH 固废将接收的病死动物运至湖州市病死害动物处置中心有限公司，XH 固废租赁的生产设备供湖州市病死害动物处置中心有限公司运营的合作机制；另一种问题解决途径是 XH 固废向农业行政主管部门申领《动物防疫条件合格证》，结束病死动物无害化处理业务的无证经营状态。

（3）委托有环评资质的企业编制湖州市工业危险废物焚烧处置系统迁建项目环境影响评价报告并送至湖州市环境行政主管部门审批。

根据《环境影响评价法》第三十一条的规定，"建设单位未依法报批建设项目环境影响报告书、报告表，或者未依照本法第二十四条的规定重新报批或者报请重新审核环境影响报告书、报告表，擅自开工建设的，由县级以上环境保护行政主管部门责令停止建设，根据违法情节和危害后果，处建设项目总投资额1%以上5%以下的罚款，并可以责令恢复原状；对建设单位直接负责的主管人员和其他直接责任人员，依法给予行政处分。"未办理环评报告将面临项目被勒令停工停产，并处以总投资额13 000万元1%以上5%以下即130万元至650万元罚款的不利影响，因此建议公司委托有环评资质的企业编制环评报告。

（4）依法公开环境信息，依法规范危废管理。

严格依照《企业事业单位环境信息公开办法》《医疗废物管理条例》和《医疗卫生机构医疗废物管理办法》、新《危险废物规范化管理指标体系》等的规定，电子屏实时公开环境信息，按规范分类收集医疗废物，依规设置危废警示标志、标签和警示说明。

实案九

广州某固体废物处理公司并购深圳市某工业
废物处置公司项目

根据法律尽职调查的重要性原则，因贵公司股权并购对象深圳市某工业废物处置有限公司（以下简称目标公司或龙岗 DJ）为环保产业类企业，其主营业务是危险废液物化处置、废水生活处理、固体危险废物、危险污泥的安全填埋。上述业务为《国家危险废物名录》中所列的危险废物处理业务，是故，"环境保护"是本法律尽调的重点内容之一。

根据龙岗 DJ 提供的文件材料，并经律师核查，目前龙岗 DJ 所取得的重要环保行政许可文件、环评批复、相关项目环境保护违法、环境管理应急处置情况如下：

一、龙岗 DJ 披露《危险废物经营许可证》一本

发证机关为广东省环境保护厅，发证日期：2017 年 2 月 7 日，证书编号：440307120812，有效期限：2017 年 2 月 7 日至 2019 年 2 月 28 日，核准经营方式：收集、贮存、处置（物化处理、填埋），核准经营危险废物类别：

【物化处理】无机氟化物废物（HHW32）150 t/a，无机氰化物废物（HHW33）550 t/a，废酸（HHW34 类中的 397-007-34、900-300-302-34、900-304-308-34）1 500 t/a，废碱（HHW35 类中的 900-352-356-35）100 t/a，共 2 300 t/a。

【填埋】表面处理废物（HHW17 类中的 336-050-064-17、336-066-17/336-069-17、336-101-17）11 000 t/a，焚烧处置残渣（HHW18 类中的 772-002-004-18）6 000 t/a，含铬废物（HHW21 类中的 336-100-21、397-002-21）250 t/a，含铜废物（HHW22 类中的 304-001-22/397-005-22/397-051-22）500 t/a，含锌废物（HHW23 类中的 384-001-23、900-021-23）100 t/a，含铅废物（HHW31 类中的 304-002-31、312-001-31、384-004-31、421-001-31）100 t/a，石棉废物（HHW36）50 t/a，含镍废物（HHW46 类中的 261-087-46/394-005-46）400 t/a，有色金属冶炼废物（HHW48 类中的 091-001-48、321-002-014-48、321-016-030-48）50 t/a，其他废物（HHW49 类中的 900-039-042-49、900-046-49、900-047-49、900-999-49）3 300 t/a，共 21 750 t/a。

经核查，公司法定代表人于 2017 年 8 月发生变更，然而截至尽调日，公司并未向广东省环境保护厅换领新的《危险废物经营许可证》。

法律风险：依法律规定，法定代表人变更后应当依法变更营业执照等相关证件。未变更换领新证，对于公司日后的生产经营或将产生现实影响。

法律建议：向市场监督管理等相关部门申领新证。

二、龙岗 DJ 披露《排污许可证》一本

持证单位：深圳市龙岗区 DJ 工业废物处置有限公司，发证机关：深圳市人居环境委员会，发证日期：2014 年 6 月 5 日，有效期至 2019 年 6 月 5 日。核准排污种类：废水污染物、废气污染物。

同上，核查后发现未变更法定代表人，此证只在年检期内有效，需要变更换领证件，否则将会对公司的生产经营产生不必要的困扰。

三、该基地建设方面无环境违法行为

深圳市龙岗区工业危险废物处理基地建设项目通过了环评审批、环保设施验收、环境影响后评价备案等环保程序性规定，形式合法，该基地建设方面无环境违法行为。

项目基本情况：项目位于深圳市龙岗区坪地街道打石窝，厂区总占地面积

145 283 m^2，建设内容包括主体工程（填埋场、物化处理车间、稳定化/固化车间）、配套及公用工程（污水处理车间、收运暂存系统、给排水、生态防护及配套进场道路等）、办公生活场所（综合管理区、宿舍和食堂）等，其中，危险废物填埋场总库容为 42 万 m^3，总有效库容为 36 万 m^3，服务年限为 20 年。

2010 年 10 月 26 日广东省环境保护厅以粤环审〔2010〕365 号文批准基地无害化处置无机氰化废物（HHW33）500 t/a、含铬废物（HHW21，仅限含铬废液）150 t/a、表面处理废物（HHW17）11 000 t/a、无机氟化物废液（HHW32）100 t/a、废酸（HHW34）1 500 t/a、废碱（HHW35）100 t/a、焚烧处置残渣（HHW18）6 000 t/a 等危险废物，合计 19 350 t/a。

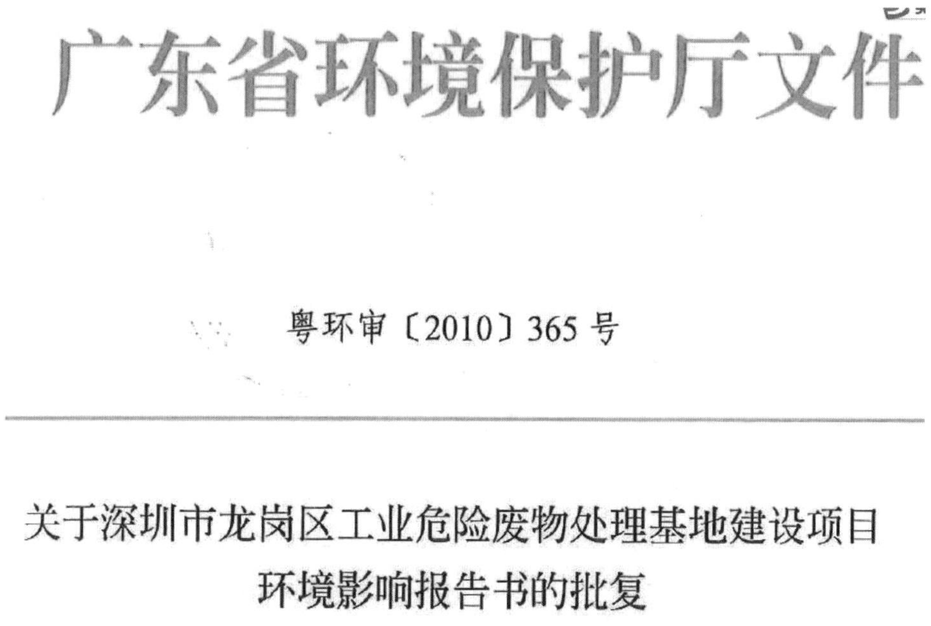

广东省环境保护厅文件

粤环审〔2010〕365 号

关于深圳市龙岗区工业危险废物处理基地建设项目环境影响报告书的批复

图 4-19　粤环审〔2010〕365 号文件局部

2012 年 5 月 21 日广东省环境保护厅以粤环函〔2012〕544 号批准增加处理危险废物的种类和规模，具体包括含铬废物（HHW21）100 t/a、含铜废物（HHW22）500 t/a、含锌废物（HHW23）100 t/a、含铅废物（HHW31）100 t/a、无机氰化物废物（HHW33）50 t/a、无机氟化物废物（HHW32）50 t/a、石棉废物（HHW36）

50 t/a、含镍废物（HHW46）400 t/a、有色金属冶炼废物（HHW48）50 t/a、其他废物（HHW49）3 300 t/a，合计 4 700 t/a。至此本基地处理规模由 19 350 t/a 增加为 24 050 t/a。

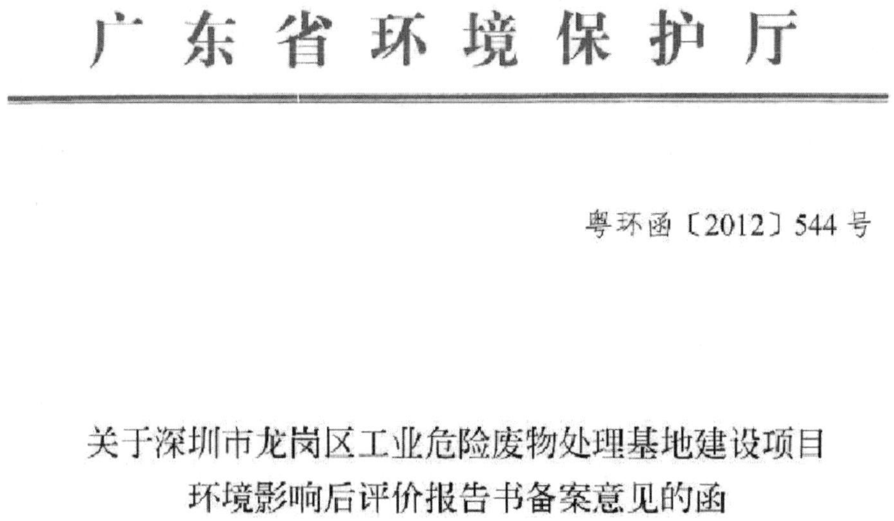

广 东 省 环 境 保 护 厅

粤环函〔2012〕544 号

关于深圳市龙岗区工业危险废物处理基地建设项目
环境影响后评价报告书备案意见的函

图 4-20 粤环函〔2012〕544 号文件局部

2014 年 1 月 14 日，广东省环境保护厅组织深圳市人居环境委员会、深圳市龙岗区环境保护和水务局对该项目进行了竣工环境保护设施验收现场检查。广东省环境保护厅于 2014 年 1 月 28 日作出了粤环审〔2014〕37 号关于《深圳市龙岗区工业危险废物处理基地建设项目竣工环境保护设施验收意见的函》，审批通过了该项目的环境保护设施验收。

法律风险评估：该基地建设履行了环保应有的审批程序，符合法律规定。

广东省环境保护厅文件

粤环审〔2014〕37 号

广东省环境保护厅关于深圳市龙岗区工业
危险废物处理基地建设项目竣工
环境保护验收意见的函

图 4-21　粤环审〔2014〕37 号文件局部

四、扩建项目《环境影响报告书》审批正在进行中

龙岗 DJ 处置基地扩建项目《环境影响报告书》已向深圳市人居环境委员会报送审批申请，目前审批还在进行中，审批结果未知。

处置基地扩建项目简介：根据英德市 DB 环境保护服务有限公司于 2017 年 5 月所做的《深圳市龙岗区 DJ 工业废物处置基地扩建项目环境影响报告书》查明，目标公司"扩建危险废物处理规模（不涉及等离子体项目规模）以及新建 2 号暂存库扩大基地的中转、暂存规模，物化车间的扩建规模为 14 950 t/a，污泥减量化车间处理规模为 15 750 t/a，新建 2 号暂存库收集、暂存、中转危险废物的规模为 100 000 t/a"。

环评报告综合结论为：本扩建项目依托物化车间设施增加处置规模、依托污泥减量化车间对污泥进行减量化处置。扩建项目完成后，建设单位对可能影响环境的污染因素按环评要求采取合理、有效的处理措施后，可保证生产过程产生的废水、废气、噪声达标排放，可把对环境的影响控制在最低程度，同时经过加强管理和落实风险措施后，本扩建项目的建设运营将不至于对周围环境产生明显影响，故本扩建项目从环境保护角度而言是可行的。

关于该《环境影响报告书》的审批进度，龙岗 DJ 披露了深圳市人居环境委员会出具的写给惠州市环保局的意见函，函件号：深人环函〔2017〕1801 号，证明上述环评报告已提交主管行政机关审批。经律师和项目负责人核查，确认该环评报告已经送审。

法律风险评估：扩建项目能否合法落地目前未知，环评报告送审能否审批通过也未知。扩建项目能否成为现实还需走较长时间的法定审批报建手续。

五、等离子体处置危险废弃物示范项目属于未批先建

已通过水土保持方案、环评审批，但未开展能源评价，且未取得土地规划许可证、工程规划许可证、开工许可证，属于未批先建。

等离子体处置危险废弃物示范项目经律师询问项目负责人查明，该项目的水土保持方案已经审批通过。且对于环评，广东省环境保护厅于 2016 年以粤环审〔2016〕418 号《关于深圳市龙岗区 DJ 工业废物处置基地等离子体处置危险废弃物示范项目环境影响报告书的批复》中作出了项目环评通过的审批决定。

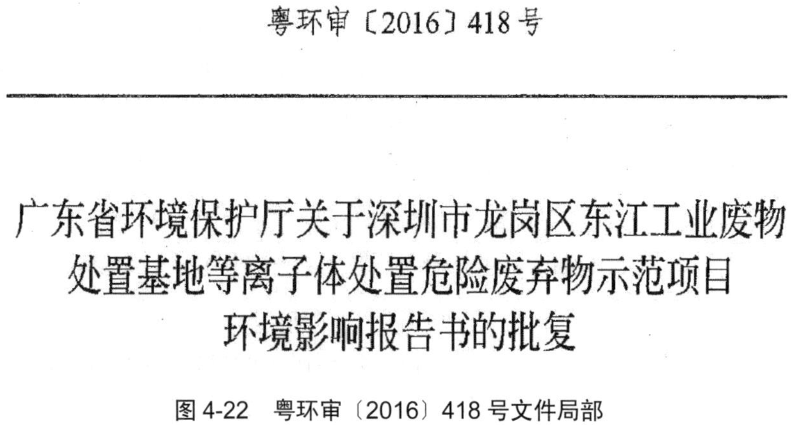

粤环审〔2016〕418 号

广东省环境保护厅关于深圳市龙岗区东江工业废物处置基地等离子体处置危险废弃物示范项目环境影响报告书的批复

图 4-22　粤环审〔2016〕418 号文件局部

经律师询问核实，龙岗 DJ 对于该等离子体处置危废项目尚未开展能源评价，因此尚不能明确项目工艺工序以及工艺设备在能源消耗方面是否先进可行，需结合该项目设计用能的情况进行评估。

自 2016 年 10 月（国家环保督察期间）以来一直停工（已建好正负零以下基础工程），龙岗 DJ 并未提供可研审批意见、立项文件、土地规划许可证、工程规划许可证、开工许可证，属于未批先建。

经律师核查，等离子焚烧处置新建项目符合《深圳市固体废物污染防治行动计划（2016—2020 年）》规划，且该项目可与深圳东部生活垃圾发电厂配套，是对垃圾发电厂飞灰进行资源化处理的项目（但飞灰已在新的《国家危险废物名录》中列入豁免名单，或将影响其营利能力）。

法律风险：未批先建属于严重违法情形，或将遭受罚款处罚以及责令恢复原状惩处。

六、存在超资质、超经营范围暂存、处置危险废物的违法情形

2016 年 1 月 19 日，深圳市环境监察支队在开展环境安全隐患排查时发现公司仓库有暂存环评批复和经营许可证范围外的属于 DJ 集团的废蚀刻液、废油墨等。整改文件如图 4-23 所示。

图 4-23 深环监察〔2016〕7 号文件

另，经律师核查龙岗 DJ 所提供的危险废物生产经营活动记录表发现，公司 2017 年生产经营活动报告中有对于 HHW17 表面危险废物的物化处置记录，而公司仅有对 HHW17 类危险废物的安全填埋资质，并未拥有 HHW17 物化处理资质。

法律风险：对于此违法行为，龙岗 DJ 存在遭受罚款、吊销营业执照的法律风险。根据《公司登记管理条例》第七十三条的规定："公司登记事项发生变更时，未依照本条例规定办理有关变更登记的，由公司登记机关责令限期登记；逾期不登记的，处以 1 万元以上 10 万元以下的罚款。"其中，变更经营范围涉及法律、行政法规或者国务院决定规定须经批准的项目而未取得批准，擅自从事相关经营活动，情节严重的，吊销营业执照。

法律建议：换领新证，因违法行为已经产生，是否受罚决定权不在自身，故公司可考虑从其他方面着手减轻违法行为带来的负面评价。

七、危险废物收运处置经营活动违反危险废物转移联单管理制度

经律师核查公司提供的危险废物电子联单文件发现，转移联单接受的危险废物数量远小于实际接收量。与关联公司之间大量调配处理危险废物，不遵守转移联单制度，实际运输地和实际接收单位均与转移联单记录不符，存档备查信息不准确，接受规模远超其处理能力。

例如：2017 年 2 月，通过电子联单记录收集处置的危险废物总量为 1 063.22 t，而当月实际接受 1 475.09 t，差额为 411.87 t。2017 年 3 月，通过电子联单收集处置的为 1 490.18 t，实际接受处置 1 769.24 t，差额为 279.06 t。差额部分是从母公司或其他关联公司调运而来。

法律风险：危险废物管理遵循的是"从出生到消亡"的全过程监管，在母子公司及各子公司、孙子公司之间无组织调配处置危废，大量虚假记录存在，本应存在于惠州的危废存在于深圳，在宝安区的危废无通报、无记录的运至龙岗区，中途一旦出事，则责任不确定。

法律建议：日后的危险废物经营活动，需要严格执行危废电子联单管理制度。

八、违法分派无资质的 DJ 恺达收运腐蚀品危险废物

现场实地查验，龙岗 DJ 厂区内有深圳市 DJ 恺达有装运第 9 类杂类腐蚀品车辆收集腐蚀性危险废物现象。而经核查 DJ 恺达道路运输经营许可证上明确载明"禁止装运腐蚀品"。

图 4-24　DJ 恺达运输车辆

图 4-25　DJ 恺达道路运输经营许可证

法律风险：对于承运公司的违法承运危险废物的行为，如发生安全事故，则龙岗 DJ 的法律风险不确定，或将面临赔偿等不利后果。

法律建议：同有资质的运输单位合作，切勿因关联交易、利益输送而违法分派无资质单位运输。

九、环境安全问题发生频率较高

龙岗 DJ 编制了《深圳市龙岗区 DJ 工业废物处置有限公司突发环境事件应急预案》，并在深圳市龙岗区环境安全管理中心进行了备案，但环境安全问题发生频率较高。

【关于日常环境管理方面】

（1）经龙岗 DJ 披露，2016 年 1 月 19 日，深圳市环境监察支队在开展环境安全隐患排查后作出了深环简察〔2016〕7 号文件（图 4-26），并在文中指出公司存在以下问题：

① 2015 年环境评估报告中提出的"碱性仓库危险化学品贴墙放置问题"，深圳市环境监察支队在开展环境安全隐患排查时发现仍未有效整改。

② 4 号仓库危险废物储存桶标识不完善，均未列明其危险特性。

③ 4 号仓库外的应急洗眼器被危险废物桶包围，无法使用。

DJ 公司于 2016 年 3 月 5 日，提交了整改报告。

深圳市环境监察支队文件

深环监察〔2016〕7 号

深圳市环境监察支队关于开展环境安全隐患排查整改的通知

图 4-26 深环监察〔2016〕7 号文件局部

（2）龙岗区环保和水务局 2017 年 11 月 3 日来现场检查，对暂存库问题（门口围堰问题、地面防腐问题、标识问题）、物化处理生产车间问题（药剂贮存仓地面防腐问题）、生化处理生产车间问题（废水处理设施产生的废气收集问题、废水管道标识）、厂区道路卫生等问题现场要求整改。DJ 公司于 11 月 15 日提交了整改报告。

经律师核查，并未发现主管部门对于上述两份整改报告的回复，因此整改是否到位无法定性，可能存在整改不合规的处罚风险。

【关于应急环境管理方面】

经公司披露，对于环境安全应急事件处置，公司有《应急预案》中所定的一系列针对不同环境要素、污染物种类的处置方案，环境管理保障设施也均齐备到位。应急预案也作了备案，调查律师取得了相关文件的原件予以核对。

对于环境安全事故应急处置方面，龙岗 DJ 具备专门的部门以及负责人，整个处置体系设置合理。

法律风险：日常经营环境保护意识薄弱，会面临主管部门随时作出不利评价的行政命令，甚至行政处罚。

法律建议：严格按照环境管理规章制度执行日常的经营活动，完善管理机制、监督机制，制止环境违法行为持续产生。

（作者注：以上信息中诸多信息未予保密处理，系因其依法均为公开的环境信息。）

（实案十）

广州某国际有限公司并购广州某环境科技
有限公司项目

　　根据法律尽职调查的重要性原则，因贵公司本次选择合作的企业广州某环境科技有限公司（以下简称目标公司）为环保产业类企业，目标公司的主营业务为生活垃圾自动分选、垃圾资源化综合利用，其下四家控股子公司，目前广东煦智雅及深圳新岚未有实际开展运营活动，青岛 FC 及临沂 YY 这两家子公司正在实际运营，其主营业务分别为环保相关机械设备的研究、设计、开发，垃圾与污水污泥的综合处理技术的研究与开发，及环保相关设备的研发、设计、制造、销售，均与环保息息相关，故公司及其子公司的生产经营活动是否符合环境保护的要求，与贵公司未来开展的合作项目息息相关。

一、子公司之临沂 YY 公司

　　根据目标公司及临沂 YY 公司提供的文件材料，临沂 YY 公司对重要环保合规文件的取得情况如下：

　　于 2016 年 11 月 4 日取得临沂市环境保护局河东分局出具的《临沂市环境保护局河东分局关于临沂 QY 环境资源综合利用研究有限公司年产 10 台套生活垃圾综合处理装备项目环境影响报告表的批复》（临环东审〔2016〕227 号，以下简称《临沂环评批复》），显示该项目主要建设内容包括生活垃圾综合处理装备生产线设施以及辅助设施和公用工程等。该项目主要工艺：原材料—下料—机加工—焊接—组装—检测—成品入库。经盈科律师登录临沂市环境保护局河东分局官方网站核查，确定临沂 YY 公司此项目已取得环评批复。

根据律师于 2017 年 3 月 2 日于项目所在院内现场勘查，项目所在地非居民集中区，其周围邻近均属于科技园厂区，未见居民住宅，不属于环境敏感区。

二、环境法律风险评估（临沂 YY 公司）

（1）临沂 YY 公司自成立以来无受环保主管部门行政处罚事件。

经查询各级环保主管部门官网，并经临沂 YY 监事张××女士承诺，临沂 YY 公司未受到行政处罚或行政命令的信息。

（2）未取得项目"三同时"环保竣工验收备案、排污许可。

根据《建设项目环境保护管理条例》第十八条的规定："建设项目的主体工程完工后，需要进行试生产的，其配套建设的环境保护设施必须与主体工程同时投入试运行。"及第二十条规定："建设项目竣工后，建设单位应当向审批该建设项目环境影响报告书、环境影响报告表或者环境影响登记表的环境保护行政主管部门，申请该建设项目需要配套建设的环境保护设施竣工验收。"目前临沂 YY 项目属新设项目，建成之后，需进行环境突发事件应急预案申报备案、环保设施竣工验收备案、排污许可证申领等，方可正常组织相关设备的研发生产，达到环境风险管理的目的，否则将面临环保行政处罚，不能达到预期投资目标。

（3）未见公司设置危险废物储存专门场所，未设置危废标志和警示标示，公司亦未有与有资质处理危废的单位建立委托意向。

根据《临沂环评批复》第（四）项要求："废切削液、废机油属于危险废物，必须设置专门的危险废物储存场所，委托有资质的单位处理。"经律师通过现场勘查发现临沂 YY 公司目前未有设置专门的危险废物储存场所，临沂车间厂长安××表示："由于临沂目前尚未正式投入生产，不会产生机油废油、油抹布等危险废物，后期正式生产以后可能会产生，但是量也会很少的。"但其未明示如在生产后出现危险废物后的解决机制，临沂 YY 公司目前亦未与有资质的危废处理单位签订委托协议。

另外，危险废物的处理应符合环境保护部关于危险废物规范化管理的标准，如储存地应设置明显的危险废物标志和危险警示标志，注意防火、防毒等，否则将面临相关行政处罚。

根据环境保护部 2016 年 1 月 1 日修订实施的新《危险废物规范化管理指标体系》要求，上述各类各种警示标志、标签和警示说明均应依照法律规定，在收集、贮存、运输、处置、利用危险废物的设施、场所、包装物、容器上予以分别设置，违者将根据《固体废物污染环境防治法》第 75 条之规定予以 1 万至 10 万元罚款。

根据《固体废物污染环境防治法》第七十六条的规定："违反本法规定，危险废物产生者不处置其产生的危险废物又不承担依法应当承担的处置费用的，由县级以上地方人民政府环境保护行政主管部门责令限期改正，处代为处置费用一倍以上三倍以下的罚款。"

（4）目前未对排水系统进行"清污分流"，可能存在污水未经污水处理厂处理排至地下的情形。

根据《临沂环评批复》第（二）项要求："运营期生活废水通过河东区市政府污水管网进入临沂港华水务有限公司污水处理厂。"经律师与公司研发部工程师张先生访谈得知，绝大多数实验后产生的废液都是无污染的，这些污水都是可以直接排放的，有部分很少量的污染物由公司集中收集起来再由政府专管部门与实验室对接进行集中处理。但目前由于还没有产生任何污染物，故没有与政府部门交接过。由于公司未能提供污水检测合格报告，本所律师无法确认公司直接排放的液体不属于污水。经律师现场走访公司实验室发现，实验过程中使用各类易燃性醇类液体，公司对实验后的这些废液是直接排放的，因此不排除直接排放的废液属于污水，可引发地下水环境污染事件，存在危害环境或其他公共安全的危险。

图 4-27　临沂 YY 公司实验室

临沂 YY 公司实验室是其重要资产，也是相关研发活动的重要载体，作为知识产权重资产公司，也是该公司的重要日常经营活动和员工活动的场所，其各方面重要性不言而喻。该实验室既是化学实验室也是生物实验室，但未提供环境影响评价报告批复文件或环保局备案证明，未证明进行实验室安全性评估，违反《山东省实验室废弃物环境管理暂行办法》、国家环境保护总局《关于加强实验室类污染环境监管的通知》（环办〔2004〕15 号）、国家环境保护总局《病原微生物实验室生物安全环境管理办法》的规定。

三、环境法律风险应对（临沂 YY 公司）

（1）建议公司依法在项目所在地设置危险废物的储存场所，并加以隔离，同时与有资质的危废单位签署委托协议，落实危险废物的储存及处理机制，执行危险废物转移联单制度。

（2）建议贵公司要求公司委托符合资质的第三方对公司排放的废液进行检测，确认公司排放的液体是无污染的；若存在不合格的污水，请公司与污水处理厂签订委托处理协议，同时重新设计排水系统，实现"清污分流"，并把污水引流至污水厂。

四、子公司之青岛 FC 公司

根据青岛 FC 公司执行董事张××女士介绍，青岛 FC 公司目前主要业务并不涉及生产加工，公司本身无须办理项目立项和环境评价。而青岛 FC 公司在梁山拥有的一条中试生产线，其目前属于实验线并非正常运营的车间，故亦无须办理项目立项和环境评价。

限于本次尽调时间及手段，公司未能安排本所律师前往梁山车间现场勘查。截至本报告形成之日，公司未提供梁山中试生产线的环境影响评价批复文件、环保设备"三同时"竣工验收备案文件、排污许可证文件等。

五、环境法律风险评估（青岛 FC 公司）

（1）青岛 FC 公司自成立以来无受环保主管部门行政处罚事件。

经查询各级环保主管部门官网，并经青岛 FC 公司执行董事张××女士承诺，青岛 FC 公司未受到行政处罚或行政命令的信息。

（2）任何建设项目均需履行环境影响评价义务，青岛 FC 公司投建的梁山中试生产线的建设和中试过程均会对环境造成影响，如未经环评、未经"三同时"验收备案，根据国务院《建设项目环境保护管理条例》第 28 条的规定，将"责令停止生产或者使用，可以处 10 万元以下的罚款"。

根据《山东省企业环境信用评价办法》规定，山东省实行类似驾驶执照管理的 12 分制，对企业各类环保管理不合规行为计分，扣满 12 分即关停企业或项目，并依法设置"绿""黄""红"牌信用级别，与信贷、税负优惠、财政补贴直接挂钩。

作为环保优势产业企业，如果自身不能履行环保法规定的义务，不愿接受环保行政机关的监管，则不能取信于公众，不能取得较高环保信用。环保企业首先是守法企业，这是最低的底线，也是合资合作风险评估的第一道红线。

六、环境法律风险应对（青岛 FC 公司）

青岛 FC 公司的子公司 XY 公司的环保不合规状况，不直接构成对贵公司的法律风险，但如合作，则间接影响贵公司商誉。可建议 XY 公司尽快主动完善环境风险管理合规手续，包括环境影响评价、"三同时"环保设施竣工验收、排污许可等，取得前述手续，无疑也会增强 XY 公司的环境信用公信力。

第 **五** 部分

环境律师的思考与求索

刍议以集中管辖为基础，优先试点环境行政公益诉讼

——以深圳市南山区检察院环境公益诉讼案为例

（本文获 2015 年广州市人民检察院、广州市律师协会环境公益诉讼研讨会论文三等奖，律师组第二名）

根据《宪法》赋予检察机关对行政机关的法律监督职责，在涉及环境保护、食品安全、公共安全等领域，检察机关以环境和资源保护公益诉讼为突破点，探索建立行政公诉制度，意义重大。

根据全国人大授权立法以及最高检《检察机关提起公益诉讼试点方案》的规定，检察机关作为环境公益诉讼的适格主体，是大势所趋，本文以深圳市南山区检察院最新提起的环境公益诉讼案为例，论述以广东环境公益诉讼集中管辖为基础，环境行政公益诉讼制度优先，建立中国特色行政公诉制度的必要性。

一、案例：南山检察院作原告首提环境民事公益诉讼

据《深圳晚报》报道：今年（2015 年，作者注）1 月，由南山区人民检察院起诉的南山区首例环境污染公益诉讼案（以下简称南山案或该案）被南山区法院成功受理，该案的成功受理标志着南山区检察院在探索建立检察机关提起公益诉讼制度工作中迈出了强有力的一步。

工厂违法从事喷漆生产项目：经南山区检察院查明，深圳某木业公司于 1993

年 3 月在深圳市南山区西丽大勘村设立工厂，主要生产各种家具、木制装饰品及卫浴配件。该工厂位于石岩—铁岗—西丽水库环境空气质量一类功能区内。2014 年 4 月及 7 月，深圳市南山区环境保护和水务局执法人员依法对该工厂进行了执法检查，调查发现该工厂未经环保部门审批，擅自从事马桶盖喷漆生产项目。该工厂经环保部门行政处罚两次，仍没有停止喷漆生产项目。

南山区检察院经审查认为，木业公司所设立的该工厂在从事马桶盖喷漆时会产生滴落喷漆等固体废物，对空气质量存在严重的环境污染隐患，侵害公共利益，威胁空气质量。

根据《深圳经济特区建设项目环境保护条例》第八条的规定，建设单位应当按照国家规定对建设项目进行环境影响评价，并报环境保护部门审批。2007 年 11 月深圳市南山区环境保护和水务局审批通过，要求该木业公司不得从事喷漆等生产活动，但该公司并未停止喷漆等生产活动。因此，被告公司对自身的经营行为造成的环境侵害存在主观上的故意。

诉请法院判令被告消除危险：《中华人民共和国大气污染防治法》第十一条规定，新建、扩建、改建向大气排放污染物的项目，必须遵守国家有关建设项目环境保护管理的规定；《中华人民共和国国家标准大气污染物综合排放标准》中关于排放速率标准也规定，分级位于一类区的污染源执行一级标准（一类区禁止新、扩建污染源，一类区现有污染源改建时执行现有污染源的一级标准）。该木业公司所设立的工厂的地点正位于环境空气质量一类功能区内，其从事喷漆时排放的气体会产生中苯、甲苯、二甲苯、TSP（总悬浮颗粒物）等有害物质污染大气，被告公司设立该工厂在选址上已严重违反了上述法律规定。

南山区检察院依据《民事诉讼法》《民法》及《侵权责任法》的相关规定，诉请法院判令被告以拆除的方式停止侵害、排除妨害、消除危险。

二、技术分析

（1）根据最高法司法解释关于环境资源案件集中管辖的规定，南山区法院已无权管辖南山案，该案应由广州市中院进行管辖。

该案属环境民事公益诉讼案件，根据今年 1 月 7 日施行的《最高人民法院关于审理环境民事公益诉讼案件适用法律若干问题的解释》第六条的规定，"第一审环境民事公益诉讼案件由污染环境、破坏生态行为发生地、损害结果地或者被告住所地的中级以上人民法院管辖。中级人民法院认为确有必要的，可以在报请高级人民法院批准后，裁定将本院管辖的第一审环境民事公益诉讼案件交由基层人民法院审理"。

再规定："经最高人民法院批准，高级人民法院可以根据本辖区环境和生态保护的实际情况，在辖区内确定部分中级人民法院受理第一审环境民事公益诉讼案件。中级人民法院管辖环境民事公益诉讼案件的区域由高级人民法院确定。"

根据最新消息，广东省高级人民法院已于 2015 年 8 月 1 日向广东省人大常委会提交《广东省高级人民法院关于我省法院设立环境资源审判专门机构的报告》，决定今后广东将对环境公益诉讼、跨区域的环境私益诉讼实行集中管辖，指定广州、清远、茂名、潮州四个中级法院为一审环境公益诉讼的集中管辖法院。

至于县区级人民检察院是否有权作为原告，向级别为中级的集中管辖法院提起环境公益诉讼，则未明确，是否依据《刑事诉讼法》中刑事公诉制度，只有同级人民检察院才有资格提起，还是依据《民事诉讼法》或《行政诉讼法》的规定，检察机关作为公益诉讼原告的资格不作级别限制，有待探讨。

（2）根据最高检的《检察机关提起公益诉讼试点方案》和环境保护部四大《权力规定》，该案应先提起行政公益诉讼。

最高检《检察机关提起公益诉讼试点方案》（以下简称《方案》）第二部分明确，检察机关可提起民事和行政两种环境公益诉讼，该部分虽未明确哪种公益诉讼优先，但笔者认为，根据相关法律规定分析，行政诉讼应优先。

根据《宪法》第 129 条和《检察机关组织法》，检察机关的根本职责在于法律监督，在于监督行政、司法机关执法司法，而非直接执法司法，只有在基于公共环境权受到损害，行政执法机关根据"法无授权不可为"原则、根据现行法律无力执法无力解决公共环境侵权问题时，方可以原告身份启动环境民事公益诉讼程序。

比如，根据 2015 年 6 月 3 日生效的《最高人民法院关于审理环境侵权责任纠纷案件适用法律若干问题的解释》第一条的规定，"因污染环境造成损害，不论污染者有无过错，污染者应当承担侵权责任。污染者以排污符合国家或者地方污染物排放标准为由主张不承担责任的，人民法院不予支持"。也就是说，当污染者合法排污、环境监察执法部门对此无法律依据对其实施职权行为但污染者仍对公共环境权利产生损害时，检察机关方可启动环境民事公益诉讼程序。

根据新《环境保护法》的规定，该基本法新赋予环保执法机关四大权力，即查封扣押权、责令限产停产权、按日处罚权、移送拘留权，国家环保部为此专门制定了四部《权力规定》并于 2015 年 1 月 1 日生效，即《环境保护主管部门实施查封、扣押办法》《环境保护主管部门实施限制生产、停产整治办法》《环境保护主管部门实施按日连续处罚办法》以及联合公安部农业部等制定的《行政主管部门移送适用行政拘留环境违法案件暂行办法》。

结合该案，该案关键事实在于被告深圳某木业公司"经行政机关两次行政处罚，仍不停止喷漆生产项目"之非法排污行为，所以提起环境民事公益诉讼，诉讼请求主要就是停止非法排污、停止停害。然而回到根本问题，当地环境监察执法部门真的穷尽职责不能依法阻止被告非法排污吗？

（3）四大《权力规定》等专门法，是实施行政公益诉讼诉前程序的技术规定。

南山检察院是否一定要径行提起环境公益诉讼，《方案》第二部分规定的"诉前程序"已作了明确的程序规定——"在提起行政公益诉讼之前，检察机关应当先行向相关行政机关提出检察建议，督促其纠正违法行政行为或者依法履行职责"。

检察院启动公益诉讼的案件一般为当地环境影响敏感的案件。南山案所涉污染者处于深圳市饮用水水源一级保护区内，排放含甲苯、二甲苯等《危险化学品名录》中的有毒物质气体存在极大的安全风险。根据《水污染防治法》第五十八条的规定："禁止在饮用水水源一级保护区内新建、改建、扩建与供水设施和保护水源无关的建设项目；已建成的与供水设施和保护水源无关的建设项目，由县级以上人民政府责令拆除或者关闭"。根据《环境保护主管部门实施限制生产、停产整治办法》第六条、第八条的规定，当地环境保护主管部门应当责令该案污染者停产、停业、关闭。

《环境保护主管部门实施查封、扣押办法》第四条规定，"排污者有下列情形之一的，环境保护主管部门依法实施查封、扣押：（一）违法排放、倾倒或者处置含传染病病原体的废物、危险废物、含重金属污染物或者持久性有机污染物等有毒物质或者其他有害物质的；（二）在饮用水水源一级保护区、自然保护区核心区违反法律法规规定排放、倾倒、处置污染物的"。

根据《环境影响评价法》《建设项目环境保护管理条例》《建设项目环境影响评价分类管理目录》的规定，该案中新建、扩建喷漆作业项目属于应办理环境影响评价报告书审批许可的项目，未批先建、未批生产均属于严重违法行为。污染者未经环境影响评价审批，则可推定未取得排污许可证。

根据《环境保护主管部门实施按日连续处罚办法》《深圳经济特区建设项目环境保护条例》第七十条的规定，"有下列行为之一的，环保部门可以按照本条例第六十九条第三款的规定实施按日计罚：（一）建设单位未编制环境影响评价文件或者环境影响评价文件未经审批，擅自开工建设或者投入生产、经营、使用的"。

《行政主管部门移送适用行政拘留环境违法案件暂行办法》，根据《环境保护法》第六十三条的规定，"企业事业单位和其他生产经营者有下列行为之一，尚不构成犯罪的，除依照有关法律法规规定予以处罚外，由县级以上人民政府环境保护主管部门或者其他有关部门将案件移送公安机关，对其直接负责的主管人员和其他直接责任人员，处十日以上十五日以下拘留；情节较轻的，处五日以上十日以下拘留：（一）建设项目未依法进行环境影响评价，被责令停止建设，拒不执行的；（二）违反法律规定，未取得排污许可证排放污染物，被责令停止排污，拒不执行的"。

该案中，相关环境保护主管部门应当根据污染者的情节、事实，依法定职权对其采取各种行政措施，并通过强制执行，最终达到责令污染者停止环境侵权的主要目的，而不宜通过检察机关民事公益诉讼的方式达到停止侵权的诉讼目的。

（4）环境行政公益诉讼优先，建立行政公诉制度。

从事实和法律角度看，南山案在立案时，相关行政执法部门并未依法充分履行职责，虽作出2次行政处罚，但并非依法准确打击污染者环境违法行为，未依照法律技术，达到依法应达到的有效阻止污染损害侵权行为的效果。

根据《方案》第二部分中关于诉前程序的规定，南山检察院"应当先行向相关行政机关提出检察建议，督促其纠正违法行政行为或者依法履行职责"，"行政机关应当在收到检察建议书后一个月内依法办理，并将办理情况及时书面回复检察机关"。

经过诉前程序，行政机关拒不纠正违法行为或者不履行法定职责，国家和社会公共利益仍处于受侵害状态的，检察机关可以提起行政公益诉讼。

"南山案"中，相关行政机关未能依法履行职责，截至立案时仍未依法有效阻止污染者违法排污，一方面，南山检察院应依据查处渎职违法犯罪的职权对相关行政机关进行查处；另一方面，南山检察院应提起行政公益诉讼，要求相关行政机关继续依法履行职责。

"法不徒以自行""法治国家首先是政府法治"，从以上案例分析来看，从技术上，目前我国环境立法已经相对完善，关键在于落实，在于政府执法是否严格、到位，而且环境侵权对象的不特定性、公共性、高度技术性，决定了我国生态文明建设的主力仍是相关行政机关。

检察机关的根本职能在于监督法律实施，参与环境公益诉讼的目的，不是为了增设自己的职能，而是为了有效填补公共环境权受侵害后的追索赔偿能力，是为了在执法层面上更充分地实现"污染者付费""污染者治理"的生态制度，只有在相关行政机关已经依法充分利用法律技术、有效履行了自己的职责后，公共环境权仍受到较严重侵害的情况下，检察机关才"出手"相救，履行国家职责。

因此，对于试点《方案》，笔者建议，在当前普通行政诉讼立案仍较难、胜诉率偏低的大国情背景下，以环境公益诉讼集中管辖集中审理制度为基础，明确优先"发展"涉及公共环境权的环境行政公益诉讼十分必要，只有形成对环境监察执法机关的有效法律监督，督促专业技术执法机关对树立生态文明理念的直接努力，方有利于美丽中国梦早日实现。

笔者瞭想，如果环境行政公益诉讼试点成功，进而扩展至其他涉及公共权利的行政公益诉讼领域，形成中国特色的行政公诉制度，则对于国家制度文明建设无疑是一大贡献，对此，检察机关作为国家的代表、法律的监督者，责无旁贷。

涉海生态环境损害索赔之诉是否为环境公益诉讼及起诉权是否专属海洋环监部门之辩

（该文发表在《广东律师》杂志 2018 年第 4 期，发表时有删改，获广州市律师协会 2018 年度理论成果三等奖）

中国不是海洋环境资源大国，海洋国土面积比日本少 100 多万 km^2。以保护海洋环境与资源为目的的《最高人民法院关于审理海洋自然资源与生态环境损害赔偿纠纷案件若干问题的规定》于 2018 年实施，对于最高人民法院官网公布的民四庭负责人在"答记者问"中关于海洋环监部门所提生态环境损害索赔之诉是环境公益诉讼，且起诉权专属海洋环监行政部门的观点，作者认为，其与实现共建共治共享的现代环境治理机制相冲突、矛盾，与现行《环境保护法》等诸多法律法规相冲突、矛盾，有必要进行法理之辩、学理之辩。

中国或是海洋大国，海洋国土面积 299.7 万 km^2，但全球比较，比同在亚洲的日本国还少 100 多万 km^2。近 30 年来，中国作为"全球第一制造与建设大国"，陆源污染严重、海洋环境容量锐减，海岸线虽长达 1.8 万 km，但岸线生态资源破坏殆尽，天然海岸线从北到南几乎消失无几；作为"全球第一海洋捕捞大国"，我国领海海洋生物资源衰竭、海洋生态环境遭到重度破坏。海洋生态文明的建立、涉海生态环境保护诉讼制度完善十分紧迫。

2018 年 1 月 5 日，最高人民法院在其官网公布《最高人民法院关于审理海洋自然资源与生态环境损害赔偿纠纷案件若干问题的规定》（法释〔2017〕23 号，以下简称该海洋司法解释），该司法解释文本中并未定义海洋自然资源与生态环境损害赔偿纠纷为环境民事公益诉讼，亦未明确海洋自然资源与生态环境损害赔偿纠纷（无论广义或狭义）只能由海洋环境监管行政部门行使起诉权。

但最高人民法院官网同日公布了民四庭负责人就该海洋司法解释的"答记者问"，以此方式对该司法解释作出了长篇解读。此"答记者问"明确，"根据现阶段相关立法意图，该类诉讼属于民事公益诉讼范畴"，"海洋自然资源与生态环境损害赔偿诉讼，作为一种环境侵权诉讼与环境民事公益诉讼"，"明确将海洋自然资源与生态环境损害索赔的权利专门赋予依法行使海洋环境监督管理权的部门"。

一、法理之辩

（1）新《环境保护法》第 58 条明确，环境民事公益诉讼的提起主体是社会组织，不包括代表国家行使行政职权的行政机关。

我国环境民事公益诉讼的产生，源于对《环境保护法》的修订，源于新《环境保护法》第五十八条，在新《环境保护法》于 2015 年 1 月 1 日生效实施之前，我国并无有法可依的环境公益诉讼制度。

新《环境保护法》第五十八条规定，"对污染环境、破坏生态，损害社会公共利益的行为，符合下列条件的社会组织可以向人民法院提起诉讼：（一）依法在设区的市级以上人民政府民政部门登记；（二）专门从事环境保护公益活动连续五年以上且无违法记录。符合前款规定的社会组织向人民法院提起诉讼，人民法院应当依法受理。提起诉讼的社会组织不得通过诉讼牟取经济利益"。

从上述法条可知，社会组织向法院提起的诉讼，是环境公益诉讼，该法并未将代表国家履职的行政机关提起的环境相关诉讼列入公益诉讼。

新《环境保护法》第三条明确，"本法适用于中华人民共和国领域和中华人民共和国管辖的其他海域"。第二条明确，"本法所称环境，是指影响人类生存和发展的各种天然的和经过人工改造的自然因素的总体，包括大气、水、海洋、土地、矿藏、森林、草原、湿地、野生生物、自然遗迹、人文遗迹、自然保护区、风景名胜区、城市和乡村等"。

故论及涉海环境公益诉讼之时，当然应适用《环境保护法》的相关规定和其中法理。

（2）根据《海洋环境保护法》，海洋环境监督的行政部门既包括海洋行政主管部门，也包括环境保护主管部门。

《海洋环境保护法》第 5 条规定，海洋环境监督的行政部门既包括海洋行政主管部门，也包括环境保护主管部门，还包括多个相关行政主管部门。该条明确，"国务院环境保护行政主管部门作为对全国环境保护工作统一监督管理的部门，对全国海洋环境保护工作实施指导、协调和监督，并负责全国防治陆源污染物和海岸工程建设项目对海洋污染损害的环境保护工作。国家海洋行政主管部门负责海洋环境的监督管理，……负责全国防治海洋工程建设项目和海洋倾倒废弃物对海洋污染损害的环境保护工作。国家海事行政主管部门负责所辖港区水域内非军事船舶和港区水域外非渔业、非军事船舶污染海洋环境的监督管理，并负责污染事故的调查处理；对在中华人民共和国管辖海域航行、停泊和作业的外国籍船舶造成的污染事故登轮检查处理。船舶污染事故给渔业造成损害的，应当吸收渔业行政主管部门参与调查处理。国家渔业行政主管部门负责渔港水域内非军事船舶和渔港水域外渔业船舶污染海洋环境的监督管理，负责保护渔业水域生态环境工作，并调查处理前款规定的污染事故以外的渔业污染事故。军队环境保护部门负责军事船舶污染海洋环境的监督管理及污染事故的调查处理。沿海县级以上地方人民政府行使海洋环境监督管理权的部门的职责，由省、自治区、直辖市人民政府根据本法及国务院有关规定确定"。

为此，以海岸线为界，根据《海洋环境保护法》，我国专门制定了两部相关条例，一部是《防治海岸工程建设项目污染损害海洋环境管理条例》，这部条例规定的环境主管部门是环保主管部门；另一部是《防治海洋工程建设项目污染损害海洋环境管理条例》，这部条例规定的环境主管部门是海洋主管部门。两部条例的实质区别在于管辖区域的不同，在海岸线往陆地一侧，属于陆源污染源和海岸工程污染源，其主管部门属于各级环境保护主管部门，在海岸线往深海一侧，属于海域污染点，其主管部门属于各级海洋行政主管部门（或者国家海洋局地方分局，或者地方海洋与渔业局）。

（然而目前仅有国家海洋局出台具体的海洋环境污染重大损失索赔细则，即国家海洋局的《海洋生态损害国家损失索赔办法》，环境保护部尚未出台相应细则或办法。）

（3）《海洋环境保护法》第八十九条第二款仅规定了海洋环监部门对"损失"进行索赔的权利，"赔偿损失"仅是承担涉海环境侵权责任的一种方式，《侵权责任法》规定的侵权责任的承担方法有 8 种，除"赔偿损失"之外，还包括责令"停止侵害""排除妨碍""消除危险""恢复原状""赔礼道歉"等多种。

《海洋环境保护法》第八十九条第一款也明确，"造成海洋环境污染损害的责任者，应当排除危害，并赔偿损失"，一个"并"字明确了海洋环境损失责任并非只有"赔偿损失"一项。本案一审原告所提诉求也并非"赔偿损失"一项。

《海洋环境保护法》第八十九条第二款对于行使海洋环境监督管理权的部门所能提出的诉求仅仅为"提出损害赔偿要求"，而《环境保护法》第五十八条以及《最高人民法院关于审理环境民事公益诉讼案件适用法律若干问题的解释》的相关规定，社会组织提起的环境公益诉讼可以提出的诉讼请求包含停止侵害、排除妨碍、消除危险、恢复原状、赔偿损失、赔礼道歉等民事责任，不仅仅是"提起赔偿"。单从责任承担方式上即可体现《环境保护法》《最高人民法院关于审理环境民事公益诉讼案件适用法律若干问题的解释》比《海洋环境保护法》的规定更能追究环境侵权者的责任，更有利于污染防治、环境保护。

（4）《海洋环境保护法》与《环境保护法》关于诉讼主体资格的规定没有冲突，互不排斥。

无论是《海洋环境保护法》还是国家海洋局部分规章，以及最高法司法解释，均未明确只有海洋环监部门有权提起涉海环境公益诉讼，更未明确社会公益组织无权提起涉海环境公益诉讼。并且，以海洋局《海洋生态损害国家损失索赔办法》第 2 条规定为例，"因下列行为导致海洋环境污染或生态破坏，造成国家重大损失的，海洋行政主管部门可以向责任者提出索赔要求……"其中规定"可以"而非"应当"，海洋行政主管部门认为其提起公益诉讼是其权利，并非其法定职责，在其不履行权利的情况下，其他公益组织依法当然可以提起公益诉讼。

《海洋生态损害国家损失索赔办法》第十三条明确："海洋行政主管部门提出的海洋生态损害索赔要求，不影响公民、法人、其他组织或部门依法提出的其他索赔要求。"即为，只有在海洋行政主管部门提出海洋生态损害索赔要求的情况下，才影响其他组织依法提出同样的"损失赔偿"的诉求（"其他索赔要求"包括前述责令停止侵权、消除危险、赔礼道歉等）。

（5）包括《海洋环境保护法》第八十九条第二款、海洋局《海洋生态损害国家损失索赔办法》第二条，均明确海洋环监部门只有对"国家重大损失"的索赔权，即只有海洋环境染污导致了国家重大损失时，海洋环监主管部门才有权利提起民事索赔之诉。

《海洋环境保护法》第八十九条第二款明确，"对破坏海洋生态、海洋水产资源、海洋保护区，给国家造成重大损失的，由依照本法规定行使海洋环境监督管理权的部门代表国家对责任者提出损害赔偿要求"。

《海洋生态损害国家损失索赔办法》第三条明确，"以上费用总计超过30万元的，属于重大损失"，说明小于30万元的非重大损失的索赔权，社会公益组织是完全有权利提起公益诉讼的，属于《海洋生态损害国家损失索赔办法》第十三条所讲的"其他索赔要求"。

（6）所谓海洋环监部门的损失索赔权，大多指海洋环监部门在环境执法过程中已实际发生的支出损失，主要指环监行政部门履行环保职责时支出的国家财政损失，主要是为了解决"企业污染、国家买单"的问题。

根据国家海洋局《海洋生态损害国家损失索赔办法》第三条的示例，"海洋生态损害国家损失的范围包括：（一）为控制、减轻、清除生态损害而产生的处置措施费用，以及由处置措施产生的次生污染损害消除费用；（二）海洋生物资源和海洋环境容量（海域纳污能力）等恢复到原有状态期间的损失费用；（三）为确定海洋生态损害的性质、范围、程度而支出的监测、评估以及专业咨询的合理费用；（四）修复受损海洋生态以及由此产生的调查研究、制订修复技术方案等合理费用，如受损海洋生态无法恢复至原有状态，则计算为重建有关替代生态系统的合理费用；（五）其他必要的合理费用"。显指已经发生或必然发生的财政损失费用。

实践中，目前大量的已发现、已发生的涉海生态环境损害案中，环监部门除在早期可以确定支出部分监测费用之外，采取上述预防、治理、修复措施所造成的应支出的大额财政资金，包括应急处置费用，一般情况无法在案发之后第一时间予以确定，环监行政部门损失索赔的时机不能尽快成就。环境治理的当务之急，是依法要求污染责任人及时停止环境侵权、消除污染危害。但这是涉海环监行政部门无法依法立即进行的——中国尚未建立环境侵权行政禁止令制度，而民事诉讼制度确立为防止损失扩大向法院申请禁止令的制度，至少在制度层面是可行且可实施的，目前国内已经有相关案例公开。

二、学理之辩

（1）中办、国办《生态环境损害赔偿制度改革方案》中明确将此类诉讼制度与环境公益诉讼制度并列，此类诉讼是国家索赔，是各级行政机关的法定职责，并非可为可不为的公益诉讼。

根据中办、国办《生态环境损害赔偿制度改革方案》，赔偿权利人即各代表国家索赔的行政机关，提起赔偿之诉的行为不是可有可无、可为可不为，而是"应当"，在其第四部分"工作内容"中明确要求，"各省（自治区、直辖市）政府应当……建立对生态环境损害索赔行为的监督机制，赔偿权利人及其指定的相关部门或机构的负责人、工作人员在索赔工作中存在滥用职权、玩忽职守、徇私舞弊的，依纪依法追究责任；涉嫌犯罪的，移送司法机关"。明确索赔是赔偿权利人的法定职责，不得玩忽职守，否则追究责任。

与环境公益诉讼的关系上，在"四、工作内容，第（五）完善赔偿诉讼规则"一节中，明确将生态环境损害赔偿制度与环境公益诉讼并列，提出，"生态环境损害赔偿制度与环境公益诉讼之间衔接等问题，由最高人民法院商有关部门根据实际情况制定指导意见予以明确"。并未指出生态环境损害赔偿制度的实施依据环境公益诉讼的相关司法解释或相关规定，而是明确要处理好两种制度之间的衔接关系。

（2）《生态环境损害赔偿诉讼改革方案》亦明确，非重大生态环境损害不在此赔偿诉讼之列，赔偿范围仅包含"费用"损失。

《生态环境损害赔偿诉讼改革方案》"三、适用范围"中明确，"（一）有下列情形之一的，按本方案要求依法追究生态环境损害赔偿责任：1. 发生较大及以上突发环境事件的；2. 在国家和省级主体功能区规划中划定的重点生态功能区、禁止开发区发生环境污染、生态破坏事件的；3. 发生其他严重影响生态环境后果的"。显然，只有发生重大的、特定区域的、造成了"事件"级别的生态环境损害案件，才适用生态环境损害赔偿诉讼制度，这与《海洋环境保护法》《海洋生态损害国家损失索赔办法》的规定相近。

《生态环境损害赔偿诉讼改革方案》"四、工作内容"中明确，"（一）明确赔偿范围。生态环境损害赔偿范围包括清除污染费用、生态环境修复费用、生态环境修复期间服务功能的损失、生态环境功能永久性损害造成的损失以及生态环境损害赔偿调查、鉴定评估等合理费用"。这与《海洋生态损害国家损失索赔办法》的规定相近。

（3）生态环境损害赔偿诉讼不是环境民事公益诉讼的学理讨论。

2016 年，在中办、国办《生态环境损害赔偿制度改革试点方案》出台之后，程多威、王灿发二位环境资源法学教授联合发表《生态环境损害赔偿制度的体系定位与完善路径》一文，其中明确，"综上，生态环境损害赔偿诉讼与环境民事公益诉讼的法律目的一致但理论基础不同。该制度与环境侵权诉讼在理论基础和法律目的上均差异明显，是两种并行不悖、泾渭分明的制度"。①

2017 年，在中办、国办《生态环境损害赔偿制度改革方案》出台之后，吕忠梅教授也发表《生态环境损害赔偿诉讼中的问题与对策》一文，其中指出："可以肯定的是，它不是公益诉讼。在目前的公益诉讼制度中，无论是检察院作为原告、还是社会组织作为原告，都不具有国有自然资产所有权人代表的资格，更不是履行政府法定职责。"

她的主要理由在于，环境公益诉讼的保护对象是不特定多数人的环境利益，而生态环境损害赔偿诉讼是"国益诉讼"，"保护对象是基于公共利益信托而由国家代表不特定多数人持有的环境利益"，是"以支付费用为主的责任承担方式"，而最高人民法院《关于审理环境民事公益诉讼案件适用法律若干问题的解释》规定了恢复原状的特别解释，"生态环境损害责任不是民事责任，不能简单纳入《侵权责任法》的范畴"等。

以上法理辩思已开始落实在相关法律法规中，比如《环境保护法》第五条关于环境保护公众参与的原则规定，以及《海洋环境保护法》第四条所确定的一切

---

① 程多威，王灿发. 生态环境损害赔偿制度的体系定位与完善路径[J]. 国家行政学院学报，2016.

单位和个人均享有监督权之规定。在走向国家治理能力现代化的道路上，司法人应放弃"国家管理说"，建立"开放共治观"，务实推进共建共享的现代社会多元治理机制形成。

联合国的去碳化环境政策与导向、中国道路

——陈勇儒律师参加联合国环境规划署年度大会观察

2019 年 3 月 8 日至 15 日，第四次联合国环境大会及其会前会中系列小会，在非洲肯尼亚首都内罗毕举行，190 多个国家的 4 700 多名各类人士参会。笔者受邀参加了此次会议中的部分会议，并在会前、会中、会后进行了有关此次系列会议内容的观察。

虽然联合国是自愿参加的国家间联合组织，但其全球环境大会的环境政策与导向，代表了全球环境发展的动向，必然影响世界各国，也深刻影响中国，值得研究。

一、气候危机是自然抉择还是人为造成？

气候危机是真实存在还是虚假事实，是客观状况还是政治谎言？包括英国前首相撒切尔夫人、美国现任总统特朗普对气候危机议题的"变脸"，联合国政府间气候变化专门委员会（Intergovernmental Panel on Climate Change，IPCC）在其年度报告中出现引述错误、夸大气候变化影响的事件，以及部分地球古气候演变研究专家认为地球曾经数次高温过近现代的结论，都似乎让气候危机变成一个可争议的问题。

但从本届联合国环境大会上反映的信息看，各方依然普遍认为，气候危机无论自然抉择还是人为造成，人类工业文明对气候危机的产生都"功不可没"，我们只能对当代负责、对我们的下一代负责、对一个地球负责，只能接受当前看得见、感受得到的因气候变化而产生的严重的实证问题，包括地球温室气体含量稳步上

升、地球平均气温升高与冰川减少趋势恒定、极寒极热等极端天气频发、森林湿地等生态系统平衡被打破、生物多样性危险明显加大、食品与健康威胁等。

本届大会中，法国总统马克龙提到，年轻人比我们更有危机感，因为他们才是未来的主人，他们更关注可持续发展问题（sustainable development）、关注全球可持续发展目标，世界各国都应明确"一个地球"议程（the One Planet Summit）的重要性，关注去碳化经济（de-carbonised economies）发展。世界银行临时行长则宣布，未来 5 年投入 120 亿美元用于非洲应对气候变化项目，包括提高森林覆盖率（其中帮助肯尼亚恢复 6 000 万 hm^2 林地）、使用可再生能源（如沙漠太阳能、风能）等，根据计划，至 2025 年之前，世界银行将向各国投入和调动 2 000 亿美元用于应对气候变化危机，以落实其《气候变化行动计划》。

细节方面，大会中，安提瓜和巴布达、特立尼达、多巴哥以及巴拉圭等加入联合国环境清洁海洋运动，使目前参与世界最大的海洋塑料污染防治联盟的国家达到 60 个（中国目前尚未宣布加入）。许多国家地区或联盟组织，包括部分非洲国家、欧盟、英国、印尼等，均确认 2030 年禁止使用一次性塑料制品，包括塑料袋、一次性酒店用品等。

二、中国道路：承办 2019 年世界环境日活动，关注空气；发起全球电能互联，目标是零使用化石能源

生态环境部副部长赵英民代表中国参加了部长级会议，中国驻联合国气候问题特别代表解振华代表中国参加了联合国环境科学政策商业论坛第二届全球会议开幕式，后者重点关注的议题之一就是环境与健康的关系。

赵英民和联合国环境规划署代理主任姆苏亚共同宣布，中国将于 6 月 5 日在浙江杭州举办 2019 年全球环境日庆祝活动，主题是空气污染。

解振华则在致辞中说："中国社会各界已经行动起来了，我们将与各方携手推动全球环境和气候治理以及可持续发展事业，构建人类命运共同体。"

联合国发布了一份题为《北京 20 年空气污染控制回顾》的新报告，指出 1998 年北京的空气污染主要是燃煤和机动车，主要污染物均超标，截至 2017 年年底，北京市二氧化硫、氮氧化物、可吸入颗粒物（PM$_{10}$）和挥发性有机化合物的年排

放量分别下降了 83%、43%、55% 和 42%，成果明显。联合国环境亚太区域办事处主任德钦·采林在会上说："北京在短时间内取得了显著的空气质量改善。北京为发展中国家的大城市如何平衡环境保护和经济增长提供了一个很好的例子。"

本届联合国环境大会的一大亮点，是注册于中国北京的国际性非政府组织、全球能源互联网发展合作组织（the Global Energy Interconnection Development and Cooperation Organization，GEIDCO）发布了《全球能源互联网促进全球环境治理行动计划》，根据这一计划，全球将以"智能电网+特高压电网+清洁能源"等技术为基础，实现能源资源统筹开发和全球配置，实现清洁能源资源远距离、大范围优化配置，实现以电能为中心的能源消费模式，以实现零使用化石能源为最终目的。比如，将非洲的荒漠区域光伏、风能发电大规模开发用于非洲消费，将我国青藏高原、中亚、西亚等区域光能风能东送，实现"一带一路"能源互联互通、实现中国煤炭能源消费比例大幅下降等。

根据大会带来的消息，目前大众首款全电动汽车已开始量产，标志着几乎所有大型汽车制造商全部进入电动时代，而德国、法国早已宣布 2030 年后禁止销售燃油汽车。中国也已在部分场合宣布了 2030 年禁止销售燃油车的可能议题。而上述非政府组织、上述《全球能源互联网促进全球环境治理行动计划》，正是根据习近平总书记在 2015 年联合国发展峰会上的提议而诞生的，确定上述目标，也与第四届联合国环境大会聚焦的双主题——"寻找创新解决办法，应对环境挑战并实现可持续消费和生产"是明确契合的。

2019 年 6 月 5 日，世界环境日主题活动在杭州举行，主题是空气污染。人类普遍健康、长寿，本就是联合国《2030 年可持续发展议程》的重要议题，在本届联合国环境大会上，环境与健康的关系问题几乎贯穿始终，与空气污染与健康的关系问题相关的信息发布，又是高频活动。

我国正在实施《粤港澳大湾区发展规划》，意图全面开放，在粤港澳大湾区建设中国科技创新中心、中国职业教育中心、中国高端制造与设计中心，这与粤港澳大湾区在生态环境上领先全国不无关系，只有包括优质的空气环境在内的美好环境，才能吸引全国、全球的人才汇聚。而世界环境日在杭州的举行，包括世界网商大会、中国进口博览会等落户华东，将使华东的营商环境更优化、高质量发展势头更强劲，华东将与粤港澳大湾区一起，给中国区域竞争带来新的色彩。

图为本书作者陈勇儒与同行人员一起合影于联合国环境规划署署址

"行政一体"原则在环境行政案件中的实证分析

——以广州一宗水环境行政诉讼实案为例

（本文发表于武汉大学环境法研究所出版的《环境法评论》2020 年第 2 期，发表时有删改）

　　本文实证分析了我国行政制度中独有的"行政一体"原则在广州一宗水环境行政诉讼案件中的具体适用。该原则的常态化适用，或将对行政复议制度产生重大影响。该原则指向这样的问题：行政复议机关在复议审查时期，如遇新旧法律规范适用冲突，是否应以最新生效实施的有利于相对人的法律规范为基础评判行政相对人的行为，是否考虑原行政行为作出后的事实或者法律关系变化，判定原行政行为是否符合行政合法性与合理性原则，行政复议机关是否因此获得了新的调查取证权。经实证分析，答案是肯定的，"行政一体"原则代表了行政法治进步的方向、价值。

　　2008 年，第十届全国人大常委会修订《水污染防治法》，决定实施饮用水水源保护区分级管理制度，将饮用水水源保护区划分为两级加准保护区共三级区域，明确规定，"禁止在饮用水水源二级保护区内新建、改建、扩建排放污染物的建设项目；已建成的排放污染物的建设项目，由县级以上人民政府责令拆除或者关闭"。[①] 2015 年，中央政治局常务委员会会议审议通过《水十条》，即《水污染防治行动计划》，饮用水安全是其重中之重。2016 年 10 月，《广东省人民政府关于

---

① 参见现行《中华人民共和国水污染防治法》，第六十六条。

调整广州市饮用水水源保护区的批复》（粤府函〔2016〕358 号）下发，强化对广州市饮用水水源保护区的治理。

在环境治理执法过程中，定性类执法是常用的法律手段，环境影响评价行政许可与否，即环评合法与否，又是最常用的。《建设项目环境保护管理条例》和《建设项目环境影响评价分类管理名录》（以下简称《环评分类管理名录》），是环评执法中最常用到的两部法律规范。但两法律规范恰在此间调整频繁，1998 年制定的《建设项目环境保护管理条例》于 2017 年 7 月修订公布，当年 10 月 1 日实施，《环评分类管理名录》在短时间内先后有环保部 2015 年第 33 号令、环保部 2017 年第 44 号令和生态环境部 2018 年第 1 号令三次调整。环境法律规范及环境政策的更新、变动，使环境行政执法变得相对复杂。

本文所引用的广州市某物流有限公司与广州市某区局、广州市环境保护局行政处罚诉讼案（〔2018〕粤 71 行终 1892 号），行政相对人、即涉案原告公司处于广州市一饮用水水源二级保护区内，案件焦点就是新旧法律规范适用是否准确、处罚是否明显不当。终审裁判以行政复议机关行政复议时，新的《建设项目环境保护管理条例》和《环评分类管理名录》已生效实施，明确行政相对人建设项目不属环评对象、不需环保验收等理由为由，认定原行政行为明显不当、行政相对人行为已经不具有可处罚性、行政复议行为确有不当，裁定撤销原行政行为和行政复议行为。

当前行政系统适用法律规范实施行政复议行为时，上级机关对于下级机关的执法决定不作事实与法律实质审查、径行维持的复议决定屡见不鲜。因此，为了加强行政系统内部的监督管理，《中华人民共和国行政诉讼法》（以下简称《行政诉讼法》）第二十六条第二款和第七十九条，以及《最高人民法院关于适用〈中华人民共和国行政诉讼法〉的司法解释》（法释〔2018〕1 号）（以下简称《行诉解释》）第一百三十五条，确立了行政行为与复议决定的"行政一体"原则，以发挥行政复议机制的应有功能、价值，加快推动我国法治政府于 2035 年基本建成。

一、"行政一体"原则

所谓"行政一体"原则，根据最高人民法院行政审判庭审判长耿宝建博士的定义，是指"将复议决定和原行政行为视为一个整体，将基于行政监督权能而形成的行政复议决定视为行政系统内部的最终行政处理意见，并由复议机关（或者其代表的政府）名义出面代表行政体系接受司法审查"。其内涵或要旨在于，"行政决定和复议决定共同形成行政体系对证据采信、事实认定和法律适用的意见；行政决定与复议决定不一致的，以复议决定表述作为行政体系对外发生法律效力的认定，并接受司法审查"。①

对于"行政一体"原则的相反原则或制度安排，或者相较在未形成"行政一体"原则制度安排之前，我国行政复议机关，包括行政审判庭的一般原则与实践是，原行政决定是独立的行政行为，复议机关仅对原行政决定的合法性、合理性负责，原行政决定合法合理，则复议决定合法合理（除非涉嫌复议程序违法），也就是说，原行政决定就是最终行政处理决定，原行政决定作出时的证据事实、法律依据就是判定原行政行为和复议行为的"总纲"。但新的制度安排与新的案例出现，正在"颠覆"这种逻辑。

1. "行政一体"原则的法律渊源

"行政一体"原则体系，直接源于 2014 年《中华人民共和国行政诉讼法》及其司法解释的修改。

2014 年修订的《行政诉讼法》第二十六条第二款规定，"经复议的案件，复议机关决定维持原行政行为的，作出原行政行为的行政机关和复议机关是共同被告；复议机关改变原行政行为的，复议机关是被告"。以及《行政诉讼法》新增加的第七十九条，"复议机关与作出原行政行为的行政机关为共同被告的案件，人民法院应当对复议决定和原行政行为一并作出裁判"。2018 年生效的《最高人民法院关于适用〈中华人民共和国行政诉讼法〉的司法解释》（法释〔2018〕1 号）第一百三十五条规定，"复议机关决定维持原行政行为的，人民法院应当在审查原行政行为合法性的同时，一并审查复议决定的合法性"（第一款），"作出原行政行为的行政机关和复议机关对原行政行为合法性共同承担举证责任，可以由其中一个机关实施举证行为。复议机关对复议决定的合法性承担举证责任"（第二款），"复议机关作共同被告的案件，复议机关在复议程序中依法收集和补充的证据，可以作为人民法院认定复议决定和原行政行为合法的依据"（第三款）。

---

① 耿宝建. 行政复议法修改展望[M]. 北京：法律出版社，2016：146-147.

其中，修改前的《行政诉讼法》规定，复议机关决定维持原具体行政行为的，作出原具体行政行为的行政机关是被告。在2014年《行政诉讼法》修订过程中，针对实践中复议机关为了不当被告，维持原行政行为的现象比较普遍，导致行政复议制度未能很好地发挥作用，对原有制度进行了有针对性的改革，明确复议机关维持原行政行为的，与原行政机关作为共同被告。①

对于《行政诉讼法》新增加的第七十九条内容，全国人大常委会法制工作委员会行政法室编著的《中华人民共和国行政诉讼法解读》解释，修法前，原来的做法剥夺了复议机关维护自己主张的权利，因为维持复议决定是随着原行政行为而自然失效。修法后，维持复议决定与原行政行为在一个诉讼中一并审理，便于争议高效解决。在复议机关与原行政机关作共同被告的共同诉讼中，需要分别审查原行政行为和复议决定的合法性，应当在一个判决中对原行政行为和复议决定的合法性一并作出裁判。②

《行诉解释》第一百三十五条第一款、第二款，将原《最高人民法院关于适用〈中华人民共和国行政诉讼法〉若干问题的解释》（法释〔2015〕9号）（以下简称《适用解释》）第九条规定的"一并审查复议程序的合法性"修改为"一并审查复议决定的合法性"，"复议机关对复议程序的合法性承担举证责任"修改为"复议机关对复议决定的合法性承担举证责任"；第三款则为新增内容。

根据最高人民法院行政审判庭编著的《最高人民法院行政诉讼法司法解释理解与适用》（以下简称《行诉解释》）中的理解，《行诉解释》第一百三十五条第一、第二款对《适用解释》中第九条相应内容中的"程序"变为"决定"，"说明审查内容的全面性，既包括实体问题，也包括程序问题；既包括原行政行为，也包括复议行为，二者是'统一'的整体"。"复议决定的合法性应当包括三部分内容：一是实质上的原行政行为的合法性。由于原行政行为与复议维持决定之间存在密切联系，复议维持决定的合法性与原行政行为的合法性发生'重合'。二是复议机关改变原行政行为所认定的主要事实和证据、所适用的规范依据但未改变处理结

---

① 最高人民法院审判指导书系本书编委会. 行政诉讼法及司法解释关联解释与适用[M]. 北京：中国法制出版社，2018：203.
② 全国人大常委会法制工作委员会行政法室. 中华人民共和国行政诉讼法解读[M]. 北京：中国法制出版社，2014：115-116.

果的，这些相应的事实、证据和适用规范已经成为原行政行为合法性不可分割的一部分，属于经复议决定修正后维持原行政行为的情形。三是复议程序自身的合法性，这部分与原行政行为的程序完全独立，应单独进行审查。""在举证责任上，对在行政行为合法性的举证责任由作出原行政行为的行政机关和复议机关共同承担，这是基于'统一性原则'所进行的分配。"①

《行诉解释》第一百三十五条第三款的规定，明显是在 2014 年《行政诉讼法》的基础上进一步加大了复议机关的责任——将复议决定与原行政行为作为一个整体来认识，不仅在实体上如此，在程序上亦如此——复议机关只要没有改变原行政机关的处理结果，举凡改变事实、证据或适用规范依据，均属于对原行政行为的"治愈"、补正和维持，是对原行政行为的强化，复议机关改变这些事项已经成为"整体行政程序"的一个环节和步骤。②

总之，原行政行为机关和复议机关为共同被告的规定，是一种法定的共同被告制度。这种安排，是为了"一体监督"作出原行政行为机关和复议机关。③

2. 国外法律中的相似原则与比较

根据新《行政诉讼法》及《行诉解释》的规定，上述制度安排的思路来源于大陆法系的"原行政行为与复议决定的统一性原则"，同时又高于并区别于后者。

"原行政行为与复议决定的统一性原则"（简称统一性原则），其定义也是指将复议决定和原行政行为视为一个整体，并统一到原行政行为，"充分地体现复议程序作为行政系统内部的、自我纠错和争议解决程序的功能特点，更加符合复议程序的制度定位"。④

在德国、法国、日本等行政复议制度比较成熟的国家，复议程序均被认为是行政系统内部的"自省程序""纠错程序"，因此从制度设计上均尽可能去鼓励复议机关积极地查明事实、澄清法律关系，纠正原行政行为中的错误，使行政争议

---

① 最高人民法院行政审判庭. 最高人民法院行政诉讼法司法解释理解与适用[M]. 北京：人民法院出版社，2018：629-630.

② 最高人民法院行政审判庭. 最高人民法院行政诉讼法司法解释理解与适用[M]. 北京：人民法院出版社，2018：631-632.

③ 江必新，邵长茂. 最高人民法院关于适用《中华人民共和国行政诉讼法》若干问题的解释辅导读本[M]. 北京：中国法律出版社，2015：87.

④ 赵大光，李广宇，龙非. 复议机关作共同被告案件中的审查对象问题研究[J]. 法律适用，2015，8.

得到及时有效的处理。①

《德国行政法院法》规定，"以下情况单独以复议决定作为审查对象：复议决定以不符合受理条件不予受理复议申请的决定；复议决定未考虑原行政行为作出后的事实或者法律关系变化；复议决定遗漏审查对象"，等。②其中明确复议决定应考虑原行政行为作出后的事实或者法律关系变化。因此，《德国行政法院法》确立了以复议决定为审查对象的原则，尤其是复议决定变更设定新的负担，以及对原行政行为的"构造"发生变化的情况下。③

法国在论证其"强制性行政救济前置"制度时，法国最高行政法院明确了如下五项原则，以完善现有制度，这些原则与"行政一体"原则一脉相通："第一，行政救济作出的行政行为代替原争议行政行为的效力，因此若在法院提起该行政诉讼，原告不能以原行政行为为诉讼客体，而应该以行政救济机关作出的行政行为为客体；第二，行政机关实施行政救济时，不应该以原行为作出时的事实和法院情形为准，而应该以此刻的事实和法律情形为准；第三，行政机关实施行政救济时有权改变原行政行为；第四，提起行政救济将导致行政诉讼的时效延长，所以并不剥夺当事人提起行政诉讼的权利；第五，当事人在诉讼中可以提出其没有在行政救济中提出的新理由。"④其中，第二项原则特别明确了行政机关实施行政救济时，应该以此刻的事实和法律情形为准，而不应以原行为作出时的事实和法院情形为准。

总之，2014年在修改《行政诉讼法》时，正是基于行政复议制度的行政化特征，复议决定作为行政行为的应受司法监督性，借鉴德国"原行政行为与复议决定的统一性原则"等，从鼓励和督促行政自我纠错、有效解决行政争议的角度出发，将复议行为悉数纳入诉讼范围，我国确立了共同被告制度。⑤

但是，虽然"行政一体"原则源于域外"行政统一性"原则，但又与之有明确区别。由于行政复议机关没有参与行政机关作出原行政行为的过程，不是基于

---

① 江必新，邵长茂. 最高人民法院关于适用《中华人民共和国行政诉讼法》若干问题的解释辅导读本[M]. 北京：中国法律出版社，2015：86.
② 赵大光，李广宇，龙非. 复议机关作共同被告案件中的审查对象问题研究[J]. 法律适用，2015，8.
③ 耿宝建. 行政复议法修改展望[M]. 北京：法律出版社，2016：146-147.
④ 陈天昊. 公开、效率与传统理念的交响曲——二十一世纪法国行政诉讼的改革之路[J]. 清华法学，2013，4.
⑤ 赵德关. 新时期行政复议制度的定位与展望[J]. 行政法学研究，2016，5.

两个行政机关共同作出一个行政决定，因此，我国《行政诉讼法》确立的复议机关作共同被告的"行政一体"制度，实际上是根据现实需求被迫创设的一种新型的、全世界独有的行政诉讼共同被告制度，域外无任何一个国家采用这种共同被告制度。

按照江必新大法官的观点，这种新型的共同诉讼，既不是普通共同诉讼，也不是典型的必要共同诉讼，是"必要共同诉讼和普通共同诉讼的中间形态"，也是对共同诉讼理论的新发展，是一种"客观诉讼"的创新架构①——客观诉讼的价值取向，更多的是为了"对事不对人"，监督行政机关依法行政。

二、实案：广州市某物流公司与广州市某区局、广州市环境保护局行政处罚诉讼案

2017年3月，广州市某区局对行政相对人广州市某物流有限公司所处的沙湾水道沙湾水厂饮用水水源保护区进行现场检查时，认为行政相对人所经营的一个仓储项目位于该保护区的二级区内，于2011年投入使用，但未办理环保设施竣工验收手续；该项目产生生活污水、噪声等污染物，且未配套污染治理设施，生活污水经废水处理池处理后排入市政污水厂的集污管网，遂立案查处。

该案在经过了听证告知等法定程序后，行政机关于2017年7月18日向相对人下达了《行政处罚决定书》。其指明相对人的仓储项目需要配套建设的环境保护设施未经验收，主体工程正式投入使用，违反了《建设项目环境保护管理条例》（98版）第二十三条的规定，依据《建设项目环境保护管理条例》（98版）第二十八条和《广州市环境保护局规范行政自由裁量权规定》附件《环境违法行为行政处罚自由裁量适用标准》第9项的规定，决定作出如下行政处罚：1. 责令停止该仓储项目的使用；2. 罚款人民币7万元。

1. 行政救济：代理意见与答复书之间的观点碰撞

行政相对人广州市某物流有限公司委托笔者代理其于2017年9月向广州市环境保护局提起行政复议。由于案件存在多个争议点，笔者在此仅列明本案中与适

---

① 江必新,邵长茂. 最高人民法院关于适用《中华人民共和国行政诉讼法》若干问题的解释辅导读本[M]. 北京：中国法律出版社, 2015：83-84, 87.

用"行政一体"原则相关的代理意见及行政机关对此所作的答复。

首先，复议申请人认为，本案应当适用《环评分类管理名录》（环境保护部44号令）。理由是该《环评分类管理名录》已于2017年6月29日颁布，确定9月1日生效实施。原行政机关虽于2017年3月立案，但该《名录》实际上早在2016年年底已由生态环境部审议通过并向各级环保部门发文，其中规定的涉案仓储项目环评类型降级为环境影响登记表。对此，原行政机关广州市某区局在当年7月18日作出涉案行政处罚决定书之前，是明确知晓的。在此情况下，原行政机关为了查处案件而在新规范实施前依照旧法作出行政处罚，违背"行政合理性"原则，违背"教育与处罚相结合"的行政管理原则。尤其是在广州市某区局本身存在监管失职，多年来未就该项目的环境管理作出任何指导，即使立案后也未指明该项目具体需要配置何种污染防治设施的情况下，径直机械适用法律作出处罚，显然不当。且处罚数额属于《广州市环境保护局规范行政自由裁量权规定》附件《环境违法行为行政处罚自由裁量适用标准》中同类违法行为的顶格处罚额。广州市某区局引用上述处罚自由裁量标准时，未依照该标准细分的对应类型作出处罚，无任何法定从重处罚情形的情况下，从重处罚，不符合过罚相当准则。

然后，广州市某区局答辩称：本案该局对申请人的行为查处时，新《环评分类管理名录》（环境保护部44号令）尚未生效，依照《环评分类管理名录》（环境保护部33号令）申请人应当依法编制环境影响报告表，涉案项目依法需要配套环境保护设施，并且须经验收合格后，方可投入生产使用。申请人在环保设施未经验收情况下即投产，其行为属于"未验先投"，违反了《建设项目环境保护管理条例》（98版）第二十三条的规定，应依据《建设项目环境保护管理条例》（98版）第二十八条的规定作出处罚。在此基础上，该局依照《广州市环境保护局规范行政自由裁量权规定》附件《环境违法行为行政处罚自由裁量适用标准》，最终依法裁量处罚7万元。

复议机关广州市环境保护局认为，广州市某区局有执法管辖权，申请人违法事实清楚，广州市某区局法律适用准确，处罚金额裁量得当，于2017年11月作出维持原环境行政处罚决定的复议决定。

2. 司法救济：原审法院与上诉法院之间不同的抉择

行政相对人不服，启动司法救济程序。

一审中，原告行政相对人，坚持认为涉案项目属于环境污染小、依照新规即新的《环评分类管理目录》不需要开展环境影响评价，依法相应不需要申报环境保护设施验收。原告在起诉期间，又依法填报了环境影响登记表并完成法定备案，这再次证明涉案项目属于环境影响小、基本无污染的项目。因此，对一个本身无污染的项目处以高额罚款、责令停止使用的行政处罚，明显有失公平。按照新《环评分类管理名录》（环境保护部 44 号令）的规定，涉案仓储项目已经不需要再做环境保护设施验收，原告请求合理行政，从有利于行政相对人的角度出发，不给予处罚。

一审法院：不认可原告提出的事实与理由，驳回原告的全部诉求。

二审法院裁判认为：

"涉案项目建成投产多年间，被上诉人广州市某区局并未就案涉项目是否建设配套环保设施的情况对上诉人进行监督检查，也没有指明上诉人是否需要建设以及如何建设环保配套设施，并未对上诉人的违法行为及时进行告知和促其改正。被上诉人广州市某区局对上诉人作出罚款 7 万元的顶格处罚，属于量罚过重，不符合合理行政原则和'处罚和教育相结合'原则。该处罚明显不当，依法应予撤销。"

关于复议决定，"依照新条例的规定，在复议期间，原环保部第 44 号令生效实施。仓储项目'未验先投'的，已经不具有可处罚性，被上诉人广州市环保局既没有对原行政行为的量罚不当予以纠正，也没有妥为考虑上述新旧法律规范更替情形，而是径行作出复议维持决定，确有不当，应予以撤销"。

三、"行政一体"原则在该案中适用的详细分析

本案二审法院广州铁路运输中级法院明确本案适用"行政一体"原则。

其在《行政判决书》（〔2018〕粤 71 行终 1892 号）中"关于行政复议机关是否已尽到复议监督职责的问题"，认为，"新《建设项目环境影响评价分类管理名录》（环境保护部令第 44 号）已于 2017 年 9 月 1 日施行，并且新《建设项目环境保护管理条例》（2017）也于同年 10 月 1 日起施行。新修改管理名录将仓储项目（其他）的环境影响评价等级从'环境影响报告表'下调为'环境影响登记表'类

别。再结合《建设项目环境保护管理条例》（2017）第十九条的规定，编制环境影响报告书、环境影响报告表的建设项目，其配套建设的环境保护设施经验收合格，方可投入生产或者使用；未经验收或者验收不合格的，不得投入生产或者使用。前款规定的建设项目投入生产或者使用后，应当按照国务院环境保护行政主管部门的规定开展环境影响后评价。也就是说，仓储项目（其他）自 2017 年 10 月 1 日起，除了建设前需要备案管理，其需要配套建设的环境保护设施不需要经过竣工验收，仓储项目（其他）即可投入生产或使用。适用该新条例的规定，仓储项目（其他）'未验先投'的，已经不具有可处罚性"。

因此，"必须注意到，市环保局 2017 年 11 月 14 日作出被诉行政复议决定时，上述法规、规章均已施行。《中华人民共和国行政诉讼法》第二十六条第二款确立了原行政行为与复议决定的'行政一体'原则，即复议决定和原行政行为视为一个整体，将行政监督权而形成的行政复议决定视为行政系统内部的最终行政处理决定。《最高人民法院关于适用〈中华人民共和国行政诉讼法〉的解释》第一百三十五条对该原则作了进一步明确。上述立法意旨在加强复议机关对原行政行为的监督，及时依法纠正违法或不当的原行政行为，从而保障行政相对人的合法权益。对于行政复议机关而言，其在行政处罚规范适用的问题上，应当在遵循法律不溯及既往原则的基础上，坚持有利于行政相对人的追溯原则，采取在新旧法之间从旧兼从轻原则，适用新法规、规章对本案作出处理。市环保局本应当按照新的规范精神和有利于相对人的原则，撤销原行政行为，使得行政复议决定更具合目的性、合理性和可接受性，但被上诉人市环保局既没有对原行政行为的量罚不当予以纠正，也没有妥为考虑上述新旧法律规范更替情形，而是径行作出复议维持决定，确有不当，亦应予以撤销"。

根据上述判决可知，《行政诉讼法》和《行诉解释》等的立法意旨，对于行政复议的司法审查，在于加强复议机关对原行政行为的监督，督促复议机关及时依法纠正违法或不当的原行政行为，从而保障行政相对人的合法权益。

根据以上的裁判，我们可得出，对于环境行政复议案件，在行政系统内，相对人是否违法应以行政复议决定为准。换言之，对相对人行为的环境违法性审查，并非仅仅依照原行政机关所掌握的事实证据和原行政机关查处时生效的法律规范。原环保主管部门所作出的处罚决定也并非违法性与否的终极状态，而是复议决定和原行政行为视为一个整体，将行使监督权而形成的行政复议决定视为行政系统内部的最终行政处理决定。

这区别于新旧法律规范的法律适用规则中的"实体从旧、程序从新"的法律依据援引。因为这并非单纯的一个行政机关面对同一个违法行为、先后有两部规范对此作出规定，进而作出处罚的情形。实际上本文所引用的案例表现的情形是上、下两级环境保护部门在针对同一行政相对人同一环境相关行为，面对两部规范如何分别作出处政决定（原行政处罚决定和行政复议决定）。这种情形比单个机关处理情形复杂，这也是案例中之所以呈现出不同观点的重要原因之一。

纵观整个案件的进展，不难发现，原行政处罚决定确实属于适用法律正确（不论自由裁量不当问题），因为新《环评分类管理名录》在作出处罚决定时并未生效实施。在复议阶段新规实施，但原处罚决定已经依照旧规作出。复议机关针对一个在当时作出时引用法律法规准确的行政决定，也即已经经过行政机关处理过的行政行为，是否可以再溯及适用新法新规重新作出决定。目前行政系统内，乃至部分司法机关都可能认为不应追溯——该行为的违法性已经经过审查，如果原行政机关的审查或法律适用合乎法律规定，那么复议机关就不能再利用新法去重新审查原行政行为。

本文所要实证的，恰恰就是即使原行政机关依据旧法旧规作出了合乎旧法旧规的行政处罚决定，复议机关在复议期间，若针对此违法行为的规范出现了新的法律法规，那么复议机关应当重新依据现行有效的最新规范，遵循有利于相对人的新旧法律适用原则，来重新认定相对人环境行为的可处罚性和行政机关处罚行政行为的合理性，作出有利于相对人的行政决定。本案二审法官的裁判观点正是如此。

行政一体原则将上述所讲的两种情形（一个机关面对新旧两部规范和两个机关面对新旧两部规范）整合为一种情形，即为行政复议机关一个机关面对新旧两部规范如何作出处罚的情形。依照"行政一体"原则，行政复议机关实际上在行政复议过程中应当忽视原行政机关作出的评价，以后者及其自身查明的被证据证明过的事实为基础，以行政相对人行为之时至复议决定作出之日有效的相关法律法规作为依据，遇到新旧法律适用问题时，坚持"合理行政"的适用原则。这种行政复议机制符合复议监督权的立法本意。

四、"行政一体"原则的实践意义与行政复议机关的重新调查举证权

从根本上计，我国单一制的国家结构和宪法所确立的人民主权原则，决定了权力运行机制必然强调行政一体性原则。[①]因此，在社会公共事务管理上，我国行政管理权力运行的大背景是行政一体化。在行政复议制度运行过程中，不宜过度强调原行政机关与行政复议机关之间的分工、监督，而更宜强调一体、协作，最终目的是有效实现公共理性，"为党尽职、为民造福"。

根据全国人大常委会法制工作委员会行政法室的解读，《行政诉讼法》及其《行诉解释》之所以进行上述重大修改，确立"行政一体"原则，"主要是解决目前行政复议维持率高、纠错率低的问题"。

"行政复议是解决行政争议的重要手段，从制度上来说，行政复议具有方便、快捷、成本低等特点，应当是解决行政争议的主渠道。但从实践的情况看，事实并非如此，每年进入复议渠道的行政案件数量并不多，长期以来，复议受理的案件数量少于行政诉讼，近年来与行政诉讼受理案件的数量大体持平。究其原因，主要是公民、法人或者其他组织对复议机关不够信任，一方面是因为复议机关中立性、权威性不够，受到的掣肘比较多，该受理的不受理，已受理的，有些也不能公正地作出复议决定；另一方面也有制度不合理的原因，就是原法规定，复议机关维持原行政行为不作被告，改变原行政行为作被告这一制度。"因为，"如果行政复议维持了原行政行为，申请人不服，向法院起诉，复议机关就不作被告"。"因此，实践中，有些复议机关就一味维持原行政行为，该撤销的不撤销，该纠正的不纠正，导致维持率高，复议制度解决行政的作用没有很好地发挥，复议制度的优势没有得到很好的实现，与行政复议作解决行政争议主渠道的定位相去甚远。为了从制度上促使复议机关发挥监督下级机关的行政行为、救济公民权利的作用，新法对现行制度作了如上修改。"[②]

---

① 余湘青. 警察行政协助的困境与出路[J]. 行政法学研究，2008，2.
② 全国人大常委会法制工作委员会行政法室. 中华人民共和国行政诉讼法解读[M]. 北京：中国法制出版社，2014：76-77.

对于《行诉解释》第一百三十五条第一、第二款，将《适用解释》中第九条相应内容中的"程序"变为"决定"，根据最高人民法院行政审判庭的解读，很明显是强调司法审查内容的全面性，并且，在举证责任上，规定行政行为合法性的举证责任由作出原行政行为的行政机关和复议机关共同承担，同样是基于"统一性原则""行政一体原则"所进行的分配。虽然原行政行为系由原行政机关作出，但经过复议决定维持之后，该行政行为就成为"以复议决定的形式体现出来的原行政行为"，复议机关既然对其予以认可并作出维持决定，就应当与原行政机关一道对该行政行为合法的主张承担客观的证明责任。如果证明原行政行为合法的事实真伪不明，败诉的风险也要由原行政机关和复议机关一起承担。①

最高人民法院行政审判庭的解读也明确，《行诉解释》第一百三十五条第三款的规定，突破了固有思路。《最高人民法院关于行政诉讼证据若干问题的规定》（法释〔2002〕21号）第六十一条规定，"复议机关在复议程序中收集和补充的证据，或者作出原具体行政行为的行政机关在复议程序中未向复议机关提交的证据，不能作为人民法院认定原具体行政行为合法的依据"。前述规定表明，复议程序中产生的证据不得用以证明原行政行为合法。换言之，复议机关不得为原行政机关的合法性举证。但2014年《行政诉讼法》加大了复议机关的责任，且将复议决定与原行政行为作为一个整体来认识，《行诉解释》第一百三十五条第三款明确了行政复议机关在复议过程中可以收集和补充证据。在此情况下，原行政行为已不是原来作出时的状态，而是以复议决定的形式体现出来的原行政行为，原行政行为因所认定的事实、证据或适用规范依据错误导致的不合法问题已经被复议维持决定所修正，复议机关在复议程序中收集的证据可被用于证明原行政行为的合法性。②

同时，正是基于上述新特性，"行政一体"原则的新安排，实际上赋予了行政复议机关独立的调查取证权、事实认定权和法律适用权，"法律强制性"赋予了行政复议机关鲜明的独立行政复议决定权，也为行政复议机关带来了新的价值、新的机遇。

---

① 最高人民法院行政审判庭. 最高人民法院行政诉讼法司法解释理解与适用[M]. 北京：人民法院出版社，2018：629-630.
② 最高人民法院行政审判庭. 最高人民法院行政诉讼法司法解释理解与适用[M]. 北京：人民法院出版社，2018：631-632.

　　新的制度安排，不宜再机械强调复议机关对原行政行为的形式监督，而是更多赋予复议机关解决纠纷的措施和手段，更多强调复议机关对违法、不当行政行为的纠正，引导复议机关及时纠正行政行为的错误，减少程序空转，迅速化解行政纠纷，稳定行政法律关系①，救济行政相对人的合法权益。如是，我国于2035年基本建成法治政府的目标可期。

---

① 耿宝建. 行政复议法修改展望[M]. 北京：法律出版社，2016：148.

《土壤污染防治法》两大法律问题辨析

——法不溯及既往问题、污染责任人行政认定制度问题

（本文刊载于清华大学环境资源能源法研究中心主办的《环境资源法论丛》2020年第12卷，发表时有删改）

解决历史遗留土壤污染问题是《土壤污染防治法》的重要目标。土壤污染防治领域突破"法不溯及既往"原则，在美国历经多年争议最终确立，但我国《土壤污染防治法》未明确法溯及既往，且其第七十一条第二款明确对土地使用权人的追责不得突破原则，由于该条款的存在，现有土地使用权人既有法理支持，又有金钱利益驱使其不配合执法机关进行历史污染责任人认定。

《土壤污染防治法》明确污染责任人认定的行政程序，且可复议可诉讼，与土壤污染防治特性不符。相较《超级基金法》没有污染责任人认定的行政程序，实行强制性单方行政命令制度（UAO），无辜责任人先行动再救济，且不区分土壤污染责任人和土地使用权人概念的制度设计，后者明显有利于及时清除污染物、恢复生态环境，真正落实生态优先、绿色发展原则。

《土壤污染防治法》已于2019年1月1日在形式上生效，但该法要实质实施，却有待于多个实施细则、办法的落地式出台或完善，比如争议污染责任人认定办法（本文建议取消该制度）、国家和地方土壤污染防治基金募集与使用管理细则、土壤污染重点监管单位认定和管理办法、建设用地土壤污染风险管控和修复名录制度、疑似污染地块的土地使用权人变更登记制度修正等。但综合分析该法全部条款，笔者认为，《土壤污染防治法》的制定，如需达到真正的立法目的、得到真

正的有效实施，必须明确突破法不溯及既往的一般原则、取消污染责任人行政认定制度。详解如下。

一、《土壤污染防治法》应规定溯及既往而未规定的问题辨析

法不溯及既往，是法的一般原则，即法对其有效之日前发生的行为无法的效力，无论东西方，该原则都是一条基本的立法、执法、司法原则。我国《立法法》第九十三条明确，"法律、行政法规、地方性法规、自治条例和单行条例、规章不溯及既往"，但在特殊情形下应予突破，《立法法》第九十三条也明确，"但为了更好地保护公民、法人和其他组织的权利和利益而作的特别规定除外"。

面对土壤污染危及公共利益的严峻情势，面对土壤污染明确的隐蔽性、滞后性、累积性和地域性以及治理难、周期长等特性，突破法不溯及既往的一般原则，是正当的。

但是，即使是著名的美国处理现存污染土地的法律——《综合环境反应、赔偿和责任法》，即俗称的《超级基金法》，立法后 8 年才完成了从法不溯及既往到法溯及既往的争辩与蜕变过程，通过判例的方式确定了这一特殊领域的非常原则——污染地块治理责任主体需要对法生效前发生的危险物质处置行为承担责任（即使其行为在发生的当时并不违法）。从有争议到认可，其中的镜鉴意义重大。

美国《超级基金法》系于 1980 年为解决历史遗留污染问题，尤其是拉夫运河事件所暴露出来的问题而紧急出台的一部法律。其法律条款中没有明文规定法溯及既往，面对现实问题，是否要突破法不溯及既往的重大原则问题，出台后一直争议不断，其间对多个案件的处理争议不休。直到 1988 年，在美国联邦政府和纽约州根据这部法律向纽约西部地区法院提起的拉夫运河污染场地清理费用索赔案中，法院裁判才明确，"该法律是溯及既往的，在超级基金法颁布前后发生的反应费用都是可以追偿的"。作为判例法国家，在土壤污染防治领域，明确了法溯及既往的特例。

我国是非判例法国家，但《土壤污染防治法》却没有明确规定污染地块防治的法律责任可溯及既往，2018 年 7 月 1 日生效的国务院原部委规章《污染地块土地环境管理办法》（生态环境部令第 42 号）第十条已经规定，"土壤污染治理与修

复实行终身责任制"，并未明确是向后终身负责，还是向前、向既往终身负责，更未明确"身"不存在了，即责任人主体都消失了、解散了，应如何负责，特别是在 2019 年 1 月 1 日之前已经"失身"者。

无论是生态环境部令第 42 号，还是《土壤污染防治法》，其中一个最突出的立法目的，同美国《超级基金法》一样，都是为了解决现存多年累积的、大量污染地块的环境危险问题，如果不明确"法溯及既往"，则其中所规定的"谁污染谁治理"原则、确定污染责任人、污染责任人承担清除和修复费用、地方人民政府或土地使用权人向污染责任人追偿费用等重要制度安排，就是一纸空文，法律中多个明确指向土壤污染责任人的条款的立法价值将大打折扣。

《土壤污染防治法》不仅未明确本法溯及既往，反而明文强化了法不溯及既往原则在该法中的应用——《土壤污染防治法》第七十一条第二款作了如下规定：

"对本法实施之前产生的，并且土壤污染责任人无法认定的污染地块，土地使用权人实际承担土壤污染风险管控和修复的，可以申请土壤污染防治基金，集中用于土壤污染风险管控和修复。"

上述条款明确了在本法实施之前产生的污染地块，如不能认定土壤污染责任人的，土地使用权人能免除最终承担修复费用的责任，可申请修复费用的财政支持，实际上明确了对土地使用权人的责任追究需严格适用法不溯及既往的基本原则，不得突破。

但也有人主张，因多数国家都在不同程度上允许特定主体就历史污染求偿，故我国《土壤污染防治法》也是规定土壤污染责任人对该法实施前已经发生的土壤污染承担风险管控和修复的责任。将该法第七十一条第二款与该法第四十五条的规定结合分析，似乎也有隐含的"潜台词"，即如能认定土壤污染责任人的，即使是该法实施之前产生的污染地块，其土地使用权不能免除承担修复费用的义务，不能申请修复费用的财政支持——第四十五条规定："土壤污染责任人负有实施土壤污染风险管控和修复的义务。土壤污染责任人无法认定的，土地使用权人应当实施土壤污染风险管控和修复"——但是否确可如此推导，是否非黑即白的逻辑关系确证成立？

在公法领域，"法无明文规定不为罪""法无明文规定不处罚"，恐怕依然可以作为充足的抗辩理由，只要法律没有明文规定的，执法或者司法者不得加重责任人的重大行政或刑事责任，只要法律没有明文规定《土壤污染防治法》对土壤污染责任人溯及既往，执法或者司法者不得对其追究该法所列之责任。

但是，如果不能实现上述法理推导，不突破法不溯及既往的原则，则大量的污染地块的防治费用将由财政基金暨全体纳税人承担，与"谁污染、谁治理"的基本原则是明显相违背的。

而且，由于有第七十一条第二款的存在，现有土地使用权人有法律支持（至少无法律反对或制裁）、有金钱利益驱使其不配合执法机关进行历史、既往污染责任人认定，如此，实际上中国现存的大部分污染地块的修复责任，最终不是污染者承担，而是国家承担，财政承担，全体纳税者承担，外部承担，依然是环境成本外部化。

2019 年 9 月 17 日，生态环境部官网分别挂出了"关于公开征求《建设用地土壤污染责任人认定办法（试行）（征求意见稿）》意见的通知""关于公开征求《农用地土壤污染责任人认定办法（试行）（征求意见稿）》意见的通知"。

前者明确：

"第三条　责任人，土壤污染责任人，是指 1979 年 9 月 13 日《中华人民共和国环境保护法（试行）》生效后，因排放、倾倒、堆存、填埋、泄漏、遗撒、渗漏、流失、扬散污染物或有毒有害物质等，造成土壤污染，需要依法承担风险管控、修复责任的单位和个人。涉及土壤污染责任的单位和个人是指具有前款行为，可能造成土壤污染的单位和个人。"

后者明确：

"第三条　责任人，本办法所称农用地土壤污染责任人，是指：（一）1979 年 9 月 13 日《中华人民共和国环境保护法（试行）》生效后，排放、倾倒、堆存、填埋、泄漏、遗撒、渗漏、流失、扬散污染物或者其他有毒有害物质等，造成农用地土壤污染，需要依法承担风险管控和修复责任的单位和个人。

（二）违法生产、销售不合格的农药、化肥等农业投入品，造成农用地土壤污染，需要依法承担风险管控和修复责任的生产经营者。

（三）违法使用不合格的农药、化肥等农业投入品，造成农用地土壤污染，需要依法承担风险管控和修复责任的农业生产经营组织。

涉及土壤污染责任的单位和个人是指具有前款行为，可能造成土壤污染的单位和个人。"

两份通知都明确,《土壤污染防治法》中有关污染责任人的认定与追责时间均需溯及至 1979 年 9 月 13 日,即中国第一部环境保护法实施之日,值得支持。但是,其依据是现行《环境保护法》和《土壤污染防治法》,两部法律中并未明确对法不溯及既往原则的突破(反而明确鼓励法不溯及既往原则的适用),那么,两部部门规章规定《土壤污染防治法》溯及 1979 年的上位法之依据何来?

因为《立法法》第八十条明确,部门规章只能"根据法律和国务院的行政法规、决定、命令,在本部门的权限范围内,制定规章""没有法律或者国务院的行政法规、决定、命令的依据,部门规章不得设定减损公民、法人和其他组织权利或者增加其义务的规范,不得增加本部门的权力或者减少本部门的法定职责"。

二、土壤污染责任人认定制度善恶利弊之辩

《土壤污染防治法》第四十八条规定,"土壤污染责任人不明确或者存在争议的,农用地由地方人民政府农业农村、林业草原主管部门会同生态环境、自然资源主管部门认定,建设用地由地方人民政府生态环境主管部门会同自然资源主管部门认定。认定办法由国务院生态环境主管部门会同有关部门制定"。

显然,《土壤污染防治法》允许污染责任人的争议存在,且授权环保行政部门在有争议的情况下启动认定污染责任人的行政程序。

无疑,地方人民政府职能部门认定土壤污染责任人的行为是行政行为,而且是直接影响被认定人巨大利益的具体行政行为。这样一项制度安排,对比《超级基金法》中的潜在责任人制度安排,到底孰利孰不利,一项可听证、可复议、可诉讼的经典行政行为创设安排到底好不好?

首先,《超级基金法》根本就没有争议污染责任人认定的单一制度安排。《超级基金法》第 113 条(h)款中明确规定,"联邦法院不对任何根据本法第 104 条所选择的清除或者修复行动产生异议,或者任何根据本法第 106 条(a)款的规定发布的命令进行管辖",而能够提起司法审查的范围,仅限于对行政记录过程中的程序性违法问题,比如未在合理时间进入场所、取样不规范等,但不影响实质清除或/和修复行动的执行支持。美国法没有行政行为或行政命令之说,但这种根据

本法第 106 条（a）款颁发的"可能对保护公共健康和福利以及环境必要的相关命令"，被国内环境法学者定义为单方行政命令（UAO）行为，因为该行政命令行为不可诉，只能执行，否则根据《超级基金法》第 106 条（b）款和第 107 条（b）款，"在违反或者不遵守的时间内被处以每日不超过 25 000 美元的罚款"（按日处罚制度），以及最高相当于基金支付的、政府部门代履行清除或恢复措施的费用 3 倍的赔偿金，而执行清除或恢复行为之行政命令的，只能在完成行为之日起 60 日内请求从基金中得到补偿，遭到全部或部分拒绝的，才有权向法院提起诉讼，要求审查行政命令的合法性、合理性，要求补偿因此支出的清除或/和环境恢复费用。

其次，《超级基金法》没有我国《土壤污染防治法》中明确的争议污染责任人认定制度。

如前所述，《超级基金法》对于责任人的救济安排是事后制，是单方强制制、被动接受制，是先被迫行动后维权救济，如果真的是无辜责任人或部分责任人的话，只能将《超级基金法》第 107 条（a）款的责任人定义为"潜在责任人"，这个概念自身含有不确定的含义在内。

无疑，环境公共利益的保护是优先利益，根据《超级基金法》的规定，无辜责任人的自我救济，只能是在履行了污染地块修复行为或支付了污染地块修复费用之后，方可提起费用返还之诉，或通过污染清除费用和环境恢复费用的追偿之诉和分摊之诉（典型民事诉讼）来完成，即由被认定的无辜责任人自己去向真正的污染责任人或应承担责任的连带责任人要求追偿或分摊责任，而不可就单一认定行为提出异议。

所以，《超级基金法》中确定的责任人，只能称之"潜在责任人"，甚至是"疑似责任人"，其中可能就是我国《土壤污染防治法》中出现的"不确定的或有争议的土壤污染责任人"概念——且不区别土壤污染责任人与土地使用权人概念，均为责任人——他有可能不是真正的责任人，或不是全部责任的承担人，但是，最终的认定不是依靠行政机关的行政判断，而是依据潜在责任人自己的司法救济程序，依据法院法官的司法判断。

根据美国《超级基金法》1986 年修正案的规定，潜在责任人的认定行为不可诉，核心原因就在于污染地块对环境污染的危害性必须得到及时、快速地消除，"一刀切"的方式就是为了防止污染责任人拖延时间、规避责任，如果允许被认定的土壤污染责任人可以就行政机关的认定行为提起行政诉讼，则极大可能导致污染地块继续扩散污染、侵害公共利益。

笔者认为，这种潜在责任人制度，明显优于我国《土壤污染防治法》以及将要颁布的农用地和建设用地土壤污染责任人认定办法，原因明显在于：

第一，土壤污染责任人认定程序过于复杂、时间过长，不利于土壤污染的及时清除、风险管控和生态修复。

根据一般的行政确认行为及其救济的程序规定，比如已公布的《建设用地土壤污染责任人认定办法（试行）（征求意见稿）》第二十条表述，"调查期限，调查组或者调查机构应当自启动调查之日起90个工作日内提交调查报告；情况复杂，不能在规定期限内完成调查的，经生态环境主管部门会同自然资源主管部门批准，可以适当延长，但延长的期限原则上不得超过30个工作日。延长调查期限的，告知申请人"。其调查期限就可达120天，之后还是技术审查时间、行政审批时间，之后行政复议和/或行政诉讼时间（尚不考虑行政听证期间）。而根据《行政复议法》和《行政诉讼法》，提起行政复议的有效期一般为60日，行政复议立案后的审查期最长为90日，直接提起行政诉讼的有效期一般为6个月，一审行政诉讼立案后的审限为6个月，特殊情况还可延长，延长期多长法无明文规定，二审行政诉讼立案后的审限为3个月，同样，特殊情况还可延长，延长期多长法无明文规定。

因此，实际上，一份有效的土壤污染责任人认定，其程序可以长达数年之久——上述时间还未考虑必要的监测、技术评估、鉴定等时间。在如此制度安排下，有几个真正的土壤污染责任人不愿意发起认定行政程序？一旦土壤污染责任人迟迟不能认定下来，那么众多土壤污染清除与生态修复的责任，只能落在政府的身上，"污染者担责"的原则迟迟得不到落实，企业主体责任的制度安排，也将空转，成为一句空话。

第二，"不确定的或有争议的土壤污染责任人"概念，无法准确界定，且将土地使用权人责任区别开来，实践中易引发制度性腐败。

《土壤污染防治法》中，关于不确定的或有争议的土壤污染责任人，并未明确确定内涵、外延，但明确了只有土壤污染责任人不确定或者有争议时，才启动土壤污染责任人的认定程序，见该法第四十八条之规定："土壤污染责任人不明确或者存在争议的，农用地由地方人民政府农业农村、林业草原主管部门会同生态环境、自然资源主管部门认定，建设用地由地方人民政府生态环境主管部门会同自然资源主管部门认定。"

《建设用地土壤污染责任人认定办法（试行）（征求意见稿）》中，第三十一条表述为，"产生不明确或有争议的情形，产生责任人不明确或有争议的情形包括：（一）建设用地上曾存在多个从事生产经营单位和个人的；（二）建设用地土壤污染存在多种来源的；（三）其他情形"。

《农用地土壤污染责任人认定办法（试行）（征求意见稿）》中，第二十八条表述为，"产生责任人不明确或有争议的情形，产生责任人不明确或有争议的情形包括：（一）农用地周边曾存在多个污染源的；（二）农用地上存在多个农业生产经营组织的；（三）农用地土壤污染存在多种来源的；（四）农业生产经营组织使用的农药、化肥涉及多家生产经营者的；（五）其他情形"。

从上述两意见稿中的表述可知，实际上，其中陈述中的情形多为"多"的问题，即有多个污染源的问题，但"多"不能认为是不明确或有争议，在发现土壤污染嫌疑之初的土壤污染状况调查阶段，其污染来源本就属调查范围，存在多个污染源头或经营单位，则显然要在土壤污染状况调查阶段查明其污染来源。

第三，最核心的原因是，程序完美式复杂，法律理想化设计，其行政成本高企而效能低下，不符合制度经济性要求，不符合市场发挥决定性作用的原则，不符合市场主体承担环境治理、污染防治主体责任的发展趋势。

一项法律制度的产生，不是为了增加行政环节、增加行政编制、增加行政成本，而是达到国家治理的最终效果。

党的十九大以来，国家治理体系与治理能力现代化问题成为重中之重，国家治理更多地强调政府主导下的市场主体责任，但《土壤污染防治法》从土壤污染状况调查规定到风险评估、效果评估、后期管理、土地使用权人责任等一系列行政管理规定，仍然延续的是行政主体的立法管治模式，有相关部门过度揽权的嫌疑，其中条款无法看到推动市场主体作为污染责任人主体内生动力的机制，由此可能导致见不到真章、见不到实效，而空耗了国家和地方财政。

两土壤污染责任人认定具体制度的草案中，认定程序的启动情形，一是依申请启动，二是依职权启动，其中建设用地土壤污染责任认定的启动，申请人包括土地使用权人、土壤污染状况调查报告或者土壤污染风险评估报告中提出的涉及土壤污染责任的单位和个人，而农用地污染责任人的认定为依职权启动。

依申请启动问题，在"不确定的或有争议的土壤污染责任人"概念无法明晰的情况下，在土地使用权人、土地污染责任人均有权申请启动的情况下，两类责任主体发起启动认定程序是经济与理性的选择。当然，如前所述，第七十一条第二款规定，对本法实施之前产生的且土壤污染责任人无法认定的污染地块，土地使用权人不用承担最终的土壤污染风险管控和修复费用责任，此种情形下，对于法律实施之前的历史遗留污染地块的责任人认定不能，土地使用权人是积极地促成认定不能，无申请启动的利益驱动。但对于法律实施之后的污染地块，因有第四十五条的存在，土地使用权人一定会积极地反对土壤污染责任人的认定不能，一定会在认定不能的情况下申请启动认定程序。

依职权启动问题，定然涉及具体由谁、哪个部门、哪个司处科室来依职权启动的问题。在机构编制问题未解决之前，依职权启动属于启动不能状态，其结果是大量污染地块倾向责任人认定不能，因为无人具体认定，其风险管控与修复责任终由土地使用权人和国家、地方财政承担，特别是农用地污染地块；在机构编制问题解决之后，土壤污染责任认定倾向重复操作，即在土壤污染状况调查阶段和土壤污染责任人认定阶段两次进行，由于土壤污染责任人的认定属于具体行政行为、公权力行为，其费用也由国家或地方财政负担，国家和地方财政将因此徒增支出。

因上述原因，笔者认为，土壤污染责任人认定制度，并非善制，应当推动《土壤污染防治法》废止该项制度安排，借用已经实验成功的《超级基金法》的做法，采用潜在责任人制度，以生态优先为原则，在土壤污染状况调查的最初环节，就确定潜在责任人，并要求潜在责任人和/或土地使用权人承担法定义务。

在《土壤污染防治法》中土壤污染责任人认定制度明确存留的情况下，笔者认为，建设用地和农用地土壤污染责任人认定办法，不需明确污染责任人认定行为是何种行政行为，或明确认定过程、认定结论不是一个独立的行政行为，属于过程性行政行为，未影响被认定人实质权益等，因此而不可诉，不可行政复议、不可行政诉讼；并仿照《超级基金法》中的制度安排，明确只有土壤污染责任人履行了法定的风险管控和修复责任之后，或者在向国家或地方申请土壤污染防治基金被拒绝的情况下，方可提起行政救济、司法救济。

绿色原则：《民法总则》第九条里的首秀

（本文发表于《广州律师》杂志 2017 年 2 月总第 67 期，发表时有删改）

"绿色原则"引申出绿色投资、绿色并购、绿色信贷、绿色基金、绿色证券等行业准则，绿色法律事务可以成为我们律师业务的新宠。

《中华人民共和国民法总则》第一章"基本规定"中第九条规定，"民事主体从事民事活动，应当有利于节约资源、保护生态环境"。这就是《民法总则》所确立的民事活动的"绿色原则"。

笔者认为，此次确立绿色原则为民法的基本原则，既是传承了人与自然和谐共生的优秀传统文化理念，也是贯彻执行将绿色发展作为中国"十三五"乃至更长时期内经济社会发展的基本理念，这更将成为所有民事活动的遵循和司法判断的准则。

一、绿色原则是国策与法律的统一，是指导律师进行民事活动合法性价值判断的基本标准

绿色原则，是"五位一体"、绿色发展的国家基本政策在基本法上的体现，作为第 1 章"基本规定"中的一部分，绿色原则将同该章其他各条所述的公平原则、平等原则、自愿原则、诚信原则等原则一起，成为指导我们律师对民事主体进行民事活动合法性判断的最基本标准，也必然深刻影响我们的司法执业活动。

二、"绿色原则"也是为了保障每个人的子孙后代的代际公平权，包括保护国与国间环境公平权

我们都知道，我国长期粗放式发展，每万元 GDP 所消耗的生态资源是发达国家的数倍甚至数十倍，不仅造成我们现在所处环境的严重恶化，明显影响到我们这一代人的生命健康权，也严重透支了我们每个人的子孙后代的资源，侵害了子孙后代的健康权、发展权。

同时，高耗能、高污染、出口型的经济模式，是在用我们的身体权、健康权受侵害为代价，为其他国家服务，以消耗我国的环境容量满足全世界的欲望，这明显也是严重不符合国与国之间的环境公平权的，我们没有必要牺牲自己的权益为他们服务。我们不能眼羡美国、欧盟、日本等国的良好环境而自己不行动。

三、民事行为可能因违背绿色原则而判定无效

比如，如果当事人与其他民事主体签订一项投资合同，只要其履行结果可判断为不节约资源、污染环境的，则我们可判断合同可因违反绿色原则而违法，如果其目的或明知结果就是污染环境、损害生态，则其合同民事行为可归于无效，因其损害了社会公共利益、国家利益和/或第三人利益（共同环境权），因此取得的财产收益要收归国家所有或者返还集体、第三人，且需承担相应民事赔偿责任。

四、绿色原则在法律上的确立还在深化，律师大有可为——办理环境公益案不强调免费

众所周知，绿色原则已在《环境保护法》《环境影响评价法》《大气/水污染防治法》《环境保护税法》等社会法或公法上得到不断强化，2017 年 6 月 27 日，全国人大常委会通过修改《民事诉讼法》的决定，确立全国各地人民检察院有提起环境民事公益诉讼的权利，这是《民事诉讼法》确立各类环境公益组织对危害公共环境权益的民事主体有权发起公益诉讼后，在环境民事公益诉讼上的又一重大

制度安排。

不论环境民事侵权案件，就笔者连续代理的两单环境公益诉讼为例，根据《最高人民法院关于办理环境公益诉讼案件适用法律问题的司法解释》的规定，律师在代理该类案件中的律师费以合理为原则，并不强调"公益"、免费，因此，我协会的律师同仁可积极参与，我可透露的信息是，我所收到的律师费，两单均在 6 位数以上。

由于众多民事主体，特别是大量商事主体，已充分意识到"绿色原则"是自己的行为准则，投资并购等商事活动中的绿色法律尽职调查，将同西方发达国家接轨，成为重要法律事务。

以笔者为例，自 2015 年以来，笔者为多家商事主体（其他包括央企、超大型外资企业等）提供前述法律服务，包括绿色专项法律顾问、环保资产并购尽调调查报告或法律意见书、绿色专项法律事务非诉处理等，律师收入成倍增长，为此，笔者还领衔成立了本律师事务所 40 家分所中的第一个环境与资源法律事务专业部门。

五、绿色原则引申出绿色信贷、绿色基金、绿色证券、绿色投资、绿色并购等行业准则，绿色法律事务可以成为我们律师业务的新宠

由绿色原则，目前已引申出绿色信贷、绿色基金、绿色债券、绿色证券、绿色保险、绿色建筑、绿色交通以及绿色产业等行业准则。

自 2015 年年底我国确立绿色债券发行制度以来，中国绿色债券发行量已跃居全球第一，达 5 000 亿元人民币，参与其中的律师可获得数千万元的绿色回报。

为发展绿色建筑，各地纷纷成立绿色建筑协会，节能强制性标准、装配式建筑、太阳能幕墙等绿色建筑规范的实施，必然对房地产律师服务带来新的挑战和机遇。

就在上个月（2017 年 6 月，作者注），广州市花都区与其他 6 个地方一起，被国务院批准为国家级绿色金融创新试验区，从事金融法律服务的律师应该快速行动起来，研究绿色金融制度，以适应时代需要（2017 年 5 月以来，广州市律师

协会能源资源和环境法律专业委员会已连续举办了两期有关绿色金融的沙龙活动，欢迎更多的律师同仁参与这个专业委的相关活动）。

六、期待民法分则确立环境权，这有利于国际事务谈判，有利于我国民事主体开展国际民事活动

民法典的工程，下一步的期待是民法分则的制定或修订，作为民事主体权利中集体人权的重要标志，环境权必将成为民法分则讨论的一个要点。

美国的《国家环境政策法》等 90 多个国家的法律中，均明确规定了公众环境权或公民环境权，我们国家也必然会考虑，将环境权写入基本人权或法律规定中，否则，不仅与我国绿色发展的国策、民事活动绿色基本原则不相符，而且会影响我们在有关环境权利方面的国际谈判，不利于维护国家环境权利，同时，只有确立了环境权为基本权利，才有利于我国民事主体开展国际民事活动。

法瑞意三国法治与生态文明政策游考

——法治文明：西方之鉴，东方之师

（本文发表于《广东律师》杂志 2015 年第 1 期，发表时有删改，获《广东律师》杂志 2015 年度好文章二等奖）

2014 年 10 月 18 日至 28 日，时值中共中央召开党的十八届四中全会、发布依法治国重大问题的决议之时，包括笔者在内的广州律师一行 19 人，前往大陆法系之法瑞意三国游考。三国法治先行，一路走来，观察三国法治的前世今生，探求法治之真谛，发觉生态之文明，感触良多。

一、凡尔赛宫与中国有关的两大标志意义、宫内宫外的治安真相

到法国的第一站是著名的凡尔赛宫，导游、原华师大教师姚美珠女士介绍，凡尔赛宫有两大法治标志，一是凡尔赛宫是法国大革命爆发的源头，平等、自由、公正之核心法治思想促使法国与君贵特权和教会特权决裂，走向民主法治，影响了整个欧洲、世界；二是凡尔赛宫是中国"五四"新文化运动的源头，1919 年因《凡尔赛和约》爆发"五四运动"，"德先生"（民主）和"赛先生"（科学）之两大法治基础在中国人心中打下。

第一个标志事件发生在 1789 年，法国已干旱三年，巴黎周郊的农民食不果腹、朝不保夕，于是到凡尔赛宫找皇帝路易十六要吃的，皇帝派从不出宫一步的皇后接见农民，这位皇后说："你们没有面包吃，为什么不吃蛋糕呢？"郁闷的巴黎农民聚集到老市区，在狱警的帮助下，拿到了巴士底狱储藏的武器，再次聚集到有

瑞士雇佣兵保卫的凡尔赛宫，路易十六试图逃走搬兵，被中途截住，被押回巴黎后投票表决，连同王后被断头。

18世纪的法国人分为三个等级，第一、二等级是王公贵族、教士、骑士等，不劳动或少劳动，不纳税，第三等级是工商业者、广大农民，纳税很重。在大革命前夜，法国人贡献的几部惊世之作问世，1760年前后，启蒙思想家卢梭的《社会契约论》《论人类不平等的起源》问世，1776年，孟德斯鸠出版《论法的精神》，启蒙运动先贤伏尔泰提出著名的"法律面前人人平等"。人类平等、自由、公正的种子在法国人心中强烈地种下，新兴工商业者抓住这种需求，挑起大革命，推翻君主政体，走向共和，推行法治。

这一年，《人权宣言》问世，这部人类历史上首部正式的人权宣言宣称："在权利方面，人们生来是而且始终是自由平等的。"自由、财产、安全和反抗压迫是"人的自然的和不可动摇的权利"。还宣告立法权属于人民、正当法律程序、罪刑法定、无罪推定、法不溯及既往等重大法治原则。

第二个标志事件发生在1919年。是年，"一战"结束，中国作为战胜国参加《凡尔赛和约》谈判，但贫穷的中国遭遇不平等待遇，自己的土地青岛被战败国德国送给日本作礼物！当时，已受到"德先生""赛先生"等法治基础思想影响的中国人，愤怒地表达强烈不满，进而激愤地反思为什么中国会遭遇不公平，李大钊、鲁迅、陈独秀等成为当时杰出者，毛泽东的《湘江评论》喊出了："时机到了！世界的大潮卷得更急了！"

世界的大潮卷得更急，是的，行进在法国（瑞、意），感受着车轮上的国家卷起来是什么样的——公路上一般没有行人只有车，却不限摩，车也密，却明显感到车速并不慢，尤其在城区，很少卷着不动。明显感到不塞车的原因就是交通规则执行到位——极少变道，大车靠右，救护车警车消防车一响即向两边让道，摩托车双闪夹道而行。在这样的道路上行进，让我有丝感动。这，就是法治文明卷动的力量！

然而不能不看到，人类追求真正"法的精神"，即使在今天的法国也依然任重道远。

无论是在凡尔赛宫还是卢浮宫，到处都有中国人，但导游强调，今天的法国已经不同于10年前的法国，不安全了！欧盟扩大后，法国人自由、平等、博爱地包容了来自非洲、东欧的移民，但新法国人似乎不认同老法国人的信仰，专对来法游客、特别是对爱露富的中国游客骗、抢、伤！"抬头拍靓照，低头盯钱包"，导游不断提醒，我们不禁个个捂紧钱包！导游的一位女同行，2 年前傍晚时站在巴黎的马路边，突遭飞车抢夺，被人拖出 3 米，差点头撞电线杆，肋骨跌断！究其原因，游客报警容易、指证难，除非现行，警察办案困难。如此法治有形无实，钻法律空子，放纵人类自私的行为出现！

受新法国人的冲击，老法国人的生活水平下降，似乎还反映到律师行业。导游介绍，一位年轻漂亮的中国女孩，钢琴、美术俱佳，嫁给一位英国富人，被害前一年告诉导游："我终于拿到法国国籍啦！"2 年前，在别墅区与老公双双被害，女孩的家人为处理遗产，聘请了法国律师，现在 2 年过去，除付了 1.8 万欧元的律师费，什么结果也没有，这或可理解，但却还受到这位律师的讹诈，令女孩家人十分不解、痛苦——律师说："如果把你家的房子以半价卖给我，很快就有结果！"车也被律师的朋友开着！从我国律师的角度看此事是否存在对异国法律理解与沟通问题，巴黎律师执业自律与规范是否出现问题，尚需考证，希望不是真的。

二、巴黎百年律所怎样为中国人服务

此次游考的重要一站，是访问巴黎同行基德（GIDE）律师事务所。该所负责人自称，GIDE 是巴黎最大的律师所，成立于 1920 年。

基德所两大特点为我们所吸引，一是该所专业化、法部门化发展之路。基德所很早从传统业务转向商事，自此专心一意从事商法活动，坚持走法部门化的精英路线，并奉行大家力量大于个人力量，分工合作才有优势，设有公司法部、金融银行法部等 7 个部门，逐渐发展成国际化大所，目前该所在 14 国有 17 个分支机构，1 000 余名职员，其中律师 600 多人，合伙人 97 人，职员国籍 35 种。

二是该所合伙人晋升机制。基德所注重对内部人才的管理、提升，从年轻人开始逐步培养初级律师、高级律师、合伙人，其合伙人的晋升严格实行专业能力的考核。晋升程序分三步，先自荐，自荐须有本部门一个合伙人推荐，合伙人委员会有一人同意自荐，然后是 18 个月的业绩考核期，后由合伙人委员会 3/4 的多数通过成为合伙人。因此，基德所的合伙人均产生于有 10 年以上执业经验的人。

无论是在老佛爷、春天等精品店，还是在塞纳河畔、游船上，法国大量说汉语的服务员，大量的"Made in China"，而基德所留给笔者最深印象的，同样是中国元素。该所巴黎本部设有大中华区事务部，负责该部的几位合伙人都有中文名，胡杰（Guillaume Rougler-Brierre）、杜大伟（David Boitout）、雷善理（Charls-henri Leger）等，聘请以汉语为母语的律师，访问时的翻译陈璐律师12年前还是湖南株洲人。该所在北京、上海、香港设有办公室，三地均有从法国派驻当地的外籍律师，余立轩、高昂拓、龙哲源等是其中文名。该所网站用法、英、中三种语言。

作为国际化商事所，他们20年前在北京设立办公室，合伙人长驻中国多年，他们观察到，中国到欠发达的中东欧投资的冲动呈直线上升趋势，而中国到西欧投资的领域是农业、奢侈品业（含旅游业）、高科技（在欧洲设立科研部门）。

三、瑞士的"武装中立"和银行保密法的终止

瑞士昨日的"武装中立"，今日银行保密法的命运，令笔者关注。

行至瑞士，明显感到瑞士比法国富裕，路上一厢半的私家车明显减少，多了三厢车，说明法国人也并非出于环保不开大排量车。然而不管什么车多，瑞士处处风景如画是真，在卢塞恩硫森湖，在英特拉肯，在靠近意大利的边境小镇，几乎每一处每一角都是一幅优美画卷，看得人真的心醉！不能不感叹富裕的瑞士环保如此之好！

但导游说，坐落在阿尔卑斯山区的内陆小国瑞士，历史上是欧洲最穷的国家，闻名的瑞士雇佣兵恰恰证明了一个穷字。前后对比，不禁要问，瑞士是如何实现富强、公平、正义、清明之治的？

进入瑞士，第一站就是位于卢塞恩硫森湖畔的石雕纪念碑"忧伤的狮子"，此碑要纪念的，正是瑞士宣布永久中立前受雇于欧洲各国的200多万勇敢、忠诚的雇佣兵！法国大革命时，786名受雇于国王路易十六的瑞士雇佣兵为保卫国王，竟全部战死，此事对瑞士人打击很大——长期以来，靠受雇于他国过活的瑞士雇佣兵，受到的不仅仅是死亡的威胁，更严重的是亲情的折磨，受雇于敌对各方的同胞、同族兄弟甚至父子，为了守信于不同国家，泪流满面也不得不手足相残，这比死亡还痛苦！这样活着绝不是公平正义！

瑞士人痛定思痛，发奋自强，1847 年瑞士宪法规定，不再向外派遣雇佣兵，"永久中立"！如今，瑞士的钟表、珠宝、乳奶、巧克力、八音盒等产品世界知名，旅游业发达，银行业执世界之牛耳，瑞士人成为各国羡慕的最安居乐业者，让笔者不得不钦佩瑞士人追求诚信、勇敢、团结、坚毅等人类一切真善美思想的精神。

1938 年，希特勒准备欺负瑞士，要求将犹太人存入瑞士银行的钱交出来，并要利用其铁路、隧道实施"机动"，瑞士与希特勒谈判：一、如果德国入侵，瑞士将炸毁所有隧道、铁路，"自毁长城"；二、宣布凡入侵瑞士领空者，不论何国，一律击落。经过百年发奋自强，瑞士军队已实现高精尖，实力已居欧洲前列。瑞士实现了有实力的"武装中立"，做了有实力有武装的和平者。

瑞士银行发达，成为世界最大的离岸金融中心，这与其 1934 年颁布《联邦银行法》密切相关，该法第 47 条规定：瑞士任何银行职员，都必须严格遵守保密原则，保守其与客户往来情况及客户财产状况等有关机密。保密协议对银行职员终身生效。违背者，包括引诱银行职员泄露客户和银行信息的第三人，都将面临 6 个月到 5 年的监禁、最高 5 万法郎的罚款。

银行保密法出台的直接原因是反对纳粹德国非法侵占犹太人存在瑞士银行的财富，在于实现私有财产神圣不可侵犯，客观上使瑞士获得了全球财富拥有者的高度信任。

但时至今日，为打击愈来愈严重的富人逃税和部分国家领导人贪腐问题，2014 年 5 月 6 日，瑞士在巴黎欧洲财长会议上签署了有关自动交换信息的全球新标准，这次决定性的举措，象征着瑞士告别了几百年来坚持保护银行客户隐私的做法。早在 2007 年 9 月，联合国毒品和犯罪问题办公室与世界银行联合发起《追回被窃资产倡议》，旨在帮助发展中国家追回被贪腐的国家资产，瑞士第一个在倡议上签字。瑞士告别银行保密法，也宣告向"逃税天堂""赃款庇护所"告别，是瑞士人对全球公平、正义发展所做的贡献。

四、西方法治文明源于东方古丝路，罗马法复兴成就西方法治文明

畅销名作《罗马人的故事》中总结，"犹太人由宗教匡正人类的行为，希腊人

选择以哲学来做规范，罗马人则用法律约束人民"。古罗马法是大陆法系的源头，古罗马所在地意大利，是法律人考察的重点。

然而游历意大利的第一站，得知欧美法治文明竟源于中国、源于古丝绸之路。

导游介绍，公元 13 世纪末，水城威尼斯是古丝路上最繁华的商都，但此时的欧洲整体处于教会统治的黑暗时代。此时，威尼斯商人马可·波罗一部《马可·波罗行纪》羡醒了欧洲人，该书描述了中国无限的财富、巨大的商业城市、极好的交通设施、华丽的宫殿建筑，古东方文明对此时的欧洲人而言是"天方夜谭"！此书打破了宗教的谬论和传统的"天圆地方"地理说，推动了大航海时代的到来和美洲发现，推动欧洲进入"文艺复兴""罗马法复兴""宗教改革"并称的欧洲三大思想运动时期（三词开头字母都是 R，因此又称"3R 运动"）。世界从来都是联系的，正是古东方文明刺激了欧洲人追逐财富、加速革新的步伐。

游历意大利，沿线印象深刻的是几座知名教堂，威尼斯圣马可大教堂、佛罗伦萨圣母百花大教堂、罗马城中的圣彼得大教堂，都是当年当地最高大、装饰最华贵的建筑，足显当年教会势力之强大、精神控制之厉害。

上述线路正是欧洲 3R 运动的发展线路，3R 发端于威尼斯，中心在佛罗伦萨。导游介绍，复兴，实质是对古希腊、古罗马文化思想的继承、发扬和创新，实质是新兴资产阶级借助历史思想文化反封建、反神权推动新生产力发展。

古罗马是人类历史上第一个实行共和、第一个颁布成文法（"十二铜表法"）的国家，其自然法学法律思想、自由人在私法关系上的地位平等原则，是形成大陆法系的基础。

令法律人自豪的是，全球公认的世界第一所大学是法学院，罗马法复兴又始于此大学。1088 年，在威尼斯与佛罗伦萨之间的博洛尼亚市，创立了以教习罗马法为主的法律专科学校博洛尼亚大学，在欧洲广招学生，后几百年促成全欧研究罗马法的热潮。罗马法作为资本主义社会以前调整商品生产者关系的最完备法律，经此大学"注释法学派"和"评论法学派"400 年努力，为资本主义生产关系提供了现成的法律制度。《法国民法典》《德国民法典》直接继承和借鉴罗马法，两国民法体系又为瑞士、意大利、丹麦、日本等国仿效。律师制度也源于罗马法。

德国法学家耶林说："罗马三次征服世界，第一次是以武力，第二次是以宗教，第三次是以法律，而第三次征服也许是其中最为和平、最为持久的征服。"一般认为，包括罗马法复兴在内的欧洲 3R 运动，使西方文明较早走上有别于东方文明的人文主义道路，使得时至今天我们仍然不得不在重要领域向西方学习！

五、欧盟前身是巴黎煤钢共同体和罗马原子能共同体，资源经济规则推动欧洲和平统一

欧洲统一一直是欧洲人的梦想，历史上先后出现过多次通过武力实现的欧洲统一，包括罗马帝国、法兰西帝国、纳粹德国等，但真正和平的、长期可见稳定的政治司法经济外交等各方面统一的欧洲，是通过资源领域的经济统一实现的。

欧洲煤钢共同体，是欧洲第一个跨国机构，正是它同其他相继出现的跨国机构一起，发展成为今天的欧洲联盟。1951 年 4 月 18 日，通过《巴黎条约》的成立，1952 年 7 月 23 日欧洲煤钢共同体生效。根据条约规定，成员国无须交纳关税而直接取得煤和钢的生产资料。欧洲煤钢共同体的缔约国正是法国、意大利、西德等 6 国。

虽然根据生效期限为 50 年的规定，2002 年 7 月 23 日之后欧洲煤钢共同体不再存在，但欧洲煤钢共同体是欧洲漫长历史上出现的第一个拥有超国家权限的机构，成员国的政府第一次放弃了各自的部分主权，并将这些主权的行使交给一个独立于成员国的高级机构。欧洲煤钢共同体在 1965 年 4 月 8 日通过合并条约与欧洲经济共同体及欧洲原子能共同体合并。

欧洲原子能共同体（EURATOM），是在 1957 年 3 月 25 日，同样由法、意、德等《欧洲煤钢联营条约》成员国在意大利签订《罗马条约》时决定成立的。目的是为核子能源联营及分销共同市场，并可出售剩余核子能源至境外国家。如今，欧洲原子能共同体已经在欧洲联盟架构内。

《EURATOM 罗马条约》为鼓励核工业的增长和发展以及保证燃料供应安全和核电厂安全提供了一个稳定的法律框架。它覆盖了欧盟内所有的民用核活动，目的是提供一个核材料共同市场，确保核燃料的供应，并且保证核材料不会被转用于其他目的。2009 年 11 月 26 日，欧盟委员会通过有关核安全法规草案，对核设施设计、选址、建设、运行、维护和拆除等一一进行了规定，旨在提高欧盟核安全，加强有关监管机构的作用。这是欧盟委员会通过的第一个对全欧盟具有约束

力的核安全法规。

导游介绍，正是因为 EURATOM 安排形成了统一市场，目前欧洲核能分布形成一个有意思的现状，就是法国核能意大利用，法国人在核电领域的优势使法国成为欧盟少有的能源净出口国，而意大利能源 20% 以上靠从法国进口核能，而且从整体看，意大利成为世界最大的电力进口国，用电多发电少，意大利与法国在能源领域优势互补。

欧洲通过《巴黎条约》和《罗马条约》这两个法律的形式，实现共同发展，煤、钢、原子能的协定，充分证明资源在各国不同发展时期促进强盛的重要战略意义，通过这两个法律，欧盟的前身欧共体，设立资源领域的议会、法院，行使超国家权力的经济权力，充分显示出制度安排对经济发展的重要作用。

与《巴黎条约》和《罗马条约》类似的是，中国目前同主要资源国商谈自贸区制度安排，如果澳、新、非洲、东南亚能与中国达成更广泛深入的自贸区协定，相信对资源领域将产生同样积极的意义。这些制度安排，建议应引起各位读者的关注，并深加研究。

六、物以稀为贵，高优良环境是最吸引财富的资源

同行 19 人，无一人不为法瑞意三国特别特别湛蓝的天空、特别特别清新的空气、犹如行进在油画中的感觉而折服！

在法瑞意，到处可见中国人，然而作为资源环境类律师，笔者的结论是，真正吸引我们神往而去的，不是其曾经的经济繁荣、国力强盛，而是其今日真正适合人类居住的环境！

明年（2015 年）1 月 1 日，被寄予厚望的我国新《环境保护法》将实施，新法出台的原因，是我们已经意识到，优良环境成为中国最稀缺的资源，与他国比是中国最缺少的资源！特别是在人口集中的大城市，优良环境更是贵中之贵、宝中之宝！

无论何种法治理念，人的生命权、健康权、生存权是最高王权，包括后代子孙理应享有无毒无害空气、水、食品等资源的代际公平权，这也是我们神往发达国家的终极理由。

我们的新《环境保护法》将向发达国家学习，实施真的环境影响评价，实施真的源头监督，对不履行环评义务、"三同时"义务的行为实施按日计罚、行政拘留等重罚，对违法排污行为，赋予环保部门真的执法权，包括查封、扣押、停产、停业、关闭等，重者送司法机关刑罚！

法瑞意的昨天，其实曾是中国的今天，新《环境保护法》中的强悍规定，是这些国家用血的教训换来的！20 世纪中叶发生的全球十大公害事件，这些国家都曾不同程度地发生，之所以有今天优良的环境，是这些国家法治治污的结果。新《环境保护法》不过是借鉴他们曾经使用过的方法——"污染者付费"始于 1972 年设在巴黎的经济合作与发展组织；环评制度诞生于 1969 年美国；"按日计罚"制采用法国模式，即逾期不改正则实施按日计罚……

我们期待，我们的环保法治，也能发挥后发优势，像发展 GDP 一样，通过借鉴、"抄袭"，用最短时间走完他国较长的治污期，早还我们洁净的天空！

尚未回国之时，祖国已来消息，中国法治大潮卷起！中共中央十八届四中全会决议，确立中国全面从人治向法治的转变！